学 前 教 育 经 典 译 丛

幼儿教育导论

（第3版）

[英] 蒂姆 · 沃勒(Tim Waller) [英] 杰拉尔丁 · 戴维斯(Geraldine Davis) /主编
北京师范大学学前教育研究所 /组织翻译 冯婉桢 等 /译

An Introduction to Early Childhood Education

(Third Edition)

北京师范大学出版集团
BEIJING NORMAL UNIVERSITY PUBLISHING GROUP
北京师范大学出版社

北京市版权局著作权合同登记号　图字：01-2018-4843

图书在版编目（CIP）数据

幼儿教育导论：第 3 版/（英）蒂姆·沃勒（Tim Waller），（英）杰拉尔丁·戴维斯（Geraldine Davis）主编；冯婉桢等译. —北京：北京师范大学出版社，2021.3

（学前教育经典译丛）

ISBN 978-7-303-26469-8

Ⅰ.①幼…　Ⅱ.①蒂…②杰…③冯…　Ⅲ.①幼儿教育—高等学校—教材　Ⅳ.①G61

中国版本图书馆 CIP 数据核字（2020）第 218442 号

营销中心电话　010-58802181　58805532

电子信箱　zhijiao@bnupg.com

YOU'ER JIAOYU DAOLUN DI 3 BAN

出版发行：北京师范大学出版社　www.bnup.com

北京市西城区新街口外大街 12-3 号

邮政编码：100088

印　　刷：北京玺诚印务有限公司

经　　销：全国新华书店

开　　本：889 mm×1194 mm　1/16

印　　张：18.75

字　　数：516 千字

版　　次：2021 年 3 月第 1 版

印　　次：2021 年 3 月第 1 次印刷

定　　价：78.00 元

策划编辑：罗佩珍　　　责任编辑：周　鹏

美术编辑：焦　丽　　　装帧设计：焦　丽

责任校对：张亚丽　　　责任印制：陈　涛

译者序

在学前教育专业人才培养过程中，如何帮助学生建立起宽厚的理论视野与专业视角，以在广阔的社会背景下认识学前教育事业与专业，是我在研究生“学前教育原理”和本科生“学前教育学”课程教学的过程中始终思考的一个问题。所以，当这本《幼儿教育导论（第 3 版）》（*An Introduction to Early Childhood*，*third edition*）的英文稿出现在眼前时，我一下子就被书中的章节标题和内容吸引住了，并开启了慢工出细活儿的翻译之路。

这本《幼儿教育导论（第 3 版）》内容全面，涉及幼儿教育中的基础内容，可以很好地用作“学前教育原理”或“学前教育学”课程的教材或学习参考用书。其中有对童年和儿童的社会关注，也有对幼儿教育专业工作的多角度探讨，更有对儿童视角下和教师主体视角下的研究方法的观照。书中内容看似与普通的学前教育学教材体系相近,但是其在学科基本立场和分析视角上有着自己鲜明的特色。首先，这本书中的幼儿教育是含义广泛的一类社会实践活动，且是专业的社会实践活动。从书中内容来看，幼儿教育不只是幼儿园教育，包括多种形式的社会机构服务与教育，还包括家庭和社会层面对儿童健康与幸福的各种政策支持和社会制度安排。幼儿教育也不限于 3 ~ 6 岁的教育，还包括 3 岁前，甚至是 6 岁后一个更长时间段里的教育。书中对幼儿教育的定位是正确的。我们需要在社会发展变化的宏观视野下，综合观照所有影响到幼儿健康和幸福的社会政策与制度、专业工作者队伍建设、游戏与学习的组织与安排，以及包括有特殊教育需要儿童和其他各类儿童在内的所有儿童的健康与幸福。其次，书中除教育学立场的分析与思考之外，不乏历史学和社会学等学科视角和研究成果的进入与分享，更有对学前教育学科基础的反思。例如，第一章对童年的历史分析中，作者综合了多方面的历史研究成果，鲜明地指出童年是社会建构的产物。在历史上不同时期或不同空间范围内，不同的童年图景由社会多方面的因素综合建构而成。同时，作者强调儿童具有主体性，参与了童年的社会历史建构。生物学和发展心理学不应该是人们认识童年和儿童的唯一基础，这样的状况是社会科学发展到一定阶段的结果，同时，这样的状况也必将发生改变。我们应该从多元视角来理解童年和儿童，尤其要关注儿童自身的参与对我们认识童年的贡献与影响。

这本书在写作上有自己的特点，是一本很好的教学或学习参考用书。每一章的内容包括主要目标、主要内容、相关研究、案例研究、反思与讨论、推荐阅读等多部分内容，并配有在线学习资源。这样的体例安排是一本“体贴入微”的教材，但又摆脱了一般教材“教化”或“落伍”的缺点。第一，这本书不是在教导读者实践常识或理论知识，而是开放性地展现每一个主题下已有的认识或研究发现。同时，如果遇到有争议的内容，本书会比较客观地呈现争议的两面。第二，书中尽可能地融入了相关主题的最新研究成果、最新实践进展或政策变化。第三，书中最后一部分对两类研究与反思方式的介绍更说明其把读者定位为幼儿教育的变革者，期待着读者使用“马赛克方法”来发现更多的幼儿世界，以及运用反思性实践来推进幼儿教育的创新与发展。

当然，这本书也有自己的缺陷。尽管书中有大量的篇幅介绍了多个国际组织和国家的幼儿教育政策、实践和研究，但是对英国的政策、实践和相关研究的介绍还是分量更大一些。这是由于作者团队成员多为英国学者，而且原书的编写意图本就是为英国大学的幼儿教育专业课程教学提供教材和参考用书。反过来，这个缺陷也可以是本书的优点。如果没有这本书对英国的英格兰、爱尔兰和威尔士地区的政策和实践的细致区分与介绍，恐怕很多读者会和我之前一样对英国的幼儿教育只有一个笼统的整体认识。

本书的翻译是团队合作的结果。具体分工如下：前言，冯婉桢、陈曦；第一章、第二章，冯婉桢、李珺媛；第三章，李珺媛；第四章至第六章，刘婷；第七章至第九章，陈瑜；第十章，陈瑜、陈曦；第十一章，冯婉桢、李敏；第十二章、第十三章，李敏；第十四章，冯婉桢、洪潇楠；第十五章、第十六章，洪潇楠；第十七章、第十八章，冯婉桢、陈曦。张雅晴、赵若君、孙琪参与了校对工作。我负责全书最后的校对与定稿工作。

我们希望准确、清晰地翻译书稿，以服务于我国高校学前教育专业“学前教育原理”课程的建设与教学工作。当然，由于学力不逮等各方面的原因，书中肯定还有不足之处，恳请读者批评指正。

感谢北京师范大学出版社的罗佩珍老师对本书翻译工作的指导与帮助！这本书是北京师范大学学前教育研究所组织翻译的“学前教育经典译丛”中的一本，是团队的努力才有了本书的翻译和出版。感谢所有参与的人！

冯婉桢

2020 年 2 月

读者推荐

第 3 版读者推荐

“这本修订版给读者介绍了一系列与幼儿有关的当代议题。这些议题是我们以尊重的态度与幼儿一起生活的基础。每一章都由我们共同认可的专业人士精心撰写，并且提供了可获得的最新信息、研究综述、有用的网页链接、播客选项（podcast options）以及引人思考的案例研究。所有这些，让每一个专题明朗可读。我非常喜欢这本书的地方在于它挑战了我们的想法，能够让我们在一个以成人为中心的社会用不同的方式来看待幼儿，为读者提供了更好地理解幼儿生活世界的方法。”

——安娜·基德里（Anna Kilderry），澳大利亚维多利亚大学（Victoria University, Australia）幼儿教育高级讲师

“这本书提供了有关幼儿教育关键问题的丰富的介绍。它促使我们思考对于幼儿来说什么是重要的，以及专业人士能做什么，来保护幼儿的幸福。由于本书具有广泛性和反思性，所以对不熟悉幼儿教育研究的人、幼儿教育实践工作者和研究人员，以及关注幼儿教育实践质量的任何人来说，都是一个宝贵的资源。”

——富本弘子（Hiroko Fumoto），香港耀中社区书院（Yew Chung Community College）幼儿教育项目经理、高级讲师

“这本书一定是市场上关于整合式幼儿保育和教育最令人耳目一新的、最具现实性的书籍之一。书中囊括了一系列高度相关的主题，并且对各个主题的介绍都采用了一种方式——能够激发读者反思与分析自身正在形成的关于幼儿教育的知识和理解。这本书对于学生学习幼儿保育和教育是一个非常好的资源。它为幼儿教育领域提供了刺激性的、富有启发性的见解。”

——艾莉·邓希尔（Ally Dunhill），赫尔大学（University of Hull）学习和教学主任

第 2 版读者推荐

“这是一本有趣的、全面的、最新的书籍，它不仅对学生有用，而且适用于富有经验的幼儿教育实践工作者，能够帮助幼儿教育实践工作者对幼儿教育服务的发展变化建立起更广泛和更具战略性的理解。”

——《幼儿教育快报》（*Early Years Update*）

“这是一本富有启发性的、结构很好的书，对进一步开展相关研究具有很好的参考价值。我坚信学生们将在他们研究幼儿、幼儿教育领导、幼儿教育和实践各个方面的过程中，发现这是一本意义深远且十分重要的参考资料。”

——丹尼斯·科菲尔德（Denise Corfield），边山大学（Edge Hill University）

“这是一本非常好的书，呈现了一系列与幼儿教育有关的当代议题。这本书为课堂讨论提供了非常有用的思考要点。”

——杰基·马斯格雷夫（Jackie Musgrave），索利赫尔学院（Solihull College）幼儿教育系

“书中大量章节与我们的课程模块直接对应。这些章节易于阅读，并且用小标题给出了清晰的指引。案例研究和案例分析可帮助学生对主题材料有更深层次的理解。”

——艾莉森·刘易斯（Alyson Lewis），亚斯特拉米尼亚克学院（Ystrad Mynach College）护理继续教育系（Dept of Care Continuing Education）

“这是一本结构清晰的很好的读物，主题范围涵盖广泛，内容翔实，并附有相关的案例研究信息。”

——马克·蒂姆斯（Mark Tymms），德蒙特福特大学（De Montfort University）青年社区部（Division of Youth Community）

致 谢

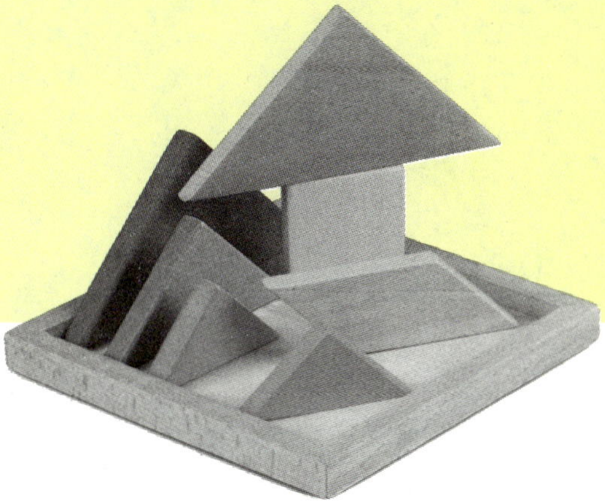

作者团队和世哲出版社要感谢所有的审稿人，感谢他们为这本书的新版发行提供的帮助和反馈。

艾莉·邓希尔（Ally Dunhill），赫尔大学儿童服务与综合中心讲师。

卡罗琳·巴斯（Caroline Bath）博士，利物浦约翰摩尔斯大学（Liverpool John Moores University）幼儿教育研究发展项目负责人。

曼迪·李（Mandy Lee），英格兰西部大学（University of the West of England）幼儿教育项目经理。

富本弘子（Hiroko Fumoto），香港耀中社区学院项目经理、高级讲师。

巴布斯·安德森（Babs Anderson），利物浦希望大学（Liverpool Hope University）童年研究专业（Childhood Studies）讲师。

路易丝·德赖登（Louise Dryden），幼儿教育自由顾问。

安娜·基德里（Anna Kilderry）博士，澳大利亚维多利亚大学（Victoria University Australia）幼儿教育高级讲师。

李·胡瑞尔（Lee Hurrell），普利茅斯大学（Plymouth University）副讲师。

琳达·泰勒（Linda Tyler），伍斯特大学（University of Worcester）讲师，幼儿教育在职硕士学位课程（荣誉）主任。

海伦·布拉德福德（Helen Bradford），剑桥大学（University of Cambridge）讲师。

下面所列个人对这本书及其网络资源也做出了贡献，作者团队和世哲出版社在这里一并表示感谢。

来自哥伦比亚沙滩婴儿托儿所（Beach Babies Nursery）的特蕾西·哈钦森（Tracy Hutchinson）和尼古拉·华莱士（Nicola Wallace）允许我们参观他们优美的环境，录制儿童观察视频，给予本书支持。

凯·费希尔（Kay Fisher）、希拉·霍默（Sheila Homer）和林赛·托马斯（Lynsey Thomas）提供了第七章的案例。

桑德拉·戴维森（Sandra Davison）提供了第十六章的案例。

主编介绍

蒂姆·沃勒（Tim Waller）是儿童和家庭研究专业（Child and Family Studies）的教授，任职于安格利亚鲁斯金大学（Anglia Ruskin University）健康、社会照护和教育学院（the Faculty of Health, Social Care and Education）。他是欧洲幼儿教育研究协会（European Early Childhood Education Research Association）户外学习专项研究小组（Outdoor Learning Special Interest Group）的召集人。他已经在高等教育领域工作了20多年。他曾在伦敦的托儿所、幼儿园和小学任教，也曾在美国工作。他的研究兴趣包括幼儿教育领域的幸福、户外学习、教学和社会公平。蒂姆目前正在带领英国的研究团队，致力于“基于心理健康维护的网络和媒体自杀预防项目（Suicide Prevention by Internet and Media Based Mental Health Promotion, SUPREME Project）”。该项目旨在建构一个基于心理健康促进，通过网络和媒体预防自杀的方案，目标人群是14～24岁的年轻人。安格利亚鲁斯金大学已邀请瑞典、爱沙尼亚、匈牙利、意大利、立陶宛和西班牙的学术机构来参与这项研究。2009—2012年，蒂姆曾受儿童工作者队伍发展委员会（Children's Workforce Development Council）委托，担任幼儿教育专业资格作用与影响之纵向评估项目（the Longitudinal Evaluation of the Role and Impact of Early Years Professionals）的联合主任（在英格兰）。从2003年9月开始，他协调推进了一个正在开展的研究项目，该项目旨在调查幼儿对户外游戏的看法。这个项目开发和使用了一系列参与式研究方法，组织幼儿一起研究。最近，他在《欧洲幼儿教育协会杂志》（*European Early Childhood Education Association Journal*）上编写了一个关于户外游戏和学习的特刊，并且和德博拉·哈考特（Deborah Harcourt）、鲍勃·佩里（Bob Perry）一起出版了《研究幼儿的视角：论幼儿教育研究的伦理和困境》（*Researching Young Children's Perspectives: Debating the Ethics and Dilemmas of Educational Research with Children*），该书2011年3月由劳特利奇（Routledge）出版社出版。

杰拉尔丁·戴维斯（Geraldine Davis）是安格利亚鲁斯金大学首席讲师和教育博士学位主任。她已经在高等学校工作了12年，尤其关注专业学习和理论如何转化为有效实践方面的问题。在大学工作之前，杰拉尔丁在一个健康服务部门工作，之后在英国和澳大利亚的继续教育和卫生服务部门任职。杰拉尔丁的研究兴趣在教育和卫生领域的专业学习方面。她调查了护理实践中知识的应用、妇女健康教育中助产士的知识应用、学前教育机构中具有研究生学历的领导者（graduate leaders）的知识运用及对其领导实践的影响，并在为期三年的资助下研究了具有研究生学历的领导者对幼儿发展结果的影响。她的工作成功地整合了教学和研究。她领导着学前教育专业实践硕士学位项目，这些学生毕业后是其各自工作机构中的领导者。这是一个很令人兴奋的过程，揭示了幼儿教育工作者的专业发展在其毕业后的持续效用。基于这项工作的研究引领了幼儿教育阶段的新兴领导理论。她教授人类发展、领导力与专业问题、研究方法等方面的知识，并监督硕士生和博士生的研究与学习。

各章作者介绍

西莉亚·多伊尔（Celia Doyle）是北安普敦大学（University of Northampton）的一个研究助理。以前，她作为高级讲师在这所大学的健康与教育学院教授儿童发展、福利和保护方面的课程。在她职业生涯的早期阶段，她最初是地方当局社会工作者，然后是（英国）全国防止虐待儿童协会（NSPCC）的成员，一直专攻儿童照料与保护。她出版了很多关于儿童照料和保护方面的书，并且最近出版了《与受虐儿童携手并肩》（*Working with Abused Children*）一书的第 4 版。她与查尔斯·蒂姆斯（Charles Timms）一起写了一本关于儿童被忽视和情感虐待的书，即将出版。她目前研究的一个关键主题是怎样才能帮助儿童，尤其是那些经历情绪困扰的儿童，与人们交流他们的经历，表达他们的情绪、观点和愿望。

利比·李 - 哈蒙德（Libby Lee-Hammond）是澳大利亚西部的默多克大学（Murdoch University）珀斯分校幼儿教育学院的副教授。她特别感兴趣的领域有：社会公平、澳大利亚土著居民（Aborigine）的教育、丛林学校（bush schools，又称“户外学习”）以及使用技术支持教与学。她目前的研究关注点是土著居民社区和学校之间的伙伴关系，尤其是在幼小衔接过程中，土著居民儿童的学校参与和滞留。

吉尔·汉德利（Gill Handley）是北安普敦大学教育学院的一名高级讲师，任教幼儿教育研究本科（荣誉）学位课程，确保开端计划（Sure Start）基础学位课程和幼儿教育专业发展项目课程。她有社会工作方面的经验。在过去的 20 多年里，她参与过多种儿童收养和保护工作。最近，她成为儿童与家庭法院咨询和支持服务处（Children and Family Court Advisory and Support Service）的管理者，在法庭诉讼中代表儿童的利益。她同时在开放大学（Open University）社会工作项目中任教，并承担社会工作专业职后资格认证（post-qualifying awards）[①] 的顾问指导与管理工作。

塔尼亚·哈特（Tania Hart）是北安普敦大学健康学院心理健康专业的一名高级讲师。塔尼亚是一名临床护理专家，具有心理健康护理方面的背景，从事儿童和青少年心理健康领域的工作，更具体点说，是儿童饮食失调方面的工作。塔尼亚特别感兴趣的是如何在非健康专业人员（如教师和托儿所护理人员）的支持下改善儿童的心理健康。目前，塔尼亚是一名博士生，正在开展一项研究，探讨如何更好地支持被主流教育认为是有心理健康问题的儿童。

丹尼斯·赫维（Denise Hevey）是北安普敦大学教育学院幼儿教育专业的教授和幼儿教育部门的主任。她的工作背景包括制作远程学习材料包，且涉及多个领域，例如，儿童受虐待和被忽视领域，以及直接和儿童与年轻人一起工作。她还特别了解相关法律和监管框架，以及有关儿童服务方面的政策。

---

① 从 2006 年开始，英格兰和威尔士的社会工作者都需要获得职后资格认证才能继续从业。参见：Keith Brown & Steven Keen(2004). Post-qualifying awards in social work(part 1): necessary evil or panacea. *Social Work Education*, 23(1): 77–92。本书中所有脚注皆为译者添加，余不一一说明。

她的这些经验来自以往的任职经历，她曾在英国教育标准办公室（Ofsted）与（前）教育和技能部（Department for Education and Skills）从事高层工作。

克里斯蒂娜·希克曼（Christine Hickman）曾在莱斯特郡（Leicestershire）的中学、小学和特殊学校任教。她后来成为莱斯特城（Leicester City）地方教育局的一名学习和支持顾问，而且她的专长是孤独症研究。从 2000 年开始，她到高校工作，先在北安普敦大学任教，后在利物浦约翰摩尔斯大学工作。她有艺术和特殊教育需要方面的学术背景。在北安普敦大学，克里斯蒂娜是教育学院的主管，并教授所有的新入职教师培训课程（Initial Teacher Training Courses）。克里斯蒂娜对创造性和治疗性的方法很感兴趣，尤其是在艺术和音乐领域。她参与了大量的国际联合项目，尤其是与瑞典的合作。在利物浦约翰摩尔斯大学，她是教育学职后研究生学历（Post Graduate Certificate in Education，PGCE）幼儿教育项目的负责人。除此之外，克里斯蒂娜教授多门课程，包括专门的硕士学位（MA）课程，以及本科和研究生学历的新入职教师培训课程。

卡罗琳·琼斯（Caroline Jones）是华威大学（University of Warwick）幼儿教育行业认可基础学位（Sector-Endorsed Foundation Degree in Early Years，SEFDEY）课程的主任。她作为一名普通小学教师和特殊教育机构教师开始了她的职业生涯，在中部地区工作了 15 年之久。卡罗琳在 1994 年首先作为一名本科生教师训练课程（BAQTS）的兼职助理导师加入了华威大学。她教授很多课程，并在 2001 年幼儿教育基础学位（Early Years Foundation Degree）被引进的时候将其视为自己的职责。她是全国幼儿教育行业认可基础学位网络（National SEFDEY Network）的创始成员及中部地区（Midlands Region）主席。

凯芬·琼斯（Kyffin Jones）是北安普敦大学教育专业的高级讲师。加入这所大学之前，凯芬是一名咨询师，为有特殊教育需要的儿童工作，并在英国和美国的特殊学校与普通学校任教。目前，他负责教育学院的伊拉斯谟（Erasmus）项目，并且促成了学生团体到瑞典和芬兰进行研究访问。他最新的研究聚焦在学校适应的实质及其对全纳教育实践的启示。

保莱特·卢夫（Paulette Luff）在 2003 年加入安格利亚鲁斯金大学，目前是教育系的一名高级讲师。她现在领导着幼儿教育专业实践方面的硕士课程，并且是幼儿教育研究组的召集人。保莱特一直在幼儿教育领域工作，但她的职业身份多样，她是一名教师、寄养照顾者、家校联络工作者、托儿所从业者和咨询员，并且是一名高校讲师。

尤妮斯·拉姆斯登（Eunice Lumsden）是北安普敦大学幼儿教育中心负责人。在加入这所大学之前，她是一位社会工作实践者。她参与了很多研究项目，并且她的博士研究方向是幼儿教育专业人员的发展。

简·默里（Jane Murray）是北安普敦大学的一名高级讲师。在北安普敦大学，她在幼儿教育专业的硕士学位课程和幼儿教育本科教师训练项目中一直发挥着主导作用。简·默里目前作为一名研究者在北安普敦大学的教育和研究中心工作。她有非常多的项目，包括欧盟委员会、挪威和格鲁吉亚政府的项目，以及小规模社区项目。简·默里的专业研究兴趣点包括幼儿教育教学法、认识论以及幼儿的主体性和参与。在这些领域，她有很多出版物。简·默里指导博士研究生，并且坚持承担对本科生和研究生的教学工作。在进入高校工作之前，简·默里担任过幼儿教育机构和小学的教师，并且她是一位合格的班主任。

简·奥康纳（Jane O'Connor）是伯明翰城市大学（Birmingham City University）幼儿教育专业的一名高级讲师。她有教育实践经验。在成为学术研究者之前，她是一名小学教师。她发表过关于童星的论文，这是她第一本书的基础。这本书在 2008 年由劳特利奇出版社出版。她的研究兴趣是儿童在媒体中的表现，尤其是“超常”儿童和童星。目前，简·奥康纳正在开展一项研究，调查父母对 0 ~ 3 岁幼儿使用触摸屏技术的态度。她与人合作发表了一篇论文，内容与 2012 年奥林匹克运动会上的童星有关。

莎伦·史密斯（Sharon Smith）是北安普敦大学幼儿教育与儿童健康专业（Early Years and Child Health）的高级讲师。莎伦在儿童健康方面具有丰富的经验，她受过培训，是一名儿童护士，而且是一名经验丰富的健康访问者（health visitor）。莎伦在大学教授健康访问课程，现在是幼儿教育基础学位的课程领导者。她研究的关注点主要是促进儿童和家庭健康。她现在是一名博士生，她研究的兴趣点包括婴儿营养、孕产妇心理健康以及非健康专业人员在支持健康结果方面的作用。

普鲁斯彼拉·泰坦（Prospera Tedam）是北安普敦大学社会工作专业的高级讲师。她从 2006 年以来一直在这所学校工作。她是一名获得从业资格的合格的社会工作者，接受过相应的培训。自 1996 年取得资格以来，她一直在法律志愿部门工作，专门从事儿童和家庭方面的社会工作。她目前正在攻读专业博士学位。她的研究兴趣点是公平和差异、文化竞争力和社会公平，并且她还是内政部独立家庭遣返计划小组（Independent Family Returns Panel at the Home Office）的成员。

海伦·托维（Helen Tovey）是伦敦罗汉普敦大学（University of Roehampton）幼儿教育研究专业的副教授。她在这所大学教授学士和硕士的专业发展课程。她的主要研究兴趣是户外游戏和幼儿冒险性户外活动。海伦是一名福禄培尔培训教师，还曾是一名幼儿园园长。她写了许多著作，包括 2007 年由开放大学出版社（Open University Press）出版的《户外活动》（*Playing Outdoors*）、《空间和地点》（*Spaces and Places*）、《冒险和挑战》（*Risk and Challenge*）以及 2013 年由劳特利奇出版社出版的《把福禄培尔教学法引入幼儿教育实践中》（*Bringing the Froebel Approach to Your Early Years Practice*）。

简·沃特斯（Jane Waters）在威尔士三一圣大卫斯旺西大都会大学（University of Wales Trinity Saint David：Swansea Metropolitan）的西南威尔士教师教育中心（South West Wales Center of Teacher Education）工作，是小学入职教师教育和培训项目的主任。简·沃特斯教授户外游戏和学习、成人和儿童互动、幼儿教育以及幼儿研究伦理方面的课程。她目前正在开展的研究项目需要和各国同事一起工作，考虑在不同国家幼儿教育背景下的教学主体间性。

迈克尔·温尼斯（Michael Wyness）是教育学院（Institute of Education）儿童研究专业的一名副教授。他的研究关注点在儿童与教育的社会学方面。他的《儿童与社会》（*Childhood and Society*, 2006, Palgrave）刚刚出版了第 2 版（2012）。他之前的著作《模糊的童年》（*Contesting Childhood*, 1999）和《学校福利与父母职责》（*Schooling Welfare and Parental Responsibility*, 1995），均由劳特利奇法尔莫（RoutledgeFalmer）出版社出版。他的研究兴趣是儿童的参与、儿童期及其理论、幼小衔接和家校关系。

如何使用本书及其网上资源

如何使用本书

《幼儿教育导论（第 3 版）》有很多有用的、有助于引导学生学习的资源，这些资源包括：

·“主要目标”部分说明了您最终将在每章理解的主题。

·“案例研究”部分展示了幼儿教育理论在实践中的应用。

·“反思与讨论”安排在每章结尾处，与案例研究有关，有助于读者对实践进行反思，并鼓励您像一个实践者一样开始思考。

·“相关研究”部分摘取了最近的研究成果，并且展示了它如何影响幼儿教育。

·“本章小结”部分通过回顾每章中涵盖的关键概念，帮助读者复习章节内容。

·“推荐阅读”部分为您提供额外的资源，以加深您的理解。它们是完成作业和文献述评的好起点。

如何使用网站

《幼儿教育导论（第 3 版）》一书含有大量在线资源，您可以访问世哲出版社网站获取。

网站可获取的资源如下：

·收听章节作者的播客，深入了解每章讨论的问题及其对幼儿教育的影响。

·查看就业能力和就业资源，讨论如何在幼儿教育类岗位上发挥您的最大潜能，以及潜在雇主在招聘员工时需要什么。

·观看儿童观察视频并讨论，这些视频展示了儿童在具体环境中的行为，能让您更深入地了解实践中会发生什么。

·访问、阅读世哲出版社发行的一系列期刊上的免费文章，这些文章是每一章节内容的补充，是您进行文献综述的理想选择。

可扫描以下二维码，获取本书原版参考文献。

目　录

绪 论

蒂姆·沃勒（Tim Waller） 杰拉尔丁·戴维斯（Geraldine Davis）

欢迎打开《幼儿教育导论（第3版）》。这一版的内容进行了明显的扩展与更新。书中新增了五章内容，并且是请一些非常知名的作者撰写完成的。在本版中，杰拉尔丁·戴维斯与同事蒂姆·沃勒一起担任主编，蒂姆非常感谢她的重要贡献。

这本书的原版是北安普敦大学幼儿教育研究专业学位的教师团队在2004年构思的。当时，学生、幼儿教育实践工作者和导师对幼儿教育研究的具体文献有哪些存在认识差异。为了回应这一差异，我们编写了这本书。令人高兴的是，所有第1版的撰稿人都为此版本再次撰写了文章，并且许多最初受到本书启发的幼儿教育研究专业的学生已经成为成功的、专业的幼儿教育实践工作者。

采用多学科方法来研究童年的优势在于：它可以帮助我们了解当代童年的各种文化、社会、经济、政治、结构和历史背景，理解儿童及其家庭，更广泛的社区和社会（Rogoff, 2003），以及各阶层之间的张力与关系（Corsaro, 2011; Moss, 2012）。

本书中的多个章节都表明：越来越多的研究关注童年，这些研究反映了人们对传统“缺陷”模型下的儿童观和童年观的质疑，并认识到需要寻找和考虑儿童的视角。此外，必须承认，与生活在世界其他地区的儿童相比，我们更了解生活在西方工业化国家的儿童。要了解全世界的儿童，我们还需要进一步开展研究。

自2009年第2版出版以来，社会发生了重大的变化。在全球范围内，更广泛的社会和经济背景影响着幼儿及其家庭。尤其“紧缩削减（austerity cuts）”政策与幼儿保育和教育（early childhood education and care，ECEC，以下简称“幼儿保教”）公共资金的减少，对幼儿及其家庭的影响很大。尽管越来越多的证据表明了优质的幼儿保教的好处，但即使在北欧国家，长期以来优质的幼儿保教传统也受到了政治驱动下公共支出削减的威胁（参见 Peeters and Urban, 2011; Sylva et al., 2010）。

在英格兰，儿童工作者队伍发展委员会（Children's Workforce Development Council, CWDC）于2007—2011年实施了旨在提高质量和培养具有研究生学历的从业者队伍的明晰战略。越来越多的证据表明，具有研究生学历的从业者（幼儿教育专业人员）正在对英格兰的幼儿教育产生影响（Davis and Capes, 2013; Hadfield et al., 2012; Lumsden, 2012）。然而，继2010年新一届右翼政府当选之后，幼儿保教服务受到了“市场驱动”方式的严重威胁，儿童工作者队伍发展委员会也被关闭了。尽管《纳特布朗评论》（*Nutbrown Review*, 2012b）已经全面分析了幼儿保教从业人员资格认证方面的情况，但问题依然存在。目前英国对专业从业者的培训和认证安排是“不符合期待目标”的，并且维系了之前多种幼儿教育从业资格认证间的不平等状况。正如劳埃德和哈勒（Lloyd and Hallet, 2010）所言：这是错过了一个机会吗？

不幸的是，公共财政的“紧缩削减”似乎对不太富有的儿童及其家庭的影响更大，这点在世界范围内都如此。目前，南欧许多国家儿童的生活受到了特别关注，如希腊、意大利、西班牙和葡萄牙等国。爱尔兰儿童的生活也受到了关注。这些都是由经济方面的原因引起的。然而，财富没有明确的地域分界。例如，在英国，《马尔莫评论》（*Marmot Review*, 2010）已经证明了不平等与健康之间的明显联系。根据该评论的说法，英国的妇女和儿童如果居住在塞浦路斯、意大利和西班牙，寿命会更长，身体会更健康；而在英国，5 岁以下儿童的死亡率更高，贫困率也更高。该评论说，英国有 1/4 的儿童生活在贫困中，比其他许多欧洲国家都要多。冰岛的贫困率最低（1/10），紧随其后的是挪威、丹麦、斯洛文尼亚、塞浦路斯、芬兰、瑞典和捷克共和国。在生活贫困的儿童中，只有一半儿童在他们 5 岁时达到报告所定义的“良好发展水平”。在非贫困儿童中，达到“良好水平”的比例是 2/3。《马尔莫评论》认为，尽管提供优质的幼儿教育机构服务可以帮助改善结果，尤其是对于处境最不利的儿童，但在英国，儿童看护费用昂贵，许多人无法承担机构要求的儿童看护费用，或者在有了孩子之后选择重新工作。

《幸福童年报告》（*Good Childhood Report*）（The Children's Society, 2013: 6）也报道了不平等、贫穷和幸福之间的清晰联系。“在我们的剥夺指标（deprivation index）[①]中，一些儿童在 5 项或更多指标中表现为缺失。这些儿童在家中感到安全的可能性只有 1/13，对未来感到乐观的可能性只有 1/6。”尽管 1994—2008 年，英国儿童的幸福状况普遍有所改善，但《幸福童年报告》认为这一趋势近年来发生了逆转，并指出一些儿童的幸福感在显著下降。令人担忧的是，报告显示，低幸福感儿童“在家感到安全”的可能性是其他儿童的 1/20，而且近期受到欺凌的概率比其他儿童高 5 倍。

2011 年，联合国儿童基金会（UNICEF）开展了一项研究，了解儿童需要什么才能感到幸福。对于儿童来说，三个最重要的方面如下。

- 时间（尤其是和家庭成员在一起的时间）。
- 友情。
- 户外活动。

然而，越来越多的统计数据表明，由于道路车量增加、儿童时期的制度化（有组织的俱乐部等）以及家长的安全担忧（Tovey, 2007），户外游戏的机会在过去三代人中受到的限制越来越严格。与此同时，儿童参与户外活动的机会变得有限，现在由成人控制和结构化的空间得到了更大的利用。这对儿童生活产生了全方位影响，将儿童在家庭和学校之外的生活缩减到最小，并将他们操控这个世界的信心降到最低程度。然而，在英国，也有越来越多的成人正在考虑给儿童定期在户外环境中玩耍的机会。例如，“野生项目（Project Wild Thing）”是一项以电影为驱导的运动，旨在让更多的孩子（和他们的父母）在户外与大自然重新建立联系。

儿童生活的一个方面是他们用数字技术进行沟通、玩耍和游戏等。有人认为这些活动正在取代户外游戏，但又没有理由说明为什么儿童不能同时享受这两种体验。多亏了马什（Marsh, 2007）和耶兰

---

① 此处的剥夺指标主要是指社会剥夺指标。社会剥夺是人们维持日常生活的基本物质需要和参与社会活动的需要未能得到满足的现象。贫困与社会剥夺之间有着明显的内在联系，因贫困而难以保证日常生活的物质需要往往是导致社会剥夺的主要因素之一。摘自武大城市化研究室：《中国社会剥夺：指标、格局与应用》。

（Yelland, 2011）的工作，我们知道幼儿与他们家庭和社区中的年长成员一样，正在参与当前的数字交流和社会实践活动。许多幼儿已经成为使用技术的专家，并能够以不同的方式访问和使用信息（Facer, 2011, 2012）。然而，也有很多正在进行的研究关注到，利用数字技术使得儿童像许多成人一样陷入了消费主义和物质崇拜当中！

与此相反，过去的20年中，在支持儿童参与和发言方面，幼儿教育公共政策和实践方面的关注都有增加的趋势。1989年出台的《联合国儿童权利公约》（United Nations Convention on the Rights of the Child, UNCRC）帮助人们改变了当时对童年的主流认识，并形成了关于儿童权利和利益的新文化，影响了世界上很多地区（Smith, 2011）。这已经将讨论从关注儿童幸福和儿童当下利益（Urban，2010）的“缺陷”模型，转变为基于优势的对儿童的认识，儿童被认为是有能力的社会行为者，他们是自己生活中的专家（James and Prout, 1997; Mayall, 2002; Rinaldi, 2006）。童年研究当然要与以权利为基础的方法相一致，特别是在涉及儿童研究的伦理和方法问题时（Smith, 2011）。这有益于我们扎根儿童视角，形成关于儿童体验的新理解，并且这在扩展我们对童年的理解方面卓有成效。

一、本书的目的

本书的目的是提供一个前沿、全面和多学科综合的幼儿教育读物，将与当前幼儿教育国际讨论中一些重要内容相关的理论背景都涵盖其中。本书基于北安普敦大学幼儿教育研究专业学位的主要课程以及英国其他大学的类似课程展开。虽然目的是向学生介绍一些主要的领域，但也希望提出的想法能够挑战学生的思维，鼓励学生反思，促进学生进一步阅读和研究。本书采用了多学科视角，希望给该领域其他最新教材做一些补充。然而，无法避免的是，本书不可能关注到当代儿童教育的各个方面，本书中的各章节只是利用各位作者的专长和兴趣，选择性地阐述了一些可能的主题。

二、本书内容

本书内容是面向广泛的读者人群设计的，特别是那些以前几乎没有机会学习幼儿教育的读者。书中提供了概览性的介绍，并对核心思想做了强调。这使本书适合新进入幼儿教育领域的学生使用，也有益于学生形成自己对幼儿教育领域当代问题的理解。

下面这些主题在每一章节都加以强调，并进行了结构化讨论。

- 尊重和保护儿童的权利与个性。
- 机会平等。
- 家庭和社区的经验与支持。
- 多专业和多学科合作。
- 反思读者自己的经验和学习的机会。

《幼儿教育导论（第3版）》加入了5章新内容，包括：“童年的历史：成人建构与儿童的主体性”

（第一章），“游戏与创造力”（第七章），“儿童与媒介”（第九章），“幼儿教育中的领导力与变革管理”（第十六章），“反思性实践”（第十八章）。每个新章都涉及幼儿教育的一个方面，反映了最新进展，或者与原版中有明显的不同。我们很感激学生的反馈和审稿人对这方面的评价。

随着全书从 14 章增加到 18 章，本书已重新组织为 6 个部分，包括：童年的历史与理论，包容与多样性，学习与游戏，健康、幸福和保护，专业工作，研究与反思。每一个原来就有的章节都进行了修改，以便酌情讨论近期和最新的研究、文献、政策和立法。许多作者也在章节中反映了他们自己在相应领域的研究。

第一部分的前三章为该书提供了框架和理论基础。在第一章中，首先，迈克尔·温尼斯基于社会建构主义理论、学校教育研究以及社会科学中关于儿童发展的一些关键概念的价值，探讨了当代童年的历史本质。其次，他研究了儿童自己在童年的历史中扮演的角色，就童年的历史发展给出了一个内容翔实和视野开阔的介绍。第二章的主题是当代童年。蒂姆·沃勒修改并更新了之前版本的内容，提出和讨论了关于童年的当代理论的 5 条主要原则。第二章是对第一章的补充。在第 2 版中，第二章和第一章合起来构成了完整的一章。利比·李-哈蒙德和蒂姆·沃勒在第三章中批判性地讨论了国际视角。利比对该章进行了大量修改，讨论了保教方面最新国际比较研究的结果，介绍了经合组织（OCED）成员国幼儿教育政策和服务方面的相关议题，反思了课程的多样性，探讨了“质量”和“公平”的概念，考察了不同国家幼儿保教的案例。重要的是，这章让学生认识到，我们可以通过比较来形成见解。

第二部分包括三章，关注包容与多样性。这三章从第 2 版开始就进行了修订和更新。在第四章中，吉尔·汉德利讨论了儿童的参与权。该章探讨了在实践中界定“参与”之含义面临的困难，并指出了儿童参与权和受保护权之间的冲突。该章还详细分析了判定儿童参与能力的困境和困难，并介绍了一些维护特别小的幼儿的参与权的复杂性。第五章由普鲁斯彼拉·泰坦撰写，着重于理解多样性。普鲁斯彼拉探讨了幼儿保教情境中“多样性”的含义，以明确幼儿教育实践工作者、父母和更广泛的社区在帮助幼儿理解差异性方面的角色。此外，该章强调了一些国家和国际上的立法与政策框架。这些立法与政策框架重视多样性，能够帮助学生更好地理解实现机会平等所面临的障碍，并探讨了消除障碍的策略。第六章围绕有特殊教育需要儿童的全纳教育实践展开。克里斯蒂娜·希克曼和凯芬·琼斯考察了特殊教育需要服务的历史和立法概况。在使用多机构（multi-agency）合作的方式下，他们讨论了在面对有特殊教育需要的儿童时包容的含义。该章还讨论了如何满足有特殊教育需要儿童的个人需求，并接纳儿童的主张和发言权。

第三部分涉及学习与游戏。第七章是一个全新的篇章，由保莱特·卢夫撰写。她探讨了幼儿教育背景下游戏和创造力的定义。特别的是，保莱特指出了能激发和发挥儿童创造力的环境的特征，并讨论了成人在儿童游戏和创造力表现中的作用。该章还主张使用教育记录（pedagogical documentation）来记录和反思儿童的游戏与创造力表现。第八章是关于户外游戏与学习的。海伦·托维对第八章进行了大幅修订和丰富，提供了关于户外游戏与学习的最新文献综述，并讨论了户外游戏机会受到限制的原因。该章还分析指出，越来越多的国际研究关注户外游戏与学习的益处。蒂姆·沃勒更新报告了他正在进行的户外学习项目（Outdoor Learning Project, OLP）（现已进入第十一年！）的研究结果。简·奥康纳写了第九章关于儿童与媒介的内容。她概述了儿童使用媒介技术方面的两极分化的争论，并对儿童的媒介“消费”问题进行了反思，重点关注了儿童在电视这一媒介上的“消费”问题。在这个新的章节，简·奥康纳调查了儿童对包括电脑游戏在内的媒介产品的使用和制作情况，以及其可能带来的学习机会。她还分析了媒介对儿童幸福和发展的影响。

本书的第四部分包括四章内容，主题是健康、幸福和保护。第十章是关于儿童健康方面的。莎伦·史密斯和塔尼亚·哈特修订了他们原来撰写的章节，强调幼儿教育机构在促进、保护和支持儿童身体与心理健康方面的重要作用。他们关注支持儿童家庭的重要性，以便家庭能够更好地满足儿童的需求。特别是，该章强调了建立强有力的多机构合作伙伴关系的重要性，以促进儿童的健康发展，并更好地为有复杂健康需求的儿童提供支持。简·沃特斯修订并更新了她原来撰写的关于幸福的内容，这是本书的第十一章。简·沃特斯批判性地认为幸福概念是复杂的，而不是简单化的。在这个内容全面的章节中，她还举例说明了英国政策和实践中有关儿童幸福的内容，并分析了自尊与幸福感的关系。该章面向幼儿教育实践工作者，回顾了关注儿童幸福的意义，并批判性地分析了幸福的评价方法、国际比较文献和关于英国儿童幸福的国家调查数据。第十二章的重点是保护和保卫儿童。作者西莉亚·多伊尔也修改了原来的章节，以帮助读者理解保护和保卫的本质，包括权力在界定虐待时的作用。该章旨在提高读者对虐待发生的情境的认识，并帮助读者认识到不同形式的虐待的关键特征，包括性犯罪者如何锁定儿童并对其进行诱导。此外，该章还旨在帮助读者了解受害儿童可以如何应对虐待行为，以及他们为什么这样做，并提供干预方面的指导，包括回应披露和记录关键事项。本书第四部分的最后一章是第十三章，尤妮斯·拉姆斯登和西莉亚·多伊尔撰写了关于家庭合作的内容。该章再次更新了内容，以探索多元社会中“家庭”的含义，以及为什么家庭对儿童来说很重要。该章分析了当儿童没有可被视为“家庭”的居住环境时对他们意味着什么，并讨论了与儿童及其家庭有关的教育政策方面的举措。重要的是，该章尝试说明了在面向家庭的工作中，法定部门和私营部门、志愿部门和独立部门之间的关系。

本书的第五部分有三章内容，都是关于幼儿保教专业工作方面的。第十四章由丹尼斯·赫维修订，围绕面向幼儿的工作专业化展开，解释了幼儿保育培训和资格认证的历史背景，并界定和讨论了专业化的特点。特别是，该章指出了母育、非正规托育和专业保教之间的区别，并向读者介绍了应如何理解拥有合格教师资格（Qualified Teacher Status, QTS）、成为社会教育工作者与获得幼儿教育专业资格（Early Years Professional, EYPs）、新的幼儿教师资格认证之间的差异。在第十五章，尤妮斯·拉姆斯登对内容进行了修订，该章名称为“实践中的联合思维：对专业合作的探索”。该章讨论了儿童服务中整合工作（integrated working）模式的政策驱动因素，以及机构间合作的发展。该章梳理了合作的话语体系，并分析了有效沟通的特点和整合工作的障碍。该章最后讨论了培训的地位和吸纳服务对象意见的作用。杰拉尔丁·戴维斯为本书写了新的篇章，内容是关于幼儿教育领导和管理的。在第十六章中，杰拉尔丁回顾了幼儿教育研究和实践中领导力主题下突出的不同方面的内容。这其中有直接从实践中获得的案例。杰拉尔丁还基于她对幼儿教育专业人员的研究，分析了领导对幼儿教育许多方面的影响，包括：对儿童发展及其家庭状况改善的结果，建立一个实践共同体，培养员工和自己；与父母和照料者一起工作，提高幼儿教育机构的保教质量。

本书的最后是第六部分，共两章，着重关注研究与反思。首先，简·默里修订了第十七章，标题为“研究幼儿的世界”。该章探讨了有关幼儿和研究的问题，指出了儿童参与权和受保护权之间的冲突，并讨论了判断儿童是否有参与能力的困境与困难。在该章中，简·默里指出，成人在判定儿童是不是研究者时，面临的主要挑战之一是成人常常难以理解儿童的行为。该章中的一部分内容介绍了“幼儿作为研究者”（Young Children As Researchers, YCAR）项目是如何遇到和解决这些问题的。在第十八章中，卡罗琳·琼斯讨论了反思性实践，给这本书做了收尾。在该章中，卡罗琳从社会文化历史角度对反思性实践进行了理论阐述，并重点介绍了与反思性实践相关的案例与研究。该章指出了反思和反思性实践的主要特征，并讨论了影响反思性实践过程的因素。卡罗琳还探讨了幼儿保教中反思性实践与专业素质之间的关系。

再一次欢迎学习幼儿教育！

第一部分

童年的历史与理论

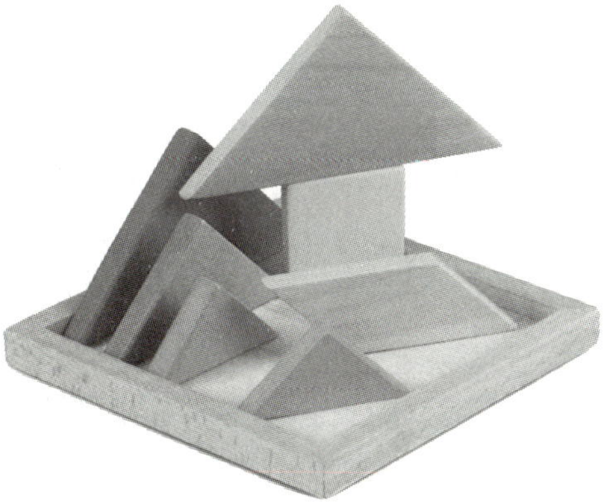

第一章

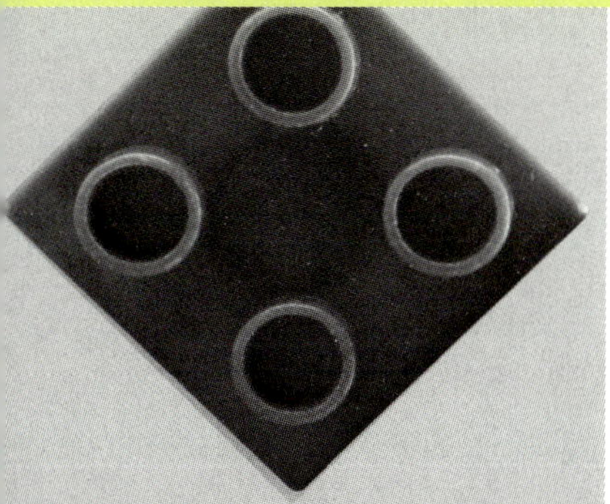

童年的历史：成人建构与儿童的主体性

迈克尔·温尼斯（Michael Wyness）

主要目标

·探索当代童年的历史本质。

·采用两种方式来讨论童年的历史：（1）童年的历史发展是一套极具影响力的观念体系形成和变化的过程，涉及如何认识、理解和对待儿童；（2）考察童年的历史就要考察儿童的历史影响。

一、引言

本章探讨了关于童年历史的两个相互关联的主题：童年历史的发展脉络，以及不同的儿童观在地方、国家和全球范围内所产生的历史影响。虽然观念上的儿童和现实中“真正的”儿童以及男孩或女孩所处的社会环境之间存在着明显的联系，但每一种“儿童”在童年历史中扮演着怎样的角色，仍然是一个疑问。“童年（childhood）”和“儿童（children）”之间的区别非常重要。前者强调人处于发展中，关注人“生理上的不成熟”，或者说是我们通常指的像孩子一样的一些表现。这里关注的问题是，童年是如何被一套强有力的观念体系建构起来的，这些观念涉及如何对待儿童，对儿童的期望，以及成人与儿童关系的本质。目前，已经有很多文献讨论了现代儿童观是如何在政治、社会、经济和道德层面，通过思想观念和情感的交汇而发展起来的（Ariès, 1962）。后者强调儿童鲜活的一面——儿童是有血有肉的社会主体。以往很少有文献讨论儿童在其社会环境中所发挥的作用。

这一章将探讨这两种研究童年历史的方式。首先，我会讨论童年的历史发展，其中会借鉴社会建构主义理论的观点和若干关于童年的已有概念。这些研究中使用过的概念反映出人们对童年本质的日益增长的关注和兴趣。其次，我会继续考察儿童自身在童年历史发展中扮演的角色。最后，我会综合概括两个主题的内容，指出通过两种路径来研究儿童的历史，为我们认识童年历史的形成提供了更丰富和更开阔的见解。

二、童年的历史建构

儿童和童年研究方面的最新创新应归功于社会史学家们的工作。例如，爱德华·肖特（Edward Shorter）的《现代家庭的形成》（*The Making of the Modern Family*, 1976）一书，以及他所提出的母亲身份是现代性的产物的观点；劳埃德·德莫斯（Lloyd DeMause）在论文中（1976）关于亲子关系变化本质的论述；尼尔·波兹曼（Neil Postman, 1982）指出技术驱动着美国童年的“兴衰”。其中，社会历史学家菲利普·阿利斯（Phillipe Ariès）的著作（1962）最具影响力。书中提出了童年是现代性的产物，挑战了童年的生物学基础。现代童年往往被想当然地认为是社会中的普遍形态。这主要是由于人们认为儿童向未来成人生理变化的过程是成长和发展过程的主导性基础。儿童的情感、社会性和道德方面的良好状态都源自这一“成长”过程，与童年相伴随且随时存在的社会和历史时期的特征也会融入这些过程中。阿利斯挑战了这个根深蒂固的童年概念。他对强大的成人观念和情感之崛起，以及成人表达对儿童的感受和情绪的方式进行了历史分析。根据阿利斯的观点，在中世纪时期，童年这一说法并不存在。

> 对童年的认识……与对儿童特殊的性质的意识相对应，这种特殊的性质将儿童与成人甚至青年区分开来。在中世纪社会，这种意识是缺乏的。这就是为什么儿童一旦不需要母亲的持续关怀、保姆或摇篮摇椅，他就会属于成人社会。（1962: 125）

最终将儿童从成人社会中分离出来的观念和情感的形成经历了一个漫长的时期，一直从16世纪到

19 世纪。阿利斯记述了这个过程中童年的形成方式——成人对儿童“生理不成熟”的认识逐渐汇集，形成了现代童年观。同时，这些观念开始影响人们对待儿童的方式，并深深地影响着家庭内外成人和儿童之间关系的本质。实际上，阿利斯认为，直到 19 世纪，人们才认为儿童有必要与成人群体分隔开来，使得儿童在被作为成人“释放”到更广泛的社会之前获得更久的成长和发展时间。

阿利斯的观点建立在对事实资料进行推理的基础上：关于家庭生活、学校教育和儿童游戏的一系列文学描绘和视觉艺术表现，能够让人们看到童年的发展变化。阿利斯从一系列艺术作品中推论出了童年的意义，并通过追溯这些艺术作品在几个世纪的历史变化来辨析童年意义的时代变化。举个例子，阿利斯整理分析了从 12 世纪到 19 世纪家庭肖像的变化趋势。早期，儿童被描绘为“比例更小的成人”，有着和成人类似的身形和衣服。这一时期，儿童只是被看作缩小版的成人，再无其他（1962: 10）。后期的家庭肖像与早期相比有了变化，清晰地表明人们对儿童与成人的身体差异有了更明确的认识，儿童在家庭中有了“儿童本应有的”特征，成人亲昵地向下注视儿童，让人感觉幼小而脆弱的儿童在强大的保护圈中得以发展。无论如何理解，儿童在这里成为中心。“17 世纪……家族肖像画中……倾向于围绕着孩子来安排”（Ariès, 1962: 44）。阿利斯的工作很有意义，因为他让我们认识到，现代社会的特点之一就是成人对于儿童的情感变化。成人对儿童不再是漠不关心，相反，儿童成为家庭和学校的焦点，并成为影响政策制定的关键要素。

如果我们探究成人对儿童的情感和兴趣的具体内涵，就会清楚地看到，不同成人在如何看待儿童方面有很大区别，因此童年概念的建构也存在着明显的不同。实际上，成人一开始将儿童看成与他们自己不同的人。人们依据这种方式来区分“成人”和“儿童”，并据此建立童年这个概念。与此同时，我们可以用多种不同的方式把儿童看作与成人不同的存在。换句话说，我们可以创造出许多不同的代际差异——阿查德（Archard, 2004）将其称为童年的不同概念。阿查德修正了阿利斯的观点，他强调成人依据不同的理由将儿童与成人世界分隔开来。接下来，我想继续讨论这些童年概念的差异，并主要围绕四个概念展开：纯真无辜的儿童、令人头疼的儿童、作为未来投资对象的儿童、发展中的儿童。

（一）纯真无辜的儿童

“纯真无辜”这一观念与儿童的生活及其本质存在建立起了联系。这得益于 18 世纪法国哲学家埃米尔·卢梭（Emile Rousseau）的著作，以及 18 世纪末和 19 世纪初英国浪漫主义诗人所写的诗歌，如华兹华斯（Wordsworth）和布莱克（Blake）的作品。卢梭将儿童与那些受到社会消极影响的“高贵的野蛮人”对立。卢梭在他著名的作品《爱弥儿》（*Emile*, 1762）中写道，童年是自然最本质的体现，但随着儿童的成长，它也会不可逆转地消失。特别是当儿童受到学校教育的影响时，天性中的善良就会受到损害。这是因为学校教育教导儿童学会遵守社会规则和社会结构。卢梭认为，为了保持儿童纯真无辜的天性，在宽松的保护性约束下，儿童应该被允许表达自己，从而释放他们的创造性本能。

卢梭这种将儿童的自然本质和社会的糟糕混乱相对比的策略，被后来的浪漫主义诗人再次强化和运用。浪漫主义诗人赞美儿童纯真无辜的一面，反对 19 世纪英国工业社会早期将儿童视为与成人一样的有力的劳工，剥削儿童。华兹华斯在精神感受层面将童年与自然联系在一起；布莱克则引发人们思考这种“自然”的黑暗一面，“自然”在我们的生活中短暂存在，因为儿童正面对贫穷和困苦的物质现实。两者都象征性地将童年等同于所有的善良和无罪（Hendrick, 1997）。

卢梭和浪漫主义诗人强调了儿童纯真无辜的重要性，主张成人保护并精心培育儿童纯真善良的本性。对儿童纯真无辜的认识在某种程度上与现代儿童观相近。成人对童年的看法推动着成人保护和照顾儿童。在专业话语体系中，这已经被解释为儿童中心主义（child-centredness）。20世纪早期的教育哲学以及此后的整个20世纪的专业和实践工作都致力于怎样合理安排课程和教学方案来实现以儿童为中心。在这一时期，欧洲和北美的早期教育和小学教育强调学校和教师的安排要符合儿童的兴趣需要。因此，儿童的教育体验不是由成人建构的课程的要求来驱动的，专业的教育工作者应努力围绕儿童的兴趣来进行教育教学。除此之外，教师们要通过一个结构松散的课程来培养儿童的创造能力。这些课程在实施过程中要能调动儿童的主动性，激发儿童的兴趣，满足儿童的需要。

（二）令人头疼的儿童

人们还不太清楚是否需要对儿童进行监管，尤其是在青少年时期。这是一个相对较新的问题。莎士比亚（Shakespeare）曾提醒成人在监管青少年行为方面会遇到困难。

> 我宁愿没有16～30岁这个年龄段，或这个年龄的年轻人睡过去好了。因为在这期间，人除了滥交、伤风败俗、偷窃、打架外，再无事可做。［《冬天的故事》（*The Winter's Tale*），第三幕，第三场］

此外，17世纪霍布斯（Hobbes, 1651）的名作《利维坦》（*Leviathan*）强调了限制个人意志和欲望的重要性，并建立了一个思考框架，强调机构和权威人物在约束儿童“不文明”冲动方面的重要性。在18世纪和19世纪，那些偏向清教徒式的童年观念越发占据主流，与浪漫主义思想形成了鲜明的对比。在对待儿童的方式方面，约翰·卫斯理（John Wesley）的卫理公会（Methodism）和后来的汉娜·莫尔（Hannah More）的福音派（Evangelical）运动的影响最为显著。他们主张在对待儿童时以管教（discipline）为主，而不是把培育（nurture）作为主要内容。在被管教的情况下，儿童的意愿会遭受打击，控制甚至体罚成为父母在家庭中教养儿童的主要方式，而不是给儿童表达自我的机会（Hendrick, 1997）。在19世纪的英格兰，这种对控制的强调与保护一度成为整个世纪的主导性主题。詹克斯（Jenks, 1996）曾说儿童是酒神。这个有影响力的形象来自希腊神狄俄尼索斯（Dionysus），其象征着混乱和不可预测。这样的儿童天生就是邪恶和任性的，而不是本性善良。

这里关于儿童的一个具有影响力的看法是，儿童的社会能力不足，没有能力做出正确的道德选择，因此很容易被更有影响力、强大的朋友或同龄人所引导。狄更斯（Dickens）在《雾都孤儿》（*Oliver Twist*）一书中表现了这个主题。《雾都孤儿》是他对19世纪中期伦敦街头生活的虚构描写。然而，这一时期英国的公共讨论中对儿童的街头生活有着更普遍的关注。亨德里克（Hendrick, 1997）提出了“行为失范儿童（delinquent child）”的概念：儿童，特别是城市工人阶级的儿童，被视为公共秩序问题的一部分。社会上开展了各种宣传活动，发表了一系列报告，试图加强立法，以遏制儿童街头犯罪率的上升。青少年犯罪成为一种单独的犯罪类型。这一时期，社会政策关注的是让“流浪儿童”离开街道，回到家中。工人阶级的儿童被要求接受管教，遵守日益增多的中产阶级儿童所应遵守的规范。

相关研究

Pearson, G. (1983) *Hooligan: A History of Respectable Fears*. Basingstoke: Macmillan.

19 世纪中后期，英国公共政策的一个重要特征是要求对儿童进行约束和管理，尤其是“处于危险阶层的儿童”（Pearson, 1983: 159）。社会化的概念在这时是很重要的，青少年的行为过失归根结底缘于父母的社会化和控制不足，尤其是工人阶级父母。这是一个贯穿整个 19 世纪和 20 世纪的主题。在这期间，英国公众的焦虑集中在对儿童和年轻人的行为与性格的关注上。皮尔逊（Pearson, 1983）在他的经典研究中提到，这是这段时期英国历史上反复出现的公众恐惧。维多利亚时代后期尤为严重，这时的焦点主要集中在工人阶级的男孩和男人身上。在 19 世纪 90 年代，“流氓”团伙在伦敦街头肆意妄为，他们也成为众矢之的。这段时间，在曼彻斯特和伯明翰，“黑帮”和“小混混”也是众人关注的焦点。皮尔逊还研究了早期“问题”青少年群体，比如，19 世纪 60 年代的伦敦加罗特人（London Garroters），以及后来的一些团体，如无赖男孩（Teddy Boys），他们被认为是 1953 年伊丽莎白二世加冕年间英国社会中所有错误的化身。每个问题都伴随着广泛的公众和政治关注，通过国家媒体提出，并在议会中得到了讨论。同样反复出现而被人们讨论的话题还有：对成人权威尊重的缺失，传统家庭价值观的衰落，以及对年轻人起到了反参照作用的新形式媒体（new forms of media）的兴起。

（三）作为未来投资对象的儿童

整个 19 世纪和 20 世纪，欧洲和北美的一个重要的历史变化是学校在儿童生活中的作用发生了改变。这反过来又对现代西方童年观念的形成产生了深远影响。一直到 19 世纪早期，学校教育还是中产阶级的专利，很少有工人阶级的父母能够为子女的教育买单，让他们在学校里度过如此漫长的童年时期。渐渐地，儿童、家庭和社会越来越重视普及义务教育。但是，直到 20 世纪早期，学校教育才成为儿童生活中应有的特征。而且，在这之后，学校教育才促进建立了一个更普遍的童年观念。

19 世纪之前，欧洲和北美几乎没有教育系统存在的痕迹。阿利斯（1962: 317）认为，中世纪早期的学校“不是为儿童而设的：它是一所专门为神职人员（不论老幼）授课的技术学校……因此，它给以人平等的欢迎，不加区分，无论是儿童、青年和成人，还是早慧者和发展落后的人。法国这一时期的学校杂乱无章，没有任何系统的课程，也没有认识到要按照儿童的年龄给儿童分班教育。这与 18 世纪的发展形成了鲜明对比：新的学院将儿童与成人分开，并且人们越来越重视儿童的社会性和道德发展”（Ariès, 1962: 62）。人们强烈地主张，儿童是一个独立的群体，他们必须在身体和道德上得到与成人有区别的对待。根据年龄相关标准，儿童应得到保护、培育和教育。童年时期是一个迈向成年的变化、成长时期，人们应该更明晰地使用与年龄相适宜的标准，来衡量和评价儿童的表现。

19 世纪初，德国最早实行了大规模的义务教育，欧洲开始了义务教育的普及。美国在同一时期或稍晚时间也开启了义务教育。英格兰和威尔士直到 19 世纪末还没有完全普及义务教育（Cunningham, 1995）。李（Lee, 2001: 27）从政治功能的角度分析了童年的概念，尤其是当时“发展型国家（developmental state）”理论正盛行。在现代，投资儿童成为一种投资的形式，“因为儿童象征着未来”，政府希望他们对儿童的初期投资能得到回报。因此，19 世纪后期到 20 世纪中期，社会上涌现了一批教育工作者和教育专家，帮助支持儿童在家庭和学校中获得发展。实际上，对儿童有专业兴趣的成人数量的增加，有助于加强这样一种认识：儿童必须从成人世界中分离出来，并为成为未来的一代成年人做好准备。

对童年的“经济”考量在鲍尔斯和金蒂斯（Bowles and Gintis, 1976）的研究中得到了推进。他们对美国大规模义务教育的形成过程进行了历史分析。他们认为，在美国，一个完整的正式教育体系是随着资本主义经济体系的发展而形成的，儿童在其中受“官僚主义、监测和考试导向”的支配，被视为受过训练的未来劳动力（Bowles and Gintis, 1976: 2）。社会为数量不断增长的工人阶级的儿童开发课程，为他们提供基础教育；同时，学校被设计成类似于美国工人在工厂生产线上工作的方式。因此，在学校里，儿童的道德、社会和认知发展从根本上是围绕着培育美国成年人来展开的：儿童被分离出来，被控制起来，被塑造出来，以满足不断扩张的经济生产体系的要求。

在英国，人们的担忧不但有道德方面的，还有经济方面的。青少年犯罪和流浪问题在一定程度上引发了人们对学校义务教育更激烈的争论。青少年犯罪与早熟有关，因此人们希望儿童具有依赖性和可塑性。同时，人们认为儿童最好是无知的，更确切地说，他们要从一开始就获得正规的知识。这些知识，也就是后来的课程，随着儿童年龄的增长，逐步传授给他们。连贯且正规的学校教育是解决这些道德问题的手段之一，这也有助于进一步强化现代教育观念，即所有儿童都需要受到保护、约束和教育。

（四）发展中的儿童

心理学的基本观点是，童年是建立在生物学“不可改变的事实”基础上的：儿童具有依赖性，是发展不成熟的生命体，需要遵循一种发展路径。这种发展路径要清晰地追寻他们的成长和变化，使他们走出最初的不成熟状态。此外，“童年”会引发父母对儿童的情感反应，从而让父母与儿童建立亲密关系，更多地保护儿童（Shahar, 引自 Oswell, 2013: 18）。因此，根据心理学的发展理论，儿童在身体发育的同时，内部的心理也在发展变化。这种心理发展至少在早期是需要被成人持续监控的。历史学家们已经找到了史料证据，能够支持这些论点的生物学假设。例如，波洛克（Pollock, 1983）对阿利斯和肖特进行了批判，认为早在中世纪时成人就真正地意识到了“童年”这一概念，具体表现为成人会记录他们生活中孩子的逸事，在孩子夭折时会表达出强烈的情感。据波洛克所说，童年的早期阶段，成人对儿童的关爱并不缺乏，也不认为儿童仅仅是缩小版的成人。虽然通过童年概念的建构，儿童与成人区分开来，但由于处在不同的经济和文化条件下，中世纪的童年的表现形式与现代呈现出的明显不同。因此，波洛克认为，父母天生就有爱和照顾孩子的本性。

雷克斯·斯坦顿·罗杰斯和温迪·斯坦顿·罗杰斯（Rex Stainton Rogers and Wendy Stainton Rogers①, 1992）通过对发展心理学的激进解读，挑战了这种观点。基于19世纪后半叶社会科学的历史发展，他们将童年定位为一个富有吸引力的现代故事。在《童年故事》（*Stories of Childhood*, 1992）一书中，他们对童年进行了生动的描述，并描述了成人看待、理解和对待儿童的方式。贯穿整个20世纪上半叶，发展心理学获得了长足的进步，将童年定义为一系列关于生理和心理成长的事实。从另外一个方面，雷克斯·斯坦顿·罗杰斯和温迪·斯坦顿·罗杰斯"解构"和批判地分析了这些事实，认为这些事实只是关于人类发展的可能性解释而已。这一时期研究儿童的普遍趋势是在实验室条件下监控和观察儿童，在被称为"可控的环境"中谨慎地对儿童的行为进行调整，这种研究方式被认为是辨别儿童发展中的科学事实的一种手段。两人认为，这些"事实"是具有重大政治意义和道德意义的故事。因此，尽管发展心理学致力于发现现代童年的科学事实，揭示其业已存在的基本特征，但像斯坦顿·罗杰斯这样的社会建构主义者认为，这些科学手段有助于"童年"这一概念的形成。事实上，整个20世纪，"童年"这一概念成为社会科学领域一个令人瞩目的焦点。尤其是幼儿时期，儿童发展和"依恋（attachment）"这样的概念有助于童年的塑造，为从事儿童工作的人提供了更详细和更科学的支持（Bowlby, 1953; Turmel, 2008）。

三、作为历史主体的儿童

近代历史学家强调，童年是现代性的产物。实际上，他们关注的是童年的社会建构属性。童年被看成了政治、经济和道德多方面力量历史地汇聚的产物，而不是所有社会和历史时期的生物特征。这种研究童年的方法为探索儿童自身在童年建构中所起的作用提供了一个框架。尽管这个框架尚存在一些模糊不清的地方。从另一个角度看，对历史上社会力量的关注给予了我们更多机会来发现儿童通过不同的方式展现我们称为历史性主体的一面。出于本章研究的目的，我将主体性界定为儿童"有目的地行动"，并在他们的社会环境中产生影响（Valentine, 2011: 351）。童年是历史作用的产物，这一观点为我们发现多种不同形式的童年提供了可能。正如社会在不同时期会呈现出不同形式，童年的形态也要适应社会的结构。虽然微观社会现象如儿童和家庭等，与更广泛的文化和社会系统之间没有明确的功能对应关系，但我们至少可以认为不同的社会系统可能产生不同的对童年的理解方式。

此外，除了斯坦顿·罗杰斯所持的较为激进的建构主义，童年的生物学基础并未被完全否定。近年来，我们可以看到，人们对童年的生物性和文化与社会性方面之间的关系进行了重新评估。实际上，这两者之间的关系已经脱离了一般的因果关系：发展心理学家认为儿童在生物性发展上处于劣势，并基于此做出了各种推论，而童年研究中的最新成果对这些推论提出了疑问。多数研究认为，儿童确实会受

① 原著中两个作者的名字都标注为 Stainton Rogers，译者查阅资料后，在文中标注出了两人的全名。

到生物性发展方面的限制，但是，儿童的社会性和政治能力往往可以掩盖他们在年龄和经验方面的不足。因此，超越心理学的发展视角，强调儿童生物性发展和文化之间的必然联系，我们就可以开始思考儿童表现出其历史主体性一面的多种方式。我们强调童年是一种社会和文化现象，这也为我们提供了一个空间，来探究儿童自身在童年的历史建构中所起的作用。

与此同时，社会建构主义理论流派的研究者们对影响儿童的历史、政治和社会力量的共同作用更感兴趣，关注由成人组建的社会制度和结构在特定的童年概念形成过程中发挥的作用。在建构现代童年概念的过程中，阿利斯（1962）的历史分析具有开创性，但这个历史建构明显缺乏对儿童自身角色的思考。其他多个研究者仿效这一方式，对童年概念进行了历史建构（Rose, 1992; Turmel, 2008）。很少有人描绘儿童所经历的社会历史，考察儿童历史上在多个社会领域做出的贡献。

儿童主体地位建立的整个历史过程中都面临着一个障碍，那就是人们难以获得儿童对自身历史参与的表达。人们本来就对儿童的历史参与缺乏兴趣和认识。这意味着相关数据，尤其是记录儿童现实生活与其贡献的数据少之又少。正如亨德里克（Hendrick, 2008: 45）所说：“当童年的历史有被改变的可能时，由于儿童表现出的‘沉默’，所以，以儿童为主体记载的历史可能并不那么令人满意。”这与20世纪上半叶的妇女的历史有着相似的遭遇（Oakley, 1994）。由于妇女被认为是不起眼的社会角色，所以在这一时期，很少有人会从妇女的视角去关注她们的生活历史。因此，如果历史学家们认为某些群体不具有历史意义，那么这些群体就不会被写进历史。从某个角度看，这个问题变得更严重了：可能历史学家们只是简单地反映了关乎童年的一些宽泛的价值。由于儿童相对弱势，他们常被忽视。对于儿童历史学家们或是致力于从儿童视角书写历史的历史学家们来说，问题在于，儿童这一较低的社会地位使得表达儿童声音的公共记录缺失。事实上，由于儿童低下的社会地位，历史学家们很难从儿童的视角撰写儿童生活的历史。约尔丹诺娃（Jordanova, 1989: 5）悲观地评价道：“这里不可能有儿童真实的声音，因为成人主宰了儿童的世界。”

尽管存在这些局限，但以往研究中还是有三种使用较广的方法，能够获得一定质量和数量的关于儿童视角历史的证据。第一种，我们可以从公共和私人记录中提炼出对我们有用的有限的童年方面的证据。第二种，我们利用口述史的方法听取成人关于他们童年的叙述，这种方法可以使我们最早追溯到20世纪上半叶的童年。尽管人口统计表明西方人的寿命越来越长，但这里有一个明显的时间周期限制，儿童的生活史不可能追溯到20世纪30年代之前。不过，口述史常被视为自下而上的历史，历史学家们倾向于听取来自社会贫困人群的声音——部分历史会被隐藏在更具普遍性的历史叙述中（Thompson, 1978）。第三种，我们可以依据过去成人表达出的对儿童的那些同情叙述来了解成人是如何看待儿童对生活的感受和体验的。第三种方法使用更多，历史学家们叙述了成人对儿童和童年的记录。

接下来，我将讨论儿童自身在“童年”这一概念的发展过程中所发挥的作用，以及儿童在更广泛的社区和国家中所扮演的角色。在这里，我也将介绍儿童主体性的概念，并探讨儿童发挥主体性和做出贡献的三个领域：首先，我会论述儿童在政治斗争和变革中的参与情况；其次，我会评定儿童作为经济主体的历史参与情况；最后，我会探讨儿童在军事冲突中的历史角色。

（一）政治化的儿童

著名评论家汉娜·阿伦特（Hannah Arendt）曾对儿童的政治参与做出评价，认为儿童被隐藏在“自然、爱和亲密”的私人领域。在这个领域，他们受到保护，免受公共领域的压力（Bethke Elshtain, 1996: 14）。阿伦特对20世纪50年代美国小石城（Little Rock）学校的种族隔离政策持强烈的批评态度，因为它使在发展上尚未做好准备的儿童暴露在种族政治中。在某些情况下，儿童接触“外部”政治世界被视为一种政治教化形式，成人为了政治意识形态的利益而剥削处于弱势的儿童。因此，传统的历史叙述倾向于排除儿童的政治或历史角色。然而，一种更倾向于建构主义者的方法允许我们挑战这种传统观点。例如，贝思克·埃尔施坦（Bethke Elshtain, 1996）认为，虽然那些叙述中没有涉及儿童，但在历史事件和情境中儿童是高度政治化的。

在距今更近的20世纪60年代和70年代南非种族隔离的历史上，南非黑人儿童和年轻人无疑处在反种族隔离运动的前沿阵地。20世纪60年代，随着教育范围的不断扩大，年轻黑人利用受过教育的优势，开始更多地思考他们在政治上的处境。这种政治意识以一种大规模街头抗议的形式表现出来。抗议发生在1976年的索韦托（Soweto），有15 000 ~ 20 000名儿童和年轻人参与其中。多达200名学生被政府军枪杀（Bundy, 1987）。这一事件的导火索是南非荷兰语（Afrikaans，少数白人统治者的语言）作为一门必修课被引入课程中。虽然有一些人批评成人在这场抗议中发挥了领导角色，而不是青年政治领导人，但许多孩子高度政治化，参与到了终止种族隔离的斗争中，与他们的父母一起战斗（Ndebele, 1995）。

（二）作为经济主体的儿童

尽管在世界上一些不太富裕的地区仍然存在童工现象，不过随着义务教育的普及，有偿雇佣儿童在西方国家成为一个政治议题，并且目前已经大面积消失了（ILO, 2011）。然而，事实并非一直如此。直到19世纪末，儿童更日常的经济活动才有所减少。19世纪是英国历史上现代童年概念形成的关键时期。在此之前，儿童大量地参与经济活动：儿童参与经济活动通常被视为国内经济的固有特征，并且家庭在很大程度上依赖儿童的收入。我们可以追溯到中世纪时期。那时，儿童经常从小就被送到本地富裕人家和神职人员的家里做仆人。而家庭较为富裕的农民子弟则通常被期望能学习一门手艺（Heywood, 2001）。亨德里克（Hendrick, 1997）提到了19世纪英格兰的童工问题，随着《工厂法案》（Factory Acts）在1802年、1819年和1833年的通过，童工问题以政治化的形式被表现出来。《工厂法案》不断限定儿童能够承担的工作时间与类型。还有一点很重要：该法案掀起了一场持久的公共讨论，探讨了国家向儿童提供免费教育的价值与影响。在整个过程中，公共讨论帮助建构了现代童年。一开始，讨论内容关注的是儿童很容易在工资待遇和雇佣条件上被成人剥削，后来讨论指出，工作作为一种活动有害于儿童的依赖和纯真，而依赖和纯真刚开始被视为童年的“内在”特征。直到20世纪30年代，英国通过了一项法案，有效地将儿童雇佣定义为以获得“零花钱（pocket money）”为目的而从事的附加性次级活动（Wyness, 2012）。1938年，美国通过了类似的立法——《公平劳动基准法案》（Fair Labour Standards Act），反映了公众对儿童经济活动的态度。直到这时，儿童对成人而言才具有了情感和社会意义，而不是经济价值（Zelizer, 1985）。

（三）儿童与军事冲突

儿童往往被看作军事冲突中相对被动的受害者，而非军事上的主角。但是，正如政治化的儿童这一观念在现代西方社会没有文化说服力一样，儿童作为军事主角的想法也与人们的观念相悖。从某种程度上说，当代“童子军”唤起了人们的一种不安感。因为人们认为儿童在生理和心理两方面的发展都不具备参与军事冲突的能力，服兵役完全是成人的活动。尽管有这些保留意见，但一些历史证据表明，儿童在过去是军队和军事行动中非常重要的组成部分。戴维·罗森（David Rosen, 2005）研究了某些历史背景下，儿童在军事冲突中的主要作用。在中世纪，英国军队会定期征募男孩入伍。18 世纪 70 年代，英国军队会定期招募 12 岁和 13 岁男孩来镇压美国独立战争中的叛乱。丹恩（Dann, 1980）曾写过关于亨利·耶格尔（Henry Yeager）的文章，亨利·耶格尔在 13 岁时报名参加了反叛军的战斗。他做过乔治·华盛顿的鼓手，曾经有一段时间因间谍罪被英国军队逮捕并被下达了死刑的判决。不过，这个男孩在监狱里待了几个星期后被减刑了。但他后来又在一艘反叛军的船上被捕，在监狱里又待了两年。

19 世纪 60 年代的美国内战被认为是一场“童子军战争”（Rosen, 2005: 5）。据历史学家们估算，这场战争中 10% ~ 20% 的士兵都是儿童。在 20 世纪，儿童在巴勒斯坦以及中欧和东欧的军事行动中也发挥了重要作用。后边还有两点值得我们注意：尽管英国政府规定了年龄，但在第一次世界大战期间仍然有许多儿童按照惯例报名参与了战斗。第二次世界大战期间，儿童在犹太人的抵抗运动中扮演着重要的角色，挑战了纳粹对东欧的统治。据估计，大约有 1/3 的犹太士兵年龄在 15 ~ 20 岁（Rosen, 2005: 21）。

对于一些人来说，理解儿童主体性的困难在于，他们认为儿童的行为必然基于儿童的某种选择（Kimmel and Roby, 2007）。阿伦特（1959）认为，小石城儿童的参与是一种政治教化的形式，是成人在利用处于弱势的儿童来实现政治意识形态的利益。显然，大屠杀的爆发，使儿童在不知情的情况下必须做出是否参与的选择。因此，我们可能很难在这里辨析出一个儿童主体性概念。此外，德诺夫（Denov, 2012）提醒我们，不要把童子军塑造成受害者、罪犯或超级英雄。因为这里的主体性概念很复杂：一方面，强制征募童子军，强化了儿童的受害者身份；另一方面，儿童犯下的各种各样的战争罪行加重了他们的罪责，也在一定意义上凸显了他们的主体地位（McAdam-Crisp, 2006；她对 1994 年卢旺达大屠杀中儿童的作用进行了分析，指出有近 3 000 名儿童因参与种族灭绝大屠杀而被监禁）。尽管如此，罗森（Rosen, 2005）提到，在纳粹大屠杀期间，很多儿童和他们的家人认为落入纳粹手中被迫死亡是一种“耻辱”。在许多历史情境中，父母和学校鼓励儿童拿起武器，并将自身的参与视为一种道德义务。罗森在评价大屠杀幸存者普里莫·莱维（Primo Levi）的作品时表示，对于莱维而言，他与参与抵抗运动的其他儿童游击队员一样，“毫无疑问，即使他是一个孩子，也要承担道德责任”（Rosen, 2005: 24）。

案例研究 1.1

儿童的集体工业斗争

以往，作为经济主体，儿童这个群体发挥了一定的作用。对于历史上儿童发挥作用的不同方式，我们的了解非常有限。然而，历史上有两个著名的案例，分别来自英国的马森(Marson)和美国的伍德豪斯(Woodhouse)。马森(Marson, 1973) 描述了 1911 年的儿童罢工，在其中关注了儿童的政治“工业”潜力。英国 60 多个乡镇和城市的工人阶级儿童离开了他们的教室和学校，走上街头游行。在更广泛的工业动乱发生的政治背景下，儿童要求停止体罚和缩短上学时间。尽管当局毫无疑问地做出了惩罚性回应，给学生群体中的罢工儿童贴上了“逃学者”和“边缘群体”的标签，但这些儿童确实锻炼了主体性，表现出了独立性，并且能够组织和协调本地多所学校之间的联合运动。

20 世纪初，这种儿童群体的主体性在美国也很常见。8 ~ 14 岁儿童在纽约街头卖报时展示出了他们的创业技能和财富创造潜能。这些卖报的“无冕之王（Newsies）”成为纽约街头的日常特色（Woodhouse, 2009）。儿童只能从出版商那里购买报纸，因此他们面临着售出所有当日报纸的压力，以确保他们能在大街上赚到钱。尽管这些卖报的儿童很受欢迎，但他们在街上的地位很低。不过报童是一个组织良好的团体，他们最终组建了自己的工会以保护集体利益。1899 年，报童工会在与强大的赫斯特（Hearst）和普利策（Pulitzer）出版帝国的纠纷中展示了自己的力量，后者试图以较低的价格支付这些男孩的卖报酬劳，但工会的集体力量使报童能够选择罢工，迫使报社老板让步并维持他们原有的工资水平。

案例分析 1.1

在多大程度上，罢工儿童的形象会挑战更现代的儿童作为依赖者的地位?

例如，在英国和美国这样的富裕国家，21 世纪的童年观强调儿童有接受学校教育和受保护的权利，儿童有能力接触高新技术，并且接受高新技术的速度往往比成人快得多。尽管如此，儿童仍被视为成人看护者和教育者的一种责任，而且人们仍然期望儿童在成人的细致监管和控制下成长。因此，尽管一个世纪前像美国一样的一些富裕国家的部分儿童已经开始自己赚钱并与雇主对抗，但如今的美国儿童被认为应该在课堂上安全地与同伴和老师一起，参与线上或线下的学习。

本章小结

本章概述了研究儿童历史的两种常用方法。首先，我们关注了汇聚和建构“童年”的各种历史力量，“童年”是一系列观念和情感的有力联结，包括如何对待儿童和对儿童的期望。我从童年概念的四个历史角度来讨论这些观点。虽然这些观点产生、发展于 19—20 世纪的不同时期，但它们之间存在着重要联系，共同构成了 21 世纪更复杂的童年模式，特别是在世界上更发达的地区。第一，我们可以看到，儿童是脆弱的和纯真无辜的这样的观念可能会导致人们培养出令人头疼的具有犯罪倾向的儿童。如果我们保护不好儿童的纯真无辜，就会让处于弱势的儿童暴露在更加残酷的犯罪世界中。对童年的当代分析又通过被忽视的儿童这一概念，将这两种观点结合起来。第二，“纯真无辜”和“令人头疼”两种儿童形象构成了一个历史基础，促使英国学校义务教育从 19 世纪中期至今不断扩展。最初，通过学校义务教育的扩大发展，社会对工人阶级家庭儿童童年生活的管理是围绕其行为控制和道德影响展开的。而后，大规模义务教育的普及，使儿童变得具有依赖性和无知，因而需要成人的指导和保护。在整个 20 世纪，实施义务教育被认为是对未来的一项必要投资，社会和教育政策都强调要开发工人阶级家庭出身的儿童的潜力，以追求社会、政治和经济方面的结果。第三，发展中的儿童这一观念具有重要的科学基础，整个 20 世纪的教育都借鉴了这种相对新颖的童年概念，来帮助对童年时期进行分段、选择和补救。罗斯（Rose, 1992）谈到要形成一个包括家庭、专业人士和学者在内的福利体系来支持儿童，这个体系合并了四种童年历史模式。此外，我们可以从国家逐步参与的角度来看待童年这一概念。在英国，最新的政策文件《每个儿童都重要》（Every Child Matters①）（DfES②, 2004c）的颁布说明了这一趋势。其中规定的对儿童的法定责任包括保护、养育、管理和教育儿童。

童年的历史建构是成人的政治、经济和社会利益相互作用的结果。在对本章第二个重要主题的讨论中，我们将更多的关注点放在了儿童自身可能扮演的历史角色上。在童年的建构过程中，儿童自身发挥了重要作用。尽管证明儿童在多大程度上发挥作用的材料很有限，不过将儿童视作历史主体，为我们提供了一个更细致和多面的童年历史。

反思与讨论

1. 本章第一部分所讨论的童年历史建构与当代社会有关联吗?

2. 鉴于过去 20 年间儿童生活发生的变化，在 21 世纪末，我们是否会有更多的机会以儿童的立场来书写童年历史呢?

3. 你能举出儿童表现出主体性的其他例子吗?

4. 本章重点关注了历史上对童年的不同认识，这些不同的童年观之间有什么共性联系吗?

推荐阅读

1. Ariès, P. (1962) *Centuries of Childhood*. Harmondsworth: Penguin.

本书开创性地提出了一个观点，即童年不是普遍一致的，是政治、社会与文化因素的产物。

2. Hendrick, H. (1997) ‘Constructions and re-constructions of British childhood: an interpretive survey, 1800 to the present’, in A. James and A. Prout (eds), *Constructing and Reconstructing Childhood*, 2nd edn. London: Falmer. pp. 33–60.

本章探讨了政治、经济和社会作用力量达到平衡和汇聚的方式，并提出了对童年的具体的历史性解读。

3. Pearson, G. (1983) *Hooligan: A History of Respectable Fears*. Basingstoke: Macmillan.

本书分析了“儿童即问题”这一主题，指出这是在英国社会反复出现的历史性恐惧。

---

①《每个儿童都重要》是一项旨在促进儿童发展与幸福生活的改革政策。英国《2004 年儿童法》(Children Act 2004）颁布后，《每个儿童都重要》对该法规定的国家儿童服务体系改革框架从政策角度做出了进一步的解释与延伸。

② 全称是教育和技能部（Department of Education and Skill），是英国政府部门。书中出现的另一个与该机构名称相近的是教育部（Department of Education，DfE）。

4. Rosen, D. (2005) *Armies of the Young: Child Soldiers in War and Terrorism*. New Brunswick, NJ: Rutgers University Press.

本书从历史和当代角度对儿童在军事冲突中所起的作用进行了研究。

5. *Childhood: A Journal of Global Child Research*.

这是一个国际同行评议期刊，也是一个在全球介绍儿童相关研究的论坛。

第二章

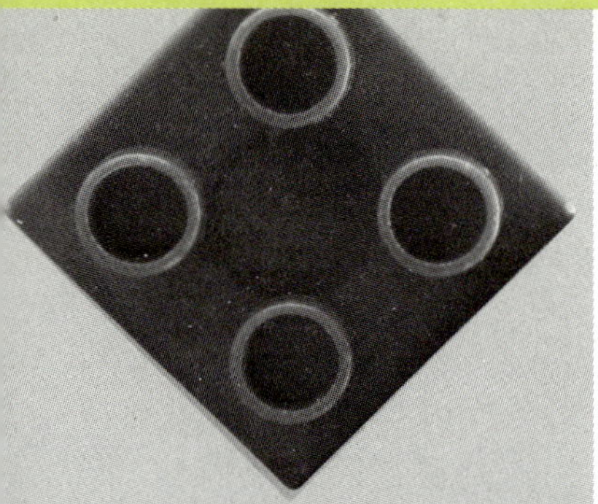

当代童年：现代理论和儿童生活

蒂姆·沃勒（Tim Waller）

主要目标

- 回顾关注早期童年研究的最新文献和研究成果。
- 概述文献中指出的当代童年与儿童生活的主要特征。
- 批判性地分析儿童发展在我们理解儿童生活时的作用。
- 采用多种视角看待早期童年。
- 建构与讨论关于早期童年的现代理论的 5 个关键原则。

本章是对第一章的补充，由第 2 版（2009 年）整体保留下来，在部分地方做了适当修改。除了纳入新理论之外，本章还对第一章提出的部分概念做了进一步讨论。但是，第一章关注的是历史上的童年观念，解释了这些观念是如何随着时代发展变化的，以及它们对当代童年观念的影响，本章则侧重于探讨当代童年。

本章对当前国际上与早期童年相关的文献和研究进行了概述。很多最新研究批判了在与儿童相关的理论中“儿童发展”所占的中心地位。为了形成对儿童的当代理解，本章提出并批判性地讨论了现代理论中的 5 个主要原则。

- 童年是多种多样的。
- 对童年可以有多种视角的理解。
- 儿童参与了自身童年的共同建构。
- 儿童在家庭、社区和文化的参与中，对儿童的生活有着明显的积极作用。
- 我们仍将研究童年。

童年可以被定义为一个人作为儿童所经历的人生阶段，以及这一阶段内所表现出的文化、社会和经济特征（Frones, 1994: 148）。

基于大量的资料（Corsaro, 2011; Dahlberg et al., 2007; Kehily, 2009; MacNaughton, 2003; Maynard and Thomas, 2009; Penn, 2008），本章指出了关于儿童发展的现代理论的 5 个特征，并讨论了它们与当代童年之间的关联。本章的目的很明确，就是探讨新的当代童年观，而不是重复传统文本中的观点，它们很多主要从心理学角度来看待儿童和童年。

例如，布朗（Brown, 1998）、麦克诺顿（MacNaughton, 2003）、鲁宾逊与迪亚兹（Robinson and Diaz, 2006）提醒我们要重视平等，并且有必要考察和审视我们自己对儿童与童年的假设。成人常会低估儿童。人们普遍认为，儿童是独特的个体，生活在社会世界中，不存在所谓的“正常”发展（Donaldson, 1978; Dunn, 1988; Rose, 1989）。

在提出当代儿童观的过程中，“儿童”“儿童发展”和整个童年概念都会受到质疑。我们会从多种视角包括新兴的儿童社会学，来对童年这个概念和儿童的社会历史进行研究和讨论，并提出一个整体的观点。本章还讨论了平等问题及其对儿童的影响，关注儿童在家庭和社区中的参与情况（平等和多样性问题将在第五章详细说明），并对最近关于早期大脑发育的研究进行了评价。

一、多种多样的童年

当代童年观认为，童年不是一成不变的，也不是普遍一致的，而是“会动态变化和发生转变的”（Walkerdine, 2009）。这意味着儿童在经历许多不同且变化着的童年。由于社会阶级、“种族（race）”、性别、地理环境以及时间等因素的不同，童年有地区差异，也有整体形式［参见佩恩（Penn）2005 年和 2008 年的成果，其中有对新童年观的详细讨论］。直到近期，多数已发表的关于儿童、童年和儿童发展的研究关注的还都是个体发展，认为个体发展是迈向成年阶段的一个自然过程。不管儿童的社会阶级、性别或“种族”是否相同，这种自然的成长对所有儿童而言都是一样的（MacNaughton,

2003: 73）。在这类数量众多的研究成果中，大多数研究采用的是心理学和发展心理学的视角，提倡沃克丁（Walkerdine, 2004: 107）的“童年的基本模式”。这是一种传统的、在西方盛行的儿童发展观，常被用来对世界上所有儿童进行分类（Dahlberg, 1985; Walkerdine, 1993）。佩恩（Penn, 2005）引用罗斯（Rose, 1989）的观点，描述了一个“正常”的儿童。

统计平均数与特定的历史价值判断的奇妙融合。这类“正常”儿童最突出的特点就是，他或她很不正常，因为现实中根本没有这样的人，或从来没有过这样的人。定义常态的好处在于，这是一种判定和区分那些受控制或被管理的人的方法，也是处理那些看似不适合的人的方式。（Penn, 2005: 7）

95% 以上的这类文献来源于美国（Fawcett, 2000），并且其中大部分是男性写的，或者是从男性的视角来写的。沃克丁（Walkerdine, 1993: 451）指出，要理解所谓关于儿童发展的“科学的”心理“事实”，就“一定要在这些知识产生的历史背景中进行”。因此，在沃克丁看来，这种关于儿童发展的知识产生于父系社会，对儿童发展的解释也是由男性视角主导的。她非常肯定地指出，依靠心理学来解释儿童发展的做法“推动了男性和欧洲人视角的广泛应用”（1993: 452）。

最近，随着新兴的儿童社会学、文化学和人类学研究的影响力越来越大，另一种观点出现了，它认为童年是由成人建构起来的，会随时间和地区的不同产生变化（参见 Gittins, 2004; James et al., 1998; Mayall, 2002; Prout and James, 1997）。麦克诺顿（MacNaughton, 2003）认为，儿童的发展不是一个事实，而是一种文化建构。当描述一个儿童的发展时，描述的并不是事实，而是在描述我们的文化理解和偏见（Dahlberg et al., 2007）。

正如佩恩（2005: 97）指出的：“世界上许多地区的儿童的境遇与我们发现的北美和欧洲儿童的情况是完全不同的。”居住在世界上其他地区的 80% 的儿童在财富、健康和文化方面的境遇与北美和欧洲儿童差异明显（Penn, 2005: 98–108）。

- 1/6 的儿童处于严重饥饿的状态。
- 1/7 的儿童完全享受不到医疗保健服务。
- 1/5 的儿童喝不到干净的水，1/3 的儿童家中没有厕所或卫生设施。
- 超过 6.4 亿名儿童住在泥地或极其拥挤的住宅中。
- 超过 1.2 亿名儿童上不了小学，其中大多数是女童。
- 1.8 亿名儿童在极其恶劣的工作条件下当童工。
- 每年有 120 万名儿童被贩卖。
- 有 200 万名儿童从事性工作，其中大多数是女孩。
- 20 世纪 90 年代的国家和地区冲突中，占死亡总人数（360 万）近一半（45%）的是儿童。
- 1 500 万名儿童因为艾滋病而成为孤儿，其中非洲人占到 80%。

（资料来源：The State of the World’s Children, UNICEF, 2004。）

此外，对所谓“儿童发展”进行归类与研究，这种想法与其有效性也受到了质疑（详情见 Fawcett 2000 年的评论）。显然，变化与转变贯穿人的一生，而如何理解这些变化，以及这些变化是如何产生的是争论的焦点。达尔伯格（Dahlberg, 1985）认为，由于发展心理学处于核心和支配地位，我们的儿童观被限制在了自然发展的科学模式上。通常，这种模式会将儿童发展定义为社会性、情绪和认知或智力等一系列相对狭窄的心理和生理方面的发展。然而，正如赖利（Riley, 2007）所说，这些方面相互间的关系是复杂的，发展主义并不能完全解释其复杂性，也不能解释它们是如何作为一个整体共同运作的。朱克曼（Zuckerman, 1993）也认为，主张儿童发展系规律性和可预测模式的理论简化了儿童生活的事实，也实际上妨碍了我们对童年的理解。

达尔伯格等人（2007）认为，将“发展”一词用于童年时，发展本身就是一个有问题的术语，因为它会产生压迫性实践。沃克丁（Walkerdine, 1993）和西林（Silin, 1995）指出，我们的儿童观已经通过多种不同的方式加强了这种压迫和剥削，因为“我们总是将儿童与我们的差异视为发展不充分或缺陷，而不是其他可能的解释方式”（Silin, 1995: 49）。麦克诺顿（2003: 75）对这一点进行了论述，并引用了坎内拉（Cannella, 1997: 64）的观点，认为：“儿童发展是一个具有帝国主义色彩的概念，这个概念证明不同类群的儿童和形形色色的文化是落后的，并且需要更先进的人群和文化的帮助。”

然而，正如上文和下文所述，虽然一些人认可童年的社会建构和新兴的童年社会学，而一些人对此还有疑义，但这只是看待童年的多种视角中的一种。例如，沃克丁就质疑了当代童年观的地位，认为社会学的解释方式取代了从心理学角度理解个体发展的方式，社会学更侧重于解释“儿童的主体地位是如何产生的”（2004: 96）。她认为这种“二元论”视角，使得对童年的研究视角发生了转化，从研究儿童内在转向研究儿童外部环境，同时对儿童发展的关注仍有一席之地。不过，将童年视为一个经历特定阶段的过程又过于简单化。童年是多种多样的，如果要研究童年，就必须考虑多种视角。

二、多种视角下的童年

当代童年可以从很多种新的视角来解读（Walkerdine, 2009）。这些视角会受到文化的影响，也会随时间而发生改变。凯西利（Kehily, 2004）指出，不同的学科经历长时间的积累，形成了研究儿童的不同方法。然而，最近，社会学（Mayall, 2002; Prout, 2005）、幼儿教育（MacNaughton, 2003）、批判理论和女性主义（Walkerdine, 1993）、文化研究（Cole, 1996）视角下的国际研究越来越多。这些研究批判了发展心理学的地位。发展心理学将儿童视为有潜能的主体，认为儿童的存在就只是走在变化为成人的道路上（Walkerdine, 2009）。因此，目前我们可以从不同的角度来看待儿童的发展，而这些观点会受到文化的影响，并会随着时间的推移而改变。

普劳特和詹姆斯（Prout and James, 1997: 8）指出了“新童年社会学”的几个主要特征。

- 童年可以被看作一个社会建构的过程。
- 童年是社会分析中的一个变量。
- 儿童的关系和文化本身值得研究。
- 儿童是积极的社会主体。
- 研究童年就要参与到社会重建童年的过程中。

这两人指出：“儿童的不成熟是生物学事实，但如何理解这种不成熟，以及赋予它意义是一个文化事实。”在坎宁安（Cunningham, 1995: 3）看来，我们“不能脱离整个社会孤立地研究童年”。在现代文化中，童年已然成为一个正式的类目，具有一定的社会地位，并且是发展中的一个重要阶段。我们的社会机构，如家庭、诊所、幼儿教育机构和学校等，对童年在社会中的地位设定了界限。詹克斯（Jenks, 1982）、霍伊尔斯和埃文斯（Hoyles and Evans, 1989）指出，这种分析将“童年”置于社会结构中，而不是将其视为自然现象。

童年相对于成年是独立存在的，这一概念是现代才出现的。阿利斯（Ariès, 1962: 152）认为，在大约 15 世纪的某个时间点之前，儿童和成人几乎没有差别：“中世纪的社会不存在童年这一概念。”从 15 世纪开始，孩子才真正以儿童的形象出现，这也意味着他们逐渐从成人社会的日常生活中脱离开来。接着，19 世纪末，（欧洲）义务教育开始普及后，“童年”才作为特定类目出现，在社会中被建构起来（Ariths, 1962），并以一种制度化的形式安排下来（Walkerdine, 1993）。

但是，波洛克（Pollock, 1983）反驳说，人们错误地认为过去的社会不存在现代西方童年观，认为那时的社会不存在童年概念。即便过去人们对儿童的看法是不同的，但这并不意味着孩子就不被视为儿童。当然，他承认，当代童年的形式具有历史特殊性。对童年的历史研究表明，英国在 19 世纪末到第一次世界大战开始时，人们对童年这个概念进行了重新建构（Gittins, 1998）。这些研究表明，儿童的经济价值和情感价值发生了重大转变。在较短的一段时间内，工人阶级家庭中儿童的地位发生了改变，从家庭收入的补充来源之一转变为经济上相对不活跃的家庭成员，并远离了成人世界的苦难现实（Cunningham, 1995）。泽利泽（Zelizer, 1985）指出，在西方文化中，儿童对家庭做出的贡献“不具有任何的经济价值”，但“具有无限的情感价值”。他们的价值在于他们能够使父母的生活变得有意义且充实。

阿尔温（Alwin, 1990）认为，童年成为一个特定的类目，源于人们态度的转变，这种转变是将儿童置于家庭的中心，鼓励父母和儿童建立亲密关系。因此，她用四个标准来定义童年：受保护的、被隔离的、有依赖性的和责任延迟的。此外，吉廷斯（Gittins, 2004）认为，童年的发展作为一个概念具有特定阶级性，它反映的是欧洲中产阶级盛行的价值观和做法，他们逐渐区分了成人与儿童、女孩和男孩。

因此，童年观已经发生且还在发生变化。影响童年的几个主要因素分别是经济、人口、文化和政治。自 1945 年以来，随着西方经济的发展，以及将法定义务教育年龄调整至 16 岁，“青少年（teenage）”文化形成了，这种文化体现在服装、音乐、媒体和电影中。青少年被看作具有潜在消费能力的人群，并与成人一样成为广告宣传的目标人群。最近，一个更小的群体被区分出来，即“天真的少年（tweenagers）”或“宝宝（tweenies）”（Guardian, 2001）。这个群体指 7 ~ 12 岁已经表现出青少年文化倾向的儿童——例如，7 ~ 12 岁的女孩已经开始购买“品牌”服饰，或者开始化妆，有属于自己的手机。

世界各地的很多儿童自出生起就陷入了某种生活方式，即数字技术广泛应用于复杂的社会交往与交流实践中。这些实践通常处在不断更新中，其中包括使用如手机、平板电脑、多媒体播放器（iPod）和游戏机这样一系列的手持设备，在数字和卫星电视上玩互动游戏，接入网络进行影像和文字交流，开电话会议，以及与世界各地的游戏玩家一起玩游戏。目前，社交网站（人们可以用它共享照片并交流）、短信（发送信息）和博客（能够在线撰写网络日记）非常流行。不过随着技术的不断发展，新的不同的交流与实践可能会出现（Waller, 2010b）。有人担心儿童会在现代化交流活动中处于劣势，而导致与成人之间的“数字化鸿沟”（Waller, 2010b），已经有越来越多的人意识到数字技术对众多儿童的生活产生了影响。美国（Labbo and Reinking, 2003）、澳大利亚（Knobel and Lankshear, 2007; Yelland, 2006）和英国（Facer et al., 2003; Marsh et al., 2005）的一些学者指出，电子媒介对童年产生了巨大影响，电子媒介有助于提高儿童早期的读写能力，丰富他们的游戏经验。马什（Marsh, 2007）认为，年幼的儿童与家庭和社区中其他年长的成员一样，都在参与数字化的交流与社会实践活动。

虽然波兹曼（Postman, 1983）预测电脑的使用会造成儿童和成人之间出现更大的鸿沟，但事实似乎并非如此。许多儿童已经成为熟练使用技术的专家，能够以不同的方式获取和运用信息（Facer, 2011, 2012）。叶兰德（Yelland, 2006）也指出，显然，我们需要基于儿童视角来看待电子媒介。

三、儿童参与自身童年的共同建构

无疑，生理发展方面的状况决定了儿童是年幼的个体。然而，“儿童”也是由社会决定的，包括时代背景、地理环境、经济和文化。成人在童年的社会建构中发挥着怎样的作用，儿童在自己的生活中发挥着怎样的主体性，人们对此存在争议。梅奥尔（Mayall, 1996: 1）指出：“儿童的生活是在社会为儿童所建构的童年中度过的，成人对童年、儿童之所是和儿童所应是的看法与决定是童年的社会建构。”当前，人们已经认识到了权力这一维度对于儿童和成人之间关系的重要作用，以及成人与儿童之间的关系对人们如何定义、研究和理解儿童与童年的影响（Riley, 2007）。正如康奈尔（Connell, 1987）所指出的，权力有时会涉及直接使用武力，而且权力总是伴随着观念（意识形态）的形成来为使用权力的行为辩护。坎内拉和格里沙伯（Cannella and Greishaber, 2001）指出，对成人和儿童的区分造成了一种年龄歧视，使成人的意志凌驾于儿童之上。

奥尔德森（Alderson, 2005）吸收性别研究的成果，强调指出，这些成人的定义和观念深刻地影响着所有儿童的生活。表 2.1 呈现了男性与女性在人们眼中的形象。第 1 栏中的内容也适用于描述儿童在人们眼中的形象，这些内容展现了传统儿童发展相关文献中儿童的形象，以及成人所建构的儿童形象。

表 2.1 性别印象

栏目 1—女	栏目 2—男
无知的	博学的
没有经验的	有经验的
反复无常的	稳定的
愚蠢的	明智的
需要依靠的	保护他人的
不可靠的	可靠的
虚弱的	强大的
不成熟的	成熟的
非理性的	理性的
不称职的	能胜任的

［资料来源：Alderson（2005: 129）。经开放大学出版社（Open University Press）许可后可转载。］

奥尔德森（2005: 131）认为：

- 儿童经常被看作软弱和无知的，因为他们一直处于无助和需要依赖他人的状态。
- 如果儿童试图成为第2栏中所描述的样子，有可能会因此而受到惩罚。
- 人们不允许儿童获得知识和经验。
- 成人自己保持第2栏中的状态是合适的。

尽管最近一些著作确实推动了人们从积极的角度来看待儿童，认为儿童是有能力的，但奥尔德森认为仍然存在问题，尤其是在以往的方式中，人们依然因为儿童的年龄对他们持有负面的刻板印象（以表2.1第1栏中的描述为主）。

现代儿童观认可儿童的主体性，认为儿童能理解并参与他们的生活。这种儿童观认为儿童自出生起就表现出了超乎寻常的能力。“主体性”与“参与”是新的童年社会学的两个主要特征，这影响了幼儿保教政策与实践，还影响了当代人对儿童的理解。接下来，我们将依次讨论这些问题。

（一）主体性

具有“主体性”意味着儿童有理解和参与自己生活的能力，并且儿童从出生起就具备了这样的能力（James et al., 1998; Mayall, 2002; Wyness, 2000）。此外，人们认为儿童能够积极地参与到他们自己生活的共同建构中。从这个角度来看，儿童是构建自己文化的积极主体（Corsaro, 2011），他们有自己的活动、时间和空间（Qvortrup et al., 1994）。人们要尝试理解儿童对自身生活的定义，以及儿童赋予自身生活的意义，认可儿童的能力，并认识到儿童能够理解和作用于他们自己的生活。因此，这个视角将儿童视为建构自己童年的积极主体，就如马拉古齐（Malaguzzi, 1993）提出的“富有的儿童（rich child）”这一概念所定义的那样，富有的儿童是指儿童“富有潜力，是强大的、有力量的和有能力的”（1993: 10）。例如，11个月大的婴儿可以独立行走，影响这一技能发展的重要原因是婴儿自出生后在家庭和社区中所经历的具体环境，而不是另一种观点所提出的“自然成熟”的结果。因此，新童年社会学已经对发展心理学的立场进行了批判。发展心理学将儿童解释为有潜能的主体，根据儿童的年龄对儿童进行分类，对他们的能力进行分级（Corsaro, 2011），并以“个体的”方式对儿童进行研究和测试（Cannella, 1999: 37）。尽管儿童的主体性在这个学科领域得到了广泛认可，但人们仍然在持续讨论成人在童年社会建构中的权力与角色，以及儿童在他们自己生活中的主体作用。因此，我们还需要进一步讨论和解释“主体（agent）”和“行动者（actor）”这两个概念。

儿童可以在他们的周边环境中表达自己的感受和情绪，这个事实证明儿童能够在行动中表现出胜任性。尽管如此，“主体”一词意味着一个更加积极的角色（Mayall, 2002）。作为主体，儿童不仅可以表达他们的想法和愿望，还可以在他们的环境中与人协商和互动，进而引起环境的变化。然而，坎内拉和格里沙伯（Cannella and Greishaber, 2001）认为，将成人和儿童进行区分会造成一种年龄歧视，使成人的意志凌驾于儿童之上。例如，韦恩尼斯（Wyness, 1999）指出，学校系统实际上既不认可儿童是有能力的行动者，也不将他们作为主体对待。梅奥尔（Mayall, 2002）认为，儿童最好被看作社会中的少数群体，她还将儿童的主体性限制在这种少数群体的地位上。然而，亨德里克（Hendrick, 1997）针对儿童的主体性提出了一个重要的观点。他指出，童年概念的变化不是刚好发生了，而是在争夺中得来的，争夺者中很重要的群体是儿童自己，并且争夺发生在儿童与同伴和成人的联合互动中。

（二）参与

在认可了儿童主体性的重要性之后，人们认识到儿童有权参与那些影响他们生活的进程和决策。因此，儿童对自己童年的看法显得格外重要。在英国，《1989年儿童法》（Children Act 1989）和《每个儿童都重要》确立了儿童有被倾听的权利。其中一个重要的方面是儿童会发表自己对日常经历的看法，并与同龄人和成年人分享（Emilson and Folkesson, 2006）。库沃特普等人（Qvortrup et al., 1994: 2）认为："儿童常常被剥夺为自己辩护的权利，人们要么认为他们不能做出准确的判断，要么认为儿童不具备作为自己生活的可靠证人的能力。"托马斯（Thomas, 2001）表示，如果我们假设儿童是有能力的，而不是能力不足的，那么儿童通常会表现得比我们所认为的更有能力且更成熟。他还指出，相信儿童是有能力的，尊重儿童以及儿童所愿意表达的内容，这种做法的益处在儿童保育工作和社会研究中是显而易见的。

儿童政策和服务的发展重点就是让越来越多的人认识到儿童参与研究和决策过程的合法性与价值。然而，儿童的参与实际上能否为参与的儿童带来有价值的变化和益处，人们对此持保留意见（Badham, 2004; Tisdall et al., 2004）。例如，希尔（Hill, 2006）认为"参与议程（participation agenda）"本身是有问题的，指出人们对儿童参与的目的具有多种看法，且有时是相互矛盾的。正如辛克莱（Sinclair, 2004）所言，虽然原则上说儿童的观点会起到影响作用，但它是否会一直影响研究、政策和服务的方向，这一点值得怀疑。希尔（Hill, 2006）认为成人的观念明显地阻碍了儿童的参与，包括低估儿童的能力和希望维护成人对儿童的支配地位。因此，一个关键的因素是，成人有无可能通过参与过程或将参与过程"制度化"，来对儿童维持和施加控制（Francis and Lorenzo, 2002; Moss and Petrie, 2002; Prout, 2003）。正如克拉克和斯泰瑟姆（Clark and Statham, 2005）指出的那样，即便最具"参与性"的研究，也仍由成人来主导进程。

"主体性"概念也受到了质疑，例如，让（Jans, 2004）、克约尔霍尔特（Kjørholt, 2002）、范登布罗克和布韦尔纳-德·比（Vandenbroeck and Bouverne-De Bie, 2006）的研究。范登布罗克和布韦尔纳-德·比（2006）从微观和宏观两个层面分析了儿童参与童年建构的情况。他们认为，参与式研究和实践实际可能具有排他性，因为如果儿童被建构成一个与成人相分离但同质的类群，那么他们的年龄、性别、种族或文化维度，还有不平等问题就会被掩盖。范登布罗克和布韦尔纳-德·比提议重新考虑儿童的主体性问题，进一步关注情境（即在不同的情境中主体性有不同的形式）。因此，在促进儿童参与方面，一个关键性的挑战是，如何确保儿童有足够的空间来表达他们的观点而免受成人观点、解释和议程的影响（参见第四章）。

麦克诺顿（MacNaughton, 2004: 46）提出："儿童可以有自己的见解，但不是在他们完全由自己做选择的情况下。"麦克诺顿指出了影响儿童的四种"力量"（第47页）。

- 既存的文化意象和文化意义的力量。
- 期望的力量。
- 地位的力量。

◆ 市场的力量。

麦克诺顿指出，儿童来到一个既存的世界，上述每一种力量在这个世界中都已经存在了。例如，她对儿童娱乐和玩具行业进行了讨论，以此来论证全球资本制造了物质文化，而儿童通过这种文化建构了自身的价值。正如赖利（Riley, 2007）所指出的，在价值数百万美元的童年产业中，儿童是巨大的消费群体，该产业的中心围绕着服装、玩具、书籍以及电子和数字媒介展开（参见 Marsh, 2005）。

自 2006 年以来，儿童协会（The Children's Society）每年都发表关于儿童和青少年幸福感的研究报告。其中，协会的“幸福童年调查”（Good Childhood Inquiry）项目揭示了当下人们一个很重要的忧虑，也是成人的一个共识，即不断增加的商业化正在损害儿童的幸福。89% 的成人认为，相比过去几代人，当代儿童更贪图物质享乐。而且，儿童自己在调查中提供的证据也表明，他们确实会对自己能否跟上最新潮流而感到有压力（The Children's Society, 2008）。

菲利普·格雷厄姆教授［Philip Graham，伦敦儿童健康研究所（Institute of Child Health, London）儿童精神病学名誉教授及调查小组成员］认为，商业压力可能会对儿童心理产生令人担忧的影响。美国和英国的相关研究证据（Schor, 2004）显示，那些受商业压力影响最大的人群，有精神健康问题的比率也更高。鲍勃·赖特迈尔（Bob Reitemeier，儿童协会的首席执行官）说：“调查提出了一个关键的问题，即童年是否应该成为这样一个空间——儿童的心智成长免受密集的营销技术的影响。”作为成人，我们必须对当前面向儿童的市场化水平承担责任。在这样的文化环境中，指责儿童贪图物质享乐是一种逃避，除非我们对自己的行为质疑。我们冒着风险创造了一代人，让他们不断追求那些不可获得的社会生活方式，借此让他们总是无法满足（The Children's Society, 2008）。

2013 年的《幸福童年报告》（*Good Childhood Report*）（The Children's Society, 2013）探讨了英国儿童的幸福感与儿童生活中其他事物间的联系（参见第十二章）。这份报告指出，儿童的幸福水平会在外部因素的影响下发生变化和得到改善。并且，报告特别指出，相比其他年龄段，儿童在青少年时期的幸福感要偏低一些。在 8 ~ 17 岁这个年龄范围内，相比年龄更小或更大的儿童，14 岁和 15 岁的儿童在他们生活的大多数方面幸福感都要更低。此外，英国儿童的幸福感水平在 1994—2008 年有所上升，在最近几年中处于停滞状态，但情况可能已经发生逆转（2013: 6）。

该报告表示，“大约 4/5 的儿童的‘生活是蒸蒸日上的’，这意味着他们对自己的生活感到满意，并且在生活中感到有意义”。尽管如此，也有令人担忧的地方。该报告指出，贫困和低幸福感之间有着明显的联系，随之对儿童的生活有着明显的影响。

> 低幸福感的儿童在家感到安全的可能性是其他儿童的 1/20，他们家庭出现相处不融洽情况的可能性比其他儿童的家庭要高 8 倍，这些儿童近期受到欺凌的概率比其他儿童高 5 倍。在剥夺指标中，有 5 个或 5 个以上项目不达标的儿童，在家里感到安全的可能性是其他儿童的 1/13，对未来持乐观态度的可能性是其他儿童的 1/6。（The Child's Society, 2013: 6）

人们认识到了以贫困为代表的外部因素对儿童生活的不好影响，这是非常重要的。当代文献中还有关于成人权力对儿童影响的争论。尽管如此，在这里，儿童仍被视为积极的参与者，并参与建构他们自己的生活。因此，对童年的当代解释试图理解儿童对自己生活的定义，以及他们赋予自身生活的意义，并认可儿童的能力，认识到儿童能够理解和作用于他们的世界。

四、儿童在家庭、社区和文化中的参与对其生活的特殊贡献

最近关于早期童年领域的许多著作认为，有必要将童年纳入更广泛的政治、社会和文化背景中考虑。布朗芬布伦纳（Bronfenbrenner, 1977）在他的生态系统理论中指出，一系列环境因素直接和间接影响着儿童的发展（更详细的讨论参见 Berk, 2007）。生态系统理论将儿童的发展建构为一个多层次的模型，这个模型的好处在于，它将儿童与儿童的经验置于发展过程的核心位置。虽然这是一个有用的框架，但它只能用来解释环境对儿童的影响，而没有体现儿童在环境中的参与，以及儿童通过参与来作用于环境。因此，这个框架没有充分阐明主体性和共同建构。

接下来，我们将简要讨论一下持有社会文化或“情境视角”观点的研究者所做的具有影响力的研究，如罗格夫（Rogoff, 1998, 2003）的研究。社会文化理论对维果茨基（Vygotsky, 1978, 1986）的理论进行了调整和强化，并对学习的合作本质和知识的社会建构提出了有价值的新见解。这些见解在早期童年领域特别具有影响力。这一理论不仅考虑到了儿童，还考虑到了儿童参与并共同建构的社会、历史、制度和文化因素。这一理论认为，人类活动深受环境的影响，其中包括人为现象和他人的影响。社会文化理论还强调知识的共同建构和分布，这种知识建构促进了理解共识和共有知识的发展（Edwards and Mercer, 1987; Greeno, 1997; Lave, 1988; Rogoff, 1990）。最终，儿童不是被看作一个独立的学习者，而是一系列有意义的社会实践活动的参与者。儿童的学习和发展离不开家庭的关注，以及人际交往和社会活动过程。这是一种动态的、不断发展的文化环境，在这种文化环境中，将儿童与他人分离开来进行研究是毫无意义的。因此，参与，而不是获得，在这里是一个关键概念。

约旦（Jordan, 2004）的共同建构模型（model of co-construction）是与此处非常相关的一个理论。共同建构模型认为成人与儿童之间是平等的伙伴关系，强调儿童在他/她自身的学习中是一个有力的重要参与者。罗格夫（2003）已经指出，学习者共同体（communities of learners）涉及学生群体中复杂的团体关系，学生在群体中学习，负责任地推进自己的学习，并实现团体的目标。在这些学习者共同体中，只有当学习者们达成理解共识，并依据共识在对应的共同体中行动，学习者共同体的存在才是有意义的。对于莱夫和温格（Lave and Wenger, 1991）来说，学习是一个不断深入地参与团体实践的过程。这一过程还包括一系列资源的形成，如工具、文件、规则、词汇和符号，这些资源存储了共同体所积累的知识（Wenger, 1998）。

罗格夫（1990）提出了“有指导的参与（guided participation）”这一概念来解释儿童的学习方式。儿童在参与文化社群生活的过程中，也得到了所在社群的价值观和实践的指导。有指导的参与包括两个基本过程，或者说是两方面的共同努力。这一过程或努力得到了参与者的互相结构化的支持（在共同活动中每一个人的参与都会推动他人的参与），并带来了知识的共同建构（Rogoff, 2003: 283）。儿童体验到了自身是有能力的，并且被人们认可为有能力的（Wenger, 1998）。

理论上讲，罗格夫（2003）和科尔萨罗（Corsaro, 2011）解释儿童参与社会的视角是相同的，他们都认为儿童是通过参与相互作用的社群生活来融入社会的。科尔萨罗等人（Corsaro et al., 2002）所称的“启动事件（priming events）”与罗格夫提出的“参与式分配（participatory appropriation）”和“有指导的参与”类似。这两种见解都认为个人、人际与制度问题应该一同分析，而不是将它们分离和孤立地分析。此外，

他们认为，在解释再生产的过程中，共同（common）和集体活动非常重要，儿童在其中与同伴和成人一起建构并生产文化。然而，解释再生产理论与罗格夫理论的区别在于后者没有充分考虑到社会经济和权力关系的重要性（Corsaro et al., 2002: 323）。

出于此方面的考虑，科尔萨罗等人（2002）扩展了他们的研究。他们在美国和意大利研究儿童从学前班到小学的过渡，关注人际、社区和个体分析（参见 Rogoff, 2003）。他们扩展了整个研究过程，也审视同伴文化以及幼儿保教政策的力量如何影响教育的价值与活动。科尔萨罗（2011）还发现，由于儿童与成人之间权力的不平衡，儿童在参与成人的计划和活动时，常常会产生烦恼、困惑、恐惧和不确定。因此，他认为，儿童的意图的产生，往往是儿童努力理解成人世界的结果。

对于科尔萨罗来说，儿童参与到文化规范（cultural routines）中是非常有价值的。儿童会充满活力地参与到日常规范（daily routines）中，使日常规范变得能够预测，并且儿童会受到规范的安全保护，形成对规范的共同理解。这样的日常规范会形成习惯，让儿童和成人都感受到自身是社区的一员，在社区中他们可以处理有争议或可疑的问题。从出生时开始，儿童就开启了参与文化规范的过程。它起初是基于“虚拟假设”的有限参与（Corsaro, 2011: 19）。在这个过程中，婴儿被看作似乎有社交能力的个体，并且真的全面参与。这不是因为儿童已经学会了规范，而是因为这样做会让他们感到安全，并且可以掌控活动或讨论。继而，婴儿在这个过程中获得了一些新的想法，并参与到一些活动中。

童年社会学的突出贡献在于打破了原本“单一”“静态”“标准”的儿童和童年概念，这一点应得到人们的认可。正如詹姆斯（James, 2009）所言，最重要的是让成人理解儿童对社会的贡献和儿童的主体权利，或者正如拉特纳（Ratner, 2000）所宣称的那样，儿童在民主的环境下可以显示出他们的主体性潜力。然而，最近，人们发现在这些具有影响力的观点中，某些概念产生了不一致。例如，尤普里查德（Uprichard, 2008）指出，人们围绕儿童的“存在（being）”和“成长（becoming）”进行了争论，这成为一个问题。“儿童”这个概念暂时以这两个术语为基础，她推荐另一个可替换的关于儿童的概念。尤普里查德（2008）认为，儿童并不总是孩子，而是逐渐走向成年，现在是儿童的这个事实只是暂时性的。

此外，正如贝（Bae, 2009）和拉特纳（Ratner, 2000）所主张的那样，人们过分重视儿童自主的概念，而另一个方面“有需要的儿童”却被忽视了。因此，尤普里查德（2008）和科尔萨罗（2011）指出，新的童年社会学试图将儿童定义为独立地进行社会建构的个体，忽视了社会文化过程中的互动对儿童发展的重要作用。正如史密斯（Smith, 2007）所指出的，分析儿童在共同建构活动中是如何得到支持的，这一点是社会文化理论的贡献（参见 Ragoff, 2003）。成人的角色是维持和鼓励儿童的兴趣，“帮助他们专注于目标，关注任务的关键特征，并减少任务的复杂性。但是，如果儿童还不能独立学习或承担更多责任，就必须有社会参与”（Smith, 2007: 154）。

正如沃勒和比托（Waller and Bitou, 2011）所指出的，促进儿童参与的一个关键挑战是，如何确保儿童能超越成人的观点、解释和日程安排的限制，有足够的空间表达他们的观点和看法。人们在一些问题上仍持保留态度——儿童的参与是否会为儿童带来有价值的改变并使参与其中的儿童受益（Hill, 2006）；由于参与已经变得制度化，儿童参与是否会给自己带来危险；以及儿童参与式研究和实践是否实际上有将儿童排除在外的可能性（Vandenbroeck and Bouverne-De Bie, 2006）。

五、我们仍在研究儿童和童年

正如上文所述，如果儿童是动态变化和不断发展的文化环境中的积极参与者，那么我们会一直持续研究儿童和童年。另外，技术变革和新的调查与研究方法也会促进关于儿童和童年新知识领域与理解的产生和形成。在过去的 15 年中，幼儿发展中的一个方面受到了相当多的关注，那就是早期的大脑发育。近些年，计算机技术的发展带来了脑成像技术的进步，如功能磁共振成像（fMRI）和正电子发射断层成像（PET）。神经科学家已经能够测量大脑的活动，并绘制大脑发育图（Blakemore, 2000; Goswami, 2004）。

然而，关于神经科学研究对早期保教的影响，一直存在相当多的争议（BERA SIG, 2003），并带来了一些错误的理解和“神经迷思（neuromyths）”[①]（CERI, 2007）。例如，布鲁尔（Bruer, 1997）认为，要在认知神经科学和教育之间建立起联系显得“遥不可及”。另外，高斯瓦米（Goswami, 2004）认为关于神经科学应用于早期教育的一些流行观点并不“现实”。同时，她认为，新的脑科学技术可以起到补充作用，但不能取代传统的教育调查方法。

脑科学研究有力地证明了幼儿的大脑发育处于一个快速增长状态，尤其是 3 岁以下的儿童（Riley, 2007）。从孕期第三周（21 天）开始，胎儿的大脑形成，并开始快速发育；到孕期第七个月结束时，胎儿的大脑神经元数量已经与成人大脑中的神经元数量相当，并且还有很大的发展空间（Catherwood, 1999）。关键是突触的形成。突触是细胞（神经元）之间的联结，承担信息交换的功能。大脑中的信息交换要通过突触完成。大多数突触是在个体出生后形成的，然而，新生儿出生时大脑中神经突触的数量已经大约是成人数量的一半了。接着，2 ~ 4 个月时，婴儿大脑中的神经突触数量快速地增长。因此，到 6 个月时，婴儿的神经突触数量比成人的还要多。环境的刺激可以诱发学习，其作用机制或是稳定大脑中已有的网络，或是形成新的网络。大脑中神经元细胞建立联结（形成突触）的能力，使人们看到了大脑的可塑性。英国皇家学会（Royal Society, 2011）总结了最新的脑科学研究成果，指出大脑的可塑性随着个体年龄的增长会降低。布莱克莫尔（Blackmore, 2000）分析，3 岁以后，个体大脑仍然保有可塑性，但速率逐渐降低，直到 10 岁失去可塑性。

布兰斯福德等人（Bransford et al., 2000）回顾了 16 位美国认知科学领域主要研究者的工作。他们的主要研究结论证明，如英国教育研究协会（BERA SIG, 2003）所言，学习会改变大脑的结构；并且，学习能够组织和重构大脑的结构，大脑的不同区域可以在不同的时间准备好进行学习。因此，尽管某些类型的学习存在黄金时期，但事实上，大脑也有惊人的能力去改变这一状况。

英国教育研究协会（BERA SIG, 2003: 19）也有效地总结了脑科学研究以及与之相关的心理学研究中的证据，如下所述。

- 经验——幼儿周围发生的一切都会改变大脑。
- 婴儿看到、听到、触摸到和闻到的一切都会影响到脑细胞间正在形成的联结网络。
- 他人发挥着关键作用。
- 婴儿和幼儿具有强大的学习能力。

---

① 通常指没有多少科学根据的神经科学传言，也就是对神经科学的误解和错误认识。

◆ 婴儿和幼儿实际上参与了自身大脑的发展。

◆ 极端的被剥夺环境可能影响大脑发育。

经济合作与发展组织（OECD，以下简称“经合组织”）的教育研究和创新中心（Centre for Educational Research and Innovation, CERI, 2007）指出了一些“神经迷思”的错误。这些“神经迷思”将神经科学的发现进行转化，错误地理解神经科学对教育的贡献。经合组织的报告聚焦了人们关于学习的“关键期”的谬见，认为处于关键期的儿童的可塑性最大。其论点是，如果儿童在这些关键期没有获得特定的经验，他们将永远错失从这类经验中受益的机会，最有效的教育干预必须在时间上与“关键期”匹配（Goswami, 2004）。因此，一些作者（如 Brierley, 1994; Sylwester, 1995）提倡“超前教育”——例如，教3岁以下的儿童学习音乐，因为那时他们的大脑很容易接受早期学习（参见 Blakemore, 2000）。

现在，人们认为虽然在人生最初的三年有形成突触联系的最佳“机会之窗”，但大脑是极其灵活的（CERI, 2007）。因此，个体的能力在出生时或出生后的头三年内并不是固定不变的（Bransford et al., 2000）。布莱克莫尔和弗里思（Blakemore and Frith, 2005）强调，关于可塑性的研究表明大脑具有终身学习和适应环境的能力，而且从生物学上也没有必要过早地对儿童进行正式教学。因此，经合组织认为，不存在必须在此期间学习的“关键期”，但学习确实存在一些“敏感期”，即一个人在某个时间特别愿意从事某项具体学习活动（CERI, 2007）。此外，人们越来越意识到，学习者在感到恐惧或有不适当的压力时，无法进行有效学习（Goswami, 2004）。同时，认知神经科学使用的技术有助于展现不适当的压力对个体生理和认知功能的影响。在布莱克莫尔和弗里思看来，目前关于敏感期的研究结果的主要启示是：必须尽早发现儿童的感官障碍（如视觉和听觉障碍），并在可能的情况下尽早治疗。因为研究结果表明，早期的感觉剥夺会造成持久的不良后果。然而，研究也表明，感官被剥夺后，恢复感官和继续学习的可能性仍然存在。

因此，我们可以在神经科学领域开展很多进一步的研究，来帮助我们理解幼儿的生活。例如，威尔逊（Wilson, 2002）指出，神经科学研究极大地激发了人们引入和使用早期干预项目，以为那些“处境不利（at risk）”的群体提供有针对性的干预。她认为，影响儿童发展结果的因素多种多样，不能局限于生物方面的解释。要解决儿童健康和福利问题，更有效的办法是采用一种多维方式，包括消除贫困和审视所有公共政策（Wilson, 2002: 191）。此外，教与学研究项目（Teaching and Learning Research Project）（TLRP, 2007: 10）也认为：“与广泛流传的观点相反，没有公认的神经科学研究证明应尽早开始正规教育。”教与学研究项目还认为，基于功能磁共振成像的研究通常不适合幼儿。因此，该领域的文献更多的是关于成人大脑的信息，而不是有关发展中的儿童大脑的信息。

最后，教与学研究项目和英国皇家学会2011年关于神经科学及其对教育影响的报告都认为，我们越来越需要一种多学科的方法，在神经科学、心理学和教育学之间建立合作与联系。这种合作可能需要在神经科学和教育学领域内形成一套共同的语言或语法体系，但目前我们对大脑的了解仍处于初期阶段。

我们还需要了解世界各地儿童的生活和童年情况。尽管有关发展中国家儿童的研究报告仍然很少，但我们现在对发展中国家的情况（通常是悲惨的情况）有了更好的了解。联合国儿童基金会（United Nations Children’s Fund, UNICEF）每年出版《世界儿童状况》（*The State of the World’s Children*），形成了一系列详细的报告。《2005 年世界儿童状况》（*The State of the World's Children 2005*）关注儿童权利问题，并指出，作为《联合国儿童权利公约》（United Nations Convention of the Rights of the Child, UNCRC）基础的承诺似乎已经被破坏，造成这一切的原因是贫穷、武装冲突和艾滋病病毒 / 艾滋病，这些一直威胁着儿童的生存和发展。该报告呼吁所有的利益相关方，包括各国政府、捐助者、国际机构以及社区、家庭、企业和个人，重申并重新承诺履行他们对儿童的道德和法律责任（UNICEF, 2005）。

自 2005 年以来，报告的重点已转向提出行动建议，依据“千年发展目标”（Millennium Development Goals, MDGs）来改善儿童生活的相关方面。千年发展目标是到 2015 年要实现的 8 个目标，以应对当前世界上的主要发展挑战。

目标 1：消除极端贫困和饥饿。

目标 2：普及初等教育。

目标 3：促进性别平等并赋予妇女权力。

目标 4：降低儿童死亡率。

目标 5：改善孕产妇健康。

目标 6：与艾滋病病毒 / 艾滋病、疟疾和其他疾病做斗争。

目标 7：确保环境可持续发展。

目标 8：建立全球发展伙伴关系。

千年发展目标源自《千年宣言》（Millennium Declaration）提出的行动与目标。在 2000 年 9 月联合国千年首脑会议期间，《千年宣言》由 189 个国家接受，并由 147 个国家元首和政府首脑签署同意意见（参见 www.UN.org/millenniumgoals/）。

《2006 年世界儿童状况》（*The State of the World's Children 2006*, UNICEF, 2006）关注受排斥和忽视的儿童，包括：生活在最贫穷国家和最贫困社区的儿童；因性别、族裔、残疾或出生时所属的群体身份而受到歧视的儿童；卷入武装冲突或受艾滋病病毒 / 艾滋病影响的儿童；缺乏正式身份、未被当作儿童对待、遭受虐待的儿童。这个报告强调，对这些儿童的幸福负有责任的人必须采取行动，来保护和接纳这些儿童。《2007 年世界儿童状况》（*The State of the World's Children 2007*, UNICEF, 2007a）调查了妇女在一生中所面临的歧视和被剥夺权力的情况，呼吁人们采取行动以消除性别歧视，并赋予妇女和女童权力。《2008 年世界儿童状况：儿童生存》（*The State of the World's Children 2008: Child Survival*, UNICEF, 2008a）考察了全球范围内孕产妇和婴幼儿存活的现状，讨论了非洲五个主要所属区域中每一个区域实现与母婴卫生相关的千年发展目标的前景。随后，联合国儿童基金会在 2008 年出版了最早的《非洲儿童状况》（*The State of Africa's Children*, UNICEF, 2008b），这本身就透露出非洲的卫生保健迫切地需要大规模投入。因为每年都会有 500 万名儿童因卫生保健方面的原因死亡，这样做有助于防止这种情况继续发生。2009 年的报告进一步强调了这一主题，《世界儿童状况》（*The State of the World's Children*, UNICEF, 2009a）重点关注了非洲和亚洲地区的卫生保健情况，指出产妇和新生儿保健在实现既定目标中的重要性，肯定了分娩时和分娩后对分娩护理和熟练助产人员的需要。

《2010 年世界儿童状况》（*The State of the World's Children 2010*）特别版重点关注了儿童权利，并

介绍了8个既定目标实现情况的最新动态（UNICEF, 2010）。自特别版出版以来，后续报告进一步指出，有必要确保青少年有机会过上完满的生活，而不必担心遭受虐待或剥削，并需要确保占儿童总数近一半的城市儿童的需求能够得到确认和满足。《2013年世界儿童状况》（*The State of the World's Children 2013*）报告指出，认识到残疾儿童同样具有能力非常重要，而不再把关注重点放在他们不能做什么上（UNICEF, 2013）。

联合国儿童基金会坚持推进实现千年发展目标，以及《千年宣言》中提出的更广泛的目标。这将改变千千万万儿童的生活，使儿童免于生病和夭折，摆脱极端贫穷和营养不良的状况，获得安全饮水和正规的卫生设施，并接受完整的小学教育。

本章小结

本章指出并讨论了当代童年的5个主要原则。这些原则阐明了一个复杂的童年模式，它与狭隘的“发展”方式截然不同。这个模式认为童年是丰富多样的。童年有地方差异和全球形式，这是由于阶层、“种族”、性别、地理位置和时间的不同。同时，这个模式承认，尽管可以从多种视角来看待童年，但忽视或漠视发展这一视角是错误的。对童年的看法已经发生了改变，并且这种改变还在持续进行。学前教育专业的学生需要理解儿童发展理论是特定的历史、文化和经济情况作用的结果，知道这是如何形成的，以及为什么如此。一些理论观点能够很好地解释成长和变化过程中的某些方面，但我们还需要认识到儿童“发展”的复杂性和内在相互联系的一面。我们在通过发展心理学来研究童年的同时，应该综合社会学、历史学和人类学的视角来考察童年。

当代童年观和传统童年观的一个主要区别在于，当代童年观认识到了儿童生活的背景差异、儿童的主体性，以及儿童通过参与家庭、社区和文化来共同建构他们自己童年的重要性。

得到公开认可的儿童研究已经有150年的历史，如今我们仍在研究儿童和童年，了解成人的权力以及儿童决定自己未来的能力。儿童的视角会得到越来越多的认可，新技术对儿童生活和研究方法的影响会受到越来越多的关注。这些会促成新观点的形成，深化人们关于早期童年的理解，形成新的关于早期童年的理论。

反思与讨论

1. 儿童是如何塑造自身发展的?
2. 儿童的变化是如何发生的？
3. 儿童之间的个体差异是如何形成的?
4. 你是如何发现儿童的发展变化与个体差异的?
5. 我们应该如何对待那些不承认童年多样性与差异性的理论，以及那些不认可儿童与成人权力关系的理论?

推荐阅读

1. Corsaro, W.A. (2011) *The Sociology of Childhood*, 3rd edn. London: Sage.

2. Dahlberg, G., Moss, P. and Pence, A. (2007) *Beyond Quality in Early Childhood Education and Care: Languages of Evaluation*, 2nd edn. London and New York: RoutledgeFalmer.

3. Harcourt, D., Perry, B. and Waller, T. (eds) (2011) *Researching Young Children's Perspectives: Debating the Ethics and Dilemmas of Educational Research with Children*. Abingdon: Routledge.

4. Penn, H. (2008) *Understanding Early Childhood: Issues and Controversies*, 2nd edn. Maidenhead: Open University Press/McGraw-Hill.

5. Prout, A. (2005) *The Future of Childhood: Towards the Interdisciplinary Study of Children*. London: Falmer Press.

第三章

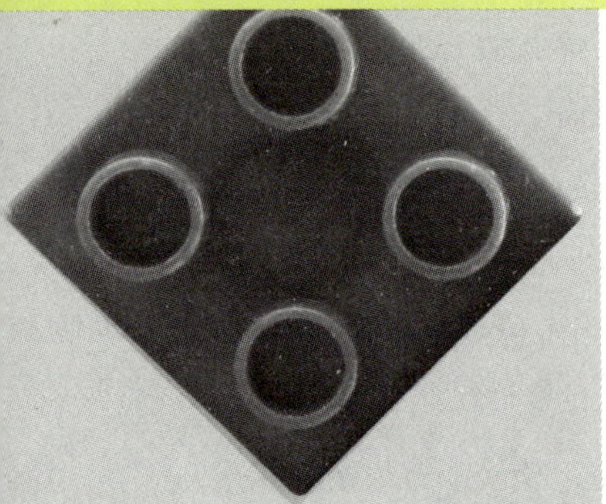

国际视角

利比·李-哈蒙德（Libby Lee-Hammond）
蒂姆·沃勒（Tim Waller）

主要目标

- 讨论幼儿保教方面的国际比较研究的最新发现。
- 概述经合组织成员国关于幼儿教育方面的政策和制度规定。
- 探讨课程的多样性，以及“质量”与“公平”概念。
- 考察不同国家幼儿保教工作的实例。
- 引导学生了解通过比较研究可能形成的见解。

一、引言

本章将讨论关于幼儿保教工作的国际比较研究的最新发现。本章还将分析经合组织发表的专题报告《强壮开端Ⅲ：儿童早期教育与保育质量工具箱》（*Starting Strong III: A Quality Toolbox for Early Childhood Education and Care*，以下简称《强壮开端Ⅲ》）①。学前教育专业学生会从本章看到对不同国家幼儿教育课程组织方式的讨论，并从整体上了解幼儿保教工作的国际趋势与现行规定。

在讨论中，关于幼儿教育服务的“质量”与“公平”的争论将会作为重点展开，并指出其对政策的影响。这一争论与幼儿教育机构提供的服务有关，特别是针对第一民族（也被称为原住民或土著）儿童的服务。

在这一章中，我们指出并讨论了目前幼儿保教工作面临的问题和趋势，辨析了它们的相似之处。但同时，我们也认识到需要更多的证据来展现全球范围内的幼儿保教现状。我们会为学生提供一部分数据，但我们的意图并不是为学生提供详细的统计数据，而是为了让学前教育专业的学生能够批判性地思考国际比较研究的优势。

英国已经开始越来越多地关注其他国家的幼儿保教政策与实践，特别是欧洲国家和经合组织成员国。本章从中选取了几个国家，使用经合组织的专题报告中的观点作为框架，讨论各国采用的原则与做法，意在帮助学生比较、了解实践中的不同做法，并从整体上了解这些政策与实践可能对儿童产生的结果和影响。本章对课程与政策问题进行了讨论，并鼓励读者批判性地分析现行的幼儿保教政策与实践。

非常重要的一点是，如克拉克和沃勒（Clark and Waller, 2007）所说的那样，由于权力的下放，英格兰、北爱尔兰、苏格兰和威尔士之间在幼儿保教方面的差异日益扩大，它们的儿童服务以及许多影响着儿童及其家庭的政策都不同。由于存在这些差异，因此把英国作为一个整体来考虑是错误的。

近来，由于在线数据和出版物方便获取，有关国际幼儿保教方面的信息及知识的数量与范围已经有所增加。然而，必须承认的是，网络中大多数资料是英文版本，并且大多与英语国家和欧洲国家相关，因此，它无法代表全球所有国家，也无法反映国际上幼儿保教的全貌（参见 Clark and Waller, 2007）。正如莫斯等人（Moss et al., 2003）所指出的那样，仅关注与本国相似的国家将会导致一个问题，那就是无法通过国际比较研究进行重要的推论。因此，我们有必要收集世界上更多国家的信息来进行比较研究。

二、与幼儿保教服务有关的哲学分析

在对英国、意大利和新西兰的幼儿保教服务进行比较研究时，索莱尔和米勒（Soler and Miller）说道：“在幼儿入学前，什么对幼儿才是合适的？关于这一问题，父母、教师、研究者和政治家的观点之间往往存在着明显的冲突。课程成为各种观念的‘必争之地’，这些观念涉及幼儿保教的目的是什么，适合幼儿学习与发展的内容与情境是什么。”（2003: 57）在不同的背景下，这些观念通过课程得以表达。

---

① 本书中文版已于 2015 年由北京师范大学出版社出版。

在比较不同的课程时，索莱尔和米勒指出，教育具有工具性 / 职业性取向，幼儿学习具有社会文化 / 进步主义取向，这两者之间存在着较大的张力。

职业性与工具性取向的影响给了教育越来越大的压力，这影响着幼儿教育课程与方法中所主张的进步主义与社会文化取向。通过对一些例子的比较可以发现，幼儿教育课程和教育体系是如何在不同的背景下打造形成的，并受到国家和地方幼儿教育课程与教育方式的控制。这些不同的背景也会导致对知识、学习和教育这些概念的不同解读。（Soler and Miller, 2003: 57）

在 2003 年这篇论文发表后，情况并没有发生改变，许多国家仍在继续努力。接下来，我们将更详细地探讨功利性和社会文化的哲学立场。

（一）幼儿保教目标中的哲学立场

我们有多种方式来分析幼儿保教中的哲学取向。梳理这些取向的一种简单策略是：把这些哲学取向看作从工具主义到进步主义的一个连续统一体。工具主义取向主要体现在经济方面的讨论中，例如，那个经常被引用的说法——国家在幼儿保教方面投资 1 英镑，未来就能在“修复问题”上少花费 7 英镑。幼儿保教的合理性体现在国家的“经济利益”上。进步主义取向更多地关注情境中的儿童，强调有质量的教育体验的重要性，认为这将为个人幸福与社会福利提供基础。

一种属于工具主义取向的对幼儿保教的认识是：“我们需要有生产力的工人来实现经济繁荣。”工具主义取向会对幼儿教育产生不良影响，甚至最终会对整个社会不利。我们可以探究其中的原因。从经济功利的角度来看幼儿保教是有缺陷的，因为它的根本合理性在于经济利益，它坚信人首要地应该被培养成工人以做出贡献。我们知道，完整的人（whole person）是这一机制的组成部分，正是人自身的社会、精神、文化、情感以及相关福祉构成了一个健康和良好运作的社会。如果我们把某人的经济贡献看得比其他方面都重要，那么我们就会沦落为“教育为工作做准备”这一观念的奴隶。学校教育的最终结果主要是受劳动力驱动。在许多国家，保守的政府通过对读写能力和计算能力的标准化测试来系统地评价教育成果，似乎认为这种方式是衡量教育价值的唯一标准。弗莱雷（Freire）和其他学者如杜威和卢梭，让我们认识到教育是社会变革的过程。这种工具主义取向强化了现状。澳大利亚的学校教育系统就是采用这种工具主义取向的一个例证。在那里，所有的学校都必须设置国家考试、教师能力测试和标准化课程。学生在国家考试中的成绩与教师的评价和工资挂钩，并在网络上公布。公开“点名”成绩差的学校，当然也就公开指出了“表现不佳”的教师，这种方式并不考虑影响每所学校整体和学生成绩的社会经济因素。这种评价机制传播了一种基于学生成绩的市场竞争文化，并且对学校教育的初期阶段产生了影响。这种方式导致学校比以往更早开始教授正式的课程，因为他们相信这能在未来几年提高学生的考试分数。结果，幼儿保教中的创造性游戏体验消失了，这产生了极大的影响。这一代人在离开学校时只掌握了技能，并通过了考试，他们缺乏甚至没有批判精神和创造力。弗莱雷（1970）认为，教育中的这种工具主义取向对人的创造力有消极影响。我们在本章后半部分也会看到，教育中的工具主义取向所带来的问题对原住民来说尤为突出。

1985 年，巴西哲学家和教育家弗莱雷指出，教育机构是高度政治化的场所，其设立目的就在于传播维系现存社会结构所需的知识。主流教育对被压迫者的影响是弗莱雷特别感兴趣的主题。他的著作《被压迫者教育学》（*Pedagogy of the Oppressed*）做出了重大贡献，其教育学现在被人们称为批判教育学。他将学校教育称为“银行”模式，即“它将学生作为被动接受者，试图控制他们的思想和行动，引导男人和女人适应世界，抑制他们的创造力”（Freire, 1970: 77）。他还鼓励通过教育改革来抵制工具主义教育，解放受压迫者。

进步主义借鉴了卢梭、杜威、福禄培尔、蒙台梭利和马拉古齐的早期工作，他们将儿童视为主体或积极参与者。社会文化理论（Rogoff, 2003; Vygotsky, 1978）对进步主义取向进行了详细描述，认为学习环境中的社会背景是学习过程的基本要素。在社会文化学习环境中，儿童已有的知识和经验起着至关重要的作用；教育者查明儿童当前的知识水平，并通过讨论来了解儿童在成人帮助下可以达到的水平。在社会文化学习环境中，互动显得十分重要，教育者在儿童现有知识水平基础上为其提供学习机会。维果茨基把儿童独立获得的知识技能，以及他们在“更擅长的他人”的支持下可能获得的知识技能之间的差距称为“最近发展区（Zone of Proximal Development）”（Vygotsky, 1978）。意大利的瑞吉欧·艾米莉亚（Reggio Emilia）学校是社会文化取向教育的一个很好的案例。这些学校使用本土化、情境化、儿童发起的方式来形成课程（Edwards et al., 1998），而不是像澳大利亚、英国和美国这些国家一样采用集中的、以职业为导向的方式。

（二）政治背景

1998—2012 年，经合组织对幼儿教育政策进行了一系列分析（参见 www.oecd.org/education/preschoolandschool/）。这一系列分析对许多国家幼儿保教工作的不同取向提出了有益的见解。幼儿教育比较研究中所关注的国家仍然以经合组织国家为主（Bennett, 2011）。然而，对一些发展中国家和“金砖四国”（巴西、俄罗斯、印度和中国）[①]的研究工作也在不断开展。经合组织的报告分析了各国幼儿保教政策，发现经合组织成员国在幼儿教育体系的组织上存在巨大差异。

这些差异是如何形成的呢？本内特（Bennett, 2011）通过梳理幼儿及其家庭服务的历史发展，对此问题提供了非常有价值的见解。从 18 世纪开始，欧洲的大城市开始出现慈善看护机构，这些机构主要看护贫穷、被遗弃的儿童或孤儿。19 世纪，富裕家庭的儿童接受了早期教育，学习民族语言和文化。因此，两个独立的系统出现了：一个是由政府的卫生或社会部门主办，另一个则由教育部门负责。在许多经合组织国家，这种“保育”和“教育”的二分法依然存在。20 世纪，女权运动的兴起和两次世界大战的爆发，使得北欧国家在第二次世界大战后发生了进一步的变化。随着成为社会劳动力的妇女人数的增加，面对社会上前所未有的托幼机构需求，一些北欧国家做出了一项决定，将这两个管理部门合并，以便进行行政管理和提高效率。保育和教育的这种结合在当时的北欧和苏联成为一种常态。从那之后，许多国家也纷纷效仿，如新西兰、澳大利亚、冰岛、西班牙、英格兰、苏格兰、斯洛文尼亚和荷兰（Bennett, 2011）。科特等人（Corter et al., 2006）的数据表明，有 9 个经合组织成员国为 6 岁以下儿童提供了保

① 2010 年，南非正式加入“金砖国家”合作机制。

教结合的教育体系。

（三）整合的儿童服务

大量文献指出了幼儿教育与保育整合模式对于儿童及其家庭和保育人员的优势与合理性（参见 Anning, 2005; Bennett, 2008; Corter et al., 2006; Davis, 2011, 2007; Hawker, 2006, 2010; Lepler et al., 2006; Percy-Smith, 2005; Siraj-Blatchford, 2007; Tunstill et al., 2006; Valentine et al., 2007）。

很明显，现在的家庭生活比以往任何时候复杂得多（Hayes et al., 2010; Walsh, 2012）。为家庭和儿童提供的服务必须足以应对 21 世纪不断变化的家庭生活。现在的趋势是从"提供服务"到成为合作伙伴。惠利（Whalley, 2006）认可这一趋势，并指出：

> "儿童中心"的目标是发展儿童和家长的能力，使他们成为有能力的服务使用者，而不是仅仅作为被动地接受国家丰厚的福利服务的"客户"。他们应作为平等且积极的合作伙伴来参与构建教育服务，并评价所接受的服务的有效性。（Whalley, 2006: 8）

因此，在新时期，合作伙伴和良好关系对为家庭、儿童提供稳定、整合的服务至关重要（O'Donnell et al., 2010）。

1. 对加拿大的简要介绍

在提供具有本国特色的幼儿教育整合方案方面，加拿大一直走在前沿，这些方案采取社区取向和整体模式为家庭及儿童提供服务（Sims et al., 2008）。多伦多"第一责任计划"（First Duty, 2011）是早期儿童保教整合方案的最好例证。该方案组建了由看护者、保健专业人员和教育工作者组成的专业团队，采用整合的方式开展工作。这一方案的主要特点和成功关键是公众充分参与了有关决策。基于文化知识和社区推动的首要事务，当地为教育项目和课程发展投入了大量资金。在本章的后面，我们将研究新西兰以当地自主决策为基础的一个方案。这些都是弗莱雷（Freire, 1985）论点的例证，即受压迫群体只有反向控制压迫他们的系统，才能改变受压迫现状。因此，加拿大和新西兰很好地代表了一种类型——将进步主义或社会文化取向全面纳入国家有关家庭和幼儿的服务中。

2. 对英国的简要介绍

《每个儿童都重要》（DfES, 2004c）这一倡议成为英格兰儿童和家庭整合服务的典范。作为人们所熟知的"协同项目（joined up）"，其对家庭和儿童的整合支持体现在确保开端中心（Sure Start Centres）里。该中心取代了以前将保育和教育两个部门分离开来的早教中心。确保开端中心旨在"提供保健、家庭支持服务以及儿童保育三者相结合的早期教育"（Sure Start, 2008）。虽然目前确保开端中心的服务已经减少，但这些仍然是整合服务的重要基础。《每个儿童都重要》（DfES, 2004c）已被一项新的政策文件《为家庭提供早期基础阶段支持》（*Supporting Families in the Foundation Years*）所取代（DfE, 2011a）。随着 2010 年执政党的更迭，英国的政策方向也在发生变化，我们将在第十六章讨论这些变化。

三、政策和制度

经合组织的报告《强壮开端Ⅲ》证实了幼儿保教总体上取得了良好的成果。然而，该报告也承认，并非所有规定都是“平等的”，而且强调为幼儿提供的课程，其质量是至关重要的。对所谓高质量的理解因国家而异，而且在文献中备受争议（Dahlberg et al., 2007; Laevers, 1994; Raban et al., 2003; Tobin, 2005）。在本节中，我们将探讨有关课程和教学法的质量概念以及家长和社区参与。

《强壮开端Ⅲ》根据设定的质量目标和最低标准来审查质量。报告指出，人们对幼儿保教的核心期望是存在差异的，这取决于他们自身的背景。由于不同群体优先事项的差异，将质量定义为一个单一概念变得非常困难。在一些幼儿保育和教育相分离的国家，其质量目标、筹资安排和培训方面都存在差异。本内特将此描述为“私立教育机构和个体家庭日托机构鱼龙混杂”（2008: 3）。保育和教育之间的割裂可能导致家庭需要在不同机构之间进行选择。这些机构的目标、资金和规定各不相同，在这样非正规的系统中，低收入家庭往往不会为儿童选择昂贵的保育服务。加上这些机构工作人员的工资往往很低，受教育程度也很低，而且没有工资协议和其他福利的保障。最近，澳大利亚通过了《儿童早期教育和保育国家质量框架》（National Quality Framework for Education and Care, Austrialian Government, 2013），首次将保育和教育部门结合起来，并要求所有儿童保育中心雇用有资质的幼儿教育人员。不论是哪种教育机构（无论是儿童保育中心还是家庭日托抑或是幼儿园），合格的儿童教育工作者的称谓从“照护者（carer）”或“老师（teacher）”变为“教育工作者（educator）”。儿童保育部门的专业化反映了澳大利亚在政策意识方面的重大转变，对教育幼儿的工作给予了更多的重视。

前面提到的《强壮开端Ⅲ》报告指出，一个国家对幼儿保教所采取的哲学取向（从工具主义到进步主义），会对幼儿及其家庭所提供的教育方式产生重要影响。如果一个国家对早期教育的普遍观点是工具主义取向的，那么在儿童 0 ~ 3 岁的教育阶段，政府几乎不会参与其中，因为他们将照顾孩子视为父母的责任（Dearing et al., 2009; Rutanen, 2011）。而那些受进步主义或社会文化理论影响的国家，其教育服务往往更加全面，且保育和教育的整个过程更加一体化，教育从业人员、父母和他人对幼儿保教目标往往能够实现共同理解（Bennett, 2008; OECD, 2006）。

《强壮开端Ⅲ》报告指出，共同的质量目标对于提供教育项目的目的、方向和家庭教育的连贯性，以及幼儿教育实践工作者明确教育方向是至关重要。共同的质量目标还有助于围绕资源分配问题与政府进行共同对话，从而最大限度地减少为家庭提供服务方面的重叠和差距。《强壮开端Ⅲ》提出了一套“政策措施”，以有效地保证高质量目标的实现。这套政策措施的目的是帮助决策者方便地开展研究和实施战略，从而为幼儿及其家庭提供高质量的服务。这些政策措施主要如下。

- 制定质量目标和规定。
- 设计并实施课程和标准。
- 完善资格认证、培训体系，提升工作条件。
- 鼓励家庭和社区参与。
- 推进数据收集、研究和监测工作。

这些措施表明，经合组织成员国在早期教育和保育的进步趋势中，特别强调家庭和社区的参与。

（一）质量评估：有效学前教育项目

有效学前教育（The Effective Provision of Pre-school Education, EPPE）项目针对3 000名英国儿童开展研究。该项目使用了幼儿学习环境评价量表修订版（ECERS）（Harms et al., 1998）来预测儿童从3岁（进入幼儿园）到5岁的认知和语言发展。这项研究试图探讨环境质量（使用ECERS）与3 000名儿童的发展进步之间的关系（Sylva et al., 2004, 2006）。这项研究得出了如下主要结论。

- 高质量教育（使用ECERS评估）与儿童发展水平之间显著相关。
- 在高质量的学前教育机构中，儿童在入学准备中的社会性表现突出。
- 尽管整合服务往往具有较高的评分，而游戏小组和私人托幼机构的评分较低，但教育质量并不依赖于服务类型。
- 员工资格认证与质量密切相关，尤其当一个中心的管理者或领导具有幼儿保教资格时，机构质量就会更高。
- 当合格教师直接与儿童互动时，儿童在阅读和社会性方面的发展都会表现得更好。

除了在许多机构中使用评价量表进行评价外，有效学前教育项目还对许多高质量教育中心进行了个案研究，进而发现哪些因素有助于机构获得高质量评价。个案研究的结果能够有效地帮助幼儿教育实践工作者对教学环境进行优化。这些因素包括以下几个（Sylva et al., 2004）。

- 成人与儿童间高质量的言语互动。
- 从业人员对于课程的认识与理解。
- 教师具备关于儿童如何学习的专业知识。
- 教师具备帮助儿童解决冲突的技能。
- 教师能够辅助父母支持儿童在家学习。

（二）质量调查：课堂评估编码系统

与幼儿学习环境评价量表修订版一样，课堂评估编码系统（Classroom Assessment Scoring System, CLASS）（Pianta et al., 2008）利用发展理论来衡量学习环境的质量。该工具基于幼儿学习受学习环境中师生互动影响最多这一前提，在情感支持、班级组织和教育支持3个领域对课堂环境进行一系列观察。3个领域可细分为10个维度，每个维度的具体范例如下所示。观察者根据以下维度，在6个观察时段内对课堂进行评分，分数越高，表现越好。

“情感支持”包括4个维度：积极氛围、消极氛围、教师敏感性、尊重儿童。

“班级组织”包括3个维度：行为管理、课堂效率、教育学习安排。

“教育支持”包括3个维度：概念发展、反馈质量、语言示范。

通过这样的分类，观察者能够精准地评估学习环境的质量。例如，某种学习环境在积极氛围方面可能得分很高，但在概念发展方面的得分很低。这使教育工作者能够通过反思性实践扬长避短。

四、公平措施

教育公平是经合组织成员国最常提及的政策优先事项（OECD, 2012）。下文将概述在国际范围内促进教育公平的政策和规定，以澳大利亚、新西兰、加拿大、挪威和芬兰等国家中原住民儿童的受教育情况为例，并主要介绍对澳大利亚原住民儿童早期教育的案例研究（Harrison, 2011; Lee-Hammond, 2012b），讨论加拿大原住民儿童的早期教育情况（Preston et al., 2012），以及挪威和芬兰的萨米族（Sámi）儿童的早期教育情况（Keskitalo et al., 2011）。

由于各国原住民在全球范围内的不利处境，为原住民儿童提供教育服务就尤为重要。不过很明显，许多幼儿保教资助方案都建立在主流文化的价值观之上，包括个人成就、结果、竞争、客观性和判断力。这些价值观与原住民的认知和存在方式并不相符（Preston et al., 2012）。如果要解决平均寿命、健康和教育方面的不平等问题，专门为原住民儿童制定符合其文化价值观的方案至关重要。澳大利亚、新西兰、加拿大、挪威和芬兰的例子都反映出适当照顾原住民儿童及其家庭、社区的一些共同原则。

（一）澳大利亚

为了解决澳大利亚原住民所遭受的不公平和社会经济劣势，澳大利亚政府委员会（Council of Australian Governments, COAG）在 2008 年制定的国家目标中提出：

- 在一代人时间内缩小原住民与非原住民的寿命差距。
- 在 10 年内，将 5 岁以下原住民儿童的死亡率与 5 岁以下非原住民儿童的死亡率的差距减半。
- 到 2013 年之前，确保所有偏远地区的 4 岁原住民儿童都能接受幼儿教育。

这些目标的确立，使澳大利亚对于原住民儿童的早期教育政策和规定发生了变化。到目前为止，澳大利亚各地已经建立了 8 个原住民儿童和家庭整合服务中心，来收集原住民儿童的相关数据。这些机构的统计结果表明以上目标的实现情况不容乐观。不过，这些机构尚处于起步阶段，其影响力还有待观察。

由于澳大利亚原住民社区和原住民语言的多样性，对原住民儿童的保教需要采取多种方式。对原住民群体的实证研究强调了保教的特征，而且这些特征必须适应原住民文化（Lee-Hammond, 2013）。《归属、存在和成长：澳大利亚儿童早期学习框架》（Belonging, Being, Becoming: Early Years Learning Framework, EYLF）特别强调教育者要了解原住民的文化，熟悉与原住民的相处方式、认知和生活方式。迄今为止，为原住民家庭提供的服务与主流政策规定是分开的，例如，澳大利亚各地的多功能原住民儿童服务中心（Multifunctional Aboriginal Children's Centres, MACS）是在国家儿童保育条例之外运作的，其目的是为原住民儿童和家庭提供安全和适宜的文化环境。这些中心是为家庭和儿童提供协同或整合服务的优秀范例。

因为生活在偏远地区的原住民儿童和家庭面临着最不利的处境，所以各群体要解决原住民和非原住民之间存在的社会和经济差距，并为此付出实质性努力。与邻国新西兰不同，澳大利亚的传统业主（也就是原住民）与政府间没有协议，因此他们不具备与毛利人相同的法律权利，他们在幼儿保教和家庭支持方面没有自主决策权。

相关研究

Lee-Hammond, L. and Jackson-Barrett, E. (2013) ‘Aboriginal children’s engagement in Bush School’, in S. Knight (ed.), *International Perspectives on Forest School*. London: Sage.

2011年和2012年，利比·李-哈蒙德与他的一位原住民同事利比·杰克逊-巴雷特（Libby Jackson-Barrett）合作实施了一个项目，其中改造运用了森林学校（Forest School），并特别借鉴了原住民的学习和生存方式（Lee-Hammond and Jackson-Barrett, 2013）。在这个项目中，一位原住民老人受邀在当地一个具有重要意义的地点，参与原住民幼儿一段时期内的项目活动。在户外学习课程中，老人受邀与孩子们分享博达加（boodja，土地）和梦想（dreaming，创作故事）。儿童不仅学习了传统的捕鱼和打猎方法，还认识了生存在这片土地上的动植物。在这个过程中，项目组使用拉韦参与量表（Laever’s Involvement Scale, 1994），评估了儿童在户外学习中的幸福感和参与程度。项目组在课堂环境中也采用此量表进行了同样的测量。在户外环境的课程中，儿童的幸福感和参与程度明显更高一些。另外，儿童的总入学率提升了，这是这项研究得到的一个意外的结果。

（二）新西兰

新西兰于1996年制定的《早期教育课程框架》（Te Whāriki）[①]，因其采取了创新的、整体全面的、及时的课程方法而受到全世界的广泛关注（见表3.1）。Whāriki被用来比喻原则和方案的相互结合，以及参与幼儿教育的不同民族、各种教育哲学和各种服务项目的结合（Anning et al., 2004）。

新西兰《早期教育课程框架》将儿童的学习目标确定为：儿童与他人、环境和生活事物之间建立回应关系，有学习倾向（Ministry of Education, 1996）。该课程框架邀请实践者根据框架中的原则、路线和目标，开发他们自己的课程，同时从儿童的视角出发，确定和评价课程的质量。

每一种路线的目标强调了幼儿教育实践工作者支持儿童发展的方式，而不是技能或内容，这些方式基于项目，从儿童的兴趣出发，促进儿童的发展。因此，课程内容是从儿童的兴趣生发出来的，还可以通过四项原则被追踪。这个课程框架适用于所有教育机构中的儿童，包括那些有特殊教育需要的儿童，他们可能会得到个人发展计划（Individual Development Plan, IDP）。

新西兰在原住民儿童的保育和教育中，以毛利文化、语言和传统知识为主导，为人们提供了一个

---

① “Te Whāriki”为毛利语，体现了新西兰对原住民毛利人的尊重。Whāriki一词原指毛利人编织的、供人站立其上的亚麻草席。顾名思义，Te Whāriki课程旨在使幼儿教育课程包含多种文化观点和价值取向，同时也说明了毛利文化对Te Whāriki课程的影响。

卓越的典范。此外，新西兰的学校课程受到了记录翔实的《毛利计划》（*Kaupapa Māori*）的影响，该计划是遵循毛利文化原则的教育哲学提出的（如表 3.2 所述，Rangahau, 2013）。

新西兰一直是那些同样拥有大量原住民国家的榜样，而成为榜样的关键是《怀塘伊条约》（Treaty of Waitangi）使上文中提到的教学法在新西兰全国范围内广泛运用。回顾本章的开头，这种教学法刚好与弗莱雷的观点不谋而合，受压迫者或被殖民者必须争取自主决策权才能真正获得自由。在新西兰，教育是殖民者与被殖民者的斗争焦点，毛利人通过《毛利计划》收回了其自主决策权，并为其他被殖民的原住民群体建立了一个把握自己未来的框架。

表 3.1 新西兰《早期教育课程框架》的原则和线索

四个教育原则（课程）	五个发展线索（儿童发展）
激发力量和赋权	幸福
整体发展	归属感
联合家庭和社区	贡献
互动互惠	沟通
	探究

表 3.2 《毛利计划》的原则

《毛利计划》的原则	《毛利计划》的影响
民族自决	允许毛利人决定自己的文化、愿景和命运
文化愿景	毛利人有权以他们的方式了解、探索和理解世界
文化优先的教育	承认毛利人固有且独特的教学和学习方法，以及在毛利传统上可能并不具有但受毛利人青睐的方法
社会经济的中介	调整毛利群体面临的负面压力并减少其不利因素
扩展式家庭结构	承认毛利人彼此间以及与周围世界是存在紧密关系的
集体理念	《毛利计划》代表的是毛利人群体的集体愿景、规划和目标
《怀塘伊条约》	《怀塘伊条约》是一份非常重要的文件，它定义了新西兰的毛利人和他们的国王之间的关系
相互尊重的人际关系	建立和培养人际关系非常重要。与毛利人接触时，它可以作为理解人际关系和幸福的指南

（资料来源：Rangahau, 2013。）

（三）加拿大

在学习评价方面，加拿大与其他国家的原住民教育有相似之处。这些国家的方式与注重测试和书面评价的主流实践大相径庭。原住民倾向于将学习视为旅程，而不是目的地，不能脱离除结果外的其他因素（Tunison, 2007）来进行学习评价，如反思和自我成长等是每个儿童在精神、情感、智力以及身体和文化学习中表现出来的极具独特性的过程（Preston et al., 2012）。对加拿大原住民来说，学习是经验性的，最好通过讲故事、讨论、合作任务、制造模型和展示技能以及实践经验等集体活动来获得。

尽管加拿大的原住民社区内也存在多样性，但有些原则似乎是普遍的。普雷司顿等人（Preston et al., 2012）指出，高质量的原住民儿童早期教育有利于原住民教育的整体发展，具体表现为促进原住民语言和文化的发展，并为原住民教育配备合格的教育者，在幼儿园提供全天的服务，还赋予了原住民家长和社区权力（Preston et al., 2012: 7）。前文讨论过主流的质量标准体系，如幼儿学习环境评价量表修订版和课堂评估编码系统都是围绕关于质量的主导话语而设计的，这些质量标准体系不一定能反映原住民儿童教育的高质量。

（四）挪威和芬兰

在讨论澳大利亚、新西兰和加拿大原住民儿童和家庭时，已经对类似原则有所涉及，凯斯基塔洛、玛阿塔和尤西奥蒂（Keskitalo, Määttä and Uusiautti, 2011: 89）认为挪威和芬兰的萨米族儿童所接受的是高质量的幼儿教育，其理由有四。

- 挪威和芬兰的萨米课程是根据萨米族时间、地域、知识和文化知识体系的价值观开发的。
- 将萨米族语言作为萨米课程的核心内容，因为某些特定的概念只能用母语来理解和传播。
- 教学安排尊重萨米族的民族文化，特别是在时间、空间和灵活性方面。萨米人驯鹿放牧的传统生活围绕着 8 个季节，并伴随着太阳，所以教学安排的灵活性对于维持传统生活至关重要。如果安排封闭的室内环境课程，往往会使萨米族学生远离并忘却这些传统，并使主流文化所要求的时间和日程安排在此延续下去。此外，与自然户外的紧密羁绊被视为萨米人学习的重要部分，同时也被视为当地人的一种福祉。
- 以社区为中心的学校工作。教育和保育的过程必须与萨米人的生活紧密相连，学校通过与萨米族长者的合作以及与所服务的社区的合作来传授传统知识。

为了响应之前的观点，即社会文化理论 / 进步主义的教学法是适合受压迫者的教学法，凯斯基塔洛等人认为："在萨米学校采用传统的萨米教育和知识培养方式时，教学应以社会建构主义理论为依托，加强教学改革。"（2011: 98）

五、课程

结合经合组织 2012 年的数据，本部分将介绍国际上幼儿早期教育课程的差异。表 3.3 详细地呈现了经合组织 34 个成员国提供的各类幼儿保教服务的规定和对应的年龄。

表 3.3　经合组织成员国的幼儿保教服务规定和对应年龄

	保育标准 / 课程
	幼儿教育或幼儿保教标准 / 课程
	没有针对特定年龄群体的标准化课程
	义务教育

年龄 / 岁	0	1	2	3	4	5	6	7
澳大利亚	《归属、存在和成长：澳大利亚儿童早期学习框架》							
奥地利								
比利时（弗兰芒大区）			2.5 岁《发展目标》（Ontwikkelingsdoelen）					
比利时（法语社区）			2.5 岁					
加拿大（不列颠哥伦比亚省）	《不列颠哥伦比亚省 0 ~ 5 岁幼儿早期学习框架》（British Columbia Early Learning Framework for 0-5-year-olds）					《不列颠哥伦比亚省 5 ~ 6 岁幼儿早期学习框架》（British Columbia Early Lear-ning Framework for 5-6-year-olds）		
加拿大（曼尼托巴省）			《早期回归课程》（Early Returns Curriculum）					
						《曼尼托巴省幼儿园课程》（Manitoba Kindergarten Curriculum）		
加拿大（爱德华王子岛）	《早期学习框架》（Early Learning Framework）							
捷克共和国				《学前教育框架方案》（Framework Educational Programme for Pre-school Education）				
丹麦	《学前教育课程》（Preschool Curriculum Læreplaner）							
爱沙尼亚		1.5 岁《学前教育课程框架》（Framework Curriculum of Preschool Education）						
芬兰	《儿童早期教育国家课程指南》（National Curriculum Guidelines on Early Childhood Education）						《小学教育核心课程》（Core Curricu-lum for Primary Education）	
法国			2.5 岁《国家幼儿园课程》（National Curriculum for école Maternelle）					
德国（巴登 - 符腾堡州）	《巴登 - 符腾堡州幼儿园教育定向计划》（Orientierungsplan für Bildung und Erziehung für die Badenwürt-tembergischen Kindergärten）						直到 10 岁	
德国（巴伐利亚州）	《儿童生命的前三年教育、抚养和照顾》（Bildung, Erziehung und Betreuung für Kinder in den ersten drei lebensjahren）			《针对日托儿童的巴伐利亚教育计划，直至入学》（Der Bayerische Bildungs Und Erziehungsplan für Kinder in Tages–einrichtungen bis zur Einschul-ung）				
德国（柏林市）	《柏林教育计划，在日托机构对儿童进行教育、抚养和照顾，直到他们入学》（Berliner Bildungsprogramm für die Bildung, Erziehung und Betreuung für Kinder in Tageseinrichtungen bis zu ihrem Schuleintritt）							

续表

年龄/岁	0	1	2	3	4	5	6	7
德国（勃兰登堡州）	《促进勃兰登堡日托机构基础教育的原则》（Grundsätze der Förderung elementarer Bildung in Einrichtungen der Kindertagesbetreuung in Brandenburg）							
德国（不来梅市）	《学前教育和培训框架》（Rahmenplan für Bildung und Erziehung im Elementarbereich）							
德国（汉堡市）	《汉堡关于日托中心儿童教育和培养的建议》（Hamburger Bildungsempfehlungen für die Bildung und Erziehung von Kindern in Tageseinrichtungen）						直到15岁	
德国（黑森州）	《黑森州为10岁以下儿童提供的教育和培养》（Bildung und Erziehungsplans für Kinder von bis 10 Jahren in Hessen）						直到10岁	
德国（梅克伦堡-前波莫瑞州）	《梅克伦堡-前波莫瑞州0～10岁儿童教育理念》（Bildungskonzeption für 0-bis 10-jährige Kinder in Mecklenburg-Vorpommern）						直到10岁	
德国（下萨克森州）	《下萨克森州儿童日托设施基础教育的定向计划（Orientierungsplan für Bildung und Erziehung im Elementarbereich niedersächsischer Tageseinrichtungen für Kinder）							
德国（北莱茵-威斯特法伦州）	《出生起获得教育机会：北莱茵-威斯特法伦州幼儿园和小学对0～10岁儿童的教育支持原则》（Mehr ChancendurchBildung von Anfang an-Grundsätzezur Bildungsförderung für Kinder von 0 bis 10 Jahren in Kindertageserinrichtungen und Schulen in Primarbereich in Nordrhein-Westfalen）						直到10岁	
德国（莱茵兰-普法尔茨州）	《莱茵兰-普法尔茨州日托中心教育与建议》（Bildungs-und Erziehungsempfehlungen für Kindertagesstätten in Rhineland-Pfaiz）						直到15岁	
德国（萨尔州）	《萨尔幼儿园教育计划》（Bildungsprogramm für saariändische Kindergärten）							
德国（萨克森州）	《萨克森教育计划：托儿所、幼儿园和儿童日托中心教育专业人员指南》（Sächsischer Bildungsplan-ein Leitfaden für pädagogische Fachkräfte in Krippen, Kindergärten und Hortensowie für Kinderttagespflege）						直到10岁	
德国（萨克森-安哈尔特州）	《萨克森-安哈尔特日托中心教育计划》（Bildungsprogramm für Kindertageseinrichtungen in SachsenAnhalt）							
德国（石勒苏益格-荷尔斯泰因州）	《成功启动：日托中心的教育使命指南》（Erfolgreichstarten: Leitllinienzum Bildungsauftrag in Kindertageseinrichtungen）						直到15岁	
德国（图林根州）	《针对10岁以下儿童的图林根教育计划》（Thüringer Bildungsplan für Kinder bis 10 Jahre）						直到10岁	
匈牙利				《幼儿园国家核心课程》（National Core Programme of Kindergarten）				
爱尔兰	《早期儿童课程框架》（Early Childhood Curriculum Framework: Aistear）							

续表

年龄 / 岁	0	1	2	3	4	5	6	7
以色列			《学前教育框架方案》（Framework Programme for Preschool Education）					
意大利		3 个月	《课程指南》（Guidelines for the Curriculum）					
日本			《幼儿园学习课程》（Course of Study for Kindergarten）					
	《全国日托中心课程》（National Curriculum of Day Care Centres）							
韩国			《幼儿园国家课程》（National Curriculum for Kindergarten）			《努瑞课程》（Nuri Curriculum）		
	《标准保育课程》（Standardised Childcare Curriculum）							
卢森堡			《学习计划》（Le plan d'études）					
墨西哥	《保育课程》（Childcare Curriculum）		《幼儿教育课程》（Early Childhood Education Curriculum）					
荷兰		2.5 岁	《发展目标 / 能力》（Development Goals/Competences）					
新西兰	《早期教育课程框架》（Te Whāriki）							
挪威	《幼儿园内容和任务框架计划》（Framework Plan for the Content and Tasks of Kindergartens）							
波兰			《学前教育核心课程》（Core Curriculum for Pre-school Education）					
葡萄牙			《学前教育课程指南》（The Curriculum Guidelines for Pre-school Education）					
斯洛伐克共和国			《国家教育规划》（The National Education Programme）					
斯洛文尼亚		《学前教育机构国家课程》（National Curriculum for Pre-school Institutions）						
西班牙	《早期儿童课程》（Early Childhood Curriculum）							
瑞典		《学前教育课程》（Läroplan for förskolan lpfö 98）					《小学、学前班和校外中心课程》（Läroplan för grundskolan, Förskoleklassen och dritidshemmet Lgr 11）	

续表

年龄 / 岁	0	1	2	3	4	5	6	7
土耳其				《学前教育计划》（Pre-school Education Programme）				
英国（爱尔兰）	《早期基础阶段法定框架》（Statutory Framework for the Early Years Foundation Stage）							
英国（苏格兰）	《0～3岁——从业人员指南》（Pre-birth to Three-Staff Guidelines）			《卓越课程》（Curriculum for Excellence）		直到18岁		
美国（佐治亚州）				《佐治亚州课程内容标准》（Georgia's Pre-K Content Standards）				
美国（马萨诸塞州）						《学前教育学习经验指南》（Guidelines for Preschool Learning Experiences）		
美国（北卡罗来纳州）						《北卡罗来纳州学前儿童早期学习标准和指导策略》（Early Learning Standards for North Carolina Preschoolers and Strategies to Guide Their）		
美国（俄克拉何马州）						《优化学生学习技巧》（Priority Academic Student Skills）		

注：从2009年起，波兰儿童接受义务教育的年龄从7岁降至6岁，其中有3年的过渡期（2009—2012年），父母在此期间可以选择让孩子在6岁或7岁时开始接受义务教育。在瑞典，学前教育课程（Läroplan för förskplan）是为学前教育机构设置的课程；小学、学前班和校外中心课程（Läroplan för grundskolan，förskoleklassen och fritidshement）则是为学前班、义务教育学校和校外中心设置的课程。

资料来源：经合组织网站上关于幼儿教育与保育的调查——《支持幼儿教育与保育质量》（Encouraging Quality in Early Childhood Education and Care）介绍了幼儿教育与保育的质量工具箱和整体情况，参见 www.oecd.org/edu/school/48623811.pdf，已获得转载许可，2011年6月。

基于先前《强壮开端Ⅰ》《强壮开端Ⅱ》的报告（OECD, 2001, 2006），一些国家（如澳大利亚）已经做出了重大的政策调整，目前这些国家正在执行这些政策。下文对修订后的《英国早期基础阶段》（English Early Years Foundation Stage）（DfE, 2012d）和《归属、存在和成长：澳大利亚儿童早期学习框架》（Commonwealth of Australia, 2009）进行比较，并将讨论2个经合组织成员国出台的幼儿教育政策在关注重点和范围上的异同。

（一）《归属、存在和成长：澳大利亚儿童早期学习框架》

2009 年，澳大利亚颁布了第一个国家级早期学习框架，该框架名为《归属、存在和成长：澳大利亚儿童早期学习框架》，旨在帮助面向 0 ~ 5 岁儿童的幼儿教育实践工作者（Commonwealth of Australia, 2009）。该框架提出家人和家庭是孩子最初的教育者，同时也是最有影响力的教育者，在儿童教育中占居中心地位。该框架的主题包括每个儿童的人际关系、社区和身份认同，并认可这样一种观念，即幼儿期是独一无二的生活阶段，并且具有内在价值："幼儿期不仅是为未来同时也是为当下做准备。"（Commonwealth of Australia, 2009: 7）尽管如今出现了包括读写能力和计算能力的国家考试，并强调儿童需要更早开始正式学习，但该框架仍然强调游戏作为幼儿时期学习的主要媒介的重要性，并认为游戏能产生 5 个效果。

- 儿童具有强烈的身份认同感。
- 儿童与他们的世界是紧密相连并为之做出贡献的。
- 儿童有强烈的幸福感。
- 儿童是自信的参与者。
- 儿童是有效的交流者。

澳大利亚联邦政府表示，该框架指导教育者制定课程政策，并协助规划、实施和评估幼儿教育的质量。它还支持实施与当地社区和幼儿环境相关的更具体的课程（Commonwealth of Australia, 2009: 8）。

随后颁布的《儿童早期学习框架教育者指南》（EYLF Educators Guide）（Commonwealth of Australia, 2010）为教育者实施早期学习框架提供了具体的支持，而且该指南特别强调文化能力。这种文化能力主要是指 21 世纪澳大利亚的文化多样性，它特别提到了澳大利亚的传统业主——澳大利亚原住民。作为英国殖民统治的直接结果，他们在健康、教育和平均寿命方面与非原住民有极大的"差距"。其中指出：

《归属、存在和成长：澳大利亚儿童早期学习框架》是儿童早期学习的重要且及时的资源。它提出了一个新澳大利亚的愿景。

- 包含所有澳大利亚人的未来。
- 基于相互尊重、共同决心和共同责任的未来。
- 在未来，无论其出身如何，所有澳大利亚人都是真正平等的伙伴关系，拥有平等的机会，享有平等的权益。（Commonwealth of Australia, 2010: 3）

目前，教育者正解读学习《归属、存在和成长：澳大利亚儿童早期学习框架》和新《澳大利亚国家课程》（Australian National Curriculum, ANC）（ACARA, 2012）。《澳大利亚国家课程》规定了义务教育前几年儿童学习的具体内容。《归属、存在和成长：澳大利亚儿童早期学习框架》和《澳大利亚国家课程》在有关 5 岁儿童的内容方面有所重叠，这为澳大利亚幼儿教育者和决策者的沟通与协商留下了空间（Commonwealth of Australia, 2013）。

（二）英国《早期基础阶段框架》

英国《早期基础阶段框架》的“实践指南”（The Practice Guide）根据儿童的年龄，依序制定了发展目标。目标制定以发展理论为基础，采用年龄与目标状态相对应的划分方法，分别对0～11个月、8～20个月、16～26个月、22～36个月、30～50个月和40～60多个月的儿童提出了不同的发展目标。

起初，这些目标被分为以下6个领域。

- 性格和态度。
- 自信和自尊。
- 建立人际关系。
- 行为和自我控制。
- 自我保护。
- 集体意识。

然而，经过回顾分析，人们对英国《早期基础阶段框架》进行了修订，改变了儿童学习领域的划分方式，并减少了儿童学习目标的数量，以便更好地支持框架实施。修订后的儿童学习目标如下。

- 交往和语言。
- 身体发展。
- 个人、社会和情绪发展。

新版英国《早期基础阶段框架》在之前版本的基础上做了很多改进，具体如下。

- 减少专业人员的官僚作风，简化对5岁儿童发展的评估。
- 将早期学习目标的数量从69个减少到17个，从而简化学习和发展需求。
- 进一步强调对儿童健康发展最重要的3个主要领域。
- 父母在儿童2岁时要对他们的发展进行一次检查，这样儿童在学前阶段就能得到额外的支持。
- 加强专业人员和父母间的伙伴关系，确保新框架使用明确、易懂的语言。

（DfE，2012b）

确定幼儿保教工作中的基本课程目标，正在成为国际趋势，这也无疑将成为经合组织随后研究的主题。

本章小结

幼儿保教工作的国际比较有助于人们了解幼儿教育与课程的多样性。本章强调了质量和公平的概念，这两个概念存在争议性和高度情境性，于是本章借鉴了几个国家的案例，进一步探讨这些概念。

反思与讨论

1. 从有效学前教育项目中可以学到哪些关于幼儿教育质量和有效性的知识？“质量”评价如何在

实践中设计和使用?

2. 主流的幼儿保教中心可以在多大程度上为原住民儿童及其家庭提供服务?

3. 整合式幼儿保教中心能为家庭带来什么益处?

4. 21 世纪的幼儿教育项目中，哪些明显属于弗莱雷的“银行”教育模式? 你对此有何看法?

5. 幼儿保教相关研究如何帮助我们理解“质量”?

6. 幼儿保教相关研究如何帮助我们理解“公平”?

推荐阅读

1. Preston, J.P., Cottrell, M., Pelletier, T.R. and Pearce, J.V. (2012) ‘Aboriginal early childhood education in Canada: issues of context’, *Journal of Early Childhood Research*, 10(1): 3–18.

这篇论文指出了加拿大原住民幼儿教育项目的主要质量特征。作者在文中结合原住民的教育观、语言和文化，提供了一个非常有趣的案例。

2. Rutanen, N. (2011) ‘Space for toddlers in the guidelines and curricula for early childhood education and care in Finland’, *Childhood*, 18(4): 526–539.

这篇论文探讨了芬兰在照料婴儿、0 ~ 3 岁幼儿和年龄更大的儿童时存在的历史分歧。作者解构了关于幼儿的具有冲突性的政策和论述。

第二部分

包容与多样性

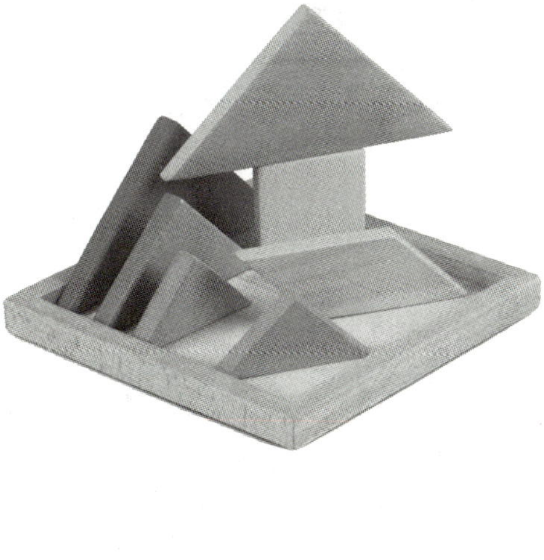

第四章

儿童的参与权

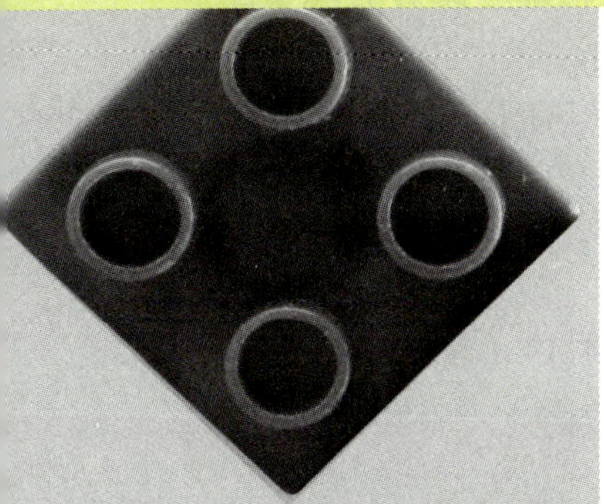

吉尔·汉德利（Gill Handley）

主要目标

- 讨论界定“参与”在实践中遇到的困难。
- 确定儿童的参与权与受保护权之间的冲突。
- 思考在判断儿童参与能力时遇到的困境和困难。
- 介绍维护儿童参与权的复杂性。

本章首先讨论了界定儿童权利的困难，接着分析了参与权与受保护权之间的基本冲突，这两项权利都是由《联合国儿童权利公约》（United Nations, 1989）提出的，并且本章有针对性地关注了世界范围内童工的生活状况，以及英格兰被卷入离婚风波的儿童。本章讨论了参与权使用中的能力的作用，如何判定儿童是否具有能力的问题以及判定的可靠性，能力在儿童参与权行使中的作用，以及能力和真实性的判断问题。本章一共有3个案例研究，它们涉及儿童积极参与决策中的一些复杂问题。本章结论部分讨论了儿童参与对幼儿教育工作的影响，以及如何促进儿童的参与权。本章最后提供了反思与讨论的重要问题与推荐阅读资料，供进一步研究。

本章的主要关注点是儿童的参与权，评估英国和国际上的法律与实践在多大程度上维护了这些权利。一个主要论点是，由于儿童的参与权与相互竞争的受保护权之间存在根本的冲突，所以，儿童的参与权是最难理解、执行和维护的，且是最具争议的一项儿童权利（Burr, 2004）。有人认为，尽管人们日益认识到儿童有能力做出影响他们生活的决定，但他们对保护的需要仍然处于优先地位，因为这与儿童时期占主导地位的话语相吻合，即他们需要成人的指导、保护和控制，而不是作为年轻公民，他们有权在自己的生活中作为主体尊重自己的生活，并能够积极参与（James and Prout, 1997）。所有与儿童和青少年一起工作的人面临的一个主要挑战是如何实现这种平衡，尤其是对非常年幼的儿童和有特殊需要的人，使他们的参与权得到保护，同时又认识到他们的脆弱和依赖。

一、儿童的权利是什么

有关儿童权利和一般权利没有确切的定义。对“权利”一词的理解并不是既定的，它反映了不同的且不断变化的社会、政治意识形态和价值观。例如，当前关于个人主义的概念在《欧洲人权公约》（European Convertion on Human Rights）（ECHRC, 1950）和《联合国儿童权利公约》（United Nations, 1989）中就存在。这些都是自由、民主的西方哲学和思想，而不是南方或东方哲学，因为后者更加强调家庭和集体责任感而不是个人利益（Burr, 2002; Millei and Imre, 2009）。“权利”一词也被用来指道德和法律权利，以及日常生活中时常提到的概念（Eekelaar, 1992; Fortin, 2003; Freeman, 1983; Macormick, 1982）。尽管“权利”概念通常涉及有资格去做某事，但什么是权利，谁有权，在不同的历史、社会和政治背景下，都会有所不同。例如，英国的妇女直到20世纪初才被允许有选举权，儿童直到20世纪下半叶才被视为有资格独立于成年人、享有权利的人群；如果前提是儿童能够选择行使或不行使权利，那么儿童是否可以完全拥有权利的问题就仍然存在争议（Fortin, 2003; Freeman, 1983）。

基于权利并赋权于弱势群体和脆弱人群的有效性还存在争议，其中包括儿童。有人认为，权利是抽象的法律原则，不能在人际关系之外行使，因此，不考虑个人之间的权力（power）差异。莱雷丁-琼斯等人（Rhedding-Jones et al., 2008: 54）认为：

> 赋予儿童话语权，倾听他们的故事，观察他们的行动，并在认识儿童和成人不平等权力关系上真正地关注他们。关注儿童的声音（不应该）只是使后现代知识合法化的一种便利方式。

儿童的声音必须“真实”，但是可能存在确保真实性的问题（Spyrou, 2011），因为儿童的观点表达可能会受到情境的影响，并且人们可根据成人的观点以及成人与儿童之间的关系性质和他们之间的权力差异而对不同的解释持开放态度。

反对儿童权利的人还认为，“需要”比权利更重要，而权利本质上是“文化帝国主义的意识形态结构，为西方霸权议程服务……［而且］权利的语言就像机械上的一个齿轮，它限制了可能性，并吸引参与者做出某种选择”（Reynolds et al., 2006: 293），而不是满足各种情境下儿童的需要。权利被赋予一种特殊的法律结构，这种结构有可能会被剥夺，例如，在离婚案件中有一个父母不照顾孩子的问题。詹姆斯等人（James et al.）在讨论伊丽莎白·巴特勒－斯洛斯女爵（Dame Elizabeth Butler-Sloss）的论点时指出，即使孩子（他或她）不想与父亲建立关系，父亲也是有权利照顾孩子的。他认为“这种特殊的建构儿童权利的概念，具有将儿童的权利转变为责任或者能看见他父亲履行义务的效果，而如果没有这层关系，这样的权利概念就不能赋予儿童平等的权利”（James et al., 2004: 201）。

也可以认为，基本权利观点只是童年的另一种成人建构（Gabriel, 2004），它再次忽视了儿童对自己生活的看法和观点。而且，与儿童的协商可能意味着儿童会遭受成人更多的观察和控制，因为成人对他们的兴趣和喜好了如指掌（Clark et al., 2005）。

在考虑哪些儿童可以获得权利时，也存在一些复杂的问题，例如，怎么定义童年以及“儿童”。不同语境下对这一术语的理解不同，社会建构主义的童年观认为，童年本身就是一种社会建构，它不是一种生物赋予（Franklin, 2002; Jenks, 2004; Stainton Rogers, 1992）。什么是童年，它什么时候开始、什么时候结束是多样和变化的（Ariès, 1962; Fortin, 2003）。并且，同一时期可能有不同的或持相反意见的童年观。例如，在英国，儿童往往被看作需要保护的、纯真的天使，或者是需要控制的“恶棍”（Franklin, 2002; Goldson, 2001）。伯尔（Burr, 2002）认为，越南街头的儿童也被视为天使或恶棍。法律也以不同的方式建构着童年和“儿童”（James and James, 1999）。例如，承担刑事责任的年龄在欧洲各国和地区法律中有所不同，苏格兰是 8 岁，英格兰是 10 岁，比利时是 18 岁。在英国法律中，儿童有时是指 16 岁以下的人，有时是指 18 岁以下的人。例如，一个 16 岁的孩子可以全职工作，但不能进行租赁。社会建构主义观的批判者认为，它倾向于把儿童和童年看作“一系列成人结构……忘记了真正的儿童”（Willan et al., 2004: 53，本书第一章和第二章也详细地讨论了童年）。

二、儿童的参与权和受保护权

尽管有这些重要的争论，但近 30 年，在社会和政治领域，人们越来越接受儿童拥有与成人不同的个人权利（Harcourt and Einarsdottir, 2011; Lansdown, 2001）。儿童是自己生活的代理人，他有能力做出一系列关于自己的决定，他不是被动地接受成人的关心和决策（James and James, 1999; Millei and Imre, 2009）。当人们认识到过去成人的决策所造成的破坏性影响时，承认这种能力就变得越来越重要。例如，在第二次世界大战期间成人决定在撤退时或在医院接受治疗时，将儿童与父母分开，儿童会遭受情感创伤（Lansdown, 2001）。医学和心理学理论提出的“预成论（ideas of prescribed）”和“渐成论（incremental development）”引来了人们的批评。人们认为，这种观点忽视了同龄儿童可能具有的能力水平的复杂多变性、儿童的能力和潜能具有个体差异（Alderson, 2008）、儿童生活的环境明显不同（Walkerdine, 2004）等情形。卡滕伯恩（Kaltenborn, 2001）发现，关于监护权和居住权的纠纷，即使是很小的婴儿也会通过情绪来表达自己的合理意见。这并不是说随着年龄增长，儿童能力发展的总体框架就应该被摒弃，或者儿童应该能够做任何选择。成人可以也应该认识到一种更为复杂的能力模式，并且从儿童的角度思考有意义的和包容的方式。

然而，对于保护儿童免受各种形式的伤害和剥削的权利在多大程度上应优先于他们的自主权，以及在何种情况下儿童能够就自己的生活做出决定的程度仍存在争议。儿童解放论者——霍尔特（Holt, 1974）和法森（Farson, 1974）等人认为，任何年龄的儿童都应从成人的统治和控制中解放出来。这一观点受到了那些认为儿童不具备承担决策能力的人的质疑（King, 1987）。他们认为儿童从根本上就是脆弱和依赖人的群体，所以，他们需要受保护，并免受各种形式的伤害、剥削和免于承担责任（James et al., 2004）。这两种极端立场都是有挑战性的，但儿童形象的基本差异以及与儿童权利相关的观点有助于人们理解“如何识别儿童的权利和平衡一系列权利，甚至它们之间的冲突，以及如何在儿童的权利和成人之间进行调解”（Fortin, 2003: 3）。

这些正在进行的争论反映在英格兰地区以及英国其他地区和国际上的许多儿童生活领域的法律和实践中，如健康、规划、研究、社会工作、教育和日托。下文将讨论一些例子，以说明在许多不同背景下儿童的受保护权和参与权的复杂性与冲突。

三、《联合国儿童权利公约》

《联合国儿童权利公约》于1989年通过。它确定了儿童享有与成人不同的权利，并试图改善世界各地儿童的生活条件和经验。它的目的是防止伤害和剥削儿童，以及改善儿童生活的更多日常方面（Alderson, 2008; Millei and Imre, 2009）。《联合国儿童权利公约》共54条，规定了广泛的权利，它认为，世界上所有的儿童都应该享有这些权利。这些权利包括生命权和游戏权。虽然这些没有纳入英国的法律体系，但现在已被《联合国儿童权利公约》批准了，除了索马里和美国以外，世界上所有其他国家都是如此。因此，《联合国儿童权利公约》有可能在世界范围内影响儿童权利的发展（Burr, 2004; Millei and Imre, 2009）。

《联合国儿童权利公约》确定了三种广泛的权利：受保护权、发展权和参与权（Alderson, 2008; Burr, 2004; Franklin, 2002）。参与权包括儿童参与影响他们决定的权利（第12条），言论自由的权利（第13条），思想、信仰和宗教自由的权利（第14条）以及残疾儿童参与其社区的权利（第23条）。虽然《联合国儿童权利公约》提高了儿童参与生活各方面权利的意识，但维护这些权利的有效性和实践引发了一些伦理、过程与实践问题，其中包括儿童参与权和受保护权之间的冲突，以及在不同的社会和政治背景下建构童年的方式（Penn, 2009）。

第一，“参与”是什么意思，它与协商、介入或公民身份有何区别，这没有明确定义（Millei and Imre, 2009; Willow et al., 2004）。目前，研究者开发了多种模型和图表来帮助分析儿童参与那些会影响到他们生活的决策的程度，以及他们参与的过程（Crimmens and West, 2004; Hart, 1992）。这些模型包括阿恩施泰因（Arnstein, 1969）最早提出的“参与阶梯（ladder of participation）”。它将象征主义视为最底层的阶梯，将完全控制决策过程视为最顶层的阶梯。这些模型中还包括一些比阿恩施泰因的这个模型的层次数量更少的模型解说，以及更具循环表征的模型体系。例如，特雷塞德（Treseder, 1997）的模型认为不同参与水平同样重要，每种参与水平都与不同的背景有关。所有这些措施包括要求儿童在有限的选择中做出决定，一直到儿童自己识别问题和选择解决方案（Crimmens and West, 2004）。可以看出，只是询问儿童对事物的看法和实际上让儿童自己做决定两种方式之间有着根本的区别（Alderson, 2008; Willow et al., 2004）。所涉及的不同过程也可以从以下不同的角度进行分析：他们把儿童视为过程的客体，而不是主体（Alderson, 2008; Willow et al., 2004），以及他们把儿童看作需要保护的人，而不是他们自己生活中的积极能动者。然而，特雷塞德认为，所有这些不同形式的参与都可以赋予儿童和青少年权利，即使他们的控制力和影响力相对较小，但只要他们的影响程度是明确的，成人和儿童就可以以同伴的关系工作，以尊重彼此的方式互动，最终达到共同目标（Blanchet-Cohen and Rainbow, 2006: 114）。在现实中，这可能会有些困难，因为有效的儿童参与所需要的同伴关系并不是自然而然产生的。人们通常认为，在一个成人主导的或总是以结果为基础的世界里，这种态度的改变是很难的（Blanchet-Cohen and Rainbow, 2006: 125）。即使在早期的保教环境中，也更多的是强调使用各种方式和方法来理解儿童的经历和观点，包括具有一系列需求和不同文化背景的儿童。一旦强调实现目标和结果，这对儿童来说就是一个挑战（Theobold and Kulti, 2012）。

第二，在《联合国儿童权利公约》下行使参与权不是绝对的。其第 12 条指出，它取决于儿童的年龄和成熟程度；第 14 条指出，它必须与儿童不断发展的能力相一致（United Nations, 1989）。因此，儿童的能力水平是其行使参与权时必须考虑的因素之一。如何判断能力水平、谁来判断能力水平、在何种背景下判断，这些都还不清楚，但正如后来的讨论所表明的，在实践中，它将由不同的成人来判断，而不是儿童自己，并将随时间而改变。

第三，有证据表明，如《联合国儿童权利公约》所蕴含的思想，当存在相互竞争的受保护权时，参与权往往会被积极地否决。以下是儿童的受保护权优先于其参与权的一个例子。

案例研究 4.1

儿童权利与儿童需要的冲突

关于越南街头年龄在 6 ~ 16 岁的儿童，伯尔（Burr, 2002, 2004）发现援助机构在《联合国儿童权利公约》指导方针下所倡导的受保护权和教育权往往与儿童想要的东西相冲突，如工作是为了挣钱，也与儿童自己定义的需要相冲突。一些孩子认为工作对他们来说很重要，因为他们赚到了钱就可以不用再回到贫困的农村生活，还可以帮助家里缓解经济压力。一些援助机构试图保护这些儿童不受所谓的剥削，把他们送回成人主导的环境里，并要求他们接受正式的日间教育。其做法实际上是没有倾听儿童的意见，没有理解他们生活的背景，不相信他们可以自己做决定，成为城市社区的一部分（Burr, 2002, 2004）。

同样，在危地马拉，人们发现《联合国儿童权利公约》所规定的权利与在街头工作的儿童的日常生活没有什么关系（Snodgrass-Godoy, 1999）。伯尔（Burr, 2004）认为，《联合国儿童权利公约》所规定的权利是建立在西方的童年观基础上的，认为童年是田园诗一般的。她认为，南部和东部的儿童需要富裕的西方国家救助的这个假设，没有认识到不同社会、政治和经济背景下儿童的不同需要。此外，如果他们的需要，例如，在街上赚取的收入，与《联合国儿童权利公约》所提倡的受保护、教育和家庭生活权利的概念相冲突，后者将占主导地位，即使儿童本身也表达了他们自己对工作权利的看法。恩纽（Ennew, 1995, 引自 Snodgrass-Godoy, 1999: 437）指出，对于危地马拉街头流浪儿童，“《联合国儿童权利公约》以西方现代儿童为起点，先是通过殖民主义，然后是通过援助使帝国主义全球化”。这种帝国主义可以影响服务的有效性和供给（UNESCO, 2006）。

案例分析 4.1

这些例子表明，人们想要落实《联合国儿童权利公约》赋予儿童的权利，反倒否定了儿童的参与权，而不是像《联合国儿童权利公约》所设想的那样维护儿童个人参与影响他们自身的重大决定的权利。它们还指出，在极端贫困的条件下平衡具有竞争关系的受保护权和参与权有些复杂。例如，有人可能会说，当选择工作或挨饿时，孩子没有真正的“选择”。也可以认为，尊重儿童工作的愿望会延长对他们的剥削，而缺乏真正的选择。

- 你认为在这种情况下，孩子们应该按照自己的意愿行事吗?
- 你的观点会考虑孩子的年龄吗?

四、《1989 年儿童法》和《2004 年儿童法》

《联合国儿童权利公约》为英格兰颁布的《1989 年儿童法》提供了参考背景（HM Government, 1989），该法案将儿童从被成人照顾和控制的被动接受者转变为父母对其有责任的个体。它认为，儿童有权利聆听对他们有影响的一些重大决定，并且做决定时要考虑他们的愿望和感受（James and James, 1999）。

然而，可以认为，《1989 年儿童法》在支持儿童参与权方面，无论是从原则上还是在实践操作上都是有限的（Fortin, 2003; Thomas, 2004）。首先，只有当法院介入有关儿童保育的决定时，儿童的愿望和感受才可能被考虑［第 1 条第 3 款（a）项］。虽然地方当局在法庭诉讼程序之外有一些有限的要求，在做出任何影响到儿童的决定之前，必须考虑儿童的愿望和感受（第 22 条），但根据《1995 年（苏格兰）儿童法》［Children（Sctoland）Act 1995］第 6 条第 1 款（HM Government, 1995a），父母在做出任何影响孩子的重大决定时，不需要考虑孩子的观点。

第二，尽管儿童的福利是至高无上的，但福利是在保护和保障方面，而不是在权利或促进积极参与方面（Lansdown, 2001）。因此，虽然根据第 1 条第 3 款（a）项规定，法院有责任“顾及……有关儿童的可确定的愿望和感受”，但法院只需顾及这些愿望和感受，而非积极地考虑或采取行动。在关于交往和居住决定中，如果父母同意关于孩子的安排，法院就根本不需要考虑孩子的意见（James et al., 2004）。即如果父母同意，孩子的观点是无关紧要的。此外，赋予儿童愿望或感受的任何权重都取决于他们的年龄和理解能力——换句话说，就是他们的能力水平（Monk, 2004）。同样地，根据第 22 条，地方当局有责任明确儿童的愿望和感受，但只有在“合理可行”的范围内才会这么做。

《2004 年儿童法》（HM Government, 2004）主要关注的是保护儿童，并设置结构和程序，以确保儿童得到更好的保护。尽管这一重点是改善对儿童的保护，但《2004 年儿童法》第 58 条未能有效地“禁止”英格兰和威尔士的儿童挨打。如果父母或代替父母行事的人被指控殴打，造成了儿童严重身体伤害，或虐待儿童，则会被剥夺对“合理惩罚”的辩护，但事实上，对于那些以其他方式殴打或伤害孩子的人，只要没有明显伤害，仍可申请辩护。在苏格兰，《2003年（苏格兰）刑事司法法》[Criminal Justice（Sctoland）Act 2003]（HM Government, 2003）第51条试图通过允许辩护“合理惩罚”来澄清法律，同时禁止殴打头部、摇晃和使用器具。这就像《2004年儿童法》一样，仍然可以接受殴打和其他形式的体罚，因为它们被视为“合理惩罚”。这是无视儿童的观点。2007年，国家对第58条在防止虐待儿童方面的有效性进行了一次审查，询问了4～16岁的儿童，其总结意见后的结论（DCSF, 2007b: 15）是：“总体来说，大多数儿童都不认可体罚是一种有效的惩罚方式。”

《2004年儿童法》除了继续维护父母殴打孩子的权利外，似乎并没有促进儿童的参与权利，因为儿童的“愿望和感受”对决策的影响程度仍受限制。例如，尽管英国地方当局补充了必须包括儿童的愿望和感受（第53条），这对于推进儿童的参与权来说是个积极的进步，但这还取决于儿童的年龄和理解力[第53条第1款（b）项和第3款（b）项]。还可以认为，在英格兰设立儿童专员（第1条），有助于其“对儿童意见和利益的认识”（第2条第2款），这在促进儿童参与权方面可谓是向前迈出了一大步。但是，就如戈德索普（Goldthorpe, 2004）和亨特（Hunter, 2004）指出的那样，专员积极推进儿童权利的能力是有限的，因为该角色没有促进和保护儿童权利的权力，在威尔士、苏格兰、北爱尔兰和其他欧洲地区起的作用更是微乎其微。2010年，《邓福德评论》（Dunford Review）对儿童专员这一角色进行了一番审查，提出要提高专员的独立性，恢复促进和保护儿童权利的权力（CRAE, 2012）。然而，正如最近英国儿童权利联盟（Children’s Rights Alliance for England, CRAE）（CRAE, 2012）所指出的，虽然这些变化值得称赞，但它们在促进专员的独立性方面的努力可能还是不够。它进一步指出，目前政府支持儿童权利的方式仍然不一致。虽然在一些领域，有证据表明，在制定服务和政策时越来越倾向于与儿童和年轻人协商的政策和实践，例如，《2006年儿童保育法》（Childcare Act 2006）要求地方当局“考虑”关于儿童在规划儿童服务方面的意见（第3条第5款），地方当局只需要在他们认为具有相关性的情况下这样做（HM Government, 2006）。此外，还有一些建议尚未生效，例如，《2008年教育和技能法》（Education and Skills Act 2008）提出，儿童在课堂中具有被倾听和认真对待的权利，以及确立了“为有特殊教育需要的儿童和青少年改革条款”的草案，许多条款在法规中都列出了具体的细则，但没有详细说明儿童和青少年该如何发表对影响他们的事项的意见。此外，如果有参与决策的机会，则这些机会适用于父母和16岁以上的年轻人，不包括大多数儿童对自己的生活做出决定的机会（CRAE, 2012: 27）。

五、能力

无论是在英国还是在国际上，关于如何判断一个孩子的能力水平，法律内部都存在很多困惑。在法律上，能力不一定与年龄有关。例如，在英国，16～18岁的孩子目前能够对性行为和辍学做出决定，但是，如果没有父母的同意，他们就不能投票或结婚。英国法律规定，10岁及10岁以上的儿童应负刑事责任，根据《1998年刑事司法法》（Criminal Justice Act 1998），他们可以被列为反社会行为的主体，但在12岁之前，他们还不具备购买宠物的资格（Fortin, 2003）。

1985年吉利克（Gillick）投诉西部诺福克（West Norfolk）和威斯贝奇（Wisbech）地区卫生局的案件被视为一个具有里程碑意义的案件。它不仅涉及青少年的权利，还确立了能力不一定与年龄相关的观点。其原则是，16岁以下的年轻人如果有足够的能力，那么可以在没有父母同意或不知情的情况下接受治疗（BMA, 2001: 34）。然而，它并没有阐明如何来评估儿童的能力，关于能力的评估又一次掌握在成人手中，而且是医生的手中。几年后，上诉法院对两起案件（*Re: R* 和 *Re: W*，引自 BMA, 2001: 35）裁定，法院可能驳回青少年拒绝接受救生治疗的决定，即使他们认为“吉利克有能力”。也就是说，法院可以根据结果的严重性来判定孩子的能力。

在过去的10年中，有一些证据表明，在维护儿童和青少年的观点方面，尤其是在医疗决策方面，有一种更为一致的方法。例如，2004年7月，政府就青少年对性事件的保密权向医生提出了新的指导意见，并首次提出在父母不知情的情况下同意有能力的青少年堕胎（DH, 2004a）。很多媒体批评了这一指导意见，尤其是堕胎问题。阿克森（Axon）女士是两个十几岁女孩的母亲，她申请了司法审查，因为她不同意父母在堕胎问题上不受例行问询（Powell, 2004）。然而，法院驳回了她的申请，并认为该指导意见是合法的［*The Queen on the Application of Sue Axon* v *The Secretary of State for Health(The Family Planning Association: intervening)*(2006)EWCA 37(Admin.)］。在这种情况下，法院再次强烈维护了年轻人就堕胎这一重大问题做出自主决策的权利，并允许医生支持年轻人自主决策。

案例研究 4.2

儿童有权拒绝接受治疗吗

2008年，一名13岁女孩汉娜（Hannah）拒绝接受治疗，她的决定得到了当地政府、父母和医生的支持，但这可能会极大地影响她的生活。请考虑其中的含义。你可能会发现这种情况令人痛苦和不安。

案例分析 4.2

这种情况下的决定对所有相关人员来说都是困难和令人痛苦的。即使你已经发现了事态的变化，你认为汉娜有权发表她的观点吗？或者，你认为她的观点应该被否定吗？如果汉娜只有9岁或是18岁，你的看法会有所不同吗？为什么？你是站在保护主义角度还是儿童权利的角度来看的？

令人感兴趣的是，政府一般支持儿童在健康和身体方面的决策，而没有支持他们更多地参与有关教育方面的决策。正如福廷（Fortin, 2003: 161）所言：“教育法原则并不赞同成熟一点的儿童有能力承担学校生活责任或对其教育做出重大决策。”例如，2012年的CRAE报告指出，从儿童专员对学校开除制度（the school exclusion system）的调查来看，学校开除制度违反了《联合国儿童权利公约》第12条规定的“参与权”（Office of the Children’s Commissioner, 2012）。2007年修订后（非法定）的开除指南鼓励18岁以下的学生参加上诉听证会，但必须征得家长的同意才能出席，18岁以下的学生没有权利就学校本身的开除提起诉讼，只有他的父母才可以。调查发现，在开除过程中，儿童和青少年的意见既没有得到征求，也没有被考虑在内。

这种对参与决策所需权限的混乱认识，也可以从法院内部关于交往或居住事项的意见中看出。在与被指控有家庭暴力行为的父母进行沟通的情况下，法院就考虑儿童意见的年龄向2名著名精神病学家征求了意见。斯特奇和格拉泽（Sturge and Glaser, 2000: 620）建议：

> 孩子年龄越大，越应该认真看待他们的意见，忽视他们的意见就等于侮辱和诋毁孩子。作为一个粗略的规则，我们认为必须考虑任何年龄段儿童的意见；超过10岁，我们认为儿童的观点应占有更大的分量。6～10岁处于中间阶段。6岁以下，儿童的意愿在许多方面与主要照顾者的意愿（假定正常发育）难以区分。

虽然这个建议可能不是很明确，但它确实强调了考虑儿童意见的重要性，无论他们的年龄多大。尽管如此，从以下研究来看，儿童的意见并非经常被法院或相关专业人士所重视，而且在寻求儿童意见时，法院可能仍然不积极听取他们的意见。

梅和斯马特（May and Smart, 2004）研究了3个郡法院在征求儿童对交往和居住纠纷方面意见的做法。在他们调查的案件中，有一半的案件要求儿童与家庭法院咨询和支持服务处（Children and Family Court Advisory and Support Service，CAFCASS）官员或社会工作者编写一份福利报告，该报告需包括儿童的愿望和感受，以及关于各种决定的效果的意见。梅和斯马特（May and Smart, 2004）发现，在这些案例中，只有一半——事实上是他们全部样本的1/4——实际上咨询了孩子的意见。他们发现，在被咨询的孩子中，7岁以上的孩子往往会认真对待自己的意见，尤其是如果他们在和父母有冲突的时候，并且他们能“用脚投票”的情况下。梅和斯马特特别关心那些卷入争端的儿童，因为他们的意见似乎经常被忽视，特别是如果他们的意见不符合儿童与家庭法院咨询和支持服务处官员的建议时，将会在诉讼中被剥夺发言权。

詹姆斯等人（James et al., 2004）研究了儿童与家庭法院咨询和支持服务处的儿童专员是如何在家庭诉讼中代表儿童面对法院的。其中包括私法案件，如探望和居住事宜，以及地方当局征得法院命令保护儿童免受伤害的公法案件。他们发现，儿童专员自己对童年的理解和建构影响着他们如何平衡保护儿童之意愿的内部矛盾。他们出于责任，要从儿童未来教养需要发声，同时又要确保法庭了解儿童自身的意愿。一般来说，保护主义和福利观点占主导地位，如果儿童的声音不符合相关儿童专员的观点，他们的声音就会被过滤掉，并被有效地压制（James et al., 2004）。

另一个因素影响着人们在法律诉讼中是否实际上咨询儿童的意见，以及以何种方式咨询儿童，那就是社会工作者缺乏培训以及与儿童沟通的自信（Handley and Doyle, 2012; Vis et al., 2012）。汉德利和多伊尔（Handley and Doyle, 2012）就发现，社会工作者自己认为他们缺乏足够的培训，使他们无法在法律事务情境中与儿童进行有效沟通，这可能会影响到他们在儿童参与和咨询方面的决定，特别是对年幼的儿童来说。

从上述研究中可以看出，只要保护主义观点占据上风，再加上缺乏与儿童沟通方式的培训，《1989年儿童法》指导下的家庭诉讼程序将“更有可能维护偶然可能的和高度理想化的家庭生活场所，而不是倾听和回应孩子的真实声音”（Monk, 2004: 16）。最近，蒙罗（Munro, 2011）和社会工作改革委员会（Social Work Reform Board）（2012）强调儿童发展理论和与儿童交流的技能要纳入资格认证和认证后的培训与发展中。希望这种情况会随之改变。

案例研究 4.3

相互冲突的权利

有一名3岁女孩和一名6岁男孩的父母闹离婚，双方都想获得孩子的监护权，向法院申请照顾孩子。儿童与家庭法院咨询和支持服务处的社工与两个孩子相处了一段时间，运用绘画、观察、照片和讨论等各种技巧，认为自己找到了孩子们合理可信的、真实的观点：3岁的小女孩希望和母亲住在一起，6岁的小男孩希望和父亲住在一起。CAFCASS社工就建议3岁的孩子和她的母亲住在一起，6岁的孩子和父亲住在一起，但是周末时间，两兄妹要轮流在一方父母家里一起度过。父母双方都可以养育孩子，并与孩子维持良好的关系，但要考虑两个孩子应该一起长大。社工认为，将孩子们分开，会剥夺孩子的家庭生活权（《欧洲人权公约》第8条）。于是，他们决定支持孩子们在一起共度时光，但必须有父母一方在场。根据律师的建议，并根据诺格罗夫（Norgrove, 2011）对家庭司法制度的审查，父母签订了一份养育协议，详细说明了每个孩子与父母一起度过的时间。经过父母的同意，法院决定让父母共同照顾孩子，以便孩子们在一起，并与父母度过相同的时间。

案例分析 4.3

这个例子说明了权利在这里是不存在的，不同的权利之间相互竞争、相互冲突，使得整个决策过程举步维艰。

- 在本案中，你认为儿童能够有效地参与法院的判决吗？
- 考虑到他们的年龄，你认为，否决他们的意愿是正确的吗？或者，你认为这个决定解决了他们的家庭生活权和参与权之间的矛盾吗？

六、幼儿的参与

虽然上述问题与各年龄段的儿童参与决策有关，但许多以儿童参与实践为基础的文献和关于儿童参与决策的具体指导往往涉及的是8岁以上的儿童，尤其是青少年。“有关幼儿方面的内容少之又少，几乎没有，婴儿方面的更是如此，根本没涉及”（Kirby and Marchant, 2004: 93）。在与幼儿沟通时，如果使用的方法是专门为大一点的儿童设计的，或谈论的是与幼儿生活无关的一次性事件，那有时可能对幼儿造成严重的伤害，也是最无效的方式。“成人咨询”在接近幼儿时带着危险。这是指成人专家在干预幼儿时不顾幼儿是否真正同意，并且干预幼儿的成人通常不了解幼儿，与幼儿的生活没有其他任何交集（Kirby and Marchant, 2004: 93），或者成人没有接受过相应的培训或掌握相应的技巧，无法与幼儿进行有效的沟通（Handley and Doyle, 2012）。

如上所述，布兰切特-科恩和雷恩博（Blanchet-Cohen and Rainbow, 2006）认为，让幼儿作为日常生活中的积极参与者参与其中的体系和过程，可以避免在实现有意义的和有效的参与方面的许多困难。如果社会和教育体系鼓励幼儿从小就参与这种决策，那么积极的“公民身份”对他们来说将更具现实性。他们还指出：

这种转变将减少对一次性的、远距离的咨询的需要，因为真正的参与式文化将会提供一种情境，在这种情境下，人们可以很容易地就一系列问题对幼儿进行询问。例如，在社区重建计划中，该地区的家长和幼儿群体已经能够形成惯例来查明儿童的看法。在健康机构的发展过程中，那些在医院待过一段时间的孩子将习惯于“说真话”，如实评价为他们提供的物品和服务。学校里的幼儿会定期关注学校的课程。（Kirby and Marchant, 2004: 95）

但是，如何才能给予幼儿参与影响他们生活的决策权呢？联合国儿童权利委员会（United Nations Committee on the Rights of the Child）的一般注释第 12 条建议，“充分执行第 12 条，首先要承认和尊重非言语形式的交流，包括游戏、肢体语言、面部表情和绘画。通过这些方式，可以知道幼儿是否理解，他的选择及偏好是什么”（2009，第 9 页）。以下研究说明了使用这一系列方法能有效地使儿童表达自己的观点。

相关研究

Harcourt, D. (2011) ‘An encounter with children: seeking meaning and understanding about childhood’, *European Early Childhood Education Research Journal*, 19(3): 331–343.

哈科特（Harcourt, 2011）征求了 15 名 3 ~ 6 岁儿童对童年和成年的意见和看法。他邀请孩子们说出自己的理解，并说出可能出现这种情况的原因（第 331 页）。孩子们与研究人员讨论了“对同伴关系的期望是什么”（第 336 页），他们参与研究过程的各个阶段，并表达自己的观点。研究人员采用了马赛克方法（Mosaic approach, 又叫“镶嵌法”）（Clark and Moss, 2011），在这个方法中，孩子们选取一种喜欢的方式如对话、图画、文本和照片来表达自己的意见。为了尽量减少研究人员的偏见，确保儿童声音的真实性，儿童和研究人员一起对数据进行了解释，并就数据应该如何呈现达成了一致意见。研究结果表明，这种方法确实能探索儿童的意见。孩子们能够解释他们看待童年和成年的不同方式，包括认识到孩子在很多方面是受限制的，以及成人的复杂性和责任以及他们对成人的期望。

分析

阅读更多关于马赛克方法的文献能帮助你判断这是否为孩子们积极参与他们生活中的决定提供了有效和有意义的方式。

· 英语作为一种额外的语言或非语言方式，它是否对所有儿童有效（包括那些有特殊需要的儿童）？

· 或者，正如本章开头所讨论的那样，它是成年人拥有更多知识从而更好地控制孩子的生活的一种方式吗？

经合组织报告《强壮开端Ⅱ》（*Starting Strong II*, 2006: 219）提出了这种从小就积极参与的理念和实践。该报告审查了经合组织成员国在幼儿保教方面的政策。报告建议各国政府认识到儿童的重要的和有影响力的声音。它以挪威的《2006年幼儿园法》（Kindergarten Act 2006）第3条为例，明确维护儿童权利委员会在幼儿园生活各方面所提倡的参与权，并指出：

- 幼儿园的孩子有权对幼儿园的日常活动发表意见。
- 儿童有机会参与规划和评估幼儿园的活动。
- 根据儿童的年龄和成熟程度，给予他们应有的重视。

在强调倾听多样的儿童声音的重要性的同时，《强壮开端Ⅱ》指出，鼓励儿童参与到早期教育机构中并不意味着“个人选择就是一种至高无上的价值”（OECD, 2006: 219），人们要认识到社会和社区责任中的民主价值观。它认为“以应该鼓励孩子参与其中并与他人分享，并且……学习中重要的[应该]是互动、体验和社交。学会做人，学会做事，学会学习，学会共同生活（Learning to be, learning to do, learning to learn and learning to live together）都是幼儿的重要目标”（第219页）。然而，贝（Bae, 2010）在一项关于挪威幼儿园的幼儿教育实践工作者解读挪威框架的研究中发现，幼儿教育实践工作者倾向于强调自我决策和个人选择，而不是基于社区和共同参与。

平衡儿童照护机构中个人权利和集体权利是一项复杂的任务（Bae, 2010）。例如，如果个人自治和分享经验都是重要的价值观，那么幼儿教育实践工作者应该如何管理个别孩子在小组活动时所希望从事的任务呢？此外，正如卡梅伦（Cameron, 2007）所指出的那样，在“像英国这样先进的自由国家，独立作为个人自主的表达方式与高度管制的幼儿服务实践（通过监管）之间存在矛盾”，幼儿教育实践工作者该如何平衡儿童服务呢？（2007，第467～468页）课程的要求或展示成果的压力，无论是在个人意义上还是在社区意义上都可能会使参与与主体性不是所倡导的最优选择。

本章小结

儿童享有参与权，这些权利是什么，如何行使这些权利，或者应该如何行使这些权利，这些问题的解决对于所有从事儿童工作并关心儿童福利的人来说，具有现实意义和长远意义。在实践中，对所有儿童工作者来说，要平衡儿童的受保护权和参与权是非常困难的。促进儿童参与的权利并不意味着提倡儿童自己做出所有决定，无论其年龄或能力水平如何。然而，很明显的是，儿童不能有效地参与影响他们生活的许多决策。在主流的童年建构论和普及的渐进式发展理论的影响下，在成人缺乏与儿童交流的技能这一状况下，特别是在儿童采用非言语交流，有特殊教育需要或将英语作为附加语言使用的情况下，人们对儿童个体需要和能力水平的认识就会受到限制，并导致人们将他或她仅看作一个统一人群中的一员而已，而不是一个独立和独特的人。如前所述，这会影响到英格兰地区法庭做出交往联系和共同居住的判决，以及在《联合国儿童权利公约》主持下的援助机构的工作。

对于我们所有人来说，承认和促进儿童的参与权是一项艰巨的任务，因为成年人已经习惯了对儿童拥有不同程度的权力和控制力（Lansdown, 2001）。那些在早期教育环境中工作的人面临着特殊的困难，因为孩子越小，他或她越容易被看成无能的，而他或她就越不可能获得参与权。然而，各种各样的促进幼儿参与权的措施正被用于各种各样的机构中，如托儿所和地方议会规划部门，并取得了可喜的成果，而且对未来的实践也产生了重大影响（参见 Willow et al., 2004 年对各种倡议的回顾）。

我们所有人都有责任认识到儿童积极参与其生活所有领域的重要性，不仅因为这是他们的权利，而且因为这可能导致儿童做出更好的决定以及提升儿童的自尊和信心（Thomas, 2001）。如若我们不积极挑战我们对儿童的价值观和信念，以及影响儿童生活的许多协会、机构和组织的价值观和信念，那么儿童的有效参与将不会成为现实。

反思与讨论

1. 为什么儿童的权利很难定义？
2. 根据《联合国儿童权利公约》的规定，儿童权利是否普遍适用？
3. 基于权利的方法是否有助于改善儿童的生活？
4. 如何评估幼儿的能力？
5. 幼儿如何积极参与研究和决策？

推荐阅读

1. Alderson, P. (2008) *Young Children's Rights: Exploring Beliefs, Principles and Practice*. London: Jessica Kingsley.

这本书全面介绍了儿童权利之间的冲突，强调了与哪怕是最小的儿童沟通的重要性，以理解儿童的观点。

2. Children's Rights Alliance for England (2012) *The State of Children's Rights in England*. London：CRAE.

这是一份详细、全面的报告，涵盖了 2012 年英国儿童生活的方方面面。

3. Clark, A. and Moss, P. (2011) *Listening to Young Children: The Mosaic Approach*, 2nd edn. London: National Children's Bureau Enterprises.

这是一本解释马赛克方法的书。它是一种有用的方法，可以用来获得儿童（和成人）的观点。

4. James, A. and James, A. (2004) *Constructing Childhood: Theory, Policy and Social Practice*. Basingstoke: Palgrave.

这是一个很好的背景阅读材料，能帮助我们发现对童年的看法，影响着我们对儿童经验的理解。

5. OECD. (2006) *Starting Strong II: Early Childhood Education and Care.* Paris: OECD.

本报告关注儿童早期保教对儿童发展的重要性，以及与儿童发展有关的有用的和重要的研究。

第五章

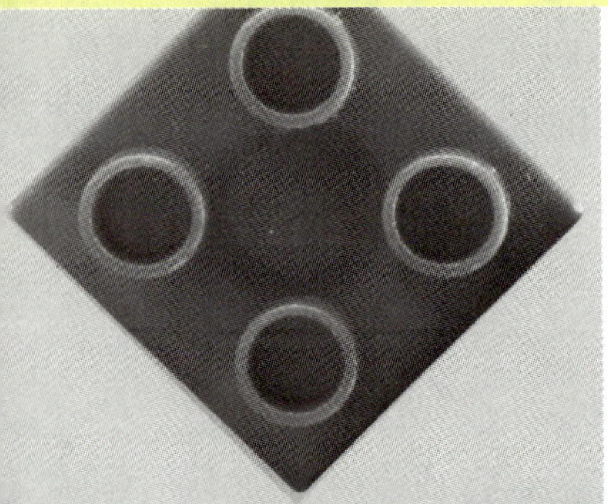

理解多样性

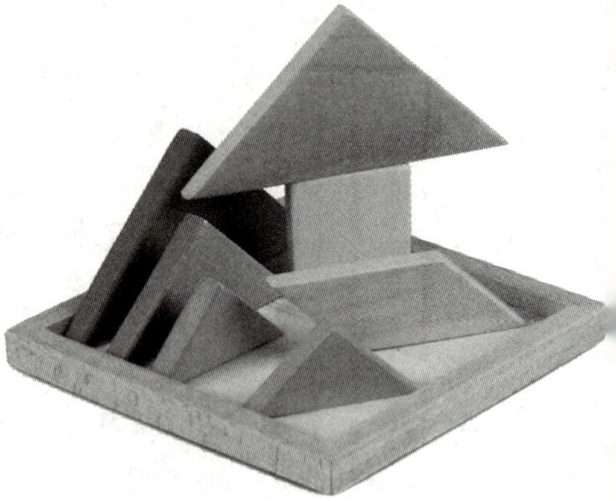

普鲁斯彼拉·泰坦（Prospera Tedam）

主要目标

· 在幼儿保教背景下探讨“多样性”的概念。

· 确定幼儿教育实践工作者、家长和更广泛的社区在支持幼儿理解差异方面的作用。

· 强调支持多样性的国家、国际法规和政策框架。

· 帮助学生理解获得平等机会的障碍，探讨消除障碍的策略。

本章的目的是让学生了解有关幼儿教育中的多样性和融合实践的当代研究。本章将探讨“多样性”这一概念，以及重视个体和个体间差异的理念。这一理念能增进社会的多元性，并有益于实现社会公正。本章还将指出，理解多样性有助于我们采用专业的方式来面向幼儿开展工作。所有的幼儿都有自己的特点，这是每个幼儿的独特性所在，形成了幼儿个性的一部分。专业人员、父母和更广泛的社区之角色在于鼓励和支持幼儿理解当代社会中的多样性议题。这一点将在本章进行详细讨论。本章将概述目前支持多样性的国家、国际法规和政策框架，以及其对幼儿教育实践的影响。

本章还将指出阻碍儿童、家庭和幼儿教育实践工作者获得平等机会的障碍，并探讨如何消除这些障碍以提供平等的服务，不受个体在特殊需求、能力、“种族”、性别或社会经济地位等方面的差异的影响。本章会使用两个案例研究来增进读者对多样性价值的理解，并加深读者对社会中融合的本质与含义的理解。“多样性”这个概念的广度、深度和范围，使我们不可能在单独的一章中讨论尽其所涵盖的所有方面。德瓦拉孔达（Devarakonda, 2013）的著作中提供了相应深度和广度的介绍。因此，本章将根据上述给定的目标考察多样性。

1994 年，时任南非总统纳尔逊·曼德拉（Nelson Mandela）说：“没有人生来就因为肤色、背景或宗教而憎恨别人。人必须通过学习才会恨，如果他们能学会恨，他们就能被教会爱，因为爱比它的对立面能更自然地进入人的内心。”（转引自 Brown, 2001: xii）在此，我们认为，这一声明是形成和理解多样性议题的基础。尤其孩子在很小的时候就应被教会欣赏、尊重差异，并珍视其作为人的独特性。

这一观点得到了教育和技能部（DfES, 2007f: 9）的支持。该部门建议在有关儿童教育的制度中规定：“儿童教育工作者有责任确保儿童对多样性和差异有一个积极的态度——这样不仅每个儿童都能融入其中，不会处于不利地位，而且他们在很小的时候就学会了重视其他人的多样性，长大后积极为社会做贡献。”最近，教育部将“机会平等和反歧视实践，确保每个儿童都纳入其中并得到支持”明确列为了一项规定（DfE, 2012d: 2）。这进一步强调了儿童机会均等的重要性，而这已在地方和国家层面的制度规定中得到了体现。

幼儿教育实践工作者要努力支持儿童的发展，使其成长为积极、博学和有礼貌的人。如果在早期阶段，儿童不是被教导彼此相爱和相互尊重，而是被教给仇恨、不尊重和歧视与他们有差异的儿童，那么我们的价值观就有了问题。

一、多样性语言和专业术语

依据汤普森（Thompson, 2006）的观点，社会的特点就是分化。这意味着社会是由各色各样的人组成的，可以依据性别、社会经济地位、年龄、种族等对人们进行社会划分。这些突出地影响着个人、群体和团体在社会中可获得的机会、分配到的权力和享有的地位。我们不能忽视的事实是，当代英国社会正变得越来越多样化，其原因主要是移民和全球人口的流动与定居。根据海恩斯（Haynes，转引自 Coombe and Little, 1986）的说法，第二次世界大战结束时，英国向其殖民地国家招收技术性和非技术性劳动力，吸引了大量加勒比海和南亚工人移民到英国工作。20 世纪最后一个 25 年，英国经济大萧条，加剧了英国许多黑人的贫困和不利处境，这突出表现在他们收入低、住房条件差，并遭受社会排挤。最近，欧盟成员国间人们的自由流动又进一步增强了英国的多样性。

1996年，国家儿童之家（NCH）[①]的儿童行动（NCH Action for Children）进行了一项研究，发现约有320万人（占人口的6%）来自少数族裔，其中36%是16岁以下的儿童（NCH Action for Children, 1996: 24–25）。2011年的全国人口普查显示，14%的英国人口来自黑人和少数族裔（Office for National Statistics, 2012a）。这对幼儿保教部门的专业人员提出了挑战，他们不仅要认识这种多样性给社会带来的好处，还要考虑由于对差异的不敏感、误解或不能容忍而造成的紧张局势。通过人们所持有的不同观点、知识和经验，多样性丰富了社会。

人与人之间是有差异的，包括性别、年龄、宗教信仰、种族、经济地位、健康、性行为、家庭结构和残疾，但其差异远不止这些。还有其他一些差异特征，例如，索马里裔的孩子也可能是穆斯林、女性、残疾人、出生在英国，或者可能是难民、“寻求庇护者”。与本章目标相对应，本章主要关注年龄、性别、“种族”和社会经济地位方面的差异。尽管笔者理解所有形式的差异的重要性，但本章不可能一一详细探讨这些差异。事实也的确如此，如需更深入了解这些主题，读者可以查阅其他相关资料。

（一）种族和民族

本部分将首先对“种族”和“民族”进行概念界定，并且说明这些概念在本章是如何运用的。“种族”这一概念可以理解为一种社会结构，如“一大群人被他们的祖先在历史上形成的具有社会显著特性的一些因素松散地联系在一起”（Haney-Lopez, 2000: 165）。

斯托基（Storkey）认为，民族是“能构成文化身份的所有特征，如起源、外貌、语言、家庭结构、宗教信仰、政治、美食、艺术、音乐、文学、对身体的态度、性别角色、衣着、教育”（1991: 109–110，引自Thompson, 2006: 72）。

很小的时候，孩子们就会注意到人们之间的肤色差异，再大一点时，他们就会对这种差异产生疑问。他们的家人、朋友和媒体的观点都会帮助他们理解种族这个概念，也会影响他们对与自己不同的人的看法。很小的孩子不可能是种族主义者，但是一旦他们开始在学校或教育机构中疑惑这种差异的时候，专业人员就有必要帮助他们认识种族，并理解人们需要以公平的方式对待他人。根据赫斯本德（Husband, 2012）的说法，幼儿教育培训和教师教育中应教授反对种族主义，这反过来会使早期教育机构中的幼儿受益。幼儿教育实践工作者不应从缺陷的角度来看待英语不是母语的儿童；他们应该把双语和多语的技能看作增强和宣扬鲁宾逊和迪亚兹（Robinson and Diaz, 2006: 172）所说的“双语身份（bilingual identities）”。

媒体是助长种族歧视和歧视行为与态度的强有力工具。西拉杰-布拉奇福德（Siraj-Blatchford, 1994）认为，媒体对黑人的描述是低劣的或有问题的，对少数族裔的刻板印象、误解会对儿童的观点和观念产生负面影响。

幼儿教育实践工作者应意识到种族主义对儿童自尊和身份的长期影响。种族主义事件没有妥善处

① NCH全称为National Children's Home。

理，将会导致幼儿教育实践工作者或有关早期教育的条款容忍种族主义、歧视行为和歧视态度的发生。种族主义的受害者无论多么年轻，都必须得到支持和保护，并且被妥善对待。应以适合其年龄的方式告诫种族歧视者，并告知其父母或养育者这种行为是不可接受的，同时提出相应建议。斯万报告（The Swann Report）（DES, 1985）认为，少数教师是有意的种族主义者，相当多的教师是"无意的种族主义者"，因此，在使用某些书籍和其他教育材料时，黑人和少数族裔的孩子会感到自卑。

孩子的早年经历很重要，因为在这段时间，随着自我意识的提高，他们开始形成对种族和个人身份的自我认识。

幼儿教育实践工作者应该检查书籍、玩具和工艺品等教学材料，看看它们是否能积极地满足社会各个阶层孩子的需要。

幼儿教育实践工作者应该了解反歧视的一般含义，特别是《2010 年平等法》（Equality Act 2010）（HM Government, 2010）对他们工作的影响。该法明确提出：

> 幼儿教育实践工作者应该检查书籍、玩具和工艺品等教学材料，看看它们是否存在歧视。
>
> 幼儿教育实践工作者必须接受有关种族平等问题的培训，参加类似主题的进修课程。（QCA, 2007）

案例研究 5.1

金色的头发

苏西（Suzie）是一名 5 岁的亚裔女孩，最近刚进入当地一所学校开始基础阶段的学习。在此之前，苏西在当地的一家政府举办的日托机构学习。苏西在新学校待了将近 5 个星期，似乎很喜欢上学，直到有一天，她从学校回来，闷闷不乐。她告诉父母她在学校的情况。苏西说她不喜欢她的头发，她想要一头金发。当她的父母问她为什么会有这种感觉时，苏西说，因为在学校游戏活动期间，她和朋友们一起做了一个"书房"，但是，进入书房的要求是必须有一头金发。苏西的父母跟她解释说，苏西的头发很漂亮，她的头发永远都是这样的。苏西的父母决定和她谈谈个体差异，说她应为自己不同的头发颜色和质地感到骄傲。苏西似乎明白了父母的话，但第二天她还是不想去上学，她仍然担心不能在"书房"里玩耍，因为她的头发不是金色的。因此，苏西的父母找到了班主任，并表示了他们的担忧。

案例分析 5.1

- 在这个案例中，你有哪些疑问？
- 班主任要怎样帮助苏西，才能让她感到是被接纳的而不是受排斥的？
- 是否需要与有关幼儿谈一谈？
- 如果这个问题得不到解决，会产生什么样的后果呢？

（二）融合

根据本章的目标，本节将在更广泛的幼儿教育背景下来探讨融合问题，下一章将在特殊教育需要

（SEN）的语境下来探讨融合①。

融合是一个经常引发人们争论和讨论的术语，对它的讨论至今没有一个确切的定义。有学派认为，融合是“识别、理解和打破参与与归属障碍的过程”（Early Childhood Forum, 2003）。也有观点认为，“融合”是一项普遍的人权，目的是包容所有人，不论其种族、残疾、性别、性取向、医疗状况或其他需要如何。

融合是一个过程，而不是一种静态的状态，它不是通用的。融合的过程为幼儿和幼儿教育实践工作者提供了一个支持和培育的环境，他们应该努力使环境具有包容性和培育性。对于笔者来说，讨论“融合”意味着总有一些人或群体会被“排斥在外”。所以，在特定的语境中识别融合的意义是很重要的。年幼的孩子需要包容，他们没有什么不同。确保所有儿童在早年就能感受到包容，为他们提供平等的机会，与同龄人一起学习而不论他们的性别、社会经济背景和种族如何。

案例研究 5.2

排队时的冲突

以下讨论的是发生在一名有特殊需要的 6 岁儿童和一名课后辅导机构工作人员之间的一个案例。

工作人员：孩子们，请大家在桌子后面排好队。

［本（Ben）“站”在队伍里，但不停地走动。］

工作人员：本，请排成一列，别动。

（本还在和朋友聊天，四处走动。）

工作人员：本，你听得懂英语吗？

本：是的，我听得懂。

工作人员：那么，“在桌子后面排好队”是用希腊语说的吗？

案例分析 5.2

- 上面的对话，你觉得有问题吗？
- 工作人员该如何更恰当地表达自己的观点？
- 是否有理由投诉该工作人员？
- 你会为这名工作人员推荐未来哪些必要的培训（如果有的话）？

儿童需要各种教育机会来帮助他们充分发挥其潜力。他们需要发展技能、态度和知识，使他们能够与来自不同背景和群体的人积极互动。根据邦迪等人（Bondy et al., 1995）的观点，融合这一概念不仅适用于残疾儿童，还包括贫困儿童、英语为第二语言的儿童、无家可归的儿童等。流浪者、难民和寻求庇护的人群中的儿童以及被贩卖的儿童都需要被积极地纳入早期教育的服务中。英国的难民在许多层面都面临着羞辱和歧视。适应新的环境，重新开始适应一种新的生活方式、文化和语言，对许多成年人来说都很困难，更何况是对幼儿（Whitmarsh, 2011）。教育和教师的态度也可能给寻求庇护的

① “融合”对应的英文词为 inclusive。下一章中出现的 inclusive practice 将根据中国目前的一般译法翻译为全纳实践或全纳教育。这里由于仅出现了 inclusive 一个词，根据上下文语句表述的需要翻译为“融合”。融合教育与全纳教育的含义和英文对应词组相同，是常用的译法。

儿童和他们的家庭带来挑战。早期的童年环境应该接纳这样的群体，鼓励儿童和幼儿教育实践工作者“明确地认识和尊重移民母国的不同”（Vandenbroeck et al., 2009: 212），以此作为与他们接触的有效手段。

在过去的20年里，英国和其他地方的肥胖儿童人数一直在增加，根据世界卫生组织（World Health Organisation, 2012）的数据，全世界有超过4 200万名0 ~ 5岁的儿童被认定为肥胖或超重儿童。在尊重幼儿多样性的背景下，这种在英国存在的公共健康问题也应该被加以考虑。歧视、嘲笑和辱骂会对儿童造成严重的情绪问题和不良的心理健康影响。凯尔和哈里斯（Cale and Harris, 2011）提出，态度会改变儿童的体重和肥胖情况。其中包括：更多地了解幼儿教育实践工作者传递给儿童的关于他们体重的信息，检查对肥胖的个人观点、价值观、偏见以及态度，最后，避免进一步伤害和歧视肥胖儿童，例如，在游戏中要求孩子穿过狭窄的空间。

父母、专业人员和广大社区对儿童理解和尊重多样性起着关键性的作用。儿童和年轻人受他们生活和所属社会的影响，所以专业人员需要从理解其父母所面临的困难以及父母的长处、技能和专业知识出发，与其父母建立良好的工作关系（Brown, 2001）。

有必要指出的是，为什么儿童理解差异和多样性很重要呢？根据布朗（Brown, 1998）的观点，主要有三个原因。

第一，法律考量。幼儿教育实践工作者理解多样性，将有助于消除他们可能存在的个人偏见或刻板印象，并使他们守法地工作。有许多关键的政策和法律支持包容，将歧视行为视为违法行为。虽然儿童在幼年时不受这些法律影响，但他们长大后，会受到法律的影响，因此应该鼓励他们理解当代社会所有形式的歧视都是不受欢迎的。社会需要包容和尊重多样性。

第二，伦理考量。对一些人来说，为所有人提供公平的待遇和平等的机会而不考虑个体差异，似乎是合乎道德和伦理的。在讨论多样性和机会平等方面，也承认社会正义及其中心地位。米勒和佩德罗（Miller and Pedro, 2006: 293）强调了营造“尊重的课堂环境”的重要性，并声称教师有责任确保促进学生之间、教师和学生之间的积极互动关系。如果在实现这一目标方面会遇到困难，就应鼓励幼儿教育实践工作者对种族主义者进行干预。

第三，社会考量。儿童能从他们观察到的包容和非歧视做法中学习，并有可能成长为尊重多样性、为社区和整个国家做出积极贡献的成年人。在这方面，格雷厄姆（Graham, 2007: 65）认为，作为一种平等策略，“多样性使人们认识到了每个人都有贡献”，儿童和成年人一样理解和尊重多样性都是至关重要的。

（三）性别平等

在幼儿教育的专业培训和工作中，关于不同性别之间生理和社会差异的讨论是很重要的。一些人认为这是社会建构的，儿童倾向于被社会化，成为男性或女性的角色（Woodhead and Montgomery, 2003）。伍德黑德和蒙哥马利（Woodhead and Montgomery, 2003: 181）进一步提出，如果不考虑“女孩世界”和“男孩世界”的差异，人们将难以理解童年的本质，儿童是通过观察来学习与性别相称的行为的。

在幼儿时期，游戏是一个很重要的领域，因为儿童开始认同游戏中可能会反映他们性别的东西。正如哈拉兰博斯和霍尔本（Haralambos and Holborn, 2004）所建议的那样，儿童参与的游戏类型如女孩们的洋娃娃，会强化女性作为看护者的刻板印象，而男孩们通常会得到那些旨在发展他们的科学和构造技能的玩具。应鼓励幼儿教育实践工作者支持儿童的游戏，并尝试玩超越性别的玩具、游戏和活动。

难以想象，如果幼儿教育实践工作者中女性的数量远远超过男性，那么，年幼的孩子该如何看待性别平等。

本章没有解释早期教育工作被性别化的原因，因为这是一个范围较广的领域，值得进一步探讨。在本章中，我们主要强调的是幼儿教育实践工作者要平衡儿童性别间的混乱，以期望儿童从性别的角度来学习和理解多样性。

欧文（Owen, 2003）说，1991年5.7万名护士中只有600名男性，占近1%。其报告还指出，到2001—2002年，这一情况依然没有好转。《纳特布朗评论》（Nutbrown Review, 2012b）认为，在早期教育市场中，98% ~ 99%的劳动力几乎都是女性，采取相应措施增加男性教育工作者很重要。因此，有必要让儿童同时看到女性和男性从事照料工作，以防他们在早期对性别和与性别有关的角色留下刻板印象。卡梅伦（Cameron, 2006）认为，其他欧洲国家就做得相对好一些，在丹麦，幼儿教育劳动力市场中男性的就业率是最高的，因为他们采取了有效的营销和招聘策略。

（四）社会经济地位

在父母或家庭的社会经济地位方面，儿童之间存在着巨大的差异。由于父母失业、收入低和长期贫困，儿童的社会经济地位必然会“不同”，这可能会招致其他儿童的排斥。媒体在让儿童了解“必备”玩具、游戏和小玩意儿方面发挥了重要作用，并且在某些情况下，儿童被允许将这些玩具带入学校，以便在学期的各个阶段进行“展示和讲述”。这样会给其他孩子带来压力，让他们期望拥有这样的玩具和游戏。

21世纪，贫困是普遍存在的，人们大多是从物质、社会和情感上的匮乏来理解它的。目前，英国大约有350万儿童生活在贫困中（DWP, 2013）——这相当于每3个儿童中就有1个是贫困的，这与20世纪70年代每10个儿童中就有1个贫困儿童相比，是有显著增长（Wyse, 2004）。

贫困对儿童的影响是毁灭性的。“终结儿童贫困运动”（End Child Poverby Campaign）的研究表明，贫困会影响儿童的发展并缩短他们的寿命（End Child Poverty Campaign, 2008）。因此，对于幼儿教育实践工作者来说，了解贫困对儿童的学习、成就和社会表现的影响是很重要的，不论其家庭社会经济地位如何，要确保每个儿童都受到平等和公平的对待。

为了确保幼儿教育实践工作者在做儿童工作时的公平性，其不应鼓励某些儿童过度炫富，因为这会对其他社会经济背景的儿童造成极大的不利影响，并使他们丧失权利。专业人员还要确保他们对父母和照料者提出的要求是合理的，例如，为各种活动提供的服装是合理的，并且不应以任何方式损害父母和照料者的地位和经济能力。来自较低社会经济背景的儿童有可能是黑人、残疾人，有男同性恋、女同性恋以及单身和/或寻求庇护的父母，这使他们处于多重不利地位。幼儿教育实践工作者需要仔细考虑这一点，以促进做儿童工作时的公平性。

英国政府到2010年要将儿童贫困人口减半的目标尚未实现。尽管实现的可能性不大，但到2020年消除儿童贫困的战略仍在实施。这一目标已在《2010年儿童贫困法》（Child Poverty Act 2010）中得以体现。如果在这一领域没有取得进展，政府方面是有责任的。鉴于许多家庭一直存在社会经济困难的情况，幼儿教育实践工作者的工作方式不能强调儿童间的财务和收入差距，因为这可能导致不平等和对特定儿童的压迫永久化。

二、社会正义

社会正义与平等紧密相连，正如小林和雷（Kobayashi and Ray, 2000）所认为的，教育机构能够界定哪些社会不平等问题是公众所能容忍的。文森特（Vincent, 2003: 18）认为，社会正义可以在一个框架内被理解，并且它是多方面的，包括联合正义（associational justice）、分配正义（distributive justice）和文化正义（cutural justice）。联合正义是指“个人与群体之间缺乏联系的模式，这使得人们无法完全参与到影响他们生活和行为环境的决策中”（Gewirtz, 2001: 41，引自 Vincent, 2003）。这种对联合正义的理解与本章的主题有着密切的关系。有人可能会说，儿童无法充分参与影响他们的事情，任何由于他们的年龄、性别、种族和社会经济地位而给予儿童的对待都是对社会正义的侵犯。文森特还认为，分配正义是商品和服务在社会中共享的过程。这种形式的社会正义关系到儿童、群体和社区的社会经济地位。理解社会正义的最终框架是文化视角，它意味着对与我们不同的文化的不尊重和不承认。社会正义和反歧视的做法是一致的，可以作为授权、支持多样性和差异的一项工具。幼儿教育实践工作者需要了解促进社会正义概念的价值，以便有效地挑战歧视，促进所有儿童的机会平等。

三、处理多样性和差异性的专业方法

幼儿教育实践工作者应为儿童的未来做好准备，努力为儿童创造一个包容的环境，消除不利于儿童的条件（Willan et al., 2004）。为了有效地实现这一目标，他们首先必须理解差异性和多样性，认识对不同儿童群体的影响以及其中一些儿童所面临的排斥问题。鲁宾逊（Robinson, 2005）指出，幼儿教育实践工作者应该具备挑战不平等和歧视的冒险精神，并将其作为优先考虑的领域。所有早期教育机构都必须确保其工作人员（长期的和临时的）了解其服务区的法规和政策文件，知道不遵守制度的后果。

对于幼儿教育实践工作者来说，专业方法考虑到了工作者理解尊重差异和承认差异益处的重要性。同样重要的是，在工作人员队伍中，将会有个性、态度、背景、性别、宗教信仰、文化、语言和能力的多样性。因此，专业人员首先要承认同事间的差异性，尊重每一个个体。只有以这种包容的方式工作，儿童才能够学会包容和非歧视性的行为与态度。

四、政策框架

国内和国际上的一系列法律法规为推动反歧视法和儿童法的出台提供了法律框架。这些法规的成败取决于工作人员是否有能力将早期教育的条款付诸实践。除了具体的法律条款外，政府还编写了各种主题的有关指导方针，并要求其与相关的法律条款一起被阅读和应用。例如，儿童、学校与家庭部（Department for Children, Schools and Families）在 2008 年出版的题为《融合吉普赛人、罗姆人和流浪儿童与青少年》（The Inclusion of Gypsy, Roma and Traveller Children and Young People）的读物（DCSF, 2008b）中强调，这类儿童是教育中最“危险”的群体，主要是由于低成就加剧了种族主义、歧视和刻板印象等现象的发生。负责学校事务的副国务卿阿多尼斯勋爵（Lord Adonis）在序言中说，“我们需要为所有儿童创造一个包容的学习环境”，提升吉普赛儿童和罗姆儿童的成就是“教育系统中每个人的责任”（DCSF, 2008b: 5）。

（一）国家蓝图

在英国，许多具体法规都涉及儿童的权利。英格兰和威尔士在《1989 年儿童法》和《1944 年教育法》（Education Act 1944）中强调，儿童有权免受不公平的差别对待。1993 年，一名黑人少年斯蒂芬·劳伦斯（Stephen Lawrence）被杀，之后出台了《2000 年种族关系（修正）法》［The Race Relations（Amendment） Act 2000］。该法要求，地方教育当局要依法促进种族平等和机会均等并确保不同种族的人之间的关系（Maynard and Thoma, 2004）。1999 年的《麦克弗森报告》（The Macpherson Report）认为，“制度性种族主义（institutional racism）”是导致黑人少年死亡情况调查和处理不当的原因。该报告将制度性种族主义定义为：

> 由于人的肤色、文化或种族而不给他们提供适宜的、专业的服务，这是一个组织机构的集体错误。这等同于歧视，可以在一些过程、态度和行为中看到或被察觉到，是不知不觉的偏见、无知、轻率和种族成见导致的，会对少数族裔不利。（Macpherson, 1999: 第 6.34 段）

这意味着，学校和早期教育的政策、程序、规则、惯例和指导方针应设法包容所有儿童。2006 年，教育和技能部发布了一份报告。该报告指出，与白人男孩相比，非洲 - 加勒比男孩受歧视的比例较高，这与之前的研究结果一致，即学校的政策对非洲 - 加勒比男孩具有歧视性（DfES, 2006a: 10）。要特别注意的是，《2010 年平等法》是由许多独立的法规汇集而成的（HM Government, 2010）。它包括《2000 年种族关系（修正）法》、《1995 年残疾歧视法》（Disability Discrimination Act 1995）和《1975 年性别歧视法》（Sex Discrimination Act 1975）等。

《2004 年儿童法》（HM Government, 2004）的实施是维多利亚·克林比尔（Victoria Climbié）① 死亡事件和拉明勋爵（Lord Laming）对该事件的调查直接促成的。它强调了政府对英格兰和威尔士所有儿童的愿景：让儿童安全，健康，快乐和有成就感，做出积极贡献，享有经济福祉。这些目标通常被称为“5 种发展结果”。这是政府和公共部门的承诺，确保英格兰和威尔士的所有儿童要达到良好的生活水平，并最大限度地发挥儿童的潜力。

除此之外，由于《2006 年儿童保育法》（Childcare Act of 2006）重点关注的是英格兰和威尔士地区儿童的早期发展和儿童保教问题，因此，它被视为一项具有开创性意义的法案。它在第 1 条至第 5

---

① 2000 年，8 岁小女孩维多利亚·克林比尔在经受了所谓的阿姨长期的虐待折磨之后，带着全身上下 128 处伤痕，在医院里去世了，整个英国为之震惊。

条强调地方当局和英国国家医疗服务体系（National Health Service, NHS）的信托基金要共同努力，减少儿童之间的不平等，支持实现上述5种发展结果。该法案进一步规定，地方当局有责任评估所在地区的儿童保教服务，确保残疾儿童和来自低收入家庭的儿童都能得到服务，以满足他们的需求（HM Government, 2006）。另外，《2006年教育和检查法》（Education and Inspections Act 2006）规定，英格兰所有学校都有义务促进社区凝聚力（community cohesion）的提升（DfES, 2006b）。这项法案于2007年9月1日起生效。自2008年9月以来，它要求教育标准办公室报告这一领域所做的贡献。政府出版的《促进社区凝聚力职责指南》（*Guidance on the Duty to Promote Community Cohesion*）（DCSF, 2007c）将社区凝聚力定义为：

> 努力建设一个具有共同愿景和归属感的社会；一个欣赏、重视人们背景和环境的多样性的社会；一个人人都有相似生活机会的社会；在工作场所、学校和更广泛的社区中存在着持续和积极的关系的社会。（第3页）

（二）国际蓝图

从国际角度看，《联合国儿童权利公约》（United Nations, 1989）强调了重视多样性和为儿童提供平等机会的若干条款。该公约第2条特别指出："每个儿童都应不受任何歧视地享有公约规定的权利，不论其父母或监护人的种族、肤色、性别、性取向、语言、宗教、政治或其他见解、民族、族裔或社会出身、财产、残疾、出生或地位如何。"

已纳入英国宪法的《1998年人权法》（Human Rights Act 1998）规定了每个人都有权享有的若干权利。从人权的角度看，所有人都应受到公平的对待，没有歧视，机会平等。执行公共职能的公共机构或个人不能违反《1998年人权法》的各项条款，尤其是第14条——禁止一切形式的歧视，教育机构，包括早期教育机构，必须通过遵守《1998年人权法》来推动反歧视的实践。欧洲委员会（European Commission）在《平等数据手册》（*Handbook on Equality Data*）（Makkonen, 2006: 11）中，以一份题为"人人不受歧视和机会均等——一项框架战略"的文件，声明要致力于解决歧视问题，确保人人平等。这影响了包括英国在内的所有欧盟国家。这本手册读起来很有趣，并且详细说明了机会平等。

> 对有关方面和整个社会来说，剥夺平等机会的代价很高。因为歧视个人的权利和机会不仅会导致人力资源的浪费，还会导致社会的解体。此外，考虑到欧洲目前的人口趋势——低出生率、人口老龄化以及劳动力萎缩——平等机会不再仅仅是社会正义问题，而且是经济必要性问题。（Makkonen, 2006: 11）

由于经济、政治和社会原因，人们跨越国界的流动增大了英国的移民人口数。难民委员会（Refugee Council）将"寻求庇护者"定义为"已离开原籍国，正式申请在另一个国家避难，但申请尚未成功的人"（Refugee Council, 2013）。

根据同一资料来源的说法，在英国，难民是指申请避难已经获得成功并获准留下来的人，但要有充分的理由证明，如果他们回国，"会遭到迫害"（Refugee Council, 2013）。在英国，似乎没有有关寻求庇护者和难民的孩子的官方数据，然而，根据拉特（Rutter, 2006）的研究，大约有 60 000 名寻求庇护者和难民的孩子处在入学年龄阶段，但是难民儿童的数据就不清楚了。拉特和海德（Rutter and Hyder, 1998）也有进一步的证据表明，难民人口中 5 岁以下的儿童多于一般人口。

（三）对幼儿教育实践工作者的影响

关于反歧视和包容性问题的法规和政策框架范围很广，涉及一系列具体问题。希望幼儿教育实践工作者能学习和理解这些概念以及对他们专业实践的影响，把其作为训练的一部分。此外，幼儿教育实践工作者要为自己的行为和态度负责，如有违法，将会被吊销资格。反歧视法和政策会为幼儿教育实践工作者与儿童的工作设定界限和参考，并将其作为最佳做法的指导方针。

父母、家庭和儿童照顾者可以视相关法规为一种“质量保证”的工具，以确定提供者在多大程度上促进了儿童融入其环境。幼儿教育实践工作者应该营造一种开放和信任的文化，在这种文化中，孩子们可以表达他们对现在和未来的恐惧与希望。在谈论差异时，幼儿教育实践工作者要注意用不同的语言来描述孩子，以防其他孩子模仿。

幼儿教育实践工作者应意识到某些儿童群体如寻求庇护的儿童和难民儿童，可能需要额外的支持来理解英国的文化、期望、程序和制度。为促进儿童和家庭的机会平等，幼儿教育实践工作者应注意以下事项。

- 确保儿童、照顾者和家庭平等地获得资源和可利用的学习机会。
- 接受培训，使自己能够坚定而自信地挑战歧视。
- 认识到自己对残疾儿童的责任以及《1995 年残疾歧视法》对自己和儿童工作的影响。
- 了解和改变可能无意中歧视残疾儿童的做法、政策和程序。
- 与健康访问者（health visitors）和其他卫生专业人员联系，了解难民儿童和寻求庇护的儿童的健康需求。

五、平等机会的障碍与克服

尽管有政策和法规做基础，但要以包容的方式进行实践还是很困难的。而且，无论是有意的还是纯粹的错误判断，幼儿教育实践工作者都能发现自己在困难情境下可能会制造一种不健康的工作环境。本章将简要介绍在幼儿教育领域儿童取得平等机会所遇到的一些障碍。布朗（Brown, 2001）认为，实现儿童平等机会的主要障碍包括以下几方面。

- 不知情——不了解平等机会政策以及对儿童的影响，这可能是早期阶段实现公平的最大障碍。幼儿教育实践工作者需要不断跟进，继续挑战他们的思维和实践。
- 不敏感——作为独特的个体，我们的态度和行为受到我们的价值观、信仰和生活经历的影响，其中一些可能会导致幼儿教育实践工作者对儿童需求和情感健康的不敏感。对某一特定问题的敏感性会向儿童传达这样的信息——专业人员对他们的福祉和发展感兴趣并关注他们，而不敏感可能令儿童感到自己不重要和无助。

- 个人刻板印象——我们是从环境和经验中学习的社会人，这些塑造了我们的思维过程和我们看待世界的方式。幼儿教育实践工作者不是客观的，他们总是对某些群体和个体抱有成见，并把这些成见付诸实践（Siraj-Blatchford, 1994）。例如，关于社会中某些群体的假设将会给这些群体中的儿童平等机会的获得制造障碍。

林奇（Lynch, 1987）认为，通过掌握社会公正和尊重所有人的相关原则，可以帮助学校教师和工作人员减少偏见。幼儿教育实践工作者表现出积极的态度也是至关重要的——愿意、承诺克服儿童实现平等机会的任何障碍。这样做可以将为儿童争取平等机会的障碍最小化，而且可能不那么难以克服。克服这些障碍的策略包括以下几个。

（一）鼓励公开辩论和讨论

应该在工作场所内鼓励公开的辩论和讨论，幼儿教育实践工作者应该感到安全并能够围绕多样性问题分享他们的焦虑，以便建立一个学习环境。在这个环境中，幼儿教育实践工作者可以分享在机构里处理多样性问题的经验和技能，反思自己对多样性的理解以及对儿童照料的影响。这些反思性练习可以在团队会议或培训活动的更大范围内进行，也可以在更个性化和更正式的监督范围内进行。

（二）促进父母和幼儿教育实践工作者之间的定期互动与合作

幼儿教育实践工作者应该定期与孩子的父母和照顾者进行互动与合作，以消除他们对某些人和某些群体的刻板印象。这也将帮助幼儿教育实践工作者更好地理解父母和照顾者参与其孩子的活动的动机和能力。例如，如果没有亲身经历，就把一些父母群体定位为缺乏吸引力或难以接触的群体，是毫无益处的。惠特马什（Whitmarsh, 2011）对寻求庇护的母亲与幼儿教育机构的互动进行了研究，发现造成幼儿教育实践工作者所说的这些母亲难以参与的态度的原因是多方面的，例如，语言技能有限，对所在国不熟悉。

（三）保持一种反思和反省的方法

“反思”和“反省”这两个词经常可以互换使用，但它们的意思可能不同。反思通常发生在事件或情况之后，它涉及专业人员理解、分析、评估和审查他们与孩子一起工作的实践。反省贯穿于整个实践事件或场景，在这个过程中，幼儿教育实践工作者要考虑他们的价值观和他人的假设对他们实践的影响。

鲁宾逊和迪亚兹（Robinson and Diaz, 2006: 169）认为，在与孩子和他们的家人一起工作时，反省包括对“尊重”的更“宽容”的理解。这是克服儿童机会平等障碍的一项重要战略，因为幼儿教育实践工作者得审查自己的做法，并在必要时做出改变。在幼儿教育机构中，反思实践者的价值也在《纳特布朗评论》（Nutbrown Review, 2012b）中得到了强调。

（四）人员构成

幼儿教育实践工作者队伍应尽可能反映我们生活的广大社区和社会的多样性。这不仅将向儿童及其家庭和照顾者发出强烈的信息，而且还将为许多享受这一服务的儿童提供榜样。《纳特布朗评论》（Nutbrown Review, 2012b）指出，在女性主导的职业中，男性数量需要增加。

（五）创造性地利用资源

在幼儿教育机构中克服障碍的另一种方法是提供适合各种儿童的资源。例如，提供可供健全儿童和残疾儿童使用的玩具，可供儿童进行的游戏以及反映不同文化和种族社区的书籍、视频和音乐。

此外，让家庭和照顾者参与机构组织的活动，以更好地实现为儿童家庭和照顾者提供平等机会，尊重他们技能、专业和知识多样性的承诺。例如，一个幼儿教育机构鼓励不同性别、族裔的家长和照顾者支持学校内的团体活动或作为志愿者参与到学校或幼儿教育机构中，将会向外界强烈表明他们致力于机会平等，以造福儿童。

乌斯利和莱恩（Ouseley and Lane, 2006）进一步确定了幼儿教育实践工作者克服为儿童提供平等机会的障碍的方法。总结如下。

- 幼儿教育实践工作者需要确保所有儿童都有平等的机会，在没有歧视、刻板印象和标签的环境中学习和发展。
- 幼儿教育实践工作者应熟悉并运用法律框架来理解多样性，包括《2010年平等法》《1998年人权法》《联合国儿童权利公约》《2006年平等法》《1989年儿童法》《2004年儿童法》和《2006年儿童保育法》。
- 幼儿教育实践工作者必须采取合乎社会公正的方法。这将包括采取和促进一种公平、平等和机会的态度，以便实现儿童的最大潜力。合乎社会公正的方法鼓励人们努力为儿童配备成功和充实的成人生活所需的工具。
- 应该鼓励每个儿童发展全面的认知、行为和批判意识方面的技能。
- 幼儿教育机构和活动室不仅应该通过装饰和视觉辅助来体现多样性，还应该通过开放、诚恳和与幼儿年龄适宜的讨论来体现多样性。这样一来，帕克（Park, 2011）的观点就受到了挑战。帕克认为，在幼儿教育环境中，多样性是看得见的，但并不总能听到。

所有幼儿教育实践工作者都必须了解巩固儿童多样性和机会均等的法律法规和政策。本章对相关法律法规和政策进行了探讨。如果要实现这一目标，对促进包容和社会正义的理解和承诺至关重要。儿童在早期需要接受多样性的人类价值观的指导和拥有积极经验。父母和照顾者、幼儿教育实践工作者和更广泛的社区都有明确的职责，要确保儿童成长和发展出对当代社会多样性的宽容、理解与欣赏。

相关研究

Miller, R. and Pedro, J. (2006) 'Creating respectful classroom environments', *Early Childhood Education Journal*, 33(5): 293–299.

米勒和佩德罗（Miller and Pedro, 2006）研究了幼儿班级与环境中的“尊重”概念，指出尊重、鼓励、欣赏和真正的宽容能提升所有参与者的学习经验。他们认为，教师是孩子们学会尊重和欣赏差异存在的重要他人。他们提供了一份“尊重课堂”的目录（第 297 页），列出了教师、儿童和整个班级所负有的责任。这些责任包括证明他们理解“尊重”“尊严”“礼貌”“个性”和“独特性”，以及“无论种族 / 能力如何，孩子们都能很好地合作”（第 297 页）。有人认为，这种框架是理解多样性的有效策略。

本章小结

本章试图为幼儿教育实践工作者批判性地思考包容和儿童的平等机会提供基础。政府强调，幼儿教育实践工作者要坚持并促进自己在工作领域的包容。幼儿教育实践工作者可以通过审查自己的价值观、观点、经验和态度来达到，也可以通过“抛弃”社会上某些群体所持有的一些潜在的分裂和无益的态度和观点来实现（Siraj-Blatchford，引自 Pugh and Duffy, 2006）。平等与人权委员会（Equality and Human Rights Commission）是种族平等委员会（Commission on Racial Equality, CRE）、残疾人权利委员会（Disability Rights Commission, DRC）和平等机会委员会（Equality Opportunities Commission, EOC）于 2007 年合并而成的，它旨在进一步促进对多样性的尊重，并力求促进所有人的平等和人权，减少不平等，建立积极的关系，消除歧视，以确保所有人公平参与社会。

无论特定区域的差异的性质和范围如何，所有幼儿教育机构都应该促进多样性。以特定幼儿教育机构中很少或没有少数族裔幼儿入学为借口，来否认促进多样性是不可接受的。例如，对于没有黑人或少数族裔幼儿的机构，幼儿教育实践工作者的责任在于确保环境布置、教学活动和游戏设施展现出一个多样化的世界。无论从哪一方面来说，这对幼儿都是有益的。

当儿童成长为一个多样性国家和世界的公民时，促进多样性的目标就能够使儿童欣赏差异。

《早期基础阶段法定框架》（DfE, 2012d）的引言以“每个孩子……”开始。这些话的重要性再怎么强调也不为过，它指引我们坚定地致力于为所有儿童提供促进平等、反对歧视的服务和环境。

下面这段话向所有人传达了一个关于差异和多样性的观念：

作为个体实践者，我们不能使世界摆脱不平等，成为一个安全的地方，但我们可以尽最大努力确保我们的幼儿教育机构是我们所希望的世界的小模型。（Lane, 2007: 1）

反思与讨论

1. 考虑一下你的个人价值观、信仰以及对多样性和社会正义的态度，并探究这些价值观的来源以及它们是如何塑造你的身份的。

2. 挑战同事的歧视态度和行为有多容易?

3. 为什么对幼儿教育实践工作者来说，拥有社会正义的视角很重要?

推荐阅读

1. Brown, B. (1998) *Unlearning Discrimination in the Early Years*. Stoke-on-Trent: Trentham Books.

2. Coombe, V. and Little, A. (1986) *Race and Social Work: A Guide to Training*. London: Tavistock Publications.

3. Robinson, K.H. and Diaz, C.J. (2006) *Diversity and Difference in Early Childhood Education.* Maidenhead: Open University Press.

4. Thompson, N. (2006) *Anti-discriminatory Practice*, 4th edn. Basingstoke: Macmillan.

第六章

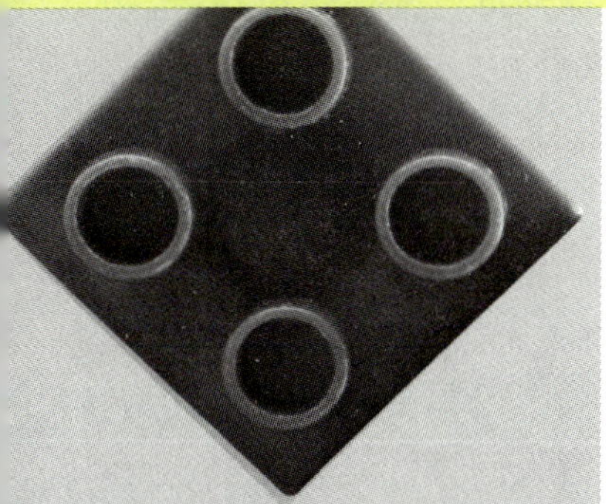

为有特殊教育需要的儿童提供全纳教育

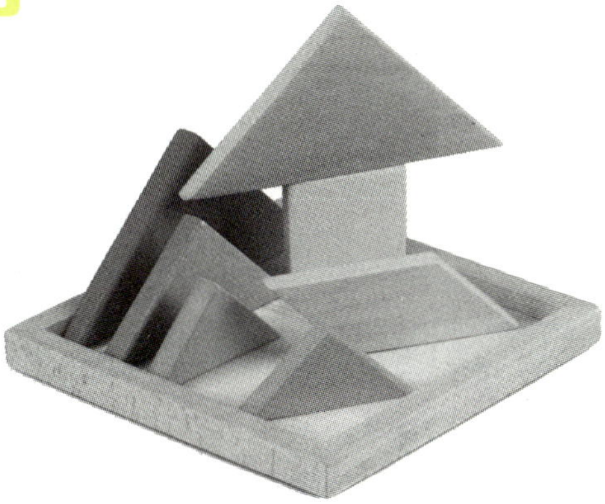

克里斯蒂娜·希克曼（Christine Hickman）
凯芬·琼斯（Kyffin Jones）

主要目标

- 思考特殊教育需要服务的历史和法律概况。
- 讨论与有特殊教育需要的儿童有关的包容概念。
- 倾听孩子的主张和声音。
- 讨论如何满足有特殊教育需要的学生的个人需求。
- 认识多机构合作的重要性。

本章将讨论有关早期特殊教育需要儿童的包容问题。“包容”作为一个术语和理念，将在有关特殊教育需要的历史和法律背景中进行定义和讨论。案例研究将说明各种需要中的一系列规定。虽然本章评论了多机构合作的重要性，但主要关注的还是教育观点。本章还将介绍与特殊教育需要领域相关的一些主题，并强调必须采取高度个性化和灵敏的反应，重视儿童的自我认同和观点。

一、识别孩子的声音

“我过得很愉快。整晚都没人跟我说话！”迈克尔（Michael，7岁）阐述了特殊教育需要儿童的基本教育原则，即他们是如何看待世界以及对他们来说什么是重要的。这种观念因人而异，可能与成年人的现实有所不同。迈克尔患有阿斯伯格综合征，这种症状主要表现为社交障碍（Blakemore Brown, 2001）。对迈克尔来说，在当地幼儿中心（youth club）度过一个愉快的夜晚需要同龄人完全忽视他。同龄人的忽视给了他不断阅读他最喜欢的科学教科书的空间。然而，必须清楚的是，如果没有对迈克尔的身份做一个确切的了解，我们的假设和干预都将是不准确的，甚至可能是有害的。社会越来越多地接纳有特殊教育需要的年轻人以及那些无法明确表达自己意愿和感受的儿童（Franklin and Knight, 2011）。所有儿童，无论其自身的沟通需求如何，都应该参与到对他们的照料的计划和审查中（DCSF, 2011，引自 Franklin and Knight, 2011: 5）。虽然本章认识到特定的疾病和病症与一般的策略和良好的实践有联系，但为了改进干预策略，本章将鼓励读者进行大量观察，不要简单地贴标签和分类别。敦促幼儿教育实践工作者识别和重视孩子独特的声音，保持灵活性、开放性和创造性，以确保这个声音被听到和得到解释。这是一个需要考虑的重要因素，应该与更一般的因素和原则相结合。

为了扩展这一概念，理解阿斯伯格综合征等疾病的原理在某种程度上可能对幼儿教育实践工作者有所帮助，但如果不清楚个体观点，这些原理就毫无价值。如果迈克尔想成为一个健全发展的社会成员，他的融入在某种程度上取决于我们理解他的能力以及他适应我们的能力。在这里，包容是一种情绪状态，为了所有的参与者，它需要谈判和协商。我们必须承认个体对自身教育的意见和观点，不管我们对个体提供这种意见和观点的能力有何假设。

因此，包容不只是关于有特殊教育需要的学生在主流学校中接受教育的争论，它还是一种关注“被排斥”学生的倾向（Nutbrown and Clough, 2006）；它使社会包容所有儿童，而不论其背景或环境如何。

很明显，平等、人权和个性问题是这一理论的核心，而教育只是其中的一部分。要使全纳教育有意义和成功，就必须从更广泛的背景来看待它。换句话说，包容应该少些关于教师和学生角色的讨论，多些对公民责任的强调。2008年，慈善委员会（Charity Commission, 2008）认为，社会包容是指通过赋予那些遭受不平等和不利条件的人（由于个人在特定情况下出生或因其自身的特殊情况而产生的结果）以平等机会来解决社会歧视问题。越来越多的人认为，包容要比特殊教育需要更广泛，是多样性和机会均等的同义词。公立学校的课程要求中明确指出，教师应该为所有“男孩和女孩，有特殊教育需要的学生，来自所有社会和文化背景的人，不同种族群体的人，包括流浪者、难民和寻求庇护者”提供平等机会（DfE, 2011d）。在这一表述中，包容与差异性和社会多样性是平等的，学生牢牢地处于中心地位。洛曼等人认为，“学校的主要功能是满足学生的教育需求，而满足这些需求是学校的基本工作”

（Loreman et al., 2010: 3）。

如前所述，有必要将幼儿教育领域内不同的观点和内容结合起来，通过仔细的共同规划，利用专业人员的专长，以一种有凝聚力的方式促进包容。“约翰（John）的经验”（见案例研究 6.2）说明，需要将包容性实践的概念带出主流学校与特殊学校争论的范畴。

二、法律政策和框架——特别关注英格兰

从众多文献中可以清楚地看出，多年来，包容性教育运动一直是英国教育界的一部分（Booth and Ainscow, 1998; Dyson and Millward, 2000; Wolfendale, 2000; O'Brien, 2001; Roffey, 2001; Tassoni, 2003; Jones, 2004; Ainscow et al., 2006; Hodkinson and Vickerman, 2009; Warnock and Norwich, 2010）。一些人认为，这可以追溯到《1944 年教育法》，该法将受教育权扩大到了英国大多数（但不是全部）儿童。正如斯特克斯和霍恩比（Stakes and Hornby）所强调的：

> 有先天缺陷的儿童将被分为 11 类：失明、半失明、聋哑、部分聋、癫痫、弱智、心理失调、身体残疾、语言缺陷、虚弱和糖尿病。《1944 年教育法》要求地方教育当局查明他们地区的儿童接受特殊教育方面的需要。该法要求尽可能在主流学校开展这项工作。（1997: 24）

值得注意的是，在这个时候，残疾被明确地划分为医学上的亚群体（medical subgroups），教育的任务是治疗而不仅是教育本身。后续报告，如沃诺克委员会（Warnock Committee）（DES, 1978）的报告就强调了残疾儿童融入社会的原则，并制定了获得特殊教育需要声明的程序——实际上，这是一份在仔细评估的基础上，为学生和教育提供者制定的契约。沃诺克男爵夫人（Baroness Warnock）和她团队的调查结果为《1981 年教育法》（Education Act 1981）的出台提供了依据。20 世纪 80 年代和 90 年代早期，有特殊需要儿童的教育得到了极大重视，并在 1944 年颁布了《特殊教育需要实践守则》（Code of Practice for Special Educational Needs），该守则在 2001 年被修订。当时，这是英国政府就特殊教育需要颁布的最规范的指导方针。它旨在扩大学校和地方教育当局在《1981 年教育法》中强调的作用和责任。这种重新定义特殊教育需要的趋势一直在继续，在过去 20 年里已经有了很大的发展。

《特殊教育需要实践守则》（DfES, 2001a）强调，“提供者（provider）”是指婴幼儿可能参与的所有场所，因此，遵守这些指导方针会对专业实践产生一系列的影响。《特殊教育需要实践守则》中有面向幼儿的专门规定：《早期行动》（*Early Years Action*）和《早期行动 +》（*Early Years Action Plus*）。根据德瑞福特（Drifte, 2001: 4）的观点：“两个阶段都需要采用个性化的工作方式与幼儿互动，包括实施个人教育计划（Individual Education Plans, IEPs），逐步提高参与度。”

《课程纲要（2000 年版）》（*Curriculum 2000*）有一项为所有学生提供有效学习机会的全面声明。它规定了 3 个对设置具有包容性的课程至关重要的原则。

- 设置合适的学习任务。
- 回应学生不同的学习需要。
- 克服学习和评估中存在的障碍（QCA, 2000）。

《每个儿童都重要》（DfES, 2004c）概述了所有年龄段儿童应享有的 5 种发展结果：安全，健康，快乐和有成就感，做出积极贡献，享有经济福祉。这一文件阐明了政府的目标，即与幼儿教育实践工作者一道在“概念—理念框架”（Wolfendale and Robinson, 2006）内制定一套更为坚定、协调一致的支持方案。政府意图将各种服务整合到一个机构中，这一做法得到了大多数残疾儿童父母的欢迎。例如，一个有各种问题的孩子可能会在 9 个月内接受多达 315 个不同的服务预约（DfES, 2007b）。面向有特殊需要的儿童和残疾儿童进行早期干预与评估的重要性，给他们提供整合服务的重要性，以及与他们的家庭合作的重要性，都已经在教育和技能部、卫生部于 2003 年制定的《从开端就合作》（*Together from the Start*）的指导纲领中得到了强调。《每个残疾儿童都很重要》（Every Disabled Child Matters, EDCM）也是一项旨在倡导残疾儿童和家庭权利的运动，它的发起凸显了这群利益相关者的强烈情感。这一运动所主张的目标写入了《每个残疾儿童都很重要》文件中，例如，每个家庭都有权获得一名主要工作者的诊断服务，每个课后辅导机构（extended school）和儿童中心都可以为残疾儿童提供全方位服务（EDCM, 2006）。

《消除成就障碍》（*Removing Barriers to Achievement*）（DfES, 2004b）将儿童应享有的 5 种发展结果与有特殊教育需要的儿童的需要联系在一起。它提醒我们，有特殊教育需要的儿童是我们的集体责任。修订后的英国《早期基础阶段框架》为幼儿教育实践工作者提供了指导和建议，以更好地支持儿童的学习、发展和福利（DfE, 2012d）。文件强调了儿童的学习和发展是以不同方式和不同速度进行的这一事实，这与关于融合的争论有很大关系。考虑到《每个孩子都很重要》提出的儿童应享有的 5 种发展结果，英国《早期基础阶段框架》的目标之一就是“提供平等的机会和没有歧视的教育，确保每个儿童都被包含在内，保障每个儿童不因种族、文化或宗教、家庭语言、家庭背景、学习困难或残疾、性别或能力而处于不利境地”（DfES, 2007a: 7）。

《为残疾儿童设立更高目标：为家庭提供更好的支持》（*Aiming High for Disabled Children: Better Support for Families*）（DfES, 2007d）规定了政府的目标是：让所有儿童的生活都有一个良好的开始，并持续支持他们和他们的家庭，使他们能够充分发挥自己的潜力。获取和授权、响应服务和及时支持、提高质量和能力这三个领域被认为是改善残疾儿童的优先领域（DfES, 2007b）。共同照料和支持的推进，涉及一系列专业人员，这使得培训从业人员成为必要。培训最好能改变从业人员的认识水平，并且更加具体（DfES, 2007b）。贯穿整个文件和政策的共同主线是需要有意义的父母参与。沃尔芬代尔和鲁宾逊（Wolfendale and Robinson, 2006）强调了父母和家庭的重要性。《每个残疾儿童都很重要》（2006）指出家长和家庭有权得到服务。上一届政府意图对儿童服务做出长期调整，这一举措开始于《儿童工作者策略》（Children's Workforce Strategy）（DfES, 2005a）和《多机构工具箱》（Multi-Agency Toolkit）（DfES, 2005c）的颁布。这些政策文件的首要目的是巩固人员培训和工作程序方面的良好做法，重点支持多机构合作。尽管这种情况已持续多年，但许多人认为，它是临时组织和实施的。

工党政府从 1997—2010 年把融入主流学校作为教育有行为、情感和社交困难（BESD）与其他特殊教育需要学生的关键。因此，工党政府（HM Government, 2001; DfES, 2001a, 2001b, 2001c, 2004b）实施了一系列政策变革，增加了包括行为、情感和社交困难在内的有特殊教育需要儿童在主流学校接受教育的权利（Burton and Goodman, 2011: 134）。1997 年《学校卓越》（*Excellence in Schools*）（DfEE, 1997）白皮书发布后，同年 9 月发表了《所有儿童都卓越》（*Excellence for All Children*）绿皮书。

这些文件强调了传统政策对残疾儿童观念的明显转变。这种转变也可以从《2010年平等法》（HM Government, 2010）所反映的更广泛的社会价值观背景中看到。这项工作的目的是简化处理消除残疾和歧视的方法，并使残疾人与社会其他群体和个人平等。自《1994年教育法》制定以来，教育界发生了很大的变化。仅仅为有特殊需要的儿童准备一所学校是不行的。教育的质量还必须首屈一指。残疾儿童有权获得相互协调的和可及的服务是现在的包容议程的核心。例如，《1995年残疾歧视法》就特别提到，正在采取措施预防残疾儿童受到比其他学生更不利的对待，并为所有儿童提供平等的机会（HM Government, 1995b）。2009年，拉姆（Lambe）就如何改善父母对特殊教育需求系统的信心进行了调查（DCSF, 2009）。保守党和自由民主党联合带来了一场“教育革命”（Gove, 2010，引自 Goodman and Burton, 2012）。要在英格兰强化特殊教育，有人建议采用新方法，诸如使用统一的评估过程取代特殊教育评估认定，并将健康、教育和社会关怀支持三方面的力量结合在一起，进一步增强父母的权能，包括给个人建立个人账户的自由，这些都是政府对特殊教育愿景的一部分（DfE, 2011e）。增加招生自主权，再加上联合政府希望“避免特殊学校不必要的关闭，并消除对包容的偏见”（HM Government, 2010: 29），表明了要为有特殊教育需要的学生提供更加细致、专门的入学规定，而不是全纳的入学规定（Burton and Goodman, 2011: 134）。

因此，联合政府的教育政策对于将英国的有特殊教育需要的学生纳入主流学校具有重大意义。例如，在《2010年学院法》（Academies Act 2010）中，在当前走向地方主义、独立和自治的教育氛围下，关于特殊教育需要法规的未来引发了一系列担忧（Hatcher, 2011; Skelton and Francis, 2011）。古德曼和伯顿（Goodman and Burton, 2012）认为：“随着越来越多的学校成为学院，并直接从中央政府而不是通过地方政府获取资金，针对有特殊教育需要的残疾人生活津贴基金（LA Funds）将会减少。此外，学院所拥有的自主性可能会使不公平的录取程序变为现实。通过这种不公平的录取程序，有特殊情况的学生（如具有挑战性的行为）可能不会被录取，因为他们担心这些学生将对评估结果产生负面影响。”（Norwich, 2010，引自 Maddern, 2010）

三、全纳的定义

全纳政策在英国政府、地方教育局和每所学校的议事日程中变得越来越重要。这在一定程度上要归功于联合国教育、科学及文化组织（UNESCO）1994年发布的《萨拉曼卡宣言》（Salamanca Statement），其中对特殊教育的原则、政策和实践做了声明。该宣言敦促各国政府为所有儿童实施全纳教育，它一直被认为是全纳教育政策发展的一个重要里程碑。

许多教育学家（例如，Goodman and Burton, 2010）一致认为，全纳教育的目标是有价值的，但实现的程度有待商榷（Wedell, 2005）。这让我们产生了两个疑问：首先，我们所说的全纳教育或“全纳”是什么意思？其次，我们为什么需要它？要找到全纳的具体定义非常困难，其中充斥着各种混乱，这影响着幼儿教育实践工作者、父母和学生自身。正如安斯科（Ainscow et al., 2006）所言，“全纳”很难定义，并且其使用不一致。

全纳可以用多种方式定义。然而，在出版物中经常省略这个词的明确定义，让读者自己推断它的含义。（Ainscow et al., 2006: 14）

全纳教育研究中心（Centre for Studies on Inclusive Education, CSIE）是一个成立于1982年的独立教育慈善机构。在文献中，它将全纳定义为“残疾儿童、非残疾儿童以及年轻人在普通学前教育、学校、学院和大学中共同学习，并为他们提供适当的支持网络”（CSIE, 2000: 1）。

如此简短的定义掩盖了全纳运动难以置信的深远、有争议和具有挑战性的任务。从本质上讲，全纳教育研究中心倡导结束种族隔离教育，并以此作为这个国家传统的特殊教育模式。由此可见，如果要回答上述第二个问题，那么这种激进的方法背后一定有令人信服的论据。我们为什么需要全纳？同样，全纳教育研究中心（2000）用简洁明了的方式回答了这个问题——“因为孩子们——不管他们有什么残疾或学习困难——在放学后都可以在社会上发挥重要作用。在主流幼儿班或幼儿园有一个早期开始，然后在普通学校和大学中接受教育，是全面生活的最好准备”（CSIE, 2000: 2）。全纳的情况往往不是基于其有效性，而是基于具有特殊教育需要的年轻人的人权，他们应与其他儿童一样享有相同的教育机会，从而被纳入主流学校（Florian, 2008，引自 Goodman and Burton, 2011: 134）。历史上，“融合（integration）”一词被用于在主流环境中包容有特殊教育需要的儿童。现在，这个词已经变成了“全纳”。然而，如果我们严格地区分这些概念，可以说，许多机构是在融合，而不是在全纳。

如果学校工作人员谈到使用额外的适应措施或服务来帮助孩子融入课堂，那就是融合。它涉及克服障碍、获得功能性能力和支持儿童事务工作者。查看个人教育计划，如果个人教育计划侧重于帮助孩子融入课堂的策略，这就是融合。全纳学校和课堂讨论的是帮助每个人。学校工作人员强调将如何改变教室 / 学校以支持孩子的成功，同时讨论额外的适应措施和服务将如何使每个人受益。在查看个人教育计划时，我们将使用策略来适应和改进课堂，使所有的学生都获得成功。全纳就是帮助每个人。（Harman, 2013:1）

早期干预是所有关于幼儿教育和全纳教育的讨论都会涉及的一部分重要内容（Mortimer, 2002）。以阿什琳（Ashlyn）为例（参见案例研究6.1）。阿什琳和她的父母都受益于波蒂奇（Portage）工作人员的干预。波蒂奇是一项家庭访问教育服务，为学前儿童及其家庭提供额外的支持。支持家庭是其中心目标（National Portage Association, 2013）。由于多种策略的引入和实施，以及对诊断状况的认识的提高，他们的家庭既能够满足孩子的直接需求，又能够培养一种积极的态度来看待儿童残疾的状态。正如教育和技能部（DfES, 2007d: 35）所观察到的那样：“残疾儿童及其家庭的早期干预对于预防诸如健康状况恶化，家庭压力和崩溃，潜在需要被照顾的儿童、残疾儿童及其兄弟姐妹的情绪和社会发展恶化等问题至关重要。”《艾伦报告》（Allen Report）（Allen, 2011）建议，要对所有学龄前儿童进行定期评估，关注他们的社会和情感发展。早期干预将改善处境不利儿童的生活，并有助于打破“功能障碍和低成就”的循环（Allen, 2011）。

在这方面，英国政府的议程包括健康生活、社区支持、多机构共同工作和关注家庭（DfE, 2011c, 2012c），诸如“教育与健康行动区（Education and Health Action Zones）”和“确保开端（Sure Start）”这样的倡议和行动计划就是理想的例子（Wolfendale, 2000: 149）。然而，该行动区的成功仍有待商榷（Ofsted, 2010）。教育部2011年就儿童中心（children's centres）的核心目的进行了讨论，认为仍要加强健康和社会护理人员间的有效伙伴关系，但大多数利益相关方认为，这些中心有助于改善处境最不利群体的状况（DfE, 2012h）。英国的早期基础阶段课程被认为是年轻人成绩提高的一个原因（Tickell, 2011）。

四、残疾模式和特殊学校的作用

如果大多数有特殊教育需要的儿童在特殊学校——这相当于2012年英国所有学校在校儿童数量的2.8%（DfE, 2012a），那么我们需要问为什么。这是对患有残疾的幼童的一种回应，他们的未来似乎被牢牢地置于一个专门的环境中。这个问题的答案可能取决于占主导地位的医学模式（medical model）。在这个模式中，儿童的需求是用医学术语定义的，并且这些儿童长期有不同的、独特的需求。医学模式中也隐含着伤害的概念，以及问题主要存在于儿童自身的想法。使用教育术语如“学习困难”或“学习障碍”而不是依赖类别（“自闭症儿童”）或医疗标签，有利于帮助儿童融入社会。然而，人们往往强烈希望得到诊断并随后贴上“标签”，因为这是支持和资助儿童的途径。在这里，我们看到健康和教育领域都与儿童有关，我们的目标是促进多种机构的合作和伙伴关系。早期发展和儿童保育伙伴关系（Early Years Development and Childcare Partnership, EYDCP）为不同的环境、服务、机构和学科的融合带来了机遇（Mortimer, 2002: 47）。

霍尔（Hall, 1997: 74）描述了医学模式和隔离的专门教育之间的因果联系。

> 医学模式只能将孩子和他的缺陷视为问题，解决方案是使孩子和他的环境适应世界的要求，因而认为必须对孩子的生活方式和功能做出有针对性的调整。它主张提供一系列的假肢设备，以及独立的教育环境和交通工具，以促进出勤。人们对此的观念不太可能会改变，因为孩子已经有问题并且是问题的所在。

上述引用的最后一句很重要，概述了残疾人运动（Disability Movement）的论点。该运动在全球和国家范围内都获得了发展。该运动主张使用残疾的社会模式（social model）。这种模式与环境障碍有关，并且认为正是这些障碍使人残疾，因此残疾被认为是社会制造的问题（Gelder, 2004）。残疾人运动明确指出，有效消除残疾是不可能的，但通过消除一些障碍可以取得更大的成就，这些障碍不仅包括物质环境，还包括相关的政策和社会态度。没有残疾儿童参与的文化被认为是有效包容的障碍。这些观点冲击了伦敦2012年残奥会的全球观众，他们认为，奥运会“通过强调成就而非缺陷（impairment），在改变人们的态度方面发挥了重要作用，进而加速了包容议程”（Gold and Gold, 2007: 133）。

这一观点在《特殊教育需要和残疾法》（Special Educational Needs and Disability Act）（HM Government, 2001）以及《支持与愿望：帮助有特殊教育需要和残疾儿童的新方法》（*Support and Aspiration: A New Approach to Special Educational Needs and Disability*）（DfE, 2011e）中得以体现。这对于因准入（accessibility）被排除在主流机构之外的儿童纳入其中具有广泛的意义。准入反映了我们把包容作为一个多样化和个性化的概念来理解。我们需要扩大准入的概念范围，以同时考虑复杂和特殊的学习障碍以及它们对个别儿童的影响。

塞恩斯伯里（Sainsbury, 2000），一位患有自闭症的成年人，意识到关于身份认同、包容和残疾权利的争论，提倡对这些因素进行广泛的解释，以满足自闭症患者的特殊需求。这一点可以从她对准入的定义以及阿斯伯格综合征学生最佳学习环境的定义中看出："我们不需要坡道或昂贵的设备来改变我们；我们需要的只是理解。"（Sainsbury, 2000: 9）约翰的学校的员工培训很好地说明了这一点（参见案例研究 6.2）。

虽然现在社会模式比医学模式更受残疾人和他们的拥护者的青睐，但对于很多教育家、父母和孩子来说，隔离模式（segregated model）也有很多支持者。詹金森（Jenkinson, 1997: 10）分类整理了人们知觉到的有利条件，将其分为实践和经济两方面因素，并指出了这些优势对残疾儿童和非残疾儿童的具体影响。她强调了必要的辅助设备、专业教师和辅助服务的效率。这使学生在更小规模的班级就读的好处凸显出来。在更小规模的班级里，学生会得到更多的一对一关注，课程也会设置在一个适合的水平。随着更灵活的幼儿课程在英国早期基础阶段的引入和发展，一些人认为，即使隔离模式的学校会是一个长期存在的选择，儿童也有可能在早期教育时期就成功地融入普通教育机构中（Wolfendale and Robinson, 2006; Tickell, 2011）。如前所述，如果英国《早期基础阶段》将提供平等的机会作为核心意图，那么我们就能期盼儿童在早期教育阶段体验到一个全纳的教育开端。以个性化学习（individualised learning）为指导的教育体系坚持每个儿童都是独特的（DfES, 2007a: 8）和学习适应个人特点的信念（DCSF, 2008a），将二者作为这类教育体系的主要特征。同样地，这类教育体系重视支持性环境（enabling environments）的价值。在这类教育体系中，班级或机构中的实际结构可以定制，用来创造一种有意义的环境与氛围（Duffy, 2010: 100）。

相关研究

Sebba, J. (2011) 'Personalisation, individualisation and inclusion', *Journal of Research in Special Educational Needs*, 11(3): 205–210.

塞巴（Sebba）的这篇文章讨论了个性化、个别化和全纳的问题，指出了与术语相关的困难和紧张，以及个性化学习的积极方面。

在英国，越来越多的人开始考虑下放政府的权力。温·赛恩森和托马斯（Wyn Siencyn and Thomas, 2007）注意到威尔士和英格兰已经发生了一些变化。虽然 2001 年的《特殊教育需要和残疾法》对威尔士和英格兰都做了规定，并且威尔士制定了《特殊教育需要实践守则》，但有趣的是，"附加学习需求（Additional Learning Needs, ALN）"这个术语正逐渐取代"特殊教育需要"，作为首选术语（Wyn

Siencyn and Thomas, 2007）。母语不是英语的家长也觉得，他们在支持幼儿的身份认同和融入时面临着阻碍。这一点威尔士议会政府（Welsh Assembly Government, WAG）在《雷氏·鲍伯：为建立双语威尔士的国家行动计划》（Laith Pawb: the National Action Plan for a Bilingual Wales）中也指出了（Welsh Assembly Government, 2003）。在苏格兰，《1980 年（苏格兰）教育法》［Education（Scotland）Act 1980］仍在指导有特殊教育需要的儿童，直到《2004 年（苏格兰）附加学习支持法》［Additional Support for Learning（Sctoland）Act 2004］（Carmichael and Hancock, 2007）生效。该法的总体目标是使所有儿童充分融合和包容，尽管特殊的照料和教育被认为对一些儿童是必要的（Carmichael and Hancock, 2007）。由此，我们可以看出，虽然英国各地的做法有一些相似之处，但也有一些显著的不同，我们不应假定英国的规定是通行的。

公平地说，大多数专业人员认为他们的工作是为了促进儿童的发展。在许多方面，“特殊教育”被认为是一种有价值的职业，它有良好的实践和教学模式。任何剥夺残疾儿童基本人权或使体制歧视永久化的建议都会遭到大多数人的拒绝。更愤世嫉俗的看法是，保持两类教育部门（特殊学校与主流学校）的独特性、保持现状并巩固它们的专业知识和影响力，符合这两类部门的利益。正如格尔德（Gelder）所指出的，“全纳的做法可能会遭到特殊学校专家的抵制，因为他们觉得自己的专业技能被忽视了。可能也会招致主流学校的教师和工作者的抵制，因为他们觉得自己没有能力实施全纳教育”（DfES, 2004，引自 Gelder, 2004: 105）。

五、全纳的障碍

尽管英国在过去十年中引入了一系列旨在推进全纳行动的政策，但人们关于全纳教育对于有特殊教育需要学生的益处的看法并不一致（Burton and Goodman, 2011: 134）。随着学校排行榜的公布，英格兰政府的政策似乎正在加强对学生成绩和绩效相关指标的考核（Gabriel, 2004）。韦德尔（Wedell, 2005: 5）评论说，教育系统的僵化不利于推进全纳教育。英国教育标准办公室（Ofsted, 2004）指出，尽管有全纳声明，但几乎所有学校都感觉受到了国家课程的限制。对于一些教师来说，全纳就是不要做某些事情，他们常常认为全纳只是排斥的对立面。事实上，许多教师认为，在班级里接纳有情感和行为问题的儿童就是全纳教育，但这对他们的大多数同龄人不利。

社会包容可能会引起学校的极大焦虑，因为学校工作人员可能不愿意考虑有特殊需要儿童的行为问题：“师范学校的教师可能愿意接纳他们教室里有特殊需要的‘理想儿童’——坐在轮椅上的聪明、勇敢的孩子；他们仍然希望摆脱有特殊需要的实际上‘普通’的孩子——迟钝的、具有破坏性的孩子。”（Tomlinson, 1982: 80）这句话虽然已经有 30 年的历史，但仍然能引起人们的共鸣。我们不禁好奇人们的态度转变取得了多大的进步。正如古德曼和伯顿（Goodman and Burton, 2010: 234）所言：

> 教师对接纳有行为、情感和社交困难学生的关注不仅与政府现行政策的关注点相符，而且在 20 年前推出的政策中也有明显提及。过去 20 年来，政策上重申了此类问题，这表明，将有特殊教育需要的学生纳入主流学校的相关困难并没有多少改善。

为支持全纳而共享专业技能和知识的特殊学校在英国全国范围内并不完善，许多家长仍然担心他们孩子的需求是否能在当地的主流学校得到满足。然而，英国教育标准办公室发现，即使是最严重和最复杂需求的学生，也能在所有类型的学校中取得显著的进步（DfES, 2007b: 12）。它还表示，对系统的进一步改变不应侧重于加强对学校服务授权的管理，而应着眼于提高评估质量，确保额外支持有效，尽早改善教学和教养支持，并且有趣的是，当学生只需要更好的教学时，学校就不会认为学生有特殊教育需要。教育部（DfE, 2011e）表示，他们认为“特殊教育需要”一词被过度使用，并且被描述为低成就或缓慢的进步。

幸运的是，全民教育（education for all）是地方、国家和国际各级法律规定的权利。关于包容有特殊教育需要儿童的问题一直存在，且常常引发争议，问题的实质也一直在变化。然而，我们绝不能忽视这样一个事实，即在最近几年，在这一议程中处于中心地位的许多儿童被认为是不可接受教育的。学者们必须认识到这些变化的实质，并将当前的争议置于更广泛的历史视角中。

以下案例研究展示了两个儿童的早期经历以及特殊教育需要和支持的不同性质。它们显示了专业人员在制定适当的干预措施时面临的困难，并指出了这些措施针对的领域。

案例研究 6.1

阿什琳一家的故事

阿什琳是早产儿，患有脑瘫。她现在 18 个月大。当她被家庭医生诊断出这个病时，她的父母非常伤心，无法想象他们和他们的女儿未来会怎样。

他们被推荐到当地的波蒂奇服务机构。这是由残疾人生活津贴基金资助的一项服务。波蒂奇的家庭访问员安排每两周一次的上门服务，访问员的专业背景是物理治疗。在第一次上门服务时，家庭访问员就看到了阿什琳，并和她一起玩耍。家庭访问员向父母介绍了波蒂奇的治疗方案，并鼓励他们每天留出一个固定的时间与阿什琳一起学习。根据阿什琳的优先需要，家庭访问员与阿什琳的父母商定并写好了每周的教学活动。阿什琳需要的是粗大运动技能、精细动作技能、自我帮助和沟通 / 社交能力的培养。然后，父母和女儿一起做日常活动，这使他们感到完全参与到了女儿的进步中。他们说，他们觉得自己对阿什琳的状况了解得更多了。

随着时间的推移，双方制定了新的教学目标；家庭访问员考虑了父母的意见，对每个阶段都进行了评估。阿什琳取得了长足的进步。她的母亲加入了一个玩具图书馆的家长支持小组。父母对孩子的未来感到更乐观了。

案例研究 6.2

古怪的约翰得到了尊重

约翰，7 岁 10 个月，就读于市中心的一所主流小学，最近他被确诊为患有阿斯伯格综合征。

约翰说话古怪，这是阿斯伯格综合征的一个表现。通常有一种超越年龄的成熟，比如，“我觉得这部作品太乏味了”，或者以押头韵为特色。这让约翰很开心，但也会让他的同龄人感到烦恼或困惑——“今天是折磨人的星期二，遥测学被顽强地教导着（Today is torturous Tuesday, telemetry is tenaciously taught）”①。同伴和教师都很难理解他在说什么，因为他经常喃喃自语或小声说话，而且很少用眼神或手势交流。如果成年人直接跟他说话，或者他们说话的时间长，他似乎就会“关掉”自己的耳朵。

---

① 英文原文是押韵的，表现出了约翰语言的特点，包括押头韵和内容古怪。

约翰热衷于阅读有关足球统计的书籍，尤其是与之相关的词典和非小说类书籍。由于沟通困难，约翰受到了同龄人的排斥和欺负，他们觉得他很古怪。

午饭时间，约翰走到一群男孩面前，用力推他们，导致他们追他和打他。教师一再告诉他不要这样做，但没有效果。约翰给人的印象就是他喜欢追逐，并坚持说他在和男孩子们玩。当他们叫他的名字时，他把他们变成了头韵，这使得这种欺凌恶性循环下去。

在与自闭症服务机构讨论之后，一名志愿者在游戏时间来到这里，介绍了一些关于足球主题的操场游戏。他写了一套简单的游戏规则供孩子们参考。约翰看到规则很兴奋，当游戏开始时他变得活跃起来。他试图引导他的同伴，有趣的是，在这种情况下，他们更愿意接受他。教师在课堂上也遵循了这一方法，他开始把信息写下来供约翰参考。有一些小的提示符号可供选择，以帮助约翰记住一些社会规则，比如，用一个人的名字来表示他在说这些规则。约翰对此反应很好，教师注意到他更愿意与人交流了。教师还试图利用他对足球相关统计的知识和他对不寻常词语的了解来提升他在班级中的形象。他的同伴对他的知识印象深刻，虽然他们仍然认为他很奇怪，但他们尊重他的能力，容忍他的差异。

· 您可以在这两个案例研究中获得哪些经验?

1. Bauminger, N., Shulman, C. and Agam, G. (2003) ‘Peer interaction and loneliness in high-functioning children with autism’, *Journal of Autism and Developmental Disorders*, 33: 458−507.

本文着眼于社会互动与自闭症之间的关系。虽然这些概念并不是专门针对幼儿教育的，但对于所有有社会交往困难的儿童来说，这些概念是相通相连的。

2. Jones, K. and Howley, M. (2010) ‘An investigation into an interaction programme for children on the autism spectrum: outcomes for children, perceptions of schools and a model for training’, *Journal of Research in Special Educational Needs*, 10(2): 115−123.

琼斯和豪利（Jones and Howley）的这篇文章讨论了一个针对自闭症学生的干预项目。它强调个性化干预策略，并让所有利益相关者共同努力。它认识到，如果学生是这一过程的积极参与者，就可以优化方法。

本章小结

这些案例研究说明了一些良好的实践做法能适用于不同的儿童，为他们提供支持，也便于工作人员进行跨界工作。这些实践做法包括以下内容。

- 结构和程序的使用。
- 专业人员的语言。
- 视觉系统。
- 个性化激励因素。
- 专业人员的意识和知识。
- 适当和创造性地使用支持人员。
- 了解每个孩子的观点和感受。
- 认可其他孩子的角色和同伴关系。
- 认可父母的角色。
- 理解全纳是所有利益相关者之间的谈判状态。
- 对全纳理念做出承诺。

然而，同样重要的是，考虑到儿童特有的那些个别因素，应该优化策略。在案例研究6.2中，实践策略包括利用约翰对足球的兴趣和他高度的视觉学习风格。

本章的目的并不是要提供“一刀切”的全纳定义，而是要推广这样一种概念：这是一个高度个性化的过程，比专家与主流法规定义的问题更为广泛。

即使我们知道相当多的关于包容性价值观对任何特定环境的影响，但我们仍然不知道怎样才能最好地将它们付诸行动，因为众所周知，在学校内进行持续的原则性改变是困难的。因此，有效的幼儿教育实践工作者将是那些能够超越标签、诊断结果与特定环境的专业人员，能够着眼于个人因素，以确保有特殊教育需要的儿童为进入社会做好了准备，又为社会所接受。为了做到这一点，首先得承认，儿童之间的背景是不同的。优质的早期全纳教育实践将会灵活地和创造性地看待个体背景，并考虑个体、环境和社会因素之间的相互作用——不是一般意义上的，而是对每个孩子来说都独特的。要实现这一目标，关键是要从孩子身上获得清晰的线索，并创造性地解释这些线索，纳入支持和培养的策略中。

反思与讨论

1. 早期干预有什么益处?
2. 在主流学校里，一些学生的行为给教育者带来了挑战。如何接纳这样的学生，当前有很多关于这方面的讨论。你如何看待这方面的全纳实践呢?
3. 有关准入问题的法律框架是如何影响你认识的或与之合作过的儿童的?
4. 在鼓励有特殊教育需要的儿童进行自我宣传方面有什么问题吗?
5. 如何考虑父母和监护人的权利?

6. 幼儿教育实践工作者该如何在更广泛的群体或社会机构中协调儿童的个人需求和特征?

推荐阅读

1. Hodkinson, A. and Vickerman, P. (2009) *Key Issues in Special Educational Needs and Inclusion* (Education Studies: Key Issues). London: Sage.

2. Nutbrown, C. and Clough, P. (2006) *Inclusion in the Early Years: Critical Analyses and Enabling Narratives*. London: Sage.

3. Warnock, M. and Norwich, B. (2010) *Special Educational Needs: A New Look* (Key Debates in Educational Policy). London: Continuum.

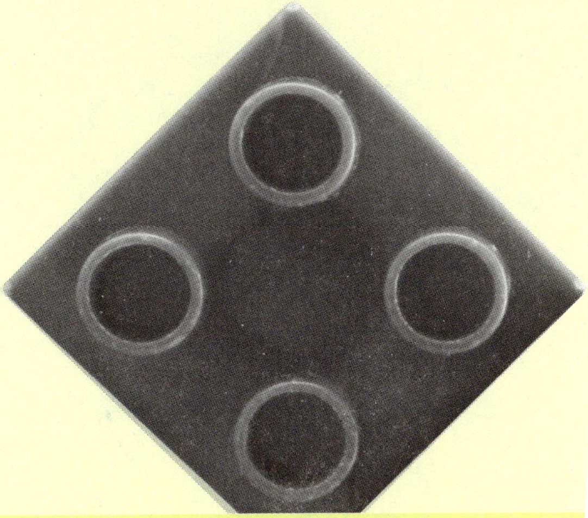

第三部分

学习与游戏

第七章

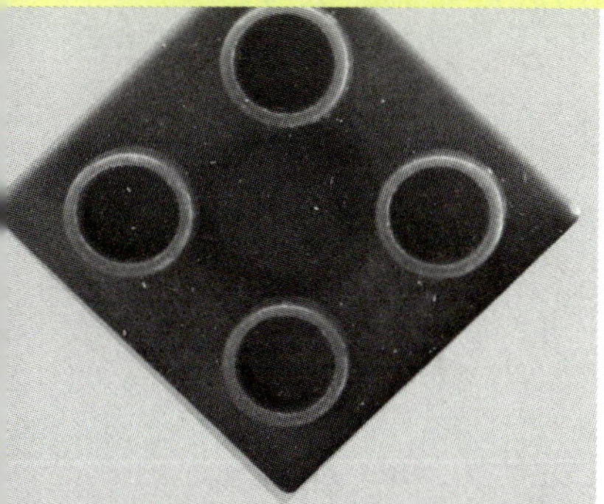

游戏与创造力

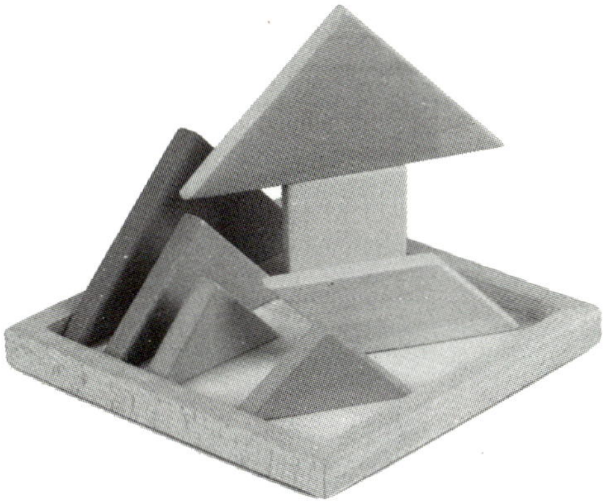

保莱特·卢夫（Paulette Luff）

主要目标

- 探讨幼儿教育中游戏和创造力的定义。
- 辨别能够刺激和激发创造力的环境的特征。
- 讨论在幼儿的游戏和创造性表现中成人所扮演的角色。
- 讨论教育记录（pedagogical documentation）的使用。

"游戏"和"创造力"是幼儿教育理论与实践中两个重要且相互交叉的方面。"游戏"和"创造力"都是不容易被定义的，但是想象力、探索的能力、自由和灵活性是两者共有的，这也说明了它们在西方传统幼儿教育中的重要意义。本章首先会对"游戏"和"创造力"这两个术语进行简短的探讨，随后简要介绍在幼儿教育中游戏与创造力的地位。本章将依次探讨如何从以下三个方面来支持游戏和创造力，即提供刺激、丰富的环境，成人对儿童的反应灵敏，引入并使用教育记录。

一、幼儿教育中的游戏与创造力

众所周知，要精确地掌握和解释游戏的概念是非常棘手的。珍妮特·莫伊斯（Janet Moyles, 2010）认为，企图解释游戏这个概念相当于泡沫的争夺战。她认为在不需要精确定义的情况下，游戏也可以得到认可和重视。事实上，成人和儿童本身在确定游戏什么时候发生方面是没有困难的（Cohen, 2006; Howard, 2010; Moyles, 1989, 2010）。一个世纪以前，约瑟夫·李（Joseph Lee, 1915）提出，"游戏"一词本身就具有误导性，因为它是成人用来表达简单而容易的东西的，然而游戏在儿童的生活中是极其严肃和重要的。苏珊·艾萨克斯（Susan Isaacs, 1929: 9）随后表达了一个类似的著名观点："游戏确实是儿童的工作，也是他们成长和发展的手段。"

艾萨克斯关于游戏重要性的理论是以进化生物学（evolutionary biology）和对发展心理学（developmental psychology，包含皮亚杰的理论、精神分析理论、游戏对心理健康的重要性）这一新兴领域的理解为基础的。研究者们还从各种理论和专业角度研究儿童游戏（例如，Broadhead et al., 2010; Moyles, 2010; Smith, 2010）。当前我们对幼儿教育中幼儿游戏的理解视角是从幼儿自身控制的开放式活动（没有任何成人的课程）（Santer and Griffiths, 2007）这个角度到相反的结构化（有计划的、有目的的）"游戏"（DfE, 2012d: 5）变化的，如英国《早期基础阶段框架》所述，游戏是由成年人精心设计的，以达到预期的学习目标。

儿童自己是否会将后者纳入"游戏"的范畴，这是值得商榷的。研究表明，幼儿很容易就能区分游戏和工作，并确定活动是否与学习有关。"游戏"和"工作"之间的区别可能是源自情感因素（如趣味性程度、可选择的数量）、环境因素（如活动的地点），以及是否需要创造出特定的产品（Howard and McInnes, 2010）。相关研究结果显示，在一个注重游戏的地方，个体能够完成更高难度的任务，这可以说明游戏和有趣的环境对于提升学习非常重要。

事实上，学术界和幼儿教育实践工作者达成了一致意见，他们都认为游戏对于全面学习和发展非常重要，并且游戏具有明显的特点。加维（Garvey, 1995: 5）首次提到了这些特点，他认为游戏是一种这样的活动：被游戏者重视的；能自我激励的；可以自由选择的；有吸引力的；与"不能玩的东西有一定的系统联系"。儿童在游戏中表现出的好奇心和想象力也可以被认为是创造力的表现。

就像"游戏"一样，在幼儿教育中没有对"创造力"的简单一致的定义。创造力也被看作人类行为的典型特征。正如有史以来各种文化中都有儿童游戏的证据，从史前时代到每个社会中，创造性活动（如音乐、运动、舞蹈、美术和讲故事）也已经成为人类生活的重要组成部分（Dissanayake, 1992; Nutbrown, 2011）。和游戏一样，对创造力的研究也是跨学科的，并且受到了不同研究领域的影响。

在英国，最近在教育领域内关于创造力的观点来自《我们的未来》（*All Our Futures: Creativity, Culture and Education*）（NACCCE, 1999）和随之而来的一些政策文件。例如，资格和课程管理委员会（Qualifications and Curriculum Authority）（QCA, 2005）为促进小学生创造力所颁布的指南，确定了学生创造性思维和行为的四个方面。

第一，它们（创造力的特点）总是涉及具有想象力的思考或行为。第二，总体上说，这种富有想象力的活动是有目的的，也就是说，它旨在实现一个目标。第三，这些过程必须产生某种原创的东西。第四，结果必须与目标相关。（QCA, 2005: 7）

可以说，近年来英国幼儿教育领域中最有影响力的关于创造力的理论是安娜·克拉夫特（Anna Craft, 2002, 2011）提出的。她提供了两个特别有用的概念。第一个是“小c创造力（little c creativity）”，第二个是“可能性思维（possibility thinking）”。小c创造力是一种不同于艺术卓越人才具备的“高”或“大C创造力（big C creativity）”的创造性概念。相反，它是与自我导向、机智、想象力、自我表达和自我实现相关的“全生命”（lifewide，而不是“终身的”）倾向。小c创造力的特征汇集在一起，由可能性思维驱动。可能性思维对于幼儿的创造力至关重要，因为它们会在游戏或日常经验中的每个方面出现。他们询问“如果……会怎么样？”(what if？)和“我能用这个做什么？”(what can I do with this？)，不仅问“是什么”（what is），而且去探索“可能是什么”（what could be）。

根据上述定义和讨论，并非所有的游戏都是具有创造力的，并非所有的创造力都是有趣的。然而，还有一些因素是游戏和创造力都具有的。在最初几年，无论是游戏还是创造力都注重过程，而不是结果；对于幼儿来说，游戏或创造的行为很重要。此外，游戏和创造的过程涉及探索、创造意义和自我表达。本章的兴趣点和焦点在于游戏和创造力交叉的地方，也就是幼儿活动的特点——选择、动机、尝试、经验、想象力、自由表达和开放的可能性。

在政策和实践中，游戏和创造力都被视为儿童全面发展的重要因素。例如，它们被写入《联合国儿童权利公约》第31条（United Nations, 1989），该条第1款指出：“每个儿童都有权享有休息和闲暇，从事与儿童年龄相宜的游戏和娱乐活动，以及自由参加文化生活和艺术活动。”在第17条“一般性意见”中强调了实施第31条对于儿童幸福和发展的重要性，以及需要为主动游戏和创造力做出规定，并促进社会支持和鼓励这类活动。

承认儿童具有创造潜力和通过游戏获得知识与技能的能力，并不是什么新鲜事。福禄培尔相信儿童有创造力，强调儿童通过有趣的实践活动和世界接触的重要性，这促使他设计了教育材料和活动，即人们熟知的“恩物（gifts）”和“工作（occupations）”。对“恩物”的探索是为了通过理解形状和大小这些数学概念来形成知识；“工作”是开放性的项目，如颜料和黏土，它们的使用为自我表达提供了机会（Froebel, 1897）。

从19世纪中叶开始，福禄培尔的追随者们为了逃离迫害，从普鲁士来到英国，并在这里受到了欢迎。他们的理念在幼儿教育机构发展和幼儿教师培训方面具有很高的影响力。福禄培尔的理念和准则开始融入以儿童为中心的幼儿教育方法中（Lawrence, 1952, 2012）。受福禄培尔和皮亚杰认知发展理论的启发，幼儿教育实践先驱们在资源丰富的室内及室外环境中，进行基于游戏的体验式学习和提供自我表达的机会（Isaacs, 1929; McMillan, 1919）。其他理论视角的观点也有助于评价幼儿的游戏和创造力，包括重视自我探索和自我情绪表达的精神分析学派观点（Isaacs, 1933; Manning-Morton, 2006）、群体参与的社会文化理念和使用工具来扩展思维与支持儿童想象活动的观点（Kozulin, 2003; Vygotsky, 1978）。

从一开始，英国幼儿教育课程已经认识到游戏和创造力的中心地位，也反映了这些哲学传统。在《期望的儿童学习结果》（Desirable Learning Outcomes）（SCAA, 1996）和随后的《基础阶段课程指南》（Curriculum Guidance for the Foundation Stage）（QCA, 2000）中，“创造性发展”被确定为6个学习领域之一。其侧重于发展儿童的想象力和以创造性的方式沟通、表达想法与感受的能力。为了支持最年幼的孩子，英国还颁布了《重要的0 ～ 3岁》（*Birth to Three Matters*）指南，其中“创造力”同样作为指南中“有能力的学习者”中的一部分（DfES, 2003b）。这些指南被整合在一个法定的课程文件里，即英国《早期基础阶段》（DCSF, 2008a）。这一框架适用于从出生到5岁的儿童的教育，其中创造力仍然是一个关键的方面。

> 儿童的创造力必须通过支持他们的好奇心、探索和游戏得到扩展。他们必须有机会探索和分享他们的想法、主意和感受，例如，通过各种艺术、音乐、运动、舞蹈、想象和角色扮演活动、数学、设计和技术。（DCSF, 2008a: 16）

在修订后的英国《早期基础阶段》的课程体系（DfE, 2012d）中，游戏和创造力的地位保持不变。“创造性发展”不再是一个单独命名的学习领域，而是被“表现性艺术”这个领域替代了。“表现性艺术”强调音乐、舞蹈、角色扮演、讲故事、绘画、涂染和模型制作。表现性艺术为儿童提供了广泛的机会来提出问题、建立联系、创新、解决问题和反思，这正是有效学习的三个特征中所强调的。在“游戏和探索”中，儿童通过调查和体验学习；通过“主动学习”，儿童做到了专注、坚持和享受；在“创造和批判性思考”中，儿童的想法得到了认可，并且儿童在各种想法之间建立起了联系，为实现自己的想法制定了策略（DfE, 2012d: 7）。

尽管表现性艺术、创造力和游戏化学习在英国《早期基础阶段》中占有基础地位，但幼儿教育的这些主要方面是否能够完全落实则令人担忧。其落实效果会因一些工作取向而大打折扣，工作中人们会指向学习结果，强调更正式的早期读写和计算技能方面的内容（Early Childhood Action, 2012）。为了找到培养幼儿创造力和自我表达的一种方式，人们常常将目光转向意大利北部的瑞吉欧·艾米莉亚，希望从其学前教育中得到灵感。在没有书面课程的情况下，倾听孩子们的想法是形成方案的起点。在方案中，孩子们和他们的老师一起提出假设，并验证假设。马拉古齐表示，孩子们很适合以富有创造性和开放性的方式来工作，在这个过程中“他们不会过分依赖自己的观点，他们有机会建构自己的观点，并不断地提出新的观点。他们不断地探索、发现、改变自己的观点，并且爱上了这种能够改变自我的形式及其蕴含的意义”（Malaguzzi，引自 Gandini, 2012a: 51）。

瑞吉欧课程有几个特点，那些热衷于促进创造性发展的幼儿教育实践工作者会对此特别有兴趣。他们关注儿童的想法的理念源于“富有的儿童（rich child）”这一积极儿童观，他们认为儿童是学习过程中有能力的主角。这些想法可以用多种方式表达，也就是说他们使用“儿童的一百种语言”（Malaguzzi，引自 Edwardset et al., 1998）来表达自己的理解。“倾听教学法（pedagogy of listening）”能够确保成人对儿童的思考做出反应，并且记录他们的创造过程，从而使学习可视化（Rinaldi,

2006）。在瑞吉欧课程中，幼儿园和教室的设计与组织特别重要，因为环境被称为除了两个班级教师之外的“第三个教师”（Gandini, 2012b）。

二、游戏环境与创造力

对于包括艺术家、音乐家、舞蹈家和作家在内的许多有创造力的成人而言，物理环境非常重要。这些环境可能提供灵感或工作室空间。在要求员工进行创新的组织中，工作场所的设计受到重视（Dul and Ceylan, 2011）。同样，为了使孩子们保持好奇心和探索精神，并能够以不同的方式表达自己的想法和情绪，使他们居住的地方具有刺激和能动性是很重要的。阿提夫·马哈马巴夫和艾伦·伊伦登（Atefe Makhmalbaf and Ellen Yi-Luen Do, 2007）进行了一个小规模的实验：他们让在家里的儿童和在书店的儿童活动区的儿童画一幅画并回答问题。他们发现，在书店环境中，儿童（4 ~ 6 岁）会创作出色彩更鲜艳的图画，图画中所描绘的对象也表现出更高的复杂性和新颖性。他们推断，儿童友好的环境特征，如空间、明亮的灯光、暖色、视觉刺激的有效性和家具的高度等，对儿童有积极的影响，并认为这些特征可能影响儿童的问题解决能力和创造性思维能力。

当然，我们这些旨在鼓励幼儿的游戏和创造性的人，必须确定好我们希望孩子遇到的各种体验，然后再考虑环境和资源提供机会的可能。西奥多拉·帕帕塞奥佐鲁（Theodora Papatheodorou, 2010）提出，我们为儿童提供的学习环境从来不是中立的，而是揭示了我们所持有的关于儿童和课程的理念，这些理念塑造了我们的行为和反应。她要求教育工作者反思游戏性学习环境的质量和它们所传达的信息。

瑞吉欧的教育工作者们明确地表达和书写了对儿童的尊重，并且提供一种被视为“第三个教师”的美观的环境，从而使人们认识到通过精心安排和使用的学习与教学场所可以获得的教育效益。蒂齐亚纳·费利皮尼（Tiziana Filippini, 1990，引自 Gandini, 2012b）提出，空间是一个可以进行探索和交流的“容器”，但更积极地说，它提供了包含教育信息和刺激的教育的“内容物”，为互动和建构学习提供了可能。在幼儿教育环境中要激发儿童的游戏和创造兴趣，必须仔细平衡感官、智力和社会刺激，并且要考虑室内和室外区域的设计与规划。另外，孩子们应该被允许有一定的灵活性，可以随心所欲地使用空间。

因此，为了激发儿童的游戏和创造兴趣，需要仔细考虑室内和室外空间的组织。贾斯丁·霍华德（Justine Howard, 2010）对儿童游戏认知的研究表明，儿童可以根据环境的线索区分工作和游戏，例如，通过活动是在桌上还是在地板上进行。户外环境的限制较少，行动和活动的自由度较大，更有可能与游戏相关。这一点非常重要，因为在游戏中，儿童会表现出更广泛的行为和技能，并以更高的参与度学会解决问题的策略（Howard, 2010）。这与米哈里·契克森米哈伊（Mihaly Csikszentmihalyi, 2002）对人的最佳体验（optimal experience）的研究结果一致。他描述了一种“心流（flow）”状态，这种状态是在可以自由选择的环境中实现的。

“最佳体验”的其他特征为提高幼儿教育质量提供了线索，包括环境中的挑战程度与个人技能和参与程度的匹配（Freire, 2011）。材料和资源是幼儿教育环境和文化的重要组成部分。贝尔纳黛特·达菲（Bernadette Duffy, 2006: 133）认为，“在某种程度上，创造力是由资源驱动的”。如果精心选择物品并以吸引人的、可获得的方式呈现，那么当孩子参与的时候，其中就包含了探索、游戏和创造。案例研究 7.1 提出了有关儿童游戏材料类型的问题，并展示了一个回收材料的案例。

案例研究 7.1

利用开放式材料进行创造性游戏

幼儿教育实践工作者凯·费希尔（Kay Fisher）描述了她在照顾孩子的环境中，是如何为婴儿和幼儿引入回收资源的。

我首先前往瑟罗克（Thurrock）金字塔资源中心（Pyramid Resource Centre）的废品商店，并慢慢地将回收的材料与自然材料和日常生活用品放在一起。我开始把塑料制造的玩具拿走，因为我无法完全扔掉它们，就将它们存放在棚子中。使用回收材料的一个重要要求是成人有信心、有计划将它们视为宝贵的学习资源。在大多数情况下，成人往往害怕这些资源，因为他们不知道如何利用它们。但当孩子们和它们一起玩时，就好像它们是世界上最昂贵的玩具。

在利用了现有的资源一段时间后，我花时间观察和评估我照料的孩子所学到的学习和发展机会。可以清楚地看到，这类资源创造了更高质量的学习，并且能够更长时间地吸引 0 ~ 5 岁的孩子。我目前使用的资源类型包括各种大小的硬纸管、大型工业泡沫板、贝壳、鹅卵石、各种球、丝带、纺织品、各种大小的纸箱、急救毯和收纳盒等，这里仅举了一些例子而已（见图 7.1）。

图 7.1　展示作为玩具的回收材料

我在参观废品商店时，有一些令人兴奋的、罕见的发现，其中包括带有车牌的大型车库标牌以及来自宜家（IKEA）的食品 / 咖啡广告牌。这类资源不能从任何资源目录中购买到，但在如此短的时间内已经显著地增加了儿童的角色扮演机会，提高了其调查、发现和提问的技能。回收的材料本身就带有一个容易被提到的问题：“你可以用它做什么？”解决问题和探索是儿童游戏中的自然过程，这个过程能使他们有机会发展有效学习的全部三个特征。我发现我的计划更加令儿童兴奋和具有挑战性了，下一步就是通过存储和展示资源让活动变得有创意。

案例分析 7.1

- 你是否观察过在幼儿教育环境中使用的可回收的开放式资源？
- 哪些类型的资源对于创造性游戏最有用？

在瑞吉欧·艾米莉亚教育机构，从雷米达回收中心（Remida Recycling Centre）回收的材料被用于幼儿园。它们被雅致地展现出来，反映了空间设计对儿童的重要性：“在任何学习和知识的建构中，快乐、审美和游戏都必不可少。”（Rinaldi, 2006: 81）在所有环境创设中，需要考虑儿童周围的视觉文化的丰富性。鲍克和索耶斯（Bowker and Sawyers, 1988）发现了幼儿艺术经验的重要性。他们建议幼儿看到并对高质量的图画和绘画做出反应，并可以通过帮助选择悬挂在教室墙壁上的印刷品来获得这些图画的“所有权”。

儿童的创造力可以通过在幼儿教育环境中接触艺术和文化活动来培养，也可以通过参观幼儿园墙壁和花园以外的地方得到丰富。《亨利评论》（Henley Review, 2012）建议，从早期开始进行文化培养，在孩子 7 岁以前，就应该给他们提供机会去参观剧院、电影院、音乐厅、博物馆、美术馆、图书馆或古迹，并参加适合其年龄的艺术活动。

无论是在室外环境还是在室内环境，儿童进行游戏和创造性活动的环境都需要成人的思考和聪明才智。达菲（Duffy, 2006）建议工作者审查他们的环境以评估布局，并思考是否每个领域提供的物品包含了相关的材料和资源来促进儿童创造力的发展。观察儿童在给定的空间中如何游戏和创造，也可以为适应室内和室外环境的方式提供改进建议。一旦建立了物理环境，就必须进一步考虑促进儿童游戏和创造力的最有效的方法和手段。

三、成人在支持儿童游戏和培养其创造力方面所扮演的角色

支持儿童的游戏和创造力是一项非常需要技巧的任务，教育者必须在促进和干预之间达到平衡。一方面，需要充分的指导和支持来激发儿童的想象力，使其具有创造力；另一方面，这又存在着可能扼杀儿童创意和自我表达的危险。正如约翰·马修斯（John Matthews, 2003: 20）在关于儿童绘画的书中所说的：“有两个主要的错误：（1）完全不支持；（2）同样糟糕的是，成人破坏性的干涉和统治。”成人的促进作用具体包括：有趣的教学方法，成人做好成为儿童的共同参与者的准备；成人激发和支持儿童形成观点的策略；成人作为一个有创造力的榜样。

《早期基础阶段法定框架》（DfE, 2012d）区分了儿童主导的游戏和成人主导的游戏，并在这两者之间取得了平衡。在儿童主导的自由游戏中，儿童有机会调查、探索和自我表达。帕特·布罗德黑德（Pat Broadhead, 2010）的研究证明，伴随着丰富的语言、沟通和解决问题能力的运用，交往和合作可以发生在“你想要的任何地方”的儿童主导的角色扮演游戏中。在这种创造中，成人扮演着提供空间和开放式资源的角色，同时要仔细观察，以了解游戏中发生的事情。成人也可以在儿童游戏后与之对话，以便进一步了解游戏的性质和儿童所取得的成就。以这种方式与儿童谈论他们的游戏也有一个好处，就是能够表明自由游戏的价值受到了重视，它与其他可能在这个环境中发生的活动一样受到了重视（Broadhead, 2010）。

在成人主导的游戏中，儿童选择或控制的范围较小。游戏或活动是由成人准备的，具有特定的学习机会和成果。这种游戏的典型例子包括韵律歌、圆圈游戏、体育课上有组织的活动、棋盘游戏和拼图。埃莱尼·梅卢（Eleni Mellou, 1994）提出了教师指导的戏剧表演，通过具体的戏剧练习来激发想象力和创造力，并将其与自由的角色扮演游戏进行比较。她总结说，这两种游戏形式都涉及互动、想象力和变换，并且都对儿童的创造性、情感和认知发展具有重要意义。

虽然儿童主导的游戏和成人主导的游戏都可能是有益的，但儿童可能会将后者视为“工作”而不是“游戏”（如上所述）。这对旨在促进儿童游戏和创造力的成人来说是一个挑战。的确，安吉拉·安宁（Angela Anning, 2010: 30）认为，成人对自己在游戏中扮演的角色不确定，“幼儿教育的理想目标

是构建一种游戏教学法”。凯西·高齐（Kathy Goouch, 2010）就提出了一种以游戏为中心的教学法。在这种方法中，成人和儿童在游戏中相互指导。成人的角色是作为一个游戏伙伴，可能还包括：充当记录者或叙述者，描述游戏发生时的场景；遵循儿童的意愿，成为演员和合作伙伴；在必要时作为调解者，以帮助解决问题；或者只是作为一个实体的存在和一个听众（Goouch, 2010; Synodi, 2010）。

相互指导的游戏的两个关键特征是对话和共同建构，这与知识是通过和他人的社会互动而形成的学习观点是相联系的。通过共同游戏和共同参与开放式活动，成人和儿童可以相互激励，并以创造性的方式做出回应。蒂娜·布鲁斯（Tina Bruce, 2011）指出，幼儿教育中的成人每天都应有机会认识和重视儿童的动机与兴趣，并在此基础上鼓励和支持创造性发展。安娜·克拉夫特（Anna Craft, 2002, 2011）及其同事（Burnard et al., 2006; Cremin et al., 2006; Craft et al., 2012）把这种儿童和成人一起工作的活动称为“包容性学习（learner inclusive）”，它的特征是“可能性思维”。在所有的游戏和学习领域都会产生可能性，就像下面关于 4 岁儿童的可能性思维的研究中所说明的那样（Craft et al., 2012）。

相关研究

Craft, A., McConnon, L. and Matthews, A. (2012) ‘Child-initiated play and professional creativity: enabling four-year-olds’ possibility thinking’, *Thinking Skills and Creativity*, 7(1): 48–61.

这项研究旨在调查儿童的创造力、可能性思维在儿童主导的游戏中的表现，以及幼儿教育实践工作者在支持方面所起的作用。

受“5×5×5 = 创造力”项目（Bancroft et al., 2008；见本章后面的内容）和瑞吉欧的影响，该研究的重点是使用成人发起的“挑衅（provocations）”作为游戏和儿童故事的刺激。

该研究采取了合作案例研究（collaborative case study）的形式。在研究中，学者们与 4 名幼儿教育实践工作者一起在伦敦儿童中心进行合作。研究人员使用的方法包括自然观察法、研究人员反思法和访谈法，以田野日志、数字图像、声音文件和日记记录的形式生成数据。幼儿教育实践工作者和研究人员邀请他们的对象儿童参加为期 4 周的挑衅刺激项目活动（共有 15 名 4 岁儿童参加）。

4 位幼儿教育实践工作者和 4 位研究人员成对进行工作（第一组和第二组）。第一组使用天然材料（原木、树叶、石头）作为挑衅物，第二组使用手偶和道具作为挑衅物。游戏环节结束后，把照片上传到笔记本电脑，与儿童进行讨论并向家长展示。最后，研究人员讨论他们的观察并记录了他们的想法。

分析侧重于儿童发起的并沉浸其中的游戏部分，展示了可能性思维的证据（“如果”和“似乎”类思考）。分析确定了两个关键事件：一个是在户外活动中进行的，提供小树枝和原木切片，并将其收集起来放在一块布下面，以供儿童寻找；另一个是在室内有一套用于讲述熟悉故事的手偶。

分析方法是归纳推理（开放式编码以寻找新类别）和演绎推理（寻找先前研究中对可能性思维定义的直接证据）。

研究发现，儿童的创造性表现在三组行为中：刺激和维持可能性［制作“火笼（fire cage）”，叙述鳄鱼的故事］；沟通可能性（口头和肢体语言）；儿童的主体性（agency）、角色和身份（被幼儿教育实践工作者支持的所有权、参与权）。研究观察到了可能性思维的现有特征（包括创新、想象力、自我决定和目的性）和延伸性（引导问题和冒险的能力），并增加了两个新的方面：“个人、合作、集体创造性”“幼儿教育实践工作者和儿童之间的动态想象力”。

研究发现，幼儿教育实践工作者以 5 种方式支持了儿童发起的游戏中的创造性：激发可能性；给予回应的时间和空间；和孩子在一起；为了支持、维持和暂停游戏而干预；相互促进专业发展。总的来说，这项研究揭示了在使用挑衅物来刺激实践和儿童的体验变化的背景下，幼儿教育实践工作者与儿童创造性的关系。

对可能性思维的研究揭示了在成人建立对挑衅物的信心以及观察和反思儿童反应的背景下，以有趣的方式引导儿童进行想象的实用方法。卡里纳·里纳尔迪（Carlina Rinaldi, 2006: 120）断言：“如果成人没有创造力，孩子就没有创造力；如果成人有能力和创造力，孩子就会有能力和创造力。”在瑞吉欧教育机构中，这种方式不仅由教师提供，而且可通过熟练的专业艺术教师（atelierista，意大利语）的工作进行，他们在每个幼儿园中担任孩子们的导师和榜样。普拉姆林·萨缪尔森等人（Pramling Samuelsson et al., 2009）强调应该为了表达艺术活动本身而表达，而不是把它看作促进社交技能或情感发展的手段。他们承认，对于那些自己不练习艺术、舞蹈或音乐的教师来说，这很困难。他们认为，专业发展对于教师为儿童提供真正的创造机会至关重要。

案例研究 7.2

成人主导的创造性活动

托幼机构负责人兼经理希拉·霍默（Sheíla Homer）在托幼机构中观察了由成人主导的 3 岁和 4 岁儿童的创造性活动。

6 个孩子聚集在一个成人周围，坐在一个大地毯上。这位成人首先讨论他们之前进行的“水”主题的活动和成果。她说：“我们今天要创作一种不同的画，不是用水彩或蜡笔，而是用垃圾桶里的东西。我们将使用想象力，真正地去思考我们拥有什么，以及可以用它做些什么。”孩子 A 回答说：“这看起来像在化装打扮！”成人说：“猜对了，这是我们要使用的材料。”她拿出一块大的白色棉布，并说孩子们可以把它当作绘画时使用的纸，询问是否有人想先使用剪贴板和“纸”来设计他们的图画。6 个孩子都回答了“是”。当孩子们在设计的时候，成人开始制作其他材料，如纸筒、贝壳和石头。孩子们自然地从设计阶段进入创造阶段。成人充当儿童的促进者、支持者和指导者。她倾听并回应孩子们，带着尊重回答了他们的问题。当她将石头和贝壳放在材料中包起来时，孩子 A 完全沉浸于其中，低声地讨论着太阳和星星。孩子 B 和 C 正在讨论海中的鲸鱼和鲨鱼。6 个孩子都参与了这项活动：一些人独立游戏，一些人进行互动，一些人询问成人并请求她的支持，有些则没有。每个孩子都按照自己的节奏创作。成人对孩子们的一切表现出真正的兴趣和惊喜。这个活动持续了近 30 分钟，我发现这位成人很难结束这个活动。她是这样说的：“开始考虑尽快完成你的作品。”然后这个活动就自然而然地结束了。

案例分析 7.2

- 这个案例中的成人是如何支持孩子创造的？
- 其中有没有“可能性思维”的证据？
- 你是否在这个年龄段进行过类似的活动？
- 如果你来组织这次活动，你会做什么不同的事？

成人可以用不同的方式与孩子一起游戏。支持创造力的一种干预措施是“持续性共享思维（sustained shared thinking）”，其被定义为“任何两个或两个以上的人使用智力‘合作’解决一个问题、澄清一个概念、评估一个活动、扩展一个叙事等。双方必须为这个思维做出贡献，并且必须开发和扩展思维”（Siraj-Blatchford, 2010a: 157）。这是一种需要成人熟练参与的具有挑战性的互动形式。他 / 她必须真正对儿童的活动感兴趣，并判断在哪个恰当的时机提出正确的问题，以澄清观点并鼓励儿童详细阐述。“听”一场真正的合作调查是具有启发性的，成人与儿童在其中对话，而不会对“正确答案”有先入为主之见。儿童的问题、假设和思考过程也可以被观察和记录下来，使学习过程可视化。

四、记录游戏和创造

在幼儿教育实践工作者的心目中，儿童的创造性通常与展示儿童创造活动的作品相联系。这可能是绘画、拼贴的墙壁展览，也可能是一个3D模型的桌面展览。虽然这可能会让儿童的环境变得更美好，并表明儿童的创造力是受到重视的，但关注的焦点通常在成果和人工制品上。另一种方法是使用教育记录。这受到了瑞吉欧课程的启发，其中包括仔细观察、倾听和记录儿童在项目或活动中的经历。可以使用多种方法来捕获创造过程，包括书面记录、音频和视频记录、照片和图画。这取代了静态展示，能够真正展示学习过程的各个阶段，之后儿童、家长和工作人员也可以分享和回顾这些过程。

教育记录的制作很困难，但它存在着几个优点。参与者和其他人可以看到在活动过程中发生的事情，可以深入了解儿童的想法，并且记录可以作为共享思维活动的基础，成为未来计划的资料来源。下面这个简短的案例研究是以这种方式记录儿童的经历的。

案例研究 7.3

对鱼的调查的记录

林赛·托马斯（Lynsey Thomas）描述了一个儿童调查一条新鲜的鱼的活动的教育记录。这条鱼是由一名工作人员将其带入学前游戏小组的。

我们的“学习之旅墙（Learning Journey Walls）”上记录了整个团队的进展情况。我们试图将日常实践的重点放在“过程”而不是“产品”上。例如，我们的展示会展出了孩子们对“鱼”的调查：他们看它、摸它、讨论它、闻它、画它、洗它，然后看里面（见图7.2）……语言和热情是无止境的，孩子们和工作人员都很喜欢这个过程。

我们通过拍摄照片、记录词汇（以语言泡泡的形式捕捉）和展示孩子们的艺术作品来记录他们的学习情况。孩子们每天都会在墙壁上告诉他们的朋友和家人他们做了什么以及他们是怎么做的。

图 7.2　对鱼的调查记录

案例分析 7.3

在支持儿童对鱼的创造性回应方面，这份记录起了什么作用？

受瑞吉欧课程的启发，英国开展了一项使用教育记录的活动：“5 × 5 × 5= 创造力”。“5 × 5 × 5= 创造力”是一个以艺术为基础的行动研究项目。这个名字起源于一个涉及 5 位艺术家、5 个文化中心和 5 个教育场所的合作项目。研究的重点是收集和交流有关儿童创造力的证据，因此其成员将其活动描述为“研究儿童，研究世界”。在这种情况下，研究是“对行动的批判性反思评估”，这已经成为一种“思维习惯”。这种方法的核心就跟在瑞吉欧的早期教育环境中一样，教育记录起着重要的作用：“仔细倾听、观察和反思儿童的学习，从而形成教育理念。”（Bancroft et al., 2008: 4）

相似地，但在不同的背景下，威尔·帕内尔（Will Parnell, 2011, 2012）报道并详细介绍了一位研究人员和两位工作室老师的经历。他们在美国一所大学实验学校里尝试记录儿童在工作室里的创造性表现。他描述了孩子们参与一个关于鸟类和猫头鹰绘画的项目，并强调当成人密切关注孩子们的想法和表现时孩子们和他们的老师之间的相互学习。建议进一步阅读帕内尔的文章，他还举例说明了教育记录的使用和价值——教育记录作为成人之间专业合作学习的基础，能使他们进一步理解和支持儿童在创造性方面的努力。

本章小结

本章探讨了游戏和创造力，这是英国和其他地方当代幼儿教育的两个关键概念。这两个概念都需要仔细思考，以便在幼儿教育环境中为幼儿提供培养想象力和可能性思维的机会。成人应注意创建有利于创造力发展和提供开放式材料与资源的物理环境。与儿童一起工作的成人必须考虑支持儿童的游戏和创造力发展的机会的最佳方式与手段，以促进儿童的自我表达。评估、支持游戏和创造力的一个有用策略是使用教育记录。在游戏和创造力方面有很多需要考虑的问题，因此我们鼓励读者使用章末推荐的阅读资源来进一步探索这个重要的主题。

推荐阅读

1. Broadhead, P., Howard, J. and Wood, E. (2010) *Play and Learning in the Early Years*. London: Sage.

这是一本以研究游戏为基础的书，其中有几章介绍了游戏和创造力之间的关系，能为学前教育专业学生和幼儿教育实践工作者提供比较好的思路。

2. Craft, A. (2002) *Creativity and Early Years Education: A Lifewide Foundation*. London: Routledge.

这是一本非常有趣的书，它探讨了创造力的概念、本质和价值，以及对幼儿教师的启示。

3. Parnell, W. (2011) 'Revealing the experience of children and teachers even in their absence: documenting in the Early Childhood Studio', *Journal of Early Childhood Research*, 9(3): 291–309.

4. Parnell, W. (2012) 'Experiences of teacher reflection: Reggio inspired practices in the studio', *Journal of Early Childhood Research*, 10(2): 117–133.

这两篇文章对教育记录的过程和目的及其在早期启蒙学习和教学中的应用潜力提供了有价值的见解。

第八章

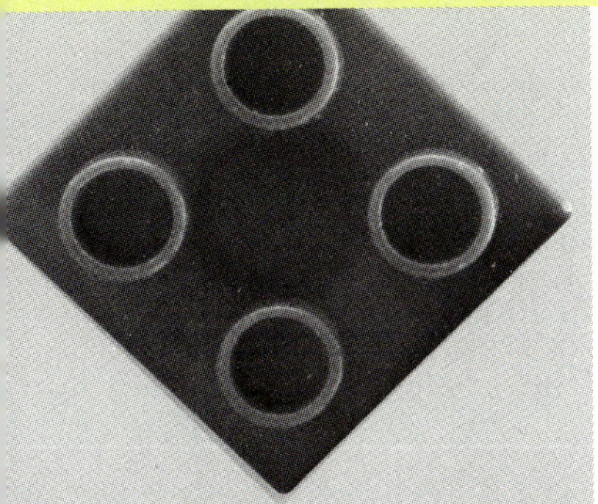

户外游戏与学习

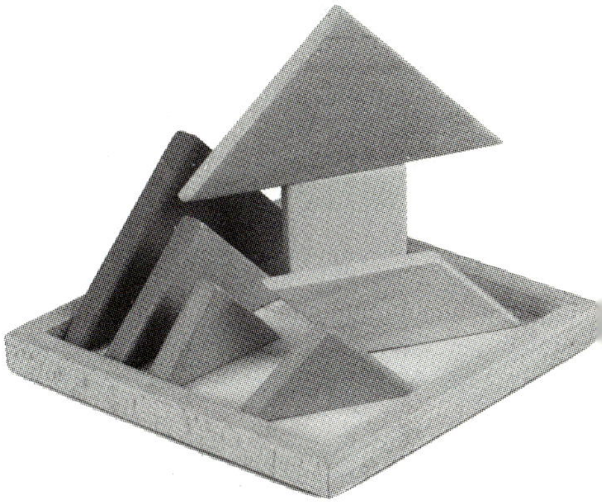

海伦·托维（Helen Tovey）
蒂姆·沃勒（Tim Waller）

主要目标

- 对近期有关户外游戏和学习的文献进行综述。
- 讨论户外游戏的机会受到限制的原因。
- 思考户外游戏和学习的益处。
- 报告正在进行的户外学习项目的调查结果。

> 我们应该满足儿童的需要，让他们接触到自然的多样性，允许他们在很长一段时间里自由进入特定的区域，因为只有在某个特定的地方亲密地了解大自然的复杂性，人们才能充分领略这个星球整体的美。（Hart, 1997: 18，引自 Casey, 2007: 9）

户外游戏和学习是幼儿教育机构服务中一个长期存在的特点，也是“幼儿园传统”的一个重要组成部分，许多幼儿教育实践工作者和家长都会赞同哈特（Hart）的上述观点。在过去的 20 年里，英国重新燃起了利用户外环境的兴趣，在一些课程文件中强调提供定期的户外活动，如苏格兰的《卓越课程》（Curriculum for Excellence, CfE）（Scottish Government, n.d.）、北爱尔兰的课程（CCEA, 2006）、威尔士《基础阶段课程》（the Foundation Phase in Wales）（Welsh Government, 2013b），以及英国的《早期基础阶段》（DfE, 2012d）。

然而，使用户外作为学习场所的教学法还不够明晰，没有得到很好的建构，户外游戏的目的和价值也常常被误读。此外，许多作者关注“恐惧文化（culture of fear）”对儿童户外游戏的影响（例如，Furedi, 2002; Gill, 2012; Tovey, 2007）。本章将思考什么是户外游戏和学习环境，概述户外游戏对儿童的益处。本章还将联系该领域的近期文献与研究，讨论一个正在进行的户外学习项目。

一、背景与缘由

对于许多父母和幼儿教育实践工作者来说，户外游戏是儿童健康发展和学习的重要组成部分（White, 2011）。本章所使用的“户外游戏与学习”是一个“综合”术语，它涵盖了儿童在不同户外场所中的一系列体验机会。对于在英国幼儿教育机构就读的儿童来说，这些机会可能包括以下几类。

- 在幼儿教育机构的户外区域游戏。
- 参观未被人类设计或开垦的自然野生环境（如森林、丛林、海滩和河岸）或者人类设计的社区公园、游乐场所。
- 森林学校（Forest School）或自然幼儿园（nature kindergarten）。

森林学校通常会安排一个训练有素的森林学校领导，带领儿童定期参观野生自然环境。作为一种在大自然中为儿童提供游戏和学习经历的方式，森林学校在英国和斯堪的纳维亚半岛拥有悠久的历史。到 20 世纪 80 年代，森林学校已成为丹麦早期教育计划的一个内在组成部分，并且推动了英国森林学校运动的发展（Knight, 2009; Maynard, 2007）。近年来，森林学校运动扩张明显，它不仅分布在城市地区，也分布在农村地区。自然幼儿园和森林学校有异曲同工之妙，但它永久位于自然、野生的环境中。

（一）户外游戏机会的减少

在当前形势下，童年的本质不断变化，越来越多的证据证明儿童自发的户外游戏机会在减少，为此，关注户外环境重新变得重要和紧迫。交通量的增加、空间的减少（包括部分可以进行游戏的社区街道），以及恐惧文化（Furedi, 2002）的迅猛发展，导致儿童去户外游戏、与朋友去游乐场所或者单独去学校的主动性下降了。英国政策研究所（UK Policy Studies Institute）（Shaw et al., 2013）借鉴了迈耶·希尔曼（Mayer Hillman）的研究，指出过去 40 年来儿童的自由和独立流动性受到削减。例如，2011 年，英国仅有 25% 的小学生可以自己上下学，但在 1971 年，这一比例为 86%。然而，对同样年龄的儿童群体的国际比较表明，这种自由度的下降在德国并不太明显。例如，在德国的研究中，有一半的孩子能够在 7 岁时独自从学校回家，而在英国只有不到 5% 的孩子可以做到，这说明文化中对待风险与安全的态度和当地环境的差异有可能发挥着重要作用。

在户外游戏场所的使用率下降的同时，对儿童安全的焦虑也在空前高涨。父母对儿童被绑架的担忧与恐惧似乎对儿童的游戏产生了最广泛的影响（Lindon, 2011）。近期的一些调查（Gill, 2012; Lindon, 2011）表明，在没有大人在场的情况下，很少有父母愿意让孩子进行户外游戏，而且很多孩子也担心他们进行户外游戏时可能会遭到绑架或谋杀。荒谬的是，没有任何证据可以支持这种担忧的成立。因为儿童被绑架事件虽然很悲惨，但极为罕见，在过去 40 年或更长的时间内，这种情况的发生概率基本上没有发生变化（Lindon, 2011）。

证据表明，这种对风险的厌恶和焦虑也渗透进了幼儿教育机构的实践中。例如，梅纳德和沃特斯（Maynard and Waters, 2007）报告说，学前班教师非常关注安全，这是影响他们为儿童提供户外体验的一个限制性因素。托维（Tovey, 2010）在她的研究中也发现，大多数幼儿教育实践工作者都不愿意承担风险，并对可能的不良后果表现出相当大的焦虑。然而，在同一研究中，少数幼儿教育实践工作者赞同积极的冒险，坚信富有冒险性的户外游戏会带来益处，展现出了对户外冒险和挑战更积极的看法。这更符合幼儿教育先驱们所倡导的观点，如福禄培尔、麦克米伦（McMillan）和艾萨克斯（Isaacs）等。

（二）孩子们在哪里玩

越来越多的证据表明，儿童在家中待的时间越来越长，这可能会相应地使儿童户外游戏的时间越来越少。莫斯（Moss, 2012）报告了儿童观看电视的数据，其中显示 4 ~ 9 岁儿童每周看电视的时间超过了 17 小时。再加上其他不断普及的、依托于屏幕的娱乐活动，这些都表明儿童的游戏越来越变为家庭式的和久坐不动的。父母对孩子安全的担忧、交通量的增加以及对孩子户外游戏态度的改变，都导致了洛夫（Louv）所指的“善意的、保护性的软禁”（Louv 引自 Moss, 2012: 4）。

然而，如果可以选择的话，似乎许多孩子都希望能够在户外进行游戏。一项研究将英国、瑞典、西班牙儿童的生活进行了比较，以调查为什么英国位于联合国儿童基金会 2007 年儿童幸福排名的末尾（UNICEF, 2007b）。研究表明，缺少自由户外游戏的机会是英国儿童不幸福的重要原因（Ipsos MORI and Nairn, 2011）。

（三）为什么户外游戏很重要

哪些证据能够证明户外游戏的好处与意义呢？托维（Tovey, 2007: 37）强调了那些创设户外空间或者陪儿童进入自然野生空间的人所重视的价值，以此来说明户外游戏的重要性。她认为，一些学习只能在户外进行，并总结了户外游戏能提供的独特机会。

- 尝试各种事物的空间和自由。
- 一个可以操作、改变和转换的环境，能创造出一个新的、具有想象力的世界。
- 一个充满活力、不断变化的环境，可以产生探索欲、好奇心和惊奇感。
- 全身、多感官的体验。
- 可以获得各种具有挑战性的、用不确定的方式来组合材料的能力。
- 在他们的学习中建立联系的机会。
- 一个丰富的情境，能够激发儿童的好奇心和惊奇感，提升儿童各方面的熟练程度，鼓励儿童进行“如果……就……”的思考。
- 有参与社会交往和与同伴进行协商交流的空间，在其中体验分歧和解决同伴冲突。
- 让人体验眼花缭乱、兴高采烈、头晕目眩的游戏的机会。
- 能力提升的机会、冒险的意愿和自我安全保护的技能。
- 大量的运动机会，这是学习的核心。
- 体验自然界，并体察儿童在自然界的地位。
- 学习各课程领域的机会。

托维（Tovey, 2007: 38）认为，这些益处很少能够在露天的、风吹的、铺沥青的操场中实现，但户外游戏是有潜力实现的——户外游戏空间有可能激发、支持和增强儿童的想象力、好奇心和创造性，也能够促进他们的健康和幸福。即使是在非常不理想的情况下，当成人认识到并理解这种潜力时，他们就可以做好有效的准备。与此同时，幼儿教育实践工作者和家长也需要努力克服障碍，认识到“能做什么”，而不是仅仅接受“是什么”，并努力给儿童提供更合适的机会。

二、健康与幸福

每天进行户外游戏会对健康产生积极的影响，例如，在动作发展、心血管健康、骨骼和肌肉力量以及儿童的心理健康和幸福感（DH, 2011c）方面产生积极的影响。来自英国4个地区的首席医疗官们的一份报告（DH, 2011c）建议，5岁以下的儿童每天应该锻炼至少3小时，在久坐活动上应花费最少的时间。除日常活动（如步行上学或去商店）之外，5岁以上的儿童每天至少要花1小时，甚至更多的时间进行剧烈、密集的体育活动。他们认为，“孩子们需要自由来创造他们自己主动游戏的机会，引领他们自己的活动，主导他们自己的游戏，并开展想象性游戏”（DH, 2011c: 22）。

考虑到当今肥胖流行病的规模，体育活动就显得尤为重要。尽管近年来英国超重和肥胖儿童的数量略有下降，但这些数字仍令人担忧。例如，英格兰儿童测量计划（National Child Measurement Programme）报告称，2011—2012年，在英格兰接受教育的4岁和5岁儿童中，有20%的儿童超重或肥胖（HSCIC, 2012）。值得注意的是，来自贫困家庭的儿童比来自富裕家庭的儿童更容易肥胖（DH, 2011c）。但是，霍普等人（Hope et al., 2007: 326）提醒我们不要过分简单地看待“肥胖流行病”。他们认为，使用未考虑年龄、性别、种族或健康水平的身体质量指数（Body Mass Index, BMI）来衡量和定义儿童肥胖是有问题的。尽管如此，文献普遍认为，规律的体育活动能使人们更加长寿、拥有更高的生活质量，养成良好的体育活动习惯要从儿童时期开始。

能有机会进行主动的、开放式的户外游戏至关重要。例如，伦敦大学学院的研究（Mackett, 2004）发现，非结构化的户外游戏是儿童最好的运动方式之一。一位儿童肥胖症的权威人士在《英国医学杂志》（*British Medical Journal*）上写道，“自主游戏的机会可能是增加儿童体育活动的必备条件”（Dietz, 2001: 314）。

然而，儿童游戏的空间也非常重要。例如，弗约托夫（Fjørtoft, 2001）研究了挪威两种不同的环境对儿童游戏的影响。她将两组儿童进行了比较，一组儿童是在自然森林里游戏，另一组儿童在人造的游乐场里游戏，并且这个人造的游乐场里还拥有更多的传统设备，如秋千、滑梯、可爬的房顶、沙坑。她测量了两组儿童的动作发展和身体健康状况，发现那些在自然森林里的儿童各方面的运动能力都得到了更迅速的发展，并且两组儿童在平衡性、协调性、力量和灵敏性方面都存在显著差异。

弗约托夫认为，不断变化和高低不平的自然景观提供了更具挑战性的游戏，并且需要更多种类的运动。森林中不平坦的地形，不同高度、不同水平的障碍导致了它的不可预测性，与传统的、可以预测的游乐场相比，它为儿童提供更多的机会来突破自己的极限，让儿童在更大的范围内活动身体。

这一点很重要，因为它表明它不仅仅是户外游戏，而且可以促进更丰富、更具挑战性的游戏以及具有显著的健康益处。这对我们为儿童提供的户外环境有影响。此外，它还对儿童在野外、自然环境或森林学校参观时所遇到的不平整地形的频率产生了影响。

在目前对肥胖、体育活动和健康水平的关注氛围中，存在着一种危险——专为儿童引入的不适宜的锻炼课程。伯德特和惠特克（Burdette and Whitaker, 2005）在评论美国肥胖流行病时，表示反对这样的课程，并支持更积极的、非结构化的户外游戏，以促进身体健康和提高认知、社会性和心理健康的水平。他们认为，和“体育活动”“锻炼”或“运动”相比，“游戏”对于儿童的父母是一个更具激励性和积极意义的术语。运动是儿童生命的一部分，是能激励儿童动起来的自发的游戏和探索活动，而不仅仅是“保持健康”。

户外活动不仅对儿童的健康和幸福很重要，而且对学习的各个方面都至关重要。实际上，我们目前的健康问题可能会掩盖运动对认知的重要性。婴儿和幼儿最首要的是要学会移动。全身性的、扩张性的运动是儿童所必需的，在这一过程中他们想象、探索世界，表达他们的想法，交流他们的情感，并且主要通过运动与他人互动。然而，儿童经常被关在室内，他们大范围的运动、与环境的互动、获得感官刺激的机会受到了严重的限制。

可移动的空间是户外游戏的基本条件。空间越大，运动的范围就越广，开展跑步、翻滚、跳跃、摔跤、摇摆、攀登等活动的机会就越多。运动不仅仅是身体的发育，身体、大脑、心灵是密不可分的，运动是概念思维发展的基础（Athey, 2007）。例如，沿着滑道向下的滑动可以让人体验到方向、坡度、速度以及头向前甚至头向后的概念。在绳索上摆动，可以提供能量、力量、重力、速度、距离以及因果关系的相关体验。这些体验丰富了儿童的理解，有助于发展关键的数学和科学概念。关于运动发展的研究（Greenland, 2006）显示了具有丰富种类的运动的重要性，如倾斜、翻滚、滚动、攀爬和旋转能够发展平衡感和空间知觉。格林兰（Greenland）认为，这种经验可以刺激本体觉和前庭觉，并对将来的学习产生重大的影响。

户外活动提供了冒险和挑战的空间，儿童有机会做他们认为“可怕”的动作，例如，快速滑动、倒挂、在摇摆的木板上保持平衡、在扭曲的绳索上快速摆动或与伙伴参加鲁莽的翻滚游戏。卡利亚拉（Kalliala, 2006）借鉴了凯卢瓦（Caillois）的作品，将其称为“晕眩游戏（dizzy play）”。这个游戏颠倒了正常的身体姿势，游戏者非常喜欢在这种恐惧和控制的“边缘”游戏。这样的游戏可以让孩子们测试他们的极限（limits），突破自己的界限（boundaries），发现他们的身体在空中是什么样的，培养自信和“我能够做到”的感觉。生物学家斯宾卡、纽伯里和贝科夫（Spinka, Newberry and Bekoff, 2001）认为，冒险游戏是所有哺乳动物游戏的共同特征，并且可以作为“突发事件训练”。他们认为，游戏者故意将自己置于不利位置，这种新奇和风险增加了游戏的强度和乐趣。游戏者在控制良好和处于失控边缘的动作之间的切换使得他们认为这种游戏增加了动作的范围和多样性，并帮助游戏者在身体和情感上应对突发事件。

三、积极的冒险和“保障安全”

户外游戏的一个关键特征是，孩子们会去寻求突破界限，测试自己的极限并承担风险。户外活动为这种具有挑战性的游戏提供了丰富的潜力，无论是蹒跚学步的孩子还是一群从河岸边滚下来的5岁孩子，它都可以为其探索极限和冒险提供空间、自由和机会。

斯蒂芬森（Stephenson, 2003）认为，孩子们在游戏中寻求并享受身体上的挑战是理所当然的。她发现了一些她认为在4岁儿童的身体冒险中具有重要意义的组成部分：“尝试以前从未做过的事情，从身高或速度以及克服恐惧方面感受‘失控’的边界。”（Stephenson, 2003: 36）

因为这样的游戏会使成人非常焦虑，所以他们会让挑战性远离儿童的户外游戏环境。在这个环境中，成人会把自己害怕的事故、可能的责备、诉讼等所有潜在风险和挑战的来源消除。在这里，风险被视为“危险”的等价物，是一种需要评估、管理、控制、消除的东西。这种观点往往占据主导地位。然而，另一种关于风险的观点认为它是儿童游戏和学习的积极特征，是生活本身，也是生存和“为人”的一部分（Little, 2006; Sandseter, 2009; Tovey, 2007; Waters and Begley, 2007）。

愿意承担风险是一种重要的学习倾向（learning disposition）。德韦克（Dweck, 2000）的研究强调了她称为“掌握（mastery）”的学习方法的重要性。“掌握”是一种尝试新东西和享受挑战的性格，它与另一种名叫“无助（helpless）”的学习方法形成鲜明对比。“无助”是一种以恐惧、害怕失败为特征的学习方法。当成人反复对孩子说“当心”“小心”“不要那样做”“下来，否则你会摔倒”时，他们就有可能在通过表达自己的焦虑来塑造这种“无助”的学习态度。想要一个良好的学习倾向就需要有信心、能力，并且愿意“试一试”。户外游戏可以激励孩子们扩展自己的边界，通过冒险去探索更多的东西，培养一种把挑战看成是享受而不是恐惧的倾向。

正如斯蒂芬森（Stephenson, 2003: 41）指出的那样：“儿童在面对身体挑战方面的信心与她在其他学习环境中承担各种风险的信心，可能存在根本联系。”这对于培养自尊、自信以及学习倾向具有重要意义。

在游戏中，冒险与情绪健康、适应能力和心理健康呈正相关。与其保护儿童免受风险，接触某些风险本身似乎可以起到保护作用。克洛普和亨得利（Kloep and Hendry, 2007）利用吕特（Rutter）关于“钢铁经验（steeling experiences）”的观点，认为如果错误不是灾难性的，就可以防止未来失败的负面影响。能控制恐惧和不确定性，在处于“失控”的边缘时保持冷静，是情绪健康、适应能力良好和心理健康的重要内容。

当冒险本身是主要的维持吸引力和动力的因素时，冒险是很快乐和令人喜悦的。能同时感觉到风险和挑战、恐惧和兴奋、控制和缺乏控制，被认为是这种游戏的一个特征。无论是婴儿在被抛向空中或者向后倾斜时发生的不稳定的喜悦，还是幼儿在摇摇欲坠的平衡木上保持平衡，抑或是年龄较大的孩子在绳索的末端摇摆中表现出的快乐，都能体现这样的特征。凯卢瓦（Caillois, 2001）指出，这种游戏能引发“感官恐慌”。他认为，这种经历是形成团体情谊、友谊和社会凝聚力的重要因素。

然而，冒险并不都是积极的。儿童可能会冒一些不恰当的风险，这些风险是几近鲁莽的，可能会造成自己或他人严重受伤。在许多学习领域，儿童需要经验丰富的人的支持，这些人可以帮助他们识别、评估自己的风险，他们可以在适当的时候教给儿童安全的做事方式，同时也鼓励“可以做”的态度和积极的冒险行为。教会儿童自己评估风险，例如，在攀爬之前测试树枝的承重量，或者在划桨之前用棍子测量溪流中的水深，这些都是森林学校精神的核心部分。

在游戏英格兰（Play England）和安全游戏论坛（Play Safety Forum）这两个网站使用的文件《管理游戏风险：实施指南》（Managing Risk in Play Provision: Implementation guide）（Ball et al., 2008）中可以找到对零风险游戏方式的挑战。这份文件是为游戏行业的人撰写的，主张采用更加平衡的风险管理方法。它同时考虑到了利益和风险。它认为，风险—收益评估可以支持游戏提供者提供更具有挑战性的、令人兴奋的、有吸引力的游戏机会，同时不会让儿童面临不可接受的伤害风险。它反对人们乱使用“安全”“风险”和“危险”这些词语，因为它们在不同的环境中对不同的人意味着不同的东西，对这个孩子来说安全的东西可能对另一个孩子就是危险的。该文件有一套严格的法律审查程序，并得到了健康与安全执行委员会（Health and Safety Executive）和政府的支持。它指出了一个积极的发展方向，来应对风险规避（risk-averse）文化。近年来，风险规避文化对户外游戏造成了极大的破坏性影响，使儿童面临更大的伤害风险。

尽管具有挑战性的环境很重要，但斯蒂芬森（Stephenson, 2003）在新西兰进行的研究强调，儿童对身体挑战的渴望更多是通过幼儿教育实践工作者的态度来满足的，而不是游戏本身。例如，如果这个幼儿教育实践工作者喜欢户外运动、对身体游戏感兴趣、采取了敏感和自由的照料方法，那他会让孩子经历风险挑战，而且没有把他们置于危险的境地。[也可以参见本章中的“户外学习项目”内容以及沃勒（Waller）于 2011 年的相关研究。]

桑德希特（Sandseter, 2007, 2009）在挪威的研究也指出，当幼儿教育实践工作者认为冒险游戏是积极的和必要的时，他们愿意支持孩子们合理的冒险行为，即使这超过了他们自己对风险的承受能力。托维（Tovey）对英格兰幼儿教育实践工作者关于风险的观点调查表明，当幼儿教育实践工作者觉得能在团队中受到支持，在户外活动中有一套面对冒险、挑战的安全户外共享方法，同时也能够理解冒险的好处时，他们就会有信心提供一些蕴含风险和挑战元素的活动让儿童体验（Tovey, 2010）。

四、亲近大自然

户外游戏可以让儿童直接体验大自然。儿童不仅了解自然，还可以在大自然中学习。通过户外游戏，儿童沉浸在直接的、第一手的亲身体验中，可以了解植物和动物的生长，了解自然之美以及所有生物之间的相互关系。与自然的密切关系有助于儿童开始看到自己在自然界的位置，还能培养个人和集体的责任感。

通过在户外挖掘、种植、收获及其他活动，儿童可以直接并以有意义的方式体验生存与死亡、生长与腐烂、循环利用与保护资源的周期。自然可能是具有挑衅性的，有时也是具有挑战性的，儿童可能对最原始的自然和自然之美感兴趣。例如，死亡和生命一样具有特色，通常也是儿童着迷的源泉。

洛夫（Louv, 2006）提供了一系列证据，表明儿童是如何与自然界脱节的，甚至他认为儿童正在遭受"自然缺失症（nature deficit disorder）"。这是一个不幸的词语，但是他的目的不是要暗示医疗疾病，而是使用它来简略强调人类与自然疏远的代价，比如，感官使用的减少、注意力的不集中和更高比例的身心疾病。他提到了一些研究，这些研究表明，缺乏直接自然经验的儿童和年轻人会因为荒凉、开阔的地形而对自然景观感到恐惧，也会发现自然过程是令人厌恶的。这对我们星球的未来有着惊人的影响。正如环保活动家戴维·索贝尔（David Sobel）所说，儿童需要热爱大自然，才可能被期望去拯救它（Sobel, 1996）。

大自然的不断变化引起了儿童的兴趣，并引发了他们的好奇心。它提供了重要的第一手经验，我们知道这些经验对儿童的学习是非常重要的，它能够丰富、充实儿童的大脑。这里有可以踩水的坑，有可以卷起来的树叶，有可以攀爬的树，有可以藏起来的灌木丛，还有可以爬上爬下的河岸。天气和季节在不断变化，孩子们看到池塘在冬天是如何结冰的，在春天游满了蝌蚪，在夏天可能会完全干涸。

大自然也可以让人因熟悉而平静。在瞬息万变的世界中，大自然需要自己的时间，儿童在等待第一颗豆荚出现在它们的菜豆（runner bean）上时，或是等待蜗牛从它的壳中出现时，能够学会耐心。贝努瓦（Benoit）认为，这种缓慢的自然节奏对于培养儿童的"挫折承受力（frustration tolerance）"非常重要（引自 Jenkinson, 2001），还可以让那些难以预测其生活的孩子安心、平静下来。

大自然也为富有想象力的游戏提供了丰富的环境。作为一个复杂多样的环境，它为儿童提供了多种机会去创造不同的现实，无论是用树枝建造一个巢穴还是用倒下的圆木制造汽车。大自然提供了大量的"零件"（Nicholson, 1971，引自 Tovey, 2007），如树叶、石头、树枝、苔藓和泥土，这些可以转化为儿童想要的任何东西。环境中的附属品被赋予了新的意义，儿童与自然景观形成了动态的、互惠的关系。例如，沃勒（Waller, 2007）报告了一个山丘如何成为一座被攀登的山，一棵根枝蔓延的树如何变成"章鱼树"，一个池塘如何变成一个十八头的沼泽怪物！这些转变对于发展更抽象、象征性、富有想象力的"仿佛（as if）"思维非常重要，并有助于儿童开发出富有想象力的情节和剧本。

因此，大自然不仅是游戏的背景环境，更是游戏的本质，所以当给予选择的权利时，孩子们更喜欢在自然环境中游戏，这也就不足为奇了（Armitage, 2001，引自 Tovey, 2007 ）。

在19世纪，幼儿园的先驱福禄培尔认为，孩子们应该沉浸在大自然中，这样他们才能开始了解自然、理解自然并与自然建立饱含情感的、富有创造力的甚至拥有精神内涵的联系。通过这种方式，孩子们可以开始对自己在自然界的位置以及所有生物的相互关系有一种生态学的理解。然而，他认为仅仅接触大自然是不够的。

许多成人和儿童对待大自然就像对待空气一样：他们生活在大自然中却对它几乎一无所知。那些把所有的时间都花在户外的儿童，可能仍然没有观察到自然之美以及它们对人类心灵的影响。（Froebel，引自 Lilley, 1967: 146）

今天，由于许多儿童在室内度过了更长的时间，而且越来越与自然界脱节，因此，福禄培尔的思想以及幼儿教育的其他先驱者的思想再次体现出了重要性和紧迫性。如果儿童能够对自然产生好奇，可以看到他们的行为对周围事物的影响，并且可以深入了解自然的一小部分，那么他们就更有可能想要保护自然并帮助塑造一个可持续的未来。了解自然的最佳方式就是在成人的支持下游戏，尊重和重视自然，分享儿童对了解自然的渴望，并以有意义的方式扩展儿童的生态意识和环境责任。

相关研究

Waters, J. and Maynard, T. (2010) 'What's so interesting about outside? A study of child-initiated interaction with teachers in the natural outdoor environment', *European Early Childhood Research Journal*, 18(4): 473–483.

"仅仅在户外是不够的。"成人和儿童互动的方式对学习也是至关重要的。这是沃斯特和梅纳德（Waters and Maynard, 2010）研究项目的结论。该项目研究了外部环境中吸引儿童注意力的特定元素以及如何将这种注意力与成人分享。该研究涉及来自南威尔士（South Wales）一所市中心小学 3 个班级中的 4 ~ 7 岁儿童。当他们参观当地的郊野公园时，研究人员将注意力集中在儿童与成人互动的事件中，特别关注儿童选择与成人分享和谈论的内容。

环境中的某些特征激发了儿童的兴趣，大约 1/3 的互动是由儿童发起的。这些包括："零件"，如浆果、树枝和植物；风景的特征，如水坑、树木和山丘，以及感受到风等；野生动物，如昆虫和其他动物、熟悉的地标；还有他们称为"其他"的类别，包括幻想的元素，如精灵的家或恐龙的藏身之处。当成人用一种与儿童兴趣相符的方式做出反应和互动时，有证据表明，他们之间的对话交流是丰富而有意义的。

研究者得出结论，多样化的、灵活的、自然的空间为教育工作者提供了丰富的机会，可以为儿童在整个基础阶段课程中建立兴趣，并为儿童的认知参与以及他们的身体、健康和社会性发展提供丰富的可能性。

比尔顿（Bilton, 2012）也注意到户外活动对于成人和儿童之间持续对话交流有巨大的潜在作用。然而，在她所研究的特定环境中，大多数由成人发起的谈话都是关于平凡的家庭事务的，例如，轮流骑自行车、解决冲突或告诉儿童停止做某事。没有证据表明，这可能会扩展儿童的思维或加深理解。另一方面，儿童会找成人分享他们感兴趣的事物并展示他们所做的事情。

两项研究都揭示了户外活动中成人和儿童之间丰富认知参与的潜力，并且两者都认为成人必须抓住这些机会。他们认为，环境的物理特征以及支持其使用的所有理念和原则，将对儿童学习的机会产生强大的影响。

五、户外学习项目

户外学习项目于 2004 年 1 月启动，涉及英格兰托幼机构的儿童、工作人员、家长和学生。在成人的陪同下，儿童有机会在自然、野生的环境中游戏和学习，如森林和河岸。该项目还在进行中，目前正在庆祝实践和研究 10 周年。

［2005 年 1 月，一个类似的项目在威尔士的一所小学启动，并被纳入本书第 2 版关于户外学习的章节。沃勒（2007）、沃特斯和梅纳德（Waters and Maynard, 2010）对威尔士的这个项目进行了详细的报道和讨论。］

户外学习项目在一所州立托幼机构中进行，这个机构位于英国中部英格兰地区一个小镇的混合住宅区内。儿童（3 ~ 4 岁）以半日托（a part-time basis）的形式进入托幼机构（上午 40 个孩子，下午 40 个孩子）。学校坚持贯彻英国《早期基础阶段》的标准与要求（DfE, 2012d）。儿童通常参加一年项目后就转入当地小学的预备班（Reception class）。工作人员包括 1 名班主任、1 名班级教师，3 名婴幼儿护理和 3 名学习支持助理。一个幼儿教育实践工作者对应 10 个孩子，这是项目的基本人员配备比例。儿童被分入大约 14 个“主要小组”内。

户外学习是课程的一个组成部分。有一个大型花园区域是开放的，只要儿童加入他们的主要小组，就可以自由使用这个区域，但是学期结束后就不可以自由使用了。用于该项目的郊野公园具有“自然、野生环境”的元素。该公园围绕爱德华七世时期的水库和植物园而建，是水库大坝下方一个约 52 000 平方米的区域，包括树林、开阔的草地、沙滩上儿童专用的游乐区、一个两栖池塘和一个蝴蝶花园。无论天气如何，郊野公园的开放时间为每周一天（上午及下午）。儿童乘坐公共汽车到公园，单程花费大约 15 分钟。儿童由幼儿教育实践工作者、家长和助理陪同，成人与儿童的比例是 1 ∶ 1 或 1 ∶ 2。项目还会提前制订一个参观计划，以便每个小组（“主要小组”）的儿童都能够到达每个区域。这样可以为公园里的儿童提供水平适宜的互动和支持，同时对托幼机构的人员配置的影响最小。其他成人则收集观察、视频和照片证据。

到目前为止，这个项目开展的各年中都观察到了类似的模式。在第一次参观时，儿童跟预计的一样，倾向于与成人待在一起，花时间探索一个相对狭窄的区域。第一次参观后，儿童再次抵达时会立即分成小组，然后去公园或林地的不同地方。在熟悉室外环境后，儿童会记录下基于图像的数据，这些数据揭示了“社交空间（social spaces）”和“个人地标（individual landmarks）”（Clark and Moss, 2001, 2005, 2011）。随着参观次数的增加，儿童重新访问并命名熟悉的地方——“章鱼树”“屹耳[①]的小木屋”“森林”“世界之巅”“巨人的床（由叶子构成）”“精灵之家”“蜻蜓之家”“鳄鱼之树”“巨人之穴”。儿童常常将环境作为他们富有想象力的游戏的背景，包括恐龙或妖精等主题（参见 Waller, 2006, 2007）。虽然这些户外场所向公众开放，但在许多情况下，特别是在冬季，没有其他游客同时进入，就可以让儿童完全享有自由的空间。

最初，项目以问卷、观察、录像和照片的形式收集了大量定性、定量的信息，并对儿童的“参与程度（involment levels）”（Laevers, 1994）进行了评估。表 8.1 显示了儿童一个学年内在托幼机构和郊野公园的参与程度比较，并报告了 10 年内所有数据的平均值。在学校里，研究人员会定期观察每个孩子，每半个学期就会对孩子的参与程度做出评估。这些程度设定是基于拉弗斯（Laevers, 1994）设计的五点量表（有关参与程度的更多信息请参见第十一章）。虽然可以预期的是，随着孩子们进入托幼机构的时间变长，他们的参与程度从当年秋季到次年夏季会有所增加，但数据显示，在郊野公园的参与程度一直较高。对于个别孩子（特别是几个男孩）而言，他们在公园里的参与程度要高得更多。

表 8.1　户外学习项目前 10 年儿童的平均参与程度

托幼机构的学习时间与场地	参与程度
秋季学期	3.28（n=82）
春季学期	3.41（n=83.33）
夏季学期	3.79（n=83.41）
郊野公园	4.41（n=82.44）

注：平均参与分数，使用 1994 年拉弗斯量表。

户外学习项目的研究借鉴了克拉克和莫斯（Clark and Moss, 2001, 2005, 2011）所描述的马赛克方法（Mosaic approach）来倾听儿童的声音。该方法既使用了观察儿童游戏的传统工具，也使用了儿童的各种“参与式工具”，包括拍摄照片、制作书籍、户外游览和制作地图。马赛克方法能够让儿童创作出他们生活的生动画面（Clark and Moss, 2005: 13）。此外，马赛克方法的另一部分内容是让成人参与到收集信息的过程中，而不是只有儿童的观点（有关进一步的讨论请参见 Waller and Bitou, 2011）。

到目前为止，户外学习项目已经发布了大量关于儿童对户外环境的观点信息，包括他们喜欢的地方和他们与朋友一起游戏的地方。沃勒等人（Waller et al., 2004）报道了该项目的初步结果。这些结果的一个特点是，该项目促进了人们对儿童创造自己的学习环境的益处的高度反思。因此，这个项目变得更加注重激发儿童的观点。它还进一步发表了关于方法论、伦理学（Waller, 2005a, 2005b）以及关于儿童的地理素养（geographical literacy）方面（Waller, 2005c）的更多文章。此外，沃勒（2006）、沃勒与比托（Waller and Bitou, 2011）的研究对参与式研究方法进行了批判性讨论。沃勒（2007）对有关户外体验的儿童叙事的构建和发展进行了讨论。沃勒（2010a）利用性别理论来思考共享叙事和与叙

---

① 屹耳，英文名 Eeyore，是动画《小熊维尼和蜂蜜树》（*Winnie the Pooh and the Honey Tree*）中的角色，它是一头灰色小毛驴。

事有关的基于图像的数据（由儿童和成人记录）是如何反映和支持户外空间的性别建构的。

案例研究 8.1

> **阿尔菲（Alfie）的小木屋——场景 1**
>
> 托幼机构（3～4 岁）的孩子们经常参观森林，并讨论了建造小木屋的可能性。在一次参观中，一位成人说，在森林深处有一堆树枝，可以很容易地用来建造小木屋。因此，这个小木屋是由孩子们收集树枝并将它们传递给成人建造的，成人将这些树枝放置在适当位置，以建造传统“帐篷”形状的木屋。然后，孩子们围绕“屹耳的小木屋”主题编造了一个故事，并在之后的参观中回到了小木屋。然而，由于学校放假，小木屋被拆除了。看到被拆除的小木屋，一些孩子变得非常沮丧。于是他们又以同样的方式匆匆建造了小木屋，孩子们回到了他们以前的游戏模式。
>
> **阿尔菲的小木屋——场景 2**
>
> 第二年，托幼机构招收了一群新的孩子。阿尔菲去过几次森林，回到学校后，他和幼儿教育实践工作者讨论了他想建一间小木屋的愿望。他们鼓励他完善自己的想法，并帮他列了一张清单，上面列着他可能需要随身携带的工具和设备，以便建造这个小木屋。阿尔菲在学校里把他的装备装在一个帆布背包里，以便在下次去公园的时候随身携带。夏天刚刚开始，当地已经干燥了几个星期，因此地面非常坚硬。阿尔菲得到了几个孩子的帮助，一起去寻找小木屋的位置。在树林中找到了一个他们认为合适的位置后，孩子们（通常是由阿尔菲指挥）开始建造一个小木屋。他们将木棍插在地上，并用绳子把它们连在一起。然而，地面太硬了，棍子不能插入土里，用锤子也无法把它们固定在合适的位置。阿尔菲问幼儿教育实践工作者该怎么做，然后他们试着用锤子敲打地面。幼儿教育实践工作者问他是不是想让地面变得更软，以便他将棍子插进去，然后建议他想想还有什么东西可以让地面变得更软。然后，阿尔菲拿起水瓶，把水倒进坑里，完成了小木屋的建造。

案例分析 8.1

> 这两个场景都涉及小木屋的建造，尽管第一个场景成人指导更多并且看起来像一个传统的小木屋。
>
> · 在这两个场景中，成人扮演的不同角色是什么？
>
> · 成人应该给孩子多少帮助？
>
> · 如果阿尔菲的建筑没有小木屋的外观，这有关系吗？

（一）父母的观点

除了儿童和成人的大量教育记录外，户外学习项目还会定期与家长和幼儿教育实践工作者进行专题讨论，以征求他们对户外学习项目的益处和局限性的看法。最初，幼儿园的工作人员不愿让家长参与郊野公园的参观活动，因为他们觉得父母可能会阻止孩子爬树、冒险和浑身泥泞。然而，在 2007 年，根据儿童家庭学习的理念，他们决定鼓励父母和祖父母参加户外学习项目（Athey, 2007）。2010 年与家长一起组成的专题小组展示了儿童、家长、幼儿教育实践工作者关系的潜力和力量。

以下评论说明了户外学习项目是如何对一些家长关于户外空间的看法产生积极影响的。

我认为这会增加对环境和自身的信心。（爸爸 G2）

第一次来的时候，我告诉女儿不要弄脏东西、不要爬树。然后我意识到这些东西对她有好处，我

不让她在公园里自由游戏是错的……毕竟这只需要洗衣服而已。（妈妈 S17）

这也是我的一次学习经历。（妈妈 F34）

后来小组讨论转向孩子们上小学（4 ~ 11 岁）时会发生什么。

上小学是一个令人担心的问题，因为小学有更大的风险。一旦他们到学校去学习，他们就不能在他们想要玩的时候玩。例如，校园周围有一片小树林，孩子们却不允许在那里玩耍，因为“它太脏了”。（爸爸 E19）

他们在托幼机构获得了这种奇妙的体验，然后在他们上学时就停止了。我的大女儿花了很长时间才解决这个问题，因为她一直想去户外，但孩子们不被允许……我确实想把我的儿子送到另一所［小学］……但这很愚蠢，因为我们就住在这个学校的隔壁！（妈妈 D26）

以上评论是该项目中家长对户外学习项目的观点以及这些观点是如何通过实践转变的一个例子。2012 年 9 月，家长们说服新的小学校长在课程中加入更多户外学习的内容，并让所有孩子定期进行户外活动。因此，户外学习项目已经证明了在明确的教学方法中家长与专业人员一起参与的价值。

如果幼儿教师记录了他们是如何与家长解释和分享专业理念的话，那么他们就可以在形成自己的幼儿教育学方面取得革命性的进展。（Athey, 2007: 206）

（二）幼儿教育实践工作者的观点

在户外学习项目实施的前十年，人员配备极为一致，并且幼儿教育实践工作者始终保持不变（这是英格兰幼儿教育职业化的一个特点，参见 Hadfield et al., 2012）。整个项目期间都有固定的工作人员组成的专题小组。当要求反思户外学习项目的影响时，工作人员会定期报告以下内容。

- 更多和孩子相处的时间。
- 沟通是不间断的。
- 反应时间。
- 孩子们等待成人的反应。
- 员工信心的增加（在户外空间）。
- 孩子们更多地待在托幼机构外面。
- 记录信息的增加。
- 成人 / 员工的快乐。

例如，在教育方法方面，员工们评论道：

我们在放手的时候感到更加放松，并且不再进行固定的活动……转而更加关注儿童的想法。我们的计划方式发生了改变——更加灵活。（幼儿教育实践工作者 B）

对孩子学习的整体态度发生了变化：我们开始相信我们可以跟随孩子们一起学习……我们改变了实践和计划。员工们获得了专业知识并变得更加自信。由于有了对个体的关注，孩子们更有信心去沟通。

（幼儿教育实践工作者 F）

我们现在拥有更自然的户外区域——可以有更多的想象力和创造力。（幼儿教育实践工作者 A）

（资料来源：2009 年 5 月的焦点小组访谈，参见沃勒 2007 年和 2010 年对教育和户外学习项目的更广泛讨论。）

然而，在 2012 年，由于破坏性风暴对茂密林地造成的影响以及当地政府增加的资助，公园管理员对郊野公园的环境做出了重大改变。这里曾经是一个“野生”的自然区域，许多年来户外学习项目的儿童在这里已经开发了一系列有趣的以特定的树木和建造的洞穴等为基础的故事，现在却被转变成一个“游乐区”，那里安装了大型滑梯和其他游乐设备，是户外学习项目中成人“支配”的空间。

在 2012 年 6 月的一个专题小组会议上，工作人员对这一变化的意见如下。

最近郊野公园本身发生了变化——新的游乐园已经成为焦点……孩子们失去了探索和解决问题的机会。（幼儿教育实践工作者 R）

当环境［郊野公园］发生变化时，我们对参观变得不那么热情了，因为孩子们并不能进行那么富有想象力的游戏了。（幼儿教育实践工作者 E）

自然区域是孩子们进行富有想象力和创造力游戏的最佳场所。（幼儿教育实践工作者 T）

因此，在 2013 年，工作人员对郊野公园户外环境变化的影响感到担忧，决定在未来将户外学习项目重新安置在幼儿园和当地小学附近的一小片林地和田地里。随着项目的继续，记录和反思户外学习项目的位置变化的影响将是非常有趣的。

在过去 10 年中，户外学习项目在马赛克方法（Clark and Moss, 2001, 2005, 2011）和学习故事（Leaning Stories）（Carr, 2001）的基础上，发展了在教育环境中激发 3 岁和 4 岁儿童的观点的方法和工具。首先，该模型表明，儿童在该环境中对环境和经历的看法至关重要；其次，这些看法可以对实践产生改变。来自户外学习项目的证据还表明，当儿童拥有适当的户外环境时，有显著的益处。这是因为户外环境为儿童文化提供了空间、时间和地点（Corsaro, 2011; Fjørtoft, 2004; Waller, 2006）。儿童为该项目收集的基于图像的数据揭示了一系列有趣的“社交空间”和“个人地标”（Clark and Moss, 2001）。此外，随着幼儿教育实践工作者和儿童对户外环境信心的增强，与儿童长时间的谈话以及“持续性共享思维”（Siraj-Blatchford, 2004）的机会也会增加。因此，户外学习项目发现（Burke, 2005; Clark, 2004），使用参与式工具的过程增加了成人对儿童生活的理解（Waller, 2007）。

这个正在进行的项目有助于丰富我们对参与式方法的可能性以及儿童空间、学前教育学和研究之间相互关系的理解。它也开始证明户外学习对成人和儿童都有显著的益处。总体而言，该项目前 4 年的主要目标已经实现——为儿童提供与自然环境定期的互动并发展他们独立学习的方式和性格的机会。另一个益处是提高了员工和学生对户外学习环境潜力的认识，尤其是通过相互反思和合作探究来建构知识。

本章小结

本章概述了当前有关儿童在户外空间游戏和学习的文献。根据一个正在进行的项目和文献中的证据，它试图证明户外学习对成人和儿童有显著的益处。特别是由于风险焦虑和“恐惧文化”（Furedi, 2002），户外游戏的机会受到了限制。这与一种更加积极的观点形成对比。这种观点承认户外游戏对于亲近大自然、运动、健康、幸福和冒险具有重大益处。有人认为，所有儿童都需要在户外定期进行体育活动，他们的活动水平也直接影响自身的身心健康。这包括让儿童在户外游戏中承担可接受风险的机会。因此，本章的观点（Gill, 2012; Tovey, 2007; Waters and Begley, 2007）是，创设无风险的环境实际上是危险的，并且对儿童有抑制作用，因为儿童没有机会在游戏中发展和展示其能力与信心。因此，对幼儿教育实践工作者进行培训具有重大意义，他们也需要建立对户外空间的信心，以鼓励儿童在他们游戏时从积极冒险的经历中受益。

成人对户外游戏态度十分重要，是决定儿童能否参与户外游戏的主要因素之一。户外学习项目的经验（如上所述）表明，幼儿教育实践工作者应该认识到户外学习的巨大潜力，除了在校园内创造户外游戏的机会外，他们还应该考虑让儿童定期体验野生的自然环境。在这两种情况下，幼儿教育实践工作者对共享建构式学习（shared constructive learning）的态度和倾向是关键因素（Waller, 2007）。因此，户外环境被视为一个提供了各种独特的机会和体验冒险游戏与学习可能的地方。

反思与讨论

1. 成人（家长和幼儿教育实践工作者）给予儿童定期户外体验的机会有多重要?
2. 户外空间和室内游戏、学习有什么区别?
3. 为什么森林学校在英国部分地区如此受欢迎? 是否所有儿童都有机会体验森林学校?
4. 儿童和成人在“野生”自然环境中经常获得的经验是什么?
5. 在您的环境中，或者您熟悉的环境中，是否有机会让儿童在游戏中冒险? 是否经常有让他们感到快乐而害怕的游戏机会? 如果没有，为什么会这样?

推荐阅读

1. Casey, T. (2007) *Environments for Outdoor Play: A Practical Guide for Making Space for Children*. London: Paul Chapman.

2. *Education. 3–13* (2007) 35(4). Special Issue on Outdoor Play and Learning, November.

3. Knight, S. (2010) *Risk and Adventure in Early Years Outdoor Play*. London: Sage.

4. Lindon, J. (2011) *Too Safe for Their Own Good？ Helping Children Learn about Risk and Life Skills*. London: National Early Years Network/NCB.

5. Tovey, H. (2007) *Playing Outdoors, Space and Places, Risk and Challenge.* Maidenhead: Open University Press.

6. White, J. (ed.) (2011) *Outdoor Provision in the Early Years*. London: Sage.

第九章

儿童与媒介

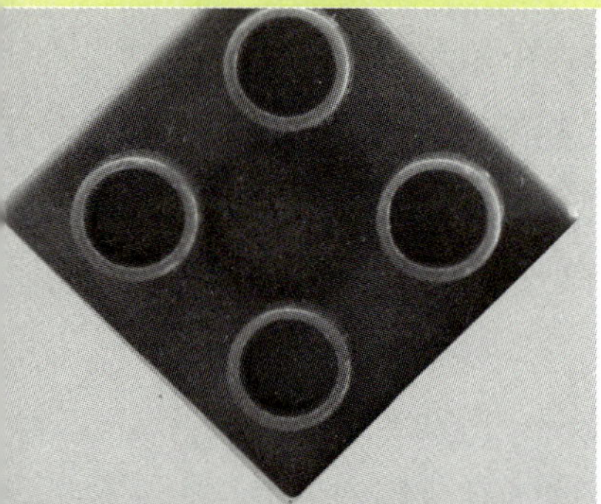

简·奥康纳（Jane O’Connor）

主要目标

- 概述关于儿童使用媒介技术的两极分化的争论。
- 关注儿童对媒介的“消费”问题——聚焦电视。
- 探索儿童对媒介产品的使用——聚焦电脑游戏和互联网。
- 反思儿童的媒介制作以及可能带来的学习机会。
- 思考媒介对儿童幸福和发展的影响。

一、引言

20世纪和21世纪，从广播和电视开始，新媒介技术爆炸式增长，最近又发展到了互联网、电子游戏、数字设备和平板电脑，这已经改变了我们学习、游戏、消费和互动的方式。在学术争论和公众的争论中，关于媒介技术对儿童有害还是给予了儿童更多自主权的问题是两极分化的，其中幼儿（young children）是一个特别关注的焦点。有人认为使用社交媒介、访问互联网、玩电脑游戏等方面的教育和社会效益是前所未有的，儿童应该从一开始就接触这些媒介，并贯穿他们的学习生涯。传统的保护主义反对这种观点，他们担心儿童使用新技术是有害的，特别是基于屏幕的数字媒介，因为它剥夺了儿童适当的社会互动和户外游戏的机会。

本章将通过讨论儿童和媒介的以下三个关键领域的研究和理论来探讨这一争议：儿童对媒介产品的消费、对媒介和数字技术的使用以及对媒介产品的积极制作。

二、儿童的媒介消费

长期以来，人们一直担心儿童（尤其是幼儿）因为接触不合适的材料和故事而受到伤害，无法分辨幻想和现实之间的差别。例如，下面引用的古希腊哲学家柏拉图在3000年前的话。

> 第一步总是最重要的，尤其是当我们面对那些幼小、温和的人时。在那个时候，他们很容易被塑造，我们选择给他们留下的任何印象都会留下永久的印记……然后，我们的第一件事似乎就是监督故事的制作，只选择我们认为合适的，拒绝其余的。我们会说服母亲和护士把我们所选择的故事讲给他们的孩子听，并通过它们来塑造比他们的身体更为重要的思想和品格。今天流行的大部分故事，我们必须拒绝……我们也不能允许战争的故事和神之间的阴谋与斗争的故事……孩子不能区分什么是寓言，什么不是，在那个年龄形成的观点通常难以被消除或改变。因此，我们应该坚信，他们所听到的第一个故事的目的是鼓励最高尚的品格，这是最重要的。（Plato, *The Republic*, 2007: 69−70）

这些年来，随着媒介形式的多样化和扩展，尤其是在20世纪，电影、广播和电视的出现，以及后来的互联网和数字技术的出现，人们对儿童的道德品质以及身心发展的担忧与日俱增。令人担忧的不仅是儿童所使用的媒介的形式和内容，还有他们在屏幕前花费的大量时间，无论是在看电视、玩电脑游戏还是上网。美国最近的一份报告发现，6 ~ 11岁儿童平均每周花28小时看电视、DVD或玩电脑游戏，而对于2 ~ 5岁的学前儿童来说，这一时间增加到32.5小时，因为他们在家里的时间更多（Kaiser Foundation, 2010）。另一项针对12个国家的1.5万名6 ~ 17岁儿童的研究发现，欧洲的儿童每天看电视的时间大约为2小时，而英国的儿童每天观看电视的时间多达5小时（Livingstone and Bovill, 2001）。

各种研究都强调了儿童看电视的潜在负面影响。例如，帕加尼等人（Pagani et al., 2010）在一项对1 300名儿童的研究中发现，那些在幼儿时期看电视最多的儿童在学校表现更差，并且会吃更多的垃圾食品。另一项美国的研究发现，儿童的注意缺陷多动障碍（ADHD）的程度会随着看电视时间的增加而加深（Christakis et al., 2004）。由于这些研究结果，澳大利亚和美国通过了一个指导方针，建议家长将 2 岁以下儿童每天看电视的时间限制在 2 小时以内。然而，尽管英国著名心理学家埃里克·西格曼（Aric Sigman）博士在 2007 年向政府提交了周密的指导方针，但英国至今还没有类似的建议。西格曼认为 3 岁以下的儿童不应该看电视，3 ~ 7 岁儿童每天看电视的时间不应超过 30 分钟或 60 分钟。然而，随着越来越多的儿童在卧室里也拥有电视和油管（YouTube）等互联网视频流（internet video streaming），一旦过了幼儿期，成人对他们观看电视的控制就变得越来越困难。

如上所述，人们一直担心看电视对儿童健康的潜在影响，其中一个关键方面是与暴力行为有关。人们担心观看暴力节目会导致儿童在现实生活中表现得更加残忍，由此出现了许多研究。这些研究试图确立儿童在屏幕上观看暴力节目和攻击性行为表现之间的明确因果关系。阿尔伯特·班杜拉（Albert Bandura）在本章的“相关研究”中所描述的著名的波波玩偶（Bobo doll）实验（Bandura et al., 1961）为许多心理学研究开创了先例。它们曾试图找到这个问题的明确答案，但失败了。

尼尔·波兹曼（Neil Postman）也对看电视给儿童带来的负面影响以及广义的童年概念表示担忧。在他的《童年的消逝》（*The Disappearance of Childhood*, 1995）一书中，他认为，读写学习是童年和成人世界之间的一个障碍，因为儿童必须先了解如何阅读才能找到成人的话题，如性和暴力。然而，他认为视觉媒介，特别是电视，是所有人都能接触到的，只需通过观看屏幕就可以让成人世界的所有秘密向儿童开放，这样就会消除童年和成年之间的界限。出于这个原因，波兹曼指责电视会导致“童年的消逝”。他还声称即使是专为幼儿设计的电视，也妨碍了正规教育的作用，并为幼儿创造了一种必须娱乐的期望。例如，他在许多层面批评了美国学前节目《芝麻街》（*Sesame Street*），它免除了父母教育孩子阅读的责任，并消除了他们让幼儿长时间看电视的内疚感。

> 父母们出于几个原因支持了《芝麻街》，其中包括减轻了他们对自己不能或不愿限制孩子看电视而产生的内疚感。《芝麻街》会允许一个 4 岁或 5 岁孩子在电视屏幕前呆呆坐上一段不合理的时间。父母们热切希望电视可以教给他们的孩子一些其他的东西，而不是哪种早餐麦片最脆。与此同时，《芝麻街》让他们免除了教育学前儿童如何阅读的责任——在这种文化中，孩子们很容易被看作一个麻烦……我们现在知道《芝麻街》鼓励孩子们热爱学校，但前提是学校就像《芝麻街》一样。也就是说，我们现在知道《芝麻街》破坏了传统的学校教育理念。（Postman, 1985: 142）

然而，值得注意的是，也有大规模的研究发现《芝麻街》是一个有效的教育者，特别是对社会弱势儿童而言（参见 Mares and Pan, 2013）。

最近的一些研究则转向了文化研究，并认识到儿童是从电视中创造意义的积极参与者，他们通过不同的方式与电视互动。而这取决于他们自己的经历和他们正在观看的内容。这种观点的主要支持者是戴维·白金汉（David Buckingham, 1996, 2008），他认为儿童不是电视的被动消费者，他们以不同的方式与媒介互动，更重要的是，他们可以通过谈论电视节目，与同伴群体建立联系并建构他们自己的身份。白金汉的研究关注儿童如何将不同理解和主体立场带入媒介文本中，并使用年龄、种族、性别、社会阶层、个人经历等不同方式去解读他们。所以，正如白金汉所说：

> 电影或电视节目的可怕程度将取决于儿童是如何看待和解释它的，也取决于他们观看并随后与他

人讨论的社会环境。(1996: 136)

也就是说，独自在卧室里关灯看恐怖电影可能与在一个较轻松安全的环境中和兄弟姐妹、父母或朋友一起观看有完全不同的体验。显然，父母干预或国家监管观看电视不只是试图控制儿童观看的内容。这方面的一个例子是英国电视台坚持的晚上 9 点的“分水岭(watershed)”，即在晚上 9 点之后播出恐怖或成人内容，尽管这显然越来越无关紧要，因为现在有越来越多的机会让观众自己选择观看节目的时间。

即便所有研究认为儿童观看电视有负面影响，但还是要注意到，也有证据表明电视可以促进学习，即使对幼儿也是如此。例如，一项研究测试了观看电视的经历是否能帮助 6 ~ 24 个月大的婴幼儿学习，发现观看某些电视的经历似乎有助于他们模仿，但在单词学习方面并没有帮助(Krcmar, 2011)。一项类似的研究发现，一组幼儿在看了一个月的《小小爱因斯坦》(*Baby Einstein*) DVD 后，他们能够理解的单词比没有看视频的对照组更多(Vandewater, 2011)。

研究人员还试图确定广告对儿童的影响(如玩具广告中的性别刻板印象)，但他们对此几乎没有达成一致意见(Gunter et al., 2005)。大家一致同意的是，即使是非常年幼的孩子，也会接触到大量的广告，随着童年的日益商业化，其中许多产品与电影、电视节目、玩具、衣服等有多种联系。由于儿童通过媒介消费流行文化，因此现在对儿童的营销是一项重要的业务(Henry and Borzekowski, 2011)。

三、儿童的媒介使用

近年来，对儿童看电视的关注多少被对儿童使用媒介技术的关注所取代，特别是互联网和电脑游戏 / 游戏机。正如赖德奥特等人(Rideout et al., 2003)在美国对 1 000 多名 6 个月至 6 岁儿童的父母进行的研究中得出的如下结论。

这项研究记录了美国社会中一种潜在的革命性现象：我们最小的孩子，从几个月到几岁，都沉浸在电子和互动媒介的世界里。接触媒介的这种程度对儿童发展的影响尚不清楚，但有一件事是确定的：这是一个需要家长、教育工作者、研究人员和健康专业人员立即关注的问题。(2003: 12)

在英国，也有对此类问题的回应，《拜伦评论》(Byron Review, 2008)是一项针对儿童玩电脑游戏和使用互联网的潜在负面结果的政府研究。该评论提出了一系列保护儿童安全的建议，包括计算机的安全搜索设置和家长控制以及电子游戏的分类系统。然而，这其中隐含的假设是所有成人都要参与、有能力和有动力来规范儿童使用这种媒介。这可以被视为评论的一个缺陷。它也未能认识到代际“数字鸿沟”，与父母 / 照顾者甚至是老师相比，儿童对数字技术往往更加熟练，并且懂得更多关于数字技术的知识。

另一个回应是建议学校教会儿童安全地使用数字技术，就像教会他们交通安全一样。这是为了让他们有能力以一种知情的方式与数字世界沟通和协商，并意识到做出选择来保护他们自身免受危险。

这些问题很重要，特别是我们要考虑，在英国和全世界有大量且数量不断增长的儿童可以访问并经常使用互联网。根据英国通信管理局（Ofcom）的报告（2010），在英国，5 ~ 7 岁不使用互联网的儿童比例仅为 1/4（25%），8 ~ 11 岁儿童中大约为 1/15（7%），12 ~ 15 岁儿童中为 1% 这样很小的比例。

除了关注儿童发展和对“不安全”网站的浏览之外，随着越来越多的儿童参与到社交媒介并拥有个人电子通信设备，围绕网络欺凌和恋童癖“跟踪者”的问题也被认为特别难以控制（Whitaker and Bushman, 2009）。迄今为止，绝大多数关于儿童使用互联网和网络技术的研究都是针对青少年进行的，留下了许多关于幼儿使用和访问网络的未能解答的问题，特别是在家庭环境中。然而，以学校为基础的互联网成为幼儿教育的资源这一点得到了更好的证明。研究表明，许多学校利用互联网，以越来越富有想象力的方式吸引儿童学习并激发他们的创造力和解决问题的能力（Hill, 2010）。

关于年幼的儿童，对 3 ~ 4 岁儿童使用数字技术的研究强调了通信和娱乐技术变化对儿童学习、身份建构和互动的影响（Marsh, 2005; Plowmanet al., 2010）。人们还注意到幼儿使用技术的方式已经渗入家庭生活中，并受父母对屏幕媒介的态度和熟悉程度影响（Plowman et al., 2010）。从本质上讲，一个家庭在家中越多使用数字技术，幼儿就会越熟悉它，并且他们自己就会越熟练地使用它。列米什（Lemish, 2008）将童年时期儿童对媒介的使用概念化为类似于“媒介游乐场（mediated playgroud）”，媒介成为他们视为理所当然的日常环境中的一部分。正如她解释的那样，即使是在一个非常稚嫩的年纪：

> 他们坐在妈妈的大腿上看电脑，在深夜节目中和爸爸一起在沙发上睡着，玩着姐姐手机的密码。媒介对他们来说就像日常生活环境的其他特征一样自然。它们在那里被探索和享受。它们是幼儿生存和成长的一部分。（Lemish, 2008: 153）

她意识到，幼儿使用媒介不仅与语言、沟通和社交技能的正常发展有关，还与他们的运动和身体发育有关，所以她也强调了媒介游乐场带来的好处。她解释了大多数父母如何赋予孩子尽早开始使用计算机的权利，以及计算机体验的互动性如何吸引父母和教育者。一个针对 4 ~ 6 岁儿童的有趣的实验发现，当鼠标的控制权掌握在成人手中而不是儿童自己手中的时候，儿童就不那么专心，也不那么喜欢计算机（Calvert et al., 2005）。这表明比起被动接受信息，儿童在积极参与学习任务中受益更多。

在玩电脑游戏方面，研究和公众舆论也存在分歧。吉（Gee, 2005, 2008）长期以来一直提倡某些类型的电子游戏可以带来学习机会。例如，像科乐美（Konami）研发的《游戏王》（*Yu-Gi-Oh*）①这样的游戏，这是一款 7 岁的孩子就能玩的电子卡牌游戏。它涉及年龄较大的孩子的复杂语言、词汇和思维技能。玩电子游戏如《神话时代》（*Age of Mythology*）②也可以补充课堂学习的内容和增进对主题的了解与喜欢。他声称：

---

①《游戏王》是一种由科乐美研发的卡牌游戏，它是吉尼斯世界纪录认证的全世界销量最高的集换式卡牌游戏，是一种使用游戏王卡片进行对战的卡牌类益智游戏。

②《神话时代》是一款即时战略游戏，以古代神话作为游戏的背景，选择了人类历史上著名的埃及、希腊、北欧三个文明。

良好的电子游戏……激励我们真正地将认知、语言、读写能力、情感和社会互动融入我们的学习观念和学校内外的学习组织中。（Gee, 2005: 6）

然而，许多含有暴力内容的电子游戏是一些人争论的焦点，他们认为应该限制儿童（尤其是幼儿）访问那些可能会损害其社交和心理健康的电子游戏。例如，弗莱明（Fleming, 2008）关注儿童寻求有意义的世界的表现方式。他认为，如果幼儿通过电子游戏看到的图像和生物是可怕的创造物，那么这肯定会给他们对房屋之外的生活的理解和期望带来负面影响。有人提出了更极端的论点，认为天真的儿童可能因接触电子暴力游戏而受到不可弥补的伤害，并且新闻界也对儿童犯下的极端罪行与电子游戏进行了联系。例如，1999 年哥伦拜恩高中（Columbine High School）校园枪击事件的青少年肇事者沉迷于电子暴力游戏《毁灭战士》（*Doom*）①，并且备受争议的《侠盗猎车手》（*Grand Theft Auto*）②系列游戏一直受到许多人的关注，因为它明显支持和妓女发生性关系、袭击警察和偷车（Kutner and Olson, 2008）。对儿童玩暴力电子游戏的未知后果的担忧可以概括如下。

在儿童只是屏幕暴力的“被动接受者”之前，他们通过电子游戏按下按钮、点击鼠标，然后扣动扳机开始杀戮。（Grossman and Degaetano, 1999: 3）

关于这个问题的研究结果尚不清楚，一些人声称已经发现了对正常游戏玩家的负面影响，而另一些人则没有发现，甚至声称已经发现了一些积极的影响（Critcher, 2008）。总体而言，“影响”似乎还是一种假设，没有得到证实，因此很难明确说明是否应该对儿童购买和使用的游戏制定更严格的规定。目前在英国和其他许多国家，电脑游戏都有年龄分级，但有多少父母、朋友和兄弟姐妹允许幼儿玩这种游戏还是未知。

帕尔默（Palmer, 2006）认为，玩电子游戏对儿童的健康有害，因为它会让儿童减少在“真实”世界和自然环境中游戏的机会。这种“替代”的论点也被一些人使用，他们声称玩电脑游戏取代了成人和儿童频繁的社交互动，而这种互动对儿童的健康发展非常重要（Vandewater et al., 2006）。日本的“蛰居族（hikikomori）”现象就是一个极端的例子，据说这个国家的大量年轻人（主要是男孩）像虚拟囚犯一样待在他们自己的房间里，除了通过电脑屏幕和完全依赖支持他们隐士一样存在的家庭带给他们食物外，他们无法与现实世界交流（Furlong, 2008）。然而，“蛰居族”是一个复杂的现象，它与许多社会问题有关，如学业成绩压力和校园欺凌，而不仅仅是过度使用电子游戏和互联网。

在关于儿童使用媒介的辩论中，最重要的信息似乎是父母的指导、监管和调解。正如列米什（Lemish, 2008: 164）所言：“在任何游乐场上，小孩子都不应该无人照看，更不用说像媒介那样丰富和广阔的世界了。”

然而，即使是非常年幼的孩子也变得越来越“精通媒介”，而且随着个人触摸屏设备和手机的兴起，对越来越极端的游戏和网站的访问变得越来越容易，“数字鸿沟”在各代人之间继续深化。家长的指导可能不足以长期解决本节中提出的问题。

---

① 《毁灭战士》是 Id Software 出口的一款 3D 射击游戏。

② 《侠盗猎车手》是由 Rockstar Games 开发的以犯罪为主题的世界著名游戏，别名有《侠盗飞车》《横行霸道》等。

四、儿童的媒介制作

由于数码相机、录像机、触摸屏和网络摄像头等数字技术的易获得性，即使是很小的孩子也有可能成为媒介制作人，这点已经被人们认识到（Burnett, 2010）。在当今社会，读写能力也包括培养对电子文学以及传统印刷文本的理解和熟悉（Hill, 2010）。儿童经常需要积极参与一些基于媒介的学习和社交活动，例如，发短信、发送电子邮件、拍摄电影和参与社交媒介。许多儿童现在也在使用易信（Textease）和光辉（Dazzle）等软件来创建自己的网站。这样无论是在学校还是在家里，他们都有更多的机会进行交往和学习。

沃勒（Waller, 2007）主持的户外学习项目是该领域的一项重要研究。通过该项目，3 ~ 11 岁儿童有机会在野外环境中游戏和学习，并使用视频和照片记录他们的经历，与成人共同构建学习故事。儿童还会将数字图像和学习故事带回家，与家人一起分享。当儿童再次参观并命名这些熟悉的地方时，他们会讨论他们的共同经历并不断地深入下去，这反过来形成了课堂讨论和活动的基础。户外学习项目的设计基于马赛克方法，该方法使用了观察儿童游戏的传统工具和与儿童相关的各种“参与工具”。正如马赛克方法的创始人克拉克和莫斯（Clark and Moss）解释的，“马赛克方法让儿童能够创造他们生活的生动画面”（2001: 13）。参与该项目的成人和儿童都认为这些活动是有用和有趣的，这也为这样的一个概念提供了支持：只要有合适的机会，即使是非常年幼的孩子也能够成为媒介文本创建的积极参与者。正如沃勒所指出的，“由儿童控制和使用数字技术的作用在共享知识的具体化 / 合法化中似乎具有重要意义”（2007: 197）。这表明，在成人和儿童之间更广泛地共同构建知识和深入理解儿童如何整合新经验，并将他们的想法传达给他人的过程中，儿童的媒介制作发挥了重要的作用（见第八章）。

尼克松和库默（Nixon and Comber, 2005）还研究了澳大利亚南部 2 所小学中儿童与教师合作制作的视频。该项目涉及编写剧本和制作叙事电影。这些剧本以儿童的日常生活为基础，并又回归其日常生活。这些电影被公开放映，并得到一些观众的反馈。还有一个项目的证据表明，在托儿所引入各种动态教育影像，如果获得适当的资源和支持，即使是 3 岁或 4 岁的孩子也能够开发数字动画电影（Marsh, 2006）。

在读写能力方面，学校教学所使用的传统阅读与写作方式（主要是通过纸质文本）和多种新的社交方式中所嵌入的读写方式（如短信和电子邮件）之间的距离加大似乎越来越引起关注。有人认为，为了让儿童在当今以媒介为主导的社会中能够充分进行读写，我们必须扩大对读写能力的定义并改变教学方式，努力使儿童在正规的读写能力练习中实现不同数字通信的合法化。

有一项涉及 9 岁和 10 岁儿童的有趣研究，其中儿童被要求给研究人员发送电子邮件，讲述他们自己虚构的一个当地的神话。这最终产生了以儿童的屏幕写作为特色的网页（Merchant, 2005）。电子邮件的非正式风格和语言证明了正式的“学校”写作和使用数字通信写作之间的差异，这表明学校在通信技术、读写能力和社会互动之间建立联系以恰当反映儿童的能力，变得越来越重要。正如麦钱特（Merchant, 2005: 59）所说：“新技术和新写作将继续存在，而忽视这一事实的课程是一门不完善的课程。”

另一项研究把小学生制作的幻灯片作为邮件交流项目（email communication project）的最终小组合作活动（Burnett et al., 2006）。研究人员发现，儿童创造了“多模式”文本，他们在其中使用各种视觉元素，包括他们自己的图画和照片、互联网上的照片和图像、他们自己选择和编辑的卡通画和剪贴画。儿童报告称，由于参与了这个项目，他们对新技术更加自信，并学会了“如何更好地使用计算机”（Burnett et al., 2006: 25）。研究人员还发现该项目的电子邮件阶段对儿童有积极的好处，并指出：

> 使用电子邮件，通过提供真实和反应灵敏的观众，不仅可以鼓励儿童进行交流，而且积极地让他们参与到一种交流模式的使用和探索中。其中，信息交流、娱乐性和尝试是这种交流模式必不可少的特征。（Burnett et al., 2006: 25）

然而，其他人对在教育环境中使用电子通信工具表示担忧。他们认为，这种明显适用于非正式的、“轻率的”社交互动媒介不一定是一种有效的学习工具（Leu, 1996）。

尽管存在这些担忧，但很明显，儿童制作媒介的潜力正开始得到认可。数字通信在转化读写能力方面的力量以及视觉媒介在记录和分享叙事与经验方面的可靠性，为儿童的学习、想象和社交互动提供了令人兴奋的可能。

相关研究

Bandura, A., Ross, D. and Ross, S.A. (1961) ‘Transmission of aggression through imitation of aggressive models’, *Journal of Abnormal and Social Psychology*, 63: 575–582.

20 世纪 60 年代，心理学家阿尔伯特·班杜拉和他的同事们开展了一系列关于观察学习的研究，证明可以通过社会互动学习攻击性行为。在他们最著名的研究中，学前儿童在现实生活或者电影中看到一个成人敲打、殴打橡胶玩偶“波波”。然后，这些儿童被转移到一个有锤子和波波玩偶的房间中，他们有机会重现观察到的行为。一旦进入房间，研究人员就会通过单向玻璃观看并评价他们的攻击性。研究人员将他们的反应与没有看到攻击玩偶的对照组儿童进行比较。结果显示，观看成人敲打、殴打玩偶的儿童表现得比对照组儿童更具有攻击性。与没有看到过攻击行为或者看到以非攻击性的方式行动的人相比，他们更加暴力，并且会完全模仿他们观察到的一些行为。

多年来，“波波玩偶”实验经常被用作儿童不应该在电视上观看暴力节目的证据，因为这可能导致他们的行为具有攻击性。然而，也有许多人批评班杜拉的方法和发现，他们认为这项研究不够有力，不足以证明电视上的暴力节目可能对儿童产生危险的影响。

案例研究 9.1

教育

McFarlane, A., Sparrowhawk, A. and Heald, Y. (2002) *Report on the Educational Use of Games*. London: DfES.

2002 年，一项由政府资助的研究要求小学教师和儿童评估他们在课堂上用来支持学习的一系列电脑游戏。这些游戏不在传统的课堂软件中，但具有一些明显的课程相关性或发展了特定的技能，如《帝国时代》（*Age of Empires*, Microsoft）①和《乐高乐园》（*Legoland*, Lego Media）②。主要结果如下：在关键阶段 2（7 ~ 11 岁），19 % 的男孩和 31 % 的女孩认为游戏有助于学习学校科目，48 % 的人表示在学校玩游戏能够培养“团队合作”技能。

教师们发现，对于年幼的孩子来说，用户界面直观且不需要书面说明的游戏最受欢迎且效果最好，这些游戏通常有分级，难度区分明显，适合不同能力水平的学生使用。他们会把关于内容本身的学习评价为较低难度，但是大家都认可，在不同的年龄段，这些游戏能够支持儿童多种技能的发展，而这些技能对一个自主学习者来说最为基础。一位关键阶段 2 教师 / 评估员谈到《过山车大亨》（*Roller Coaster Tycoon*, Infogrames）③时说：“从教育角度来看，该软件的主要好处是如果在配对 / 小组情境中使用它，需要问题解决和合作的能力。”另一位老师指出了这个游戏在数学方面的益处，“游戏中，公园设计师需要重视经济负担——孩子们正在学习预算、定价、持续储蓄”（McFarlane et al., 2002: 15）。

该研究得出的结论是，将游戏纳入课程的最大障碍是游戏中所培养的技能和知识与学校系统中明确认可的技能和知识之间不匹配。

案例分析 9.1

- 计算机游戏在小学应扮演怎样的角色以支持以下领域的学习：读写能力、算数、问题解决、科学？
- 那在幼儿教育机构中呢？父母对这种做法可能有什么顾虑？

案例研究 9.2

学前儿童准备好迎接数字世界了吗

丹（Dan）和杰克（Jack）都 4 岁了，将在 9 月开始上学。丹与他的父母和姐姐住在一起，杰克是独生子。他们的父母对幼儿使用电子产品的程度有不同的看法。下面描述了两个孩子在开始接受正规学校教育之前与电子媒介的接触情况。

丹每天看电视 2 ~ 3 小时。这些节目通常针对他这个年龄段，不过他也会观看他父母或姐姐看的一些节目。他经常向父母索要他曾在电视上看到过的广告或与他喜欢的电影和角色有关的玩具。丹经常与他的姐姐、爸爸一起玩

① 《帝国时代》系列是历史性的即时战略游戏。前两部游戏的背景从石器时代跨越到古典时代的欧洲和亚洲，其中一部探索了罗马帝国的形成和扩张。之后两部置于中世纪和西班牙征服阿兹特克帝国时期。接下来的三部游戏探索近代史，背景为美洲殖民和亚洲国家的崛起。

② 《乐高乐园》是一个以乐高乐园为主题的建筑和管理模拟电子游戏。

③ 《过山车大亨》是一款虚拟经营游戏。玩家可以通过游戏中拥有的一个大型游乐场来赚钱。玩家可以拥有多种游乐设施，不仅有过山车，还有旋转木马、碰碰车等。通过长期经营，玩家的游乐场将会被系统自动升级，并拥有更多的游乐设施。

游戏机，并在他妈妈的帮助下在家庭笔记本电脑上也有自己喜欢的网站。他还喜欢他妈妈的 iPad，知道如何使用某些应用程序进行绘画和游戏，以及如何查看自己和家人及朋友的照片和视频片段。

杰克的父母不喜欢看电视，并限制他在一个非商业频道每天只看 20 分钟的特定节目。杰克拥有许多书籍和传统玩具，这些玩具具有教育性和耐用性，例如，他进行想象游戏的木制农场动物。杰克花很多时间独自或与他的朋友在外面的花园里玩。杰克喜欢翻阅相册并画出他喜欢的人和地方。

案例分析 9.2

- 您认为到 9 月，哪个孩子在读写能力和算术方面会更适合入学？
- 到目前为止，两个孩子的媒介经历有哪些积极的地方？
- 这些案例在媒介素养（media literacies）方面提出了哪些问题？

本章小结

正如引言中所解释的那样，关于儿童和媒介的争论往往是两极分化的。有些人认为媒介对儿童有害，使儿童失去纯真，损害儿童的健康并使他们接触不适当的资料；而有些人则赞扬媒介所带来的利益和机会。

本章试图概述儿童研究中一个日益重要的主题。由于该主题范围较广，本章分为三个部分："儿童的媒介消费""儿童的媒介使用"和"儿童的媒介制作"。每个部分都讨论该领域的关键问题、主题和研究项目。

"儿童的媒介消费"部分讨论了与儿童看电视的潜在负面影响有关的研究，并反思了儿童作为从电视中创造意义的积极参与者的可能性的"文化研究"。

"儿童的媒介使用"部分探讨了儿童使用互联网和玩电脑游戏的问题，特别是与幼儿有关的问题，还讨论了这些媒介提供的学习机会，并强调了代际"数字鸿沟"。

"儿童的媒介制作"部分参考了英国、南非和澳大利亚的一些重要研究和项目，讨论了儿童制作媒介的不同方式，强调了儿童提高媒介素养的重要性，同时人们也对电子交流等学习写作的工具是否恰当表达了担忧。

从研究开始，似乎无可争议的是，新媒介技术为儿童提供了前所未有的学习和社交机会，但也有人担心数字媒介的参与可能对儿童的健康和发展产生影响。随着不断变化的媒介技术的进一步发展，这些问题将继续影响儿童，因为成人很难在保护儿童免受媒介潜在危险的影响和允许他们探索与了解他们必须参与的数字世界之间找到平衡。

反思与讨论

1. 媒介技术在哪些方面赋予了儿童权利？
2. 电影和游戏的年龄评级以及计算机上的家长控制是否足以保护儿童免受媒介技术的可能性危

害？可以采取其他哪些措施？

3. 您在多大程度上同意重视个人解读和体验视觉媒介的不同方式的文化研究方法？这对限制儿童使用媒介产品有何影响？

4. 今天的幼儿经常被描述为“数字原住民（digital natives）”，你对这个术语有什么看法？

5. 学校是否能确保儿童具备媒介素养？如何衡量或评估？

推荐阅读

1. Buckingham, D. (2007) *Beyond Technology: Children's Learning in the Age of Digital Culture*. Polity Press.

在本书中，白金汉认为，需要弥合儿童在校外的数字素养与他们在课堂上的技术经验之间的鸿沟。

2. Burnett, C. (2010) 'Technology and literacy in early childhood educational settings: a review of research', *Journal of Early Childhood Literacy*, 10(3): 247–270.

本文是对 0 ～ 8 岁儿童的科学技术和读写能力的研究综述。

3. Gee, J. (2008) *What Video Games Have to Teach Us About Learning and Literacy*. Basingstoke: Palgrave Macmillan.

一位教育学教授辩证地看待从电子游戏中学习到的积极的东西。

4. Palfrey, J. (2010) *Digital Natives*. New York: Basic Books.

帕尔弗里关注在数字世界中诞生和成长的第一代儿童，并思考他们正在创造的世界。

5. Plowman, L., McPake, J. and Stephen, C. (2010) 'The technologisation of childhood? Young children and technology in the home', *Children and Society*, 24(1): 63–74.

本文介绍了一个学前儿童在家庭环境中使用媒介技术情况的研究项目。

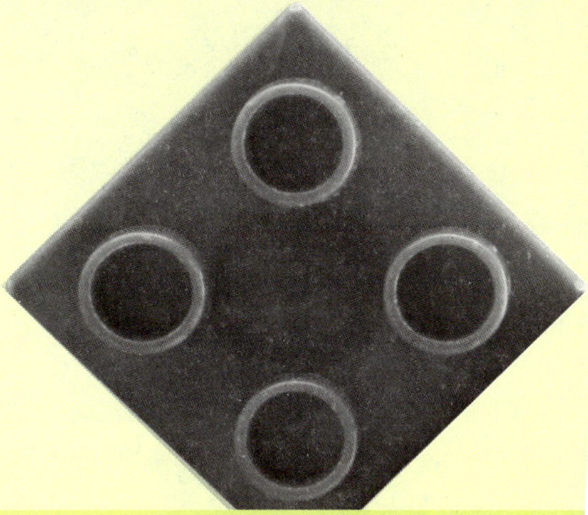

第四部分

健康、幸福和保护

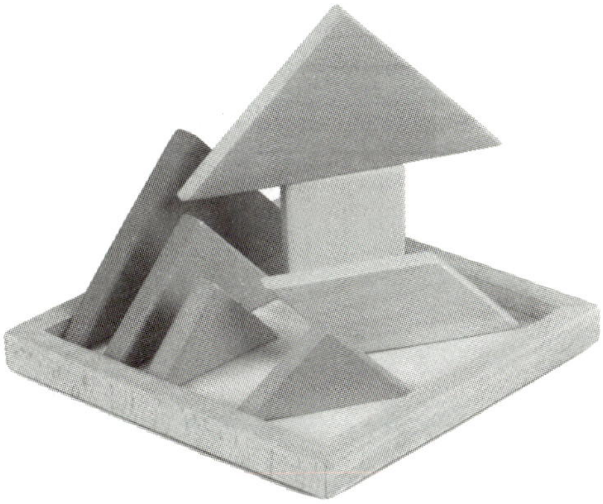

第十章

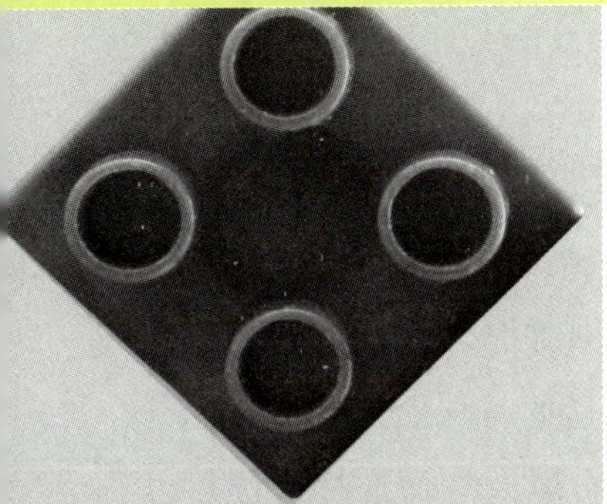

儿童健康

莎伦·史密斯（Sharon Smith）
塔尼亚·哈特（Tania Hart）

主要目标

· 强调幼儿教育环境在促进、保护和支持儿童身心健康方面的重要性。

· 提高对支持儿童家庭重要性的认识，以便它们能够更好地满足儿童的需要。

· 强调强有力的多机构合作关系的重要性，以促进儿童的健康，并更好地支持有复杂健康需求的儿童。

如果儿童的生理和心理健康需要能够在早期得到满足，那么他们就更有可能为学习做好准备，更有可能成功地实现他们的全部生命潜力。有充分的证据表明，儿童在健康、安全且投入的情况下学习，效果是最好的，而且能够茁壮成长，因此每个幼儿教育的“环境”对于促进、保护和支持儿童及其家庭幸福非常重要。《马尔莫评论》（Marmot Review, 2010: 147）报道：

> 几乎人类发展的每个方面——身体、智力和情感，其基础都是在童年时代奠定的。这些早期阶段（从子宫开始）发生的事情对健康和幸福的许多方面都会产生终生影响。

本章首先介绍英国儿童健康的现状。本章的前半部分将主要探讨与儿童身体健康促进和疾病预防相关的内容，让读者更好地了解基础保健工作者（primary healthcare practitioners）是如何与幼儿教育实践工作者合作，以支持儿童的健康的。本章的后半部分将着眼于儿童的心理健康，以及如何通过伙伴关系联合工作来促进和支持儿童的情绪健康（emotional health）。

研究（Blair et al., 2003）表明，总体上儿童比过去任何时候都更健康，英国儿童的健康和幸福状况正在慢慢改善（Maughan et al., 2008; UNICEF Office of Research, 2013）。但是，要确保每个孩子都有最佳的机会在生活中充分发挥他们的潜力，还有很长的一段路要走（UNICEF Office of Research, 2013）。这是因为来自富裕家庭和贫困家庭的儿童之间，特别是英国不同种族和不同地区的儿童之间，在健康方面仍然存在明显的、持续的不平等现象。此外，研究告诉我们，受西方生活方式的影响，如饮食和久坐不动，英国许多儿童在成年后面临着患上严重危及生命安全的疾病的风险（Freedman et al., 2007）。数据还表明，英国儿童的情绪健康问题也需要关注（BMA, 2006），因为据说每十个孩子中就有一个孩子有严重的心理健康问题（Green et al., 2005）。联合国儿童基金会在 2007 年进行的一项调查非常有趣，调查结果表明英国儿童的幸福排名在发达国家中垫底，并强调与其他欧洲国家相比，英国儿童教育程度更低、更不快乐、更不健康（UNICEF, 2007b）。2013 年，英国在这个排行榜上略有上升，但联合国儿童基金会表示，英国在改善健康不平等方面仍需努力（另见第十一章）。

沃尔夫等人（Wolfe et al., 2011）认为，英国的 0 ~ 14 岁儿童全因死亡率[①]在欧洲是最高的，并且在改善儿童和青少年的健康和幸福方面落后于其他欧洲国家。2012 年，英国国家医疗服务体系联盟（NHS Confederation）发布的一份针对儿童和年轻人健康状况的报告称，为儿童提供良好的健康服务对未来年龄逐渐增长的成人群体的健康和幸福至关重要。这个报告得到了儿科与儿童健康皇家学院（Royal College of Paediatrics and Child Health, RCPCH, 2011）的支持。该学院致力于发现早期生活压力是如何影响成人健康及其后代的，人的早期生活压力常常受到不利处境和贫困的影响。人们已经认识到，长期慢性病、肥胖、糖尿病和心理健康问题带来的社会负担在增长，给英国国家医疗服务体系造成了难以忍受的压力，并对国家的健康运营和经济福利造成了负面影响。而长期慢性病主要源于人的早期生活。该报告建议，考虑新的工作方式以改善人们的健康状况，确保儿童和青少年得到应有的高质量照料。《2012 年卫生与社会保障法》（Health and Social Care Act 2012）强调一些改革举措是为儿童安排的，在英国国家医疗服务体系中使用了新的结构，包括设立幸福委员会，以及将公共卫生责任向地方政府

① 全因死亡率是指一定时期内各种原因导致的总死亡人数与该人群同期平均人口数之比，区别于死因别死亡率。

转移。其中一个重要的例子是启动了“健康儿童计划（Healthy Child Programme）”（DH, 2009）。

近年来，英国政府出台了大量旨在改善儿童健康状况的政策。上述强调因素在这些政策中都可见到。重要的是，这些政策规定机构之间必须联合起来，以促进、保护和支持儿童健康与幸福的长期、持续改善。在工党的《每个儿童都重要》（DfES, 2003a, 2004c）的议程表，以及在《为儿童、青少年和孕妇服务的国家服务框架》（National Service Framework for Children, Young People and Maternity Service）这一政策指令（DH, 2004b）中，我们都看到了涉及健康、教育、社会机构和第三部门（即志愿部门、非营利机构和非政府组织）之间强大的合作伙伴关系。这些机构因同一政策驱动的共同愿景团结在一起。这一愿景将儿童的健康和安全置于机构的中心，以确保机构工作与儿童和家庭同步。目标是确保每个孩子都有最好的生活机会，使他们更有可能享受和取得成就，为社会做出积极的贡献，实现经济宽裕（DH, 2004b）。

《为家庭提供早期基础阶段支持》（*Supporting Families in the Foundation Years*）（DfE, 2011a）这一政策文件强调了儿童早期生活至关重要。这不仅是因为儿童早期生活本身很重要，还由于其能改善儿童未来的生活机遇。

> 政府的目标是为家庭提供一个连贯的服务体系。这一服务体系从母亲怀孕开始至儿童成长到5岁，专注于促进儿童的发展和帮助家庭生活的各个方面。（DfE, 2011a: 11）

早期干预原则在一篇报告中得到了特别强调。这篇报告由波浪信托基金（Wave Trust）[①]在2013年发表。该报告着重介绍了有效育儿的重要信息，面向0～2岁婴幼儿的有科学依据的保教实践，以及未来劳动力的发展，以便与家庭一道，尽早和有效地对婴幼儿发展进行干预。在儿童的心理健康方面，《没有心理健康就没有健康》（*No Health Without Mental Health*）（DH, 2011a）和《没有心理健康就没有健康：为所有年龄和背景的人提供更好的心理健康》（*No Health Without Mental Health: Delivering Better Mental Health Outcomes for People of All Ages*）（DH, 2011b）详细介绍了当前旨在改善所有年龄段和所有背景下人的心理健康方面的政府战略。所有这些政府战略继续倡导机构之间的密切协作，以改善儿童的健康。这些政策倡导的主要原则包括以下几个。

- 满足孩子整体或“全部”需求的重要性：他们的身体和心理发展，也包括他们的社会需求。
- 促进身体健康和保护儿童免受不良健康状况影响很重要。
- 在支持儿童时，儿童的家庭和更广泛的社会影响的重要性要考虑在内，如学校或托儿所。

像其他支持儿童的机构一样，那些在幼儿教育机构工作的人近些年来也一直在致力于促进他们所支持的每个孩子的健康。其做法包括旨在促进儿童健康的健康学校方案（healthy schools initiatives），以及解决更复杂的特殊儿童困难的更多样的战略性联合工作。

儿童健康促进和疾病预防是目前考虑的重点，特别强调儿童肥胖和孕产妇健康。

---

① 参见 http：//www.wavetrust.org/about-us。

一、身体健康问题

儿童时期肥胖程度的增加对以后的健康有重大影响，同时也会对儿童的同伴关系和自尊产生负面影响。目前有将近1/3的儿童超重或肥胖，如果不采取明确的行动，到2050年这一数字可能会增加到2/3（Foresight, 2007）。英国国家儿童测量计划（National Child Measurement Programme, NCMP）（DH, 2012a）的评估显示，有22.6%到了入学年龄（reception-aged）的儿童和1/6的六年级儿童超重或肥胖。此外，人们担心他们的饮食是否适宜、运动量是否充足。跨政府（cross-government）的《健康体重、健康生活》（*Healthy Weight, Healthy Lives*）战略（DCSF and DH, 2008; DH Cross Government Obesity Unit, 2009）旨在为当地提供有关如何维持健康体重和解决肥胖问题的指导。有充分的证据表明，儿童和年轻人在健康、安全且投入的情况下学习，效果是最好的，而且还能够茁壮成长。人们对儿童健康的浓厚兴趣是由于它们影响成年后的健康。许多严重和危及生命的成人疾病现在看来都根源于选择的生活方式，包括饮食、运动、饮酒和使用药物，而这些都起源于童年时期（Rigby, 2002）。不断变化的饮食、游戏、工作、旅游和休闲活动模式共同导致了儿童不健康的生活方式，并且持续到青春期和成年期（DH, 2004a）。英国国家健康与保健医学研究所（National Institute for Health and Care Excellence, NICE）在改善儿童体育活动的指南中，建议儿童每天至少锻炼60分钟（NICE, 2009）。对儿童的整体关注还意味着人们要认识到，在任何情况下，健康促进和疾病预防都是儿童护理的组成部分。儿童存在于环境中——家庭、朋友和学校，因此，必须记住，如果护理是最佳的、全面的，儿童将避免失学，并将继续定期上学、参与活动，维持积极的社交功能，包括建立友谊。

二、早期干预

在这一章中，我们讨论基础保健工作者和教育工作者的角色，我们认为教育与健康密切相关，它们同时影响着儿童当前和未来的幸福。本章还探讨对家庭的支持，特别是那些易受伤害的家庭，以及对家庭养育的有效干预。越来越多的证据表明，家庭关系、养育行为和儿童行为问题之间存在着极强的联系（Johnston and Titman, 2004）。人们普遍认为，越早开始的干预越有效，健康访问者和学校护士（school nurse）在提供行为治疗方面具有战略性的重要地位，因为他们比心理健康服务更容易为家庭所接受。

菲尔德（Field, 2010）和艾伦（Allen, 2011）建议，要做更多的工作，以确保机构尽可能有效地协同工作，为儿童取得积极的成果。《马尔莫评论》（Marmot Review, 2010）呼吁为家庭提供普及服务，确保每个人都能获得服务，此外，应为有复杂需求的家庭提供有针对性的或专业性的服务。有效的需求评估和早期干预的重要性是有据可查的。儿童经常在各种环境中接受这些普及服务，包括健康访问者、助产士、全科医生、幼儿教育实践工作者和儿童中心的工作人员。研究表明，父母很重视协调一致的服务（Marmot Review, 2010）和适当的专家服务。高素质、训练有素的员工队伍对于改善儿童和家庭的健康状况至关重要。

来自波浪信托基金（Wave Trust, 2013）的证据表明，助产士或儿童中心其他健康人员的早期干预可以带来以下结果。

- 出生低体重和胎儿产后损伤的发生率降低。
- 预防性保健服务改善。
- 亲子关系不良的风险较低。
- 对儿童的疏忽和虐待减少。

健康访问者是提高早期健康结果的关键。白皮书《健康生活，健康人》（Healthy Lives, Healthy People）(DH, 2010)指出，开发健康访问服务能够有效支持家庭和减少健康的不平等。它计划到2015年，英国的健康访问者人数增加4 200人，从而促进“健康儿童计划”和家庭护士的合作关系。2009年设立的“健康儿童计划”为从出生到18岁儿童的健康改进提供了一个框架（DH, 2009）。

继《所有儿童的健康》（*Health for all Children*）（Hall and Elliman, 2006）和《为儿童、青少年和孕妇服务的国家服务框架》（DH, 2004b）后出台的“健康儿童计划”（DH, 2009）是一个针对儿童、青少年和家庭的早期干预与改善公共健康计划（model of progressive universalism）。它提供一系列的发展评估、促进健康育儿的指导和支持，以及做出健康的决定。它基于进步普及主义模式，为每个人提供（普遍的）服务，并根据需要提供额外服务。

如果能够得到有效实施，“健康儿童计划”能带来以下有利结果。

- 强烈的亲子依恋和积极的育儿方式，为儿童带来更好的社交和情绪健康。
- 有助于儿童健康和安全的护理。
- 健康饮食和增加运动，从而减少肥胖。
- 预防一些严重传染病。
- 提高从出生开始和持续母乳喂养的比率。
- 为入学做好准备并能够改善学习。
- 更早识别生长障碍和肥胖的危险因素。
- 及早发现并采取行动，解决发育迟缓、畸形和疾病的问题。
- 确定可能影响家庭健康和幸福的因素。
- 有社会排斥风险的儿童可以获得更好的短期和长期结果。（DH, 2009）

评估每个孩子2岁左右的健康状况是“健康儿童计划”的一个重要内容，它鼓励父母、健康专家和幼儿教育实践工作者一起工作，分享他们的信息和技能。这种评估可以在各种环境中完成。它与《早期基础阶段》的评估密切相关，并通过结合护理重点和教育重点，为儿童和家庭提供一个进行全面评估的机会。

家庭护士合作关系（The Family Nurse Partnership）通过结构化的家庭访问计划，为比较脆弱的新手年轻母亲提供密集的、有针对性的支持。虽然这些家庭护士要开展“健康儿童计划”，但更关注这些母亲所面临的情感需求和行为问题。作为主要的公共卫生和基础保健工作者，健康访问者和学校护士在改善儿童健康和解决不平等问题方面发挥着重要的作用。促进健康和幸福以及预防疾病意味着能够从源头上解决不平等问题。《健康生活，健康人》（DH, 2010）认识到健康访问者和学校护士在执行“健康儿童计划”中发挥的关键作用。“健康访问者行动倡议（Health Visitor Call to Action）”（DH, 2011d）和“学校护士愿景与行动倡议（School Nurse Vision and Call to Action）”（DH, 2012b）为公共卫生服务提供了一个强大的体系框架。

健康需求可以通过多种方式得到响应，包括个人和家庭健康计划，例如，母乳喂养支持（breastfeeding support）或产后抑郁症咨询。提供信息和促进信息可获得的服务，如“确保开端”计划，家庭热线和与健康相关的网站，可以对家庭健康需求产生积极的影响。社区发展项目计划可以满足当地的健康需求，增进社区参与度，如戒烟、健康的学校项目和安全计划。

健康访问者有着与个人、家庭和社区合作以促进健康的传统。考利和休斯顿（Cowley and Houston, 2002）认识到了不同的要素。

- 社区一级的公共卫生计划。
- 社区发展。
- 团队合作。
- 与家庭和个人开展健康促进和疾病预防工作。

他们通过个性化的家访、与诊所联系和社区活动，为当地 5 岁以下儿童的所有家庭提供服务。

各种形式的家庭是社会的基本单位，也是大多数保健和预防工作的场所。健康访问者一直在为促进家庭健康和支持家长发挥着至关重要的作用。

学校护士在改善儿童健康和解决不平等问题方面发挥着重要作用（NHS Confederation, 2012）。他们参与各种健康宣传和公共卫生活动。与健康访问者一样，学校护士也是注册护士，他们会接受额外的培训（通常是研究生水平），他们的技能和知识使他们能够在包括学校的各种环境中与学龄儿童合作。他们可以提供一系列改善健康的活动，包括：

- 免疫和疫苗接种计划。
- 就一系列儿童健康问题向教师和其他学校工作人员提供支持与建议。
- 积极心理健康的支持和咨询。
- 个人健康和社会教育计划以及公民培训。
- 关于两性关系和性教育的建议。
- 与父母和其他专业人士合作，以满足一系列的健康和社会需求。

学校与当地健康委员会合作，在提供综合的、高质量的健康宣传活动方面发挥着重要作用。《国家健康学校标准》（The National Healthy School Standards）（DfEE/DH, 1999）是政府提高教育成就和解决不平等问题战略的一部分。一项对健康学校的系统评价（Lister Sharpet al., 1999）得出的结论是，以学校为基础的健康宣传计划可以对儿童的健康和发展产生积极影响。可参考案例研究 10.1。

案例研究 10.1

“大呼小叫”计划

为了增加学生在饮食和锻炼方面的健康生活方式的选择数量，“健康学校（Healthy School）”的幼儿园聘请了一名督导员来推广和发展他们已经制订的“大呼小叫（Huff and Puff）”计划。其目的是增加课前、课后以及午餐和休息时间的体育活动。督导员计划午餐时间和休息时间的体育活动，并监督二年级学生来管理“设备贷款店（equipment loan shop）”。午餐时间的活动会受到限制，尤其是足球活动，以便学生能够更有效地解决争议。

操场上的活动得到了行为支持机构的支持，包括“生活技能”项目，因此午餐时间和休息时间被视为每天学习的一部分。此外，学校还引入了其他改革措施，包括为达到既定活动目标的学生提供奖励的制度，为他们提供当地企业赞助购买的游乐设备。学生在学校日记中记录了他们的进步，使父母能够分享他们的成功。

一名学校护士开设了旁听课程，鼓励学生参加课外体育活动。这里的小吃店也进行了改造，当地供应商同意在试用期供应各种水果和蔬菜。如果学生购买了“不健康”的食物，那么他们还必须购买5便士的水果。这一举动得到了家长的支持，并鼓励学生定期吃水果。

其关键方面是帮助学生将饮食健康、体育活动和自我感觉联系起来。“大呼小叫”计划吸引了一些之前没有参与过的学生，包括一些体重超重的学生。随着午餐时间游戏结构、目标和奖励的引入，严重消极行为事件的数量减少了一半。学生对彼此的忍耐度明显提高，课堂中受到干扰的次数减少。教师和午间监督员注意到学生之间有了更多的合作，管理者花费在处理消极行为上的时间减少。

案例分析 10.1

· 你如何确保在你的环境中有全面的健康生活方式?

你可以浏览卫生署改变生命（Department of Health Change for Life）计划网页，参见其“推荐网站（Recommended websites）”栏目。

三、孕产妇健康

《马尔莫评论》（Marmot Review, 2010）中列举了一些关于健康不平等方面的证据：婴儿在出生前就开始发育，婴儿的健康受到母亲的健康和幸福的重大影响。特别是低出生体重与长期亚健康状态及教育效果较差有关（Jefferis et al., 2002）。2012 年，皇家助产士学院（Royal College of Midwives）在题为《孕产妇的情感幸福和婴儿发展》（Maternal and Emotional Wellbeing and Infant Development）的报告中进一步支持了这一观点。该报告确认，为孕产妇服务是儿童保健服务的一个重要组成部分，强调母亲在促进婴儿大脑发育和积极养育方面的重要性。

波浪信托基金（Wave Trust, 2013）总结了影响孕产妇在怀孕期间和分娩后积极发展的因素。

- 饮食均衡。
- 不会感到压力或焦虑。
- 在一种支持性关系中，不会经历家庭暴力。
- 不吸烟、饮酒或滥用非法物质。
- 身体健康、精神健康或情绪健康。
- 不处于社会经济不利地位。
- 20 岁及以上。
- 在分娩时有一个助产士。

虽然生孩子通常被认为是一种非常积极的经历，但是对准妈妈来说，无论是身体上还是情感上的要求都很高，这会影响到她与其他人的关系。至关重要的是，现有的保健、社会护理和教育服务必须有效和积极地开展工作，教育那些有可能成为父母的人，并在怀孕期间和孩子出生后向他们提供援助。提高父母抚养子女的能力，可以加强儿童的健康。

相关研究

Barlow, J., McMillan, A,. Kirkpatrick, S., Ghate, D., Barnes, J.and Smith, M.(2010) 'Health-led interventions in the early years to enhance infant and maternal mental health: a review of reviews', *Child and Adolescent Mental Health*, 15(4): 178–185.

由华威大学（University of Warwick）的简·巴洛（Jane Barlow）领导一组研究人员进行的一项研究，探讨了提高母亲心理健康对优化儿童后期心理健康重要性的认识。它评估了围产期支持亲子关系的一系列干预措施 / 策略。这项研究特别有趣，它强调需要更好地支持早期育儿，因为这对儿童的长期健康至关重要。

四、营养

虽然良好的卫生、家庭安全和免疫接种是促进婴儿出生后健康成长的重要因素，但充足的营养对儿童的身体和智力发展也非常重要。健康、均衡的饮食和经常性的体育活动对儿童的健康和幸福非常重要。范斯坦等人（Feinstein et al., 2008）明确提出上学前几年的饮食习惯非常重要，因为它们会影响儿童日后的成长、发展和学业成绩。我们童年时吃的东西会影响我们的健康，例如，成人的冠心病、糖尿病、癌症和肠道疾病可以归因于早年饮食不良和活动水平降低。最佳的婴儿营养，特别是母乳喂养，可以改善儿童的健康状况，减少潜在的健康风险，如肠胃炎、呼吸道疾病和肥胖病（Horta et al., 2007; Quigley et al., 2007）。千禧一代研究（Millennium Cohort Study）①结果表明了母乳喂养和儿童认知发展之间的联系（Quigley et al., 2012）。

在英国，几乎 2/3 的成年人和 1/3 的儿童超重或肥胖（NICE, 2012），政府科学展望计划办公室（Government Office for Sciences Foresight Programme）（Foresight, 2007）认为，如果不采取明确的行动，到 2050 年，这些数字将上升到几乎成年人的 9/10 和儿童的 2/3。超重或肥胖会严重影响成人和儿童的身体健康，并与糖尿病、癌症、心脏病和肝病有关。2011—2012 年国家儿童测量计划的评估发现，剥夺与肥胖症流行率之间存在着密切的正相关关系，特别是在城市地区。自 2006 年成立以来，英国国家儿童测量计划记录了入学时和第六年儿童的身高和体重。这使人们能够对儿童肥胖症的趋势进行详细分析，制定公众可知情的国家政策，并提高公众对创造健康生活方式的重要性的认识。根据《2012 年

① 此为伦敦大学追踪研究中心开展的一项追踪研究。其选择英国 2000—2001 年出生的 18 818 名婴儿作为研究对象，收集这些婴儿成长过程中的个体发展、社会分层和家庭生活方面的信息，以分析他们成长中遇到的有利与不利的方面。

卫生和社会保健法》（Health and Social Care Act 2012），地方当局自2013年4月以来一直负责英国国家儿童测量计划的实施。这对促进地方健康和整合援助服务产生了影响。英国国家儿童测量计划在给父母的后续信件中使用了“恐吓策略”，这种做法受到了批评（Mooney et al., 2010）。他们的调查结果表明，卫生署应检讨在致家长的信中所采用的措辞及方法，并认为有必要采取更有针对性的跟进行动。这项研究得到了《健康体重、健康生活：一年的研究》（*Healthy Weight, Healthy Lives: One Year on*）（DH Cross Government Obesity Unit, 2009）的支持。研究表明，父母往往不认为肥胖是孩子的问题，也不知道健康体重对儿童健康的重要性。肥胖也会对心理健康产生影响，给家庭和社会带来许多压力。《儿童计划》（Children's Plan）（DCSF, 2007a）承认儿童肥胖是儿童面临的最严重的挑战之一，它与一些身体、社会和心理方面的不良结果有关。

有证据表明，超重儿童开始出现Ⅱ型糖尿病（Audit Commission, 2010），佝偻病病例也越来越多（Pearce and Cheetham, 2010）。学校食品信托基金（School Food Trust，现为儿童食品信托基金，Children's Food Trust, 2011）的研究表明，儿童饮食和生活方式的改变导致饱和脂肪、糖和盐的消费量增加。此外，许多幼儿每天吃不到建议的5种水果和蔬菜（Nelson, 2007）。

《国家学校食品标准》（National Standards for School Food）改变了儿童在学校的饮食方式，但将近1/4的儿童在到达入学年龄时肥胖。2011年，它出台了具体的食品和饮品指导方针，以帮助幼儿教育的提供者和幼儿教育实践工作者（Children's Food Trust, 2011）。这有助于实现《早期基础阶段》的福利要求，以提供健康、平衡、营养的食品和饮品。

> 幼儿教育机构提供了一个理想的机会，帮助每个孩子吃得好，享受多样化的饮食，并建立健康的饮食习惯，以使他们带着良好的饮食习惯开始学校教育。（Children's Food Trust, 2011: 7）

一项跨政府战略——《健康体重、健康生活》（DCSF and DH, 2008; DH Cross Government Obesity Unit, 2009），被委托围绕5个主题重点预防超重和管理体重。具体如下。

- 儿童：健康成长和健康体重。
- 促进健康食品选择。
- 将体育活动融入我们的生活。
- 为更好的健康创造动力。
- 为超重和肥胖的人提供个性化支持。

下面所列被成功证明。

- 尽可能地母乳喂养，家庭了解健康断奶和幼儿喂养知识。
- 所有儿童都是在健康饮食中长大的，例如，每天至少吃5种水果和蔬菜。
- 所有儿童都是以健康的体重长大的，例如，每天至少进行1小时的中等强度的体育活动。
- 家长每天都有知识和信心，确保他们的孩子饮食健康、心态积极、身体健康。
- 所有学校都是健康学校，需要额外帮助的家长通过儿童中心、健康服务部门和当地社区得到帮助。

奥尔德顿和坎贝尔-巴尔（Alderton and Campbell-Barr, 2005）认为，幼儿教育机构在很大程度上忽视了儿童的营养需求，只考虑了儿童所需要的文化和医疗条件。他们认为，幼儿教育提供者缺乏营养知识，导致他们将食物的选择、准备和供应视为幼儿教育课程之外的一项独立活动。

五、心理健康及其与早期良好的社会性和情绪发展的关系

心理健康是我们思考、感受和应对生活的方式。它有助于确定我们如何处理压力，如何与他人相处，以及如何做出选择。对于非常年幼的儿童，他们的心理健康通常被称为社会性和情绪发展（NICE, 2012）。值得注意的是，研究告诉我们，影响幼儿社会性和情绪发展的最大因素是影响他们生活的成年人：他们的父母、教师和托儿所工作人员（DCSF, 2008c）。儿童的社会性和情绪发展是复杂和广泛的，包括与他人形成积极或亲密关系的能力，调节和控制自己行为的能力，解决问题和发挥其主动性的能力。

（一）促进儿童情绪健康的因素

最近几年，研究人员特别感兴趣的问题是，是什么使一个孩子能够应对困难，而其他则不行。所有儿童都必须不时地处理一系列使他们的情绪发展和健康受到威胁的因素，如丧亲，父母离婚或分居，创伤，欺凌，换学校或者搬家这样的生活变化。通过对面临困难的儿童进行研究，研究人员确定了一些能够保护正在经历逆境的儿童的关键因素。专家称这种应对能力为心理弹性，它可以简单地定义为“承受重重打击和无论发生什么事情都能经受住风暴并继续保有自我的能力”（Cooper, 2000: 31）。

这一领域的研究有助于成人了解如何帮助儿童学习和发展基本技能，以保障和加强他们的情绪健康，确保他们有尽可能好的生活开端（DCSF, 2008 c）。表10.1概述了研究人员确定的心理弹性因素（DFES, 2001c）。

表10.1 心理弹性因素

儿童的心理弹性因素	家庭的心理弹性因素	社区的心理弹性因素
安全的早期关系	至少一个家长有良好的亲子关系	可提供支持的大家庭
更高的智力	清晰、坚定和一贯的纪律要求	良好的住房条件
性情随和	教育支持	成功的学校经验
积极的态度，有良好的解决问题的方法	父母和睦	上一所对行为、态度和反欺凌采取积极政策的学校
相信自己是能控制局面的规划者	没有严重的不和或家庭冲突	在学术和非学术氛围很强的学校就读
幽默		有机会参加多种多样的运动和休闲活动
宗教信仰		作为宗教信仰团体的一员
反思或思考的能力		
较强的社交能力和向他人表达同情的能力		

（二）威胁儿童的情绪健康的因素

除了促进心理弹性的因素外，还有一些因素使儿童容易出现情绪问题。这些往往是多种多样的和复杂的。可能有一些因素使儿童更容易受到情绪发展或心理健康问题的影响，例如，出生前、出生时

或出生后的脑损伤，或遗传或生物上的脆弱性。一些因素可能直接导致儿童的心理健康问题，这些因素可能包括：父母忽视，父母冲突，家庭破裂，身体、性或情感虐待，家庭成员或朋友的丧失 / 失去，拒绝或敌对关系或歧视（Shucksmith et al., 2009）。研究还表明，一些因素可能会使儿童的情绪困难长期存在或加剧，如经济劣势（Albee, 2006）、父母精神病（Göpfert et al., 2004）和家庭暴力（Buckley et al., 2007; Goddard and Bedi, 2010）。在某些情况下，不太明显的创伤事件如搬家、新生儿的到来或长时间与一个儿童不认识的人在一起，都会造成长期的痛苦。

（三）情绪低迷的迹象

所有的儿童都会时不时地感到悲伤、焦虑、愤怒或沮丧，这是成长过程中不可或缺的一部分。然而，有时情绪、行为或社会关系的异常可能会导致潜在的严重困难，危及儿童身体、社会性和情绪的最佳发展，最终可能导致儿童的家庭受到干扰，并使儿童的问题更加严重。因此，支持儿童的成人必须注意到儿童情绪低迷的微妙迹象，以便尽快查明问题，因为儿童得到的帮助越早，其结果就越好（DH, 2011b）。

幼儿可能以多种方式表现出他们的情绪困扰，包括：食欲改变，睡眠或失眠问题，行为问题如过度“黏人”、哭泣、社交退缩、执拗或破坏性行为、笨拙、粗心大意或易怒、脾气暴躁或多动症等。这些都会让他们很难控制。痛苦的另一种表现方式是身心问题，如头痛或胃痛。其他痛苦的迹象可能更为微妙，如丧失信心、无法集中注意力或社交退缩。

婴儿并没有表现出典型的痛苦症状，但他们可能表现出睡眠不良、喂养困难、烦躁不安和胃功能紊乱。这些迹象可能表明婴儿焦虑和紧张，或痛苦和恐惧（Young Minds, 2003）。研究人员认为，这些情绪需要由他们赖以生存的人以爱和同情来回应（Dwivedi and Harper, 2004; Gerhardt, 2004）。

（四）更复杂的心理健康问题

在支持有更复杂的心理健康困难的儿童方面，我们通常需要专业的医疗保健工作者，如儿科医生或在儿童和青少年心理健康服务中心（Child and Adolescent Mental Health Service, CAMHS）工作的专业人员，他们会对儿童的情绪和行为问题进行评估。在儿童和青少年心理健康服务中心，来自多个学科的心理健康专家将共同评估儿童和家庭的需求。他们将制定一套治疗方案，重点是提供基于证据的治疗方法，这些治疗方法可根据儿童及其家庭的独特需求来个性化制定（Carr, 2000; Fonagy, 2002）。有时，儿童的精神障碍是通过暗示某种特定问题或障碍的迹象和症状来诊断的。当行为经常发生、持续很长时间，发生在不寻常的年龄，或者对孩子和家庭造成严重干扰时，行为就会成为症状。首先必须排除身体疾病，然后根据孩子的症状对疾病进行分类或诊断。诊断可以帮助幼儿教育实践工作者为儿童和家庭制定适宜的治疗方案，因为一项个性化的治疗计划应该始终与特定机构制定的国家指导方针相一致，如国家临床卓越研究所（National Institute of Clinical Excellence, NICE）。其发布的这些指南是基于广泛的研究成果而来的，具体可浏览该机构的官方网站。

下文概述了儿童心理健康问题的一些常见分类。请注意，儿童的症状可表现为以下一种或多种。（本清单并非详尽无遗，仅做简要叙述。）

- 情绪异常——患有焦虑症的儿童对某些事情或情况有恐惧和担心的反应，也有焦虑或紧张的身体迹象，如心跳加速和出汗（恐慌或恐惧障碍）。
- 心境障碍——儿童的情绪可能会异常降低，如抑郁症；或异常升高，如狂躁型抑郁症。
- 破坏性行为——所有的孩子都会淘气，然而，如果一个孩子的行为开始对家庭和学校生活产生负面影响，那么他们可能会有更严重的行为问题。破坏性行为障碍的两种主要类型是对立违抗性障碍（ODD）和品行障碍（CD）。患有注意缺陷多动障碍的儿童也可能有行为障碍，如不注意、注意力难以集中和冲动，这可能导致他们在谈话中打断别人或抢话，以及过度活动，因而焦躁不安。
- 广泛性发育障碍——包括自闭症，影响儿童与周围世界互动的能力。自闭症的症状可能包括语言发展不良、重复行为和与其他人的社会交往不良。
- 婴幼儿饮食失调——这些包括强烈的情绪和态度，以及与食物或体重有关的不寻常行为［如选择性进食、食物避免情绪障碍（food avoidance emotional disorder）］。
- 排泄障碍——这些都影响到与身体排泄有关的行为，如粪便（排泄物）和尿液（遗尿症）。
- 抽动障碍——这些都会导致孩子发生突然的、无意识的、通常毫无意义的动作，发出抽搐的声音（如图雷特综合征）。

相关研究

Kendall, J., Beckett, A. and Leo, M. (2003) ‘Children’s accounts of attention-deficit/hyperactivity disorder’, *Advances in Nursing Science: Childhood Health and Illness*, 26(2): 114–130.

要更好地了解和支持有心理健康困难（difficulties）的儿童，最重要的是成人要更好地了解儿童的观点和他们心理健康困难方面的生活经历。美国一组研究人员进行了一项特别有趣的研究，他们通过对39名被诊断为注意缺陷多动障碍的儿童和青少年进行一对一访谈，以此收集定性数据。这些访谈使研究人员能够探索儿童对这种诊断出的疾病的认知和经历。这是一项特别富有洞察力的研究，因为它探讨了诊断标签的有用性、精神疾病对人的耻辱以及识别早期困难迹象的重要性。

六、良好的多机构协作对促进和支持儿童心理健康的重要性

促进儿童的良好情绪健康和预防心理健康困难，需要良好的多机构伙伴关系和协作（CAMHS Review, 2008）。这确保了来自各种专业的人员聚集在一起支持儿童和家庭。来自多种背景的专业人员

可能运用不同的能力开展工作，以促进儿童心理健康和防止儿童出现心理困难。例如，教师可能会开设以学校为基础的课程来提高学生的情感素养。其他幼儿教育实践工作者的目的是防止儿童出现心理健康方面的困难，例如，设立家长管理小组或专门的育儿援助小组，帮助子女有不良行为的父母。其他专业人员可以共同努力，帮助被认定患有复杂心理健康问题的儿童（见第十六章）。

当涉及抚养有明确精神健康问题的儿童时，治疗方法各不相同。心理治疗包括认知行为治疗、团体治疗或家庭治疗，可以用来应对精神疾病的情绪反应。创造性的治疗如艺术疗法或游戏疗法可能会有帮助，特别是对思想和情感沟通困难的儿童。药物有时会被使用，并且对一些儿童的精神健康问题有效，如注意缺陷多动障碍。在许多情况下，成功的治疗干预将确保精神疾病的痛苦和致残的影响最小化并最终阻止其恶化。

联合工作的一个复杂问题是，许多援助儿童的机构可能有不同的术语和语言。例如，教师可能使用诸如社会情绪行为困难（social emotional behavioral difficulties, SEBD）这样的术语，而这个通用的术语并不容易被心理健康专家认可。此外，医护人员可能使用诸如注意缺陷多动障碍和心理学语言（如依恋障碍）等诊断术语，这些术语与教师等其他机构人员使用的不同。这一领域的许多专家现在呼吁统一术语，一些专家提出了一种统一的语言，使用如促进心理弹性和解决整体需要等术语（Cooper and Jacob, 2011）。然而，在实现这一目标的过程中，各机构必须对不同的术语有一定的了解。

案例研究 10.2 说明了乔迪（Jodie）和她的家人是如何通过多机构的工作得到支持的。

案例研究 10.2

乔迪的问题与解决

乔迪，4 岁，正面临着进入学校的巨大困难。当她与父母分离时，甚至当她想到要与父母分离时，她都会感到极度焦虑。为了不去上学，她经常抱怨头痛和胃痛。乔迪也经常做噩梦，主要是害怕与父母分离。当乔迪的母亲试图把她送到学校时，她变得非常沮丧和害怕。母亲看到乔迪这样，也变得心烦意乱、泪流满面。学校老师担心乔迪错过入学时间，已经和乔迪的母亲谈过了，要求她去看家庭医生，以便向儿童和青少年心理健康服务中心申请转诊。

乔迪由该中心的小组进行评估。该小组由一名精神病学家、一名心理学家和一名资深心理健康护士组成，他们都认为乔迪患有依恋焦虑。这种焦虑通常见于幼儿教育阶段；同样常见的是，孩子会有可怕的想法：他们认为当他们与父母分开时，会有可怕的事情发生在他们父母身上。

为了支持乔迪和她的父母，所有涉及乔迪福利的机构提出了以下多机构参与的治疗方案。

· 乔迪将接受儿童和青少年心理健康服务中心的治疗。那里的治疗师将与乔迪一起工作，鼓励她通过游戏这一媒介来表达她的想法和恐惧。这将使她能够探索和谈论她的恐惧与焦虑。探索的目的是让她能以一种不那么可怕的方式看待世界。

· 母亲被转介到一个育儿援助小组，该小组专门援助有心理健康问题的孩子的父母。（研究表明，将父母集中在一起参与到对患有焦虑症的儿童的治疗中，有助于减少儿童的焦虑。）在育儿援助小组中，父母被告知与孩子互动的新方式，这样孩子的恐惧就不会在不经意间得到加强。父母们也被教导如何对孩子们的勇敢行为给予充分的赞扬和积极的鼓励。

· 同样重要的是，学校要尽自己的力量支持乔迪和她的父母，因为她错过的时间越多，就越难入学。因此，让学校意识到乔迪特殊的心理健康需求是非常重要的，这样他们才能让她在学校感到自己是受欢迎的，确保她得到老师们的同情和支持。老师们也能主动地支持乔迪和她的母亲，以及她在学校里表现出焦虑升级迹象时，给予她大量赞扬和鼓励。

案例分析 10.2

· 如果你必须在你的托幼机构中支持一个像乔迪这样的孩子，你将如何支持她和她的母亲？你能做什么？

本章小结

本章强调了一系列旨在促进儿童早期身心健康的影响因素，其中阐明了支持产妇健康和进行早期干预，促进儿童身体健康和情绪健康的重要性。此外，本章强调在与家庭及幼儿合作时，采取整体方法，提供有效的多机构协作。本章还鼓励读者思考早期健康干预的重要性，以便在日后的生活中有更好的健康状况。

反思与讨论

1. 你在改善儿童及其家庭的健康生活方式方面发挥了什么作用？
2. 你需要什么知识和技能来支持儿童的身心健康需求？
3. 考虑到多机构协作的重要性，你在你的团队中扮演什么角色来支持有复杂问题的儿童？

推荐阅读

1. Claveirole, A. and Gaughan, M. (2011) *Understanding Children and Young People's Mental Health*. Chichester: John Wiley & Sons.

该书给读者提供了一个关于儿童和青少年心理健康的概述。

2. Eapen, V., Graham, P. and Srinath, S. (2012) *Where There is No Child Psychiatrist: A Mental Healthcare Manual*. London: RCPsych Publications.

该书主要写给那些在国外工作的人，那里可能没有精神病医生。无论如何，它对没有机会接触精神病医生的任何人来说都是一个极好的资源。

3. Hall, D. and Elliman, D. (2006) *Health for All Children*, rev. 4th edn. Oxford: Oxford University Press.

该书概述了促进健康和早期识别疾病的方法。

4. Luker, K., Orr, J. and McHugh, G.A. (2012) *Health Visiting: A Rediscovery*. Oxford: Wiley-Blackwell.

该书概述了健康访问者在改善儿童和家庭健康状况方面的作用。

5. Oates, J. (ed.) (2007) *Attachment Relationships: Quality of Care for Young Children*. Milton Keynes: Open University. Available free of charge from: www.bernardvanleer.org/English/Home/Our-publications/Browse_by_series.html?ps_page=1&getSeries=3.

依恋是儿童发展的重要组成部分，这本小册子以清晰、简洁的方式解释了依恋。

第十一章

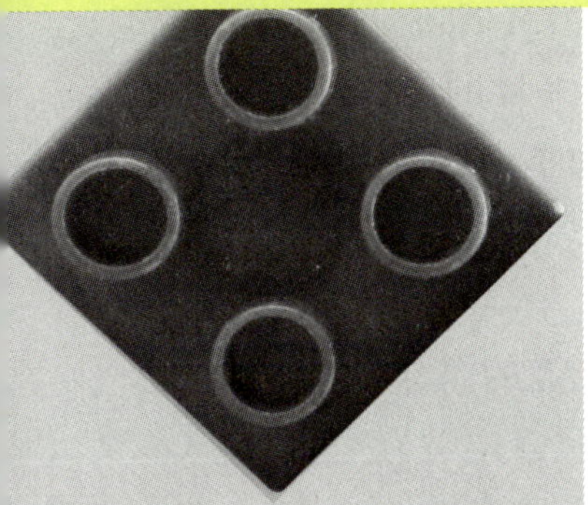

幸福

简·沃特斯（Jane Waters）

主要目标

·能批判性地思考幸福的概念，认识到幸福的概念是复杂的，而不是简单的。

·在英国政策和实践背景下举例说明幸福的各个方面。

·思考自尊与幸福感的关系。

·思考关注儿童幸福对幼儿教育实践工作者的影响。

·批判性地思考对儿童幸福的评价、相关国际比较文献，以及与英国儿童幸福有关的国家调查数据。

一、引言：什么是幸福

幸福的概念被认为是“高度可变的”（Pollard and Lee, 2002）、“混乱的”（Morrow and Mayall, 2009: 221）、“难以确定的”（Statham and Chase, 2010: 4），因此被认为没有一致的定义（Foley, 2008）。幸福这一概念常出现在与儿童有关的政策和实践中，但正如波拉德和李（Pollard and Lee, 2002: 62）所言，“幸福……在儿童发展研究中的定义是不一致的”，幸福通常被理解为“人们的生活质量”，但当我们思考儿童的幸福状况如何与实践相关的时候，这是远远不够的。本章首先解析幸福概念的某些方面，其次批判性地思考幸福概念，以便更深入地了解幸福概念可能涉及的内容。

历史上，幸福与健康息息相关——世界卫生组织（WHO, 1948）把幸福这个概念定义为一个人的整体健康；“健康是身体、精神和社会幸福方面的一种全面状态，而不仅仅是没有疾病或不虚弱”（1948: 2）。波拉德和李（2002）在 20 世纪末对相关资料进行了一个意义重大的回顾，描述了已有文献中出现的关于儿童幸福的 5 个不同的领域。

- 生理。
- 心理。
- 认知。
- 社会。
- 经济。

身体领域包括身体健康、生长速度，以及了解饮食健康和安全保护方面的知识。

心理领域包括心理健康、焦虑水平和社会心理方面，如自尊、自信、情绪等。罗伯茨（Roberts, 2006）讨论了情绪健康，并报告了伯德和杰拉赫（Bird and Gerlach, 2005）对情绪健康和幸福的描述。

> 这是一种主观能力和精神状态，能够支持我们对现状感到良好，以及让我们自信地处理当前和未来的状况。我们的情绪发展变化会影响到它，我们感受到的自己的心理弹性和机敏性程度也会影响到它。（第 6 页）

如果将这种对情绪健康的理解放到波拉德和李所说的心理领域中，我们会发现在与幼儿期有关的文献中，更容易遇到“情绪健康（emotional wellbeing）”这个概念，而不是“心理健康（psychological wellbeing）”。

认知领域包括智力或与学校相关的方面，这可能包括儿童对学校的感觉以及他们的学业表现。

社会领域涵盖社会性视角，如家庭和同伴关系、沟通技能、情感运用和实践支持。

经济领域包括家庭收入和财富、经济困难、经济支持的使用和获得，如政府福利体系。

这些领域与当前对这一概念范畴的理解是一致的，特别是在我们考虑下面的陈述中关于儿童近期和未来生活中所涉及的认知和经济方面时。

> [人们] 已经形成了一些共识，认为童年幸福是多维度的，应包括身体、情感和社会幸福层面；应重点关注儿童当前的生活，同时考虑他们未来的生活；并且将主观评价和客观评价相结合。（Statham and Chase, 2010: 1）

作为幼儿教育实践工作者，我们可能关注幸福的某些方面或全部方面。显然，各个领域之间将重叠交织并相互影响，例如，家庭援助人员可能更关心儿童幸福的经济方面，而健康访问员心目中最重要的可能是儿童身体健康，幼儿教育实践工作者可能会把儿童幸福的社会与认知方面作为他们首要关注的问题。重要的是，我们不能忽视对幸福概念本质的全面认识或整体认识，也不能想当然地将对某一领域的积极或消极评价当作对儿童幸福的整体评价。

因此，幸福并不是一个简单的概念。重要的是，幼儿教育专业人员和幼儿教育实践工作者要思考幼儿教育机构中的实践如何反映出一个特定的幸福概念框架。我们可能会问我们的政策和实践：这体现的是一种工具性的幸福观还是一种整体性的幸福观？在我们考虑儿童应该了解什么以及他们应该拥有什么技能时，工具性观念就会反映出来。例如：

- 知道如何保证安全。
- 知道如何健康饮食。
- 知道如何保持清洁。

当我们将幸福视为儿童如何体验他们的生活时，整体性观念就会得到彰显。例如：

- 感觉自身是团体中的一部分。
- 感觉自身是有价值的。
- 拥有发言权。

采取任何一种观点的政策和实践做法都将影响儿童在教育机构中的体验。在下面的章节中，我们将讨论意识到幸福之复杂的重要性，以及愿意在教育机构中讨论这种复杂性的价值。

幸福可以被看作个人特征，或者“个人内在（within-person）”特征（Anning and Edwards, 2006: 55）。这意味着幸福是个人可以独立拥有或失去的一种所有物，与他人、家庭或社区的幸福无关。这种对幸福的理解方式在英国的政策和已有文献中普遍存在，但是这种方式并没有得到广泛应用。一些国际观点将幸福理解为一种社会概念——系群体特征，而非个人特征。新西兰适用于两种文化的幼儿教育课程文件《早期教育课程框架》（Ministry of Education, 1996）指出，“儿童的幸福与幼儿教育机构中的成人幸福和文化相互依存，与家族/家庭成员的幸福和文化相互依存，也与当地社会和社区成员的幸福和文化相互依存”（第42页）。该课程框架强调，所有的幼儿教育实践工作者都必须了解和尊重不同的育儿实践和文化，如毛利人的育儿实践和文化。幼儿教育实践工作者的工作就是为了保障幼儿的幸福，课程文件为幼儿教育实践工作者提供了指导纲领，其中指出，“应使用文化适宜的方式来交流，并鼓励社会中的家族、家长、大家庭和长者参与幼儿教育活动”（Ministry of Education, 1996: 42）。这样，这份文件内含的对幸福这一概念的理解变得明确了：一个社会的幸福关系着他人给予群体的尊重以及对待群体的做法。因此，在这一概念界定中，幸福含有强烈的社会和文化联系。

二、对幸福的批判性思考

麦考利和罗斯（McAuley and Rose, 2010）强调指出，四个主要因素影响着人们对儿童幸福的最新理解：儿童权利、新童年社会学、幸福生态视角和新幸福科学。这些看待儿童幸福的不同“视角”（Rogoff,

2003），有助于我们对儿童幸福的概念进行批判性思考。现在，我们开始介绍这些内容。

我们有必要对儿童幸福概念以及支持这一概念的政策进行批判性思考，因为幸福概念在政治、社会、经济和教育方面的政策中都具有高度优先地位。有批评称，童年幸福的概念意味着一些儿童的生活中存在缺陷，为了纠正这一缺陷（无论是身体、社会、认知还是情感上的），干预是正当的。富里迪（Furedi, 2002）和埃克尔斯通（Ecclestone, 2007）指的是儿童生活中治疗式干预的正常化，并认为社会不应该不加批判地接受这种干预。克雷格（Craig, 2007, 2009）声称，关心儿童的幸福以及提供相关的干预措施来支持儿童的幸福，意味着儿童受到“保护”，免于各种情绪的影响。而这些情绪是发展个体适应力所必需的，适应力又被认为是积极的、不断形成中的教育成果的一个关键特征（Claxton and Carr, 2004; Siraj-Blatchford, 2010c）。沃森（Watson）等人已经批判性地讨论了幸福概念，并指出对儿童幸福的关注可能通过一个“他者化（othering）”的过程带来“病理和治疗，而不是幸福”（Watson et al., 2012: 35）。

“他者化”过程意味着在“正常”和“异常”之间创建一个边界；它允许指定“不同”，并进行干预、纠正或重新调整差异以稳定到“正常”位置。这是幼儿教育实践工作者关注的问题，因为“一个他者（Other）总是被排挤到一边，被边缘化，被迫同质化和贬值，就像［西方］认知机器所做的那样”（Foucault, 1983: 19）。沃森等人（Watson et al., 2012: 109）认为，对个人幸福的肤浅思考会带来这样一种观点：被认为缺少幸福的人可能会被挑出来，要求接受修正过程，返回到“正常状态”，以便“被带入内部”。这类判断和行动将某些儿童群体“他者化”了，与全纳教育理念背道而驰。全纳教育主张“产生团体感和归属感”（DfES, 2001b: 8）。

案例研究 11.1

儿童的幸福究竟是什么

下面是一位家长的讲述，这位家长领养了 3 个孩子，每个孩子很小的时候都经历了不同的、富有挑战性的生活。案例描述了孩子们的学校经历。学校想要保障孩子某一方面的幸福，但是产生了相反的效果。同时，学校给孩子们的要求与他们在家里的生活方式是相反的。其实，学校没有必要要求孩子们持有合乎“正常”的立场。

① 5 岁的劳伦（Lauren）过去喜欢有地方让她和 4 岁的保罗（Paul）躲起来，以防警察来。教师和助教不容许在教室中发生这种情况。他们向劳伦保证，警察没有来学校，她很安全。他们试图这样安慰她。但是，这种说法与劳伦的经验是不一致的，她无法在认知上加工处理这些信息。她非常苦恼，同时她的幸福受到了负面影响。

②克里斯（Chris）每天都喜欢在书包里带着一个毛绒玩具上学。当他进入关键阶段 2 后，这个行为就不被允许了，因为助教认为他应该“长大了”。毛绒玩具是家和学校之间的纽带，当被告知不能把毛绒玩具带到学校时，克里斯非常苦恼；他的行为导致我（养父母）被叫到学校，不得不“追查”克里斯苦恼的根源。

③保罗讨厌外套、毛衣或任何束缚性的东西（这是阿斯伯格综合征儿童的共同特点）。在学校里，尽管他会感到很不舒服，但老师们仍坚持要求他在户外时穿一件大衣。这样做是为了让他安全和温暖，从而增加他的幸福感，但遵守这一规则的要求却适得其反。

我自己维护孩子幸福的经验不是将发展视为一个线性过程，而是以积极的方式考虑发展和倒退。例如，当孩子第一次来到我们家时（5 岁、4 岁、2 岁），我让他们选择他们想要的饮水杯——一个瓶子、一个喂食杯（feeder cup）或一个高脚杯。每次我会把饮料放在每一种杯子里，而不对选择哪一种做任何评论。好几个月内，劳伦（5 岁）选择的都是瓶子或喂食杯。然后，有一天，她要了一个芭比娃娃的高脚杯，我非常欣喜……

案例分析 11.1

提供这个案例的家长评论说“保持幸福可能意味着被允许与众不同”，并反思：

“我们的经验是，教师和支持人员在与我们的孩子在一起时，总是根据与自身经验的一致性来判断与孩子的关系（并在这样的判断中来理解孩子的幸福）——无论他们是作为父母还是作为教师。

“至关重要的是，儿童从自己的经历中获得的经验越多，教育者就越需要与儿童的经验保持一致，这是一种完全合理的立场。有时，让儿童‘适应’学校生活不仅被视为正当的，而且被视为一种道德/伦理责任。最糟糕的是，这被认为需要‘纠正’一些事情，‘纠正’一些错误，这些错误是由儿童造成的，而儿童被认为在某种程度上是有缺陷的。”

在学校中努力给儿童幸福以支持的实践做法与倡导接纳和包容的理念之间是否存在冲突呢？与本章相关的播客介绍了一个研究项目。在这个项目中，一群幼儿教育实践工作者共同探索“幸福”。尽管他们对儿童的幸福怀有最美好的期待，但实践中还是出现了“他者化”的现象。这个播客同时介绍了“他者化”是如何在实践中发生的(Waters et al., 2012）。

三、幸福和政策文件

在英国每个区域的政策和课程框架中，关于儿童幸福的地位是不同的。

在苏格兰，与为儿童和青少年服务有关的所有政策文件和指导材料都以一些原则为基础，这些原则在全国统一遵守的《让每个孩子都有权利》（Getting it Right for Every Child, GIRFEC）中得到了阐述，而幸福是这些原则的“心脏”（Scottish Government, 2013）。《让每个孩子都有权利》中的幸福指标（即儿童受到良好的养育、实现自身潜能、健康、安全、被包容、做一个负责任的人、受人尊重和有积极主动性）表明，幸福被视为人内在的品质，并且这一概念同时具有工具性和整体性特征。对于孕期至幼儿 3 周岁这段时期，苏格兰政府的指导性文件（Learning and Teaching Scotland, LTS, 2010）强调了建立伙伴关系的必要性：“促进儿童的健康和幸福有赖于幼儿教育实践工作者、家长和机构的共同努力，为所有儿童争取最好的开端。”（LTS, 2010: 55）文件关注的重点是儿童的身体健康和发展，但也注意到早期关系对幼儿健康的重要性，以及他们在室内和绿色空间中运动和玩耍的机会。苏格兰《3 ~ 18 岁卓越课程》（Curriculum for Excellence 3–18, CfE）涵盖了健康和幸福成果这部分内容，“以便幼儿和青少年发展他们的知识和理解、技能与能力，满足他们在现在和将来获得认知、情感、社会性和身体方面的幸福所需”（Scottish Government，时间不详：1）。苏格兰倡导一种指向儿童健康和幸福的整体方案，学习者有望在其中获得支持，来发展幸福的所有方面，例如，自我意识、调控变化、维持人际关系和了解个人发展的能力；以及幸福的工具性方面，例如，做出健康的选择、评估风险、了解支持性结构的合适位置。这样看来，苏格兰在促进儿童幸福方面表现出了连贯且明晰的政策方针，以《让每个孩子都有权利》为依据，在 0 ~ 3 岁这一时期和《3 ~ 18 岁卓越课程》中贯彻实施。

威尔士议会政府于 2005 年 10 月启动了一项针对社会经济贫困地区家庭的从出生至 3 岁儿童的计划——“开端飞跃项目（Flying Start）”。2012 年 10 月，威尔士政府重申了对它的支持，称“开端飞跃是威尔士政府的首要任务之一，并承诺在未来 3 年为该项目追加 5 500 万英镑”（Welsh Government,

2013a）。温·赛恩森和托马斯（Wyn Siencyn and Thomas, 2007）在报告中说，这一项目“将儿童保育、早期学习、育儿和保健服务一体化视为促进儿童幸福的一个愿景……并因作为威尔士政府努力消除儿童贫困的基石而受到欢迎”（2007: 146）。这里，家庭经济文化资本和儿童幸福之间有着明确的联系。法定课程文件——《基础阶段：威尔士3～7岁儿童学习框架》（Foundation Phase: Framework for Children's Learning for 3- to 7-year-olds in Wales）（DCELLS, 2008）——将幸福作为基础阶段的中心（2008: 15）。幸福这个概念与儿童学习了解自己和他人有关，与建立自尊和“文化认同”（2008: 15）有关，同时与形成对他人的尊重有关。课程文件中有一个领域的名称为“个人和社会发展、幸福和文化多样性”。这一名称本身就将传承威尔士文化遗产的意识与儿童的认同感和幸福感联系在一起。这样看来，威尔士的政策似乎强调了儿童幸福的文化方面和个人方面。这也可以理解为对幸福这一概念的解释考虑到了群体的集体幸福，也考虑到了个体的整体幸福。

在北爱尔兰，面向0～3岁儿童提供教育服务的机构多种多样，这些机构是由一些相互独立的倡议和服务部门组建的。其中包括确保开端（Sure Start）、高瞻（HighScope）和玩具盒子（Toybox），它们侧重于不同的方法或面向不同的儿童群体。例如，玩具盒子的重点是为旅行中的儿童（0～4岁）提供高瞻风格的教育服务。每一个教育服务项目都涉及幼儿的幸福，尽管它们对幸福的定义和概念架构是不同的。北爱尔兰面向3～5岁幼儿的教育课程没有使用“儿童幸福”这个词，而是给出了一个相关的学习领域，即“个人发展和相互理解”。在这个领域的学习过程中，学生们可以“探索”个人的发展，如感觉和情绪、学习的风格和态度、保持健康的重要性，以及如何在熟悉或不熟悉的环境中保证安全。为了进一步加强北爱尔兰的社区凝聚力，学生们探讨了关系、责任、如何在冲突情况下做出适当反应、群体之间的异同和学习如何作为社区成员生存（Northern Ireland Curriculum, 2013）。

目前有一项由“童年（Early Years）”[①]领导的运动，呼吁在北爱尔兰对0～6岁儿童的保教采取整合统一的政策（Northern Ireland Assembly, 2012）。“童年”声称，目前“我们在北爱尔兰没有一个多样化的儿童保教体系。我们有的是大量长期存在的分崩离析和缺乏连贯性的制度”（NIA, 2012）。并且，“童年”发表了一份宣言，要求“提供全面整合的幼儿保教服务”（Early Years, 2012）。

在北爱尔兰的政策表述中，儿童的幸福与他们的情绪健康密切相关。

> 情绪健康对于形成一个健康、成功的学校共同体至关重要，它包括发展学生的社交、情感和行为技能。重视学生的情绪健康与幸福已被认为是部长级行动的优先事项，并且其自2008年9月财政年度以来获得了额外的财政资金支持。（DENI, 2013）

北爱尔兰教育部与利益相关方合作制订的“学生情绪健康和幸福计划（Pupils Emotional Health and Wellbeing, PEHAW）”有助于发展“有弹性的情绪健康”及学生的幸福（DENI, 2013）。显然，这一计划意味着在其他服务机构之间就儿童幸福的相关方面提供凝聚力和一致性。这一计划被人们看作“整合个别政策/服务的胶水，例如，所有影响学生的非学术性活动与课程活动”（DENI, 2013）。

在英格兰，“幸福（wellbeing）”一词并没有出现在《早期基础阶段》（DfE, 2012d）的法定课程

---

① 这是英国一家服务于婴幼儿保教的非营利机构，始建于1965年，致力于为0～12岁儿童及其家庭提供高质量的照料服务。

文件中，这一框架适用于 0 ~ 5 岁儿童，但在与儿童安全保障相关的条款中使用了“福利（wellfare）”一词。2012 年，基于《蒂克尔评论》（Tickell Review）（Tickell, 2011），《早期基础阶段》得到了修订，其中建议增加儿童福利和安全保障方面的内容（Palaiologou and Male, 2012）。《早期基础阶段》对儿童福利的规定反映了一种高度工具性的方法，并且规范了以下相关具体程序。如照相机的使用、教职工资质、教职工与幼儿数量比、点心和餐食供给、室内空间要求、风险评估和日常记录。早期学习目标包括个性、社会性和情绪的发展，对学习目标的具体规定反映了个人成就的人际互动特征，如积极自我概念的建立、自信的增强、社交技巧的丰富和对群体中适宜行为理解的深入等等。

《早期基础阶段》的目标是让儿童做好入学准备，它旨在促进教学和学习，以确保儿童做好“入学准备”，向儿童提供一系列的知识和技能，为儿童今后在学校和生活中取得良好的进步奠定适宜的基础（DfE, 2012d: 2）。自然，该文件在方法上属于工具主义取向。大多数小学会根据《早期基础阶段》的要求为儿童提供服务，在政府指导下关注儿童的幸福。社会与情绪学习项目（Social and Emotional Aspects of Learning, SEAL）（DfES, 2005b）最初由教育和技能部资助，旨在发展小学阶段儿童的社会性、情感和行为技能。社会与情绪学习项目是在回顾具有类似目标的国际方案的评价结果之后出台的。这些评价结果表明，“综合多种要素的、一般性的、基于学校的项目坚持推进一年后”（Hallam, 2009: 315），能够有效地增强儿童的幸福。对以往的国际方案的回顾讨论的主要策略包括改变学校环境，“引导儿童掌握适宜的认知与行为策略”（第 315 页），也就是面向儿童开展与幸福相关的策略的显性教学工作。社会与情绪学习项目在英格兰的小学中得到了广泛应用（Lendrum et al., 2009），它不仅适用于早期基础阶段，还适用于义务教育阶段。该项目集中关注了社会和情感学习的五方面内容：自我意识、情绪管理、动机、移情和社交技巧。课程材料（curriculum materials）旨在培养儿童的基础素质和技能，以促进儿童的积极行为和有效学习。这些材料分为 7 个主题组织呈现，适用于早期基础阶段和小学时期，其中包括整个学校集会时所需的内容，并在所有课程领域为不同年级的小学生提供延伸活动建议。课程以螺旋式组织安排，每个主题在小学阶段都会再次出现（Hallam, 2009）。对社会与情绪学习项目早期实施阶段的评估表明，其特殊优势包括“将情绪情感话语体系引入学校教育，增强了人们对难以言说的情绪的识别能力，提供了多种方式和内容主题来帮助人们审视情绪”（Hallam, 2009: 329），增强了教学工作人员对支持儿童情绪和行为发展的信心。在社会与情绪学习项目得到充分实施的条件下，“该项目促进了全校参与，鼓励了人们就行为、态度和选择进行对话，并且这种影响随着时间的推移是可持续的”（第 329 页）。

社会与情绪学习项目的实施分为三次“干预波（wave of intervention）”（Lendrum et al., 2009）。第一波，全校采用该方案，如上文哈勒姆（Hallam, 2009）所评价的那样；第二波对被认为需要特殊支持来发展社交和情感技能的儿童进行短期、小群体干预（DfES, 2006d）；第三波是一对一的干预措施，帮助那些没有从某所学校的全体和小群体干预中受益的儿童。

有人对学校采用社会与情绪学习项目提出了批评。例如，克雷格以苏格兰信心与幸福中心（Centre for Confidence and Well-being）首席执行官的身份警告说，社会与情绪学习项目可能是“善意的，但正式地教导年轻人社交和情感技能可能会起到反作用，最终会使他们的幸福状况更糟糕”（2007: 2）。她以心理学研究为依据，对社会与情绪学习项目的教材和理念进行了批判，认为像社会与情绪学习项目这样普遍适用于所有学生的方案假定所有儿童在社会性与情绪方面都是有缺陷的。这种观点降低了人们对适当行为的期望，并创造了一种情境。在这种情境下，孩子们的情感生活和他们的友谊成为“需要解决的问题”（Craig, 2007: 60）。埃克尔斯通和海耶斯（Ecclestone and Hayes, 2009）也表达了类似的担忧，他们将社会与情绪学习项目归为他们所定义的“治疗性教育（therapeutic education）”范畴，对这种在学校教育系统中发展儿童情感和社会技能的方法进行了批评。下面的例子说明了这些作者和其他人在这场争论中持有的主要立场。

社会与情绪学习项目使“平静下来”成为所有孩子的问题。我们期望看到的平静是不存在的——这是孩子们现在必须学习的东西。当我们这样说的时候，我们就看到它引入了失败的概念——这种说法本身就不能引导儿童进入平静的状态。很容易看出，接下来就是讨论保持平静多么重要，而不是提供一个可能让人平静的环境，教师可能会不知不觉地增加孩子们对不平静状态的紧张情绪。简言之，强调平静会使一些孩子感到焦虑，并担心不平静。（Craig, 2007: 65）

到目前为止，没有事实证据证明这些担忧确实存在，社会与情绪学习项目在英国的学校中广泛应用。在线资源 TeachFind 网站的现有栏目“国家战略（National Strategies）”中提供了有用的案例研究。

四、自尊

儿童的自尊不仅是影响他们幸福的一个主要因素，也是影响他们学习效果的一个主要因素（Roberts, 1998: 161）。自尊是一个与自我概念联系在一起的复杂概念，它关系到儿童对自己的看法，以及他们由于对自我的感知而表现出的行为。正如谢弗（Schaffer, 1996: 159）所指出的：自我概念来源于经验，如果个体体验到成功，就会产生胜任感；如果个体体验到失败，就会产生挫败感。布鲁克尔和布罗德本特（Brooker and Broadbent, 2003: 33）就儿童的自尊提出了一个重要的观点。

自尊可以被看作儿童赋予他 / 她自己的价值：通过尝试对儿童想要成为什么样的人和儿童对自己的实际看法来测量或描述二者之间的差距。但在幼儿时期，自尊主要反映了幼儿觉察到的自己在他人眼中的价值，尤其是那些“重要的他人”，他们的意见非常重要。

罗伯茨（Roberts, 2002: 105）认为自我概念建立的核心在于接受的特点，“无条件接受”对于建立积极的自尊至关重要。她认为，“婴儿需要的接受是来自父母和其他重要他人的接受，这是一种独立于行为的接受，没有任何保留，也没有任何判断”（Roberts, 2002: 5）。这样的观点同样适用于年龄稍大的幼儿，并且这一点在案例研究 10.1 中得到了强调。约翰斯顿·怀尔德和柯林斯（Johnston Wilder and Collins, 2008）认为自尊及其形成与幼儿的认同感相伴而生。他们强调这种接受特别重要，因为“儿童可以成为我们认为他所是的人”（2008: 43）。他们提出了“教师期望效应（teacher-expectancy effect）”（2008: 48），即儿童的行为方式反映了教师对他们的期望，或佐证了被分配给他们的标签（无论是正式的还是非正式的）。约翰斯顿·怀尔德和柯林斯认为，“幼儿教育实践工作者需要意识到标签可能会产生一定的后果”（2008: 49）；为了支持儿童建立积极的自尊，“幼儿教育实践工作者可以通过努力建立积极的关系来提供帮助，在积极的关系中给予儿童较高程度的温暖和较低程度的批评”

（2008: 52）。鉴于这样的考虑，如上所述，“他人”（Watson et al., 2012）对自身做法的认识就非常关键，要避免给某些学生群体较低的期望。

尽管家庭背景与低教育成就在统计分析中显示相关，但有研究发现父母较高程度的期望与激励是影响儿童在基础教育阶段“成功逆袭（against the odds）”的一个显著因素（Siraj-Blatchford, 2010c: 463）。西拉杰 - 布拉奇福德指出，那些拥有高成就的儿童会说他们的家庭对他们的未来寄予了厚望。家庭和儿童都把成就（如在学校里的成就）与努力联系在一起，儿童就会表现出一种信念，即他们的努力工作将在今后的成功中得到回报。西拉杰 - 布拉奇福德（2010c）将这种“以掌控为导向（mastery oriented）”的学习者身份（Dweck and Leggett, 1988）与积极学习倾向（positive learning dispositions）联系在一起。

当“以掌控为导向”的儿童遭遇挫折时，他们倾向于专注努力和策略，而不是担心自己没有能力。这些学习倾向看起来是强有力的，并且有利于儿童建立积极的、初步的自我认同和社会认同。人们已经发现，积极的倾向能提供心理弹性（Werner and Smith, 1982; Claxton, 1999），并能引导儿童进入终身可持续的积极的“学习轨迹”（Gorardet al., 1999）。（Siraj-Blatchford, 2010c: 472）

因此，对于幼儿教育实践工作者来说，有必要确保这种积极的学习倾向在早期环境中得到培养和支持。卡茨将“性格（dispositions）”定义为“思维习惯（habits of mind）”（1999: 2）或“以某种方式应对某些情况的倾向（tendencies）”（1999: 2）。例如，性格可以是友好的、羞怯的、好奇的、专横的等。卡茨（Katz, 1999）提醒我们，并不是所有的性格都是积极的，建议幼儿教育实践工作者思考他们想要在自己的机构中鼓励孩子形成怎样的性格——认识到哪种性格倾向会被加强、哪种性格倾向会被削弱，并创造条件来支持某些倾向比别的倾向更多地表现出来（Anning and Edwards, 2006）。那些看来对儿童的学习有积极影响的倾向被称为积极学习倾向。关于学习倾向的研究表明，培养积极学习倾向会使儿童变得更有目标、更容易成功、更少机会产生不满的情绪（Brooker and Broadbert, 2003）。卡尔和克莱斯顿（Carr and Claxton, 2002）已经指出，在幼儿时期加强三种积极学习倾向——韧性、趣味性和互惠性是特别有价值的。韧性是指这样一种倾向——在遇到挫折后仍坚持做一项任务，在结果不确定的情况下应对挑战，即便这是一项艰苦的工作，也仍然能够坚持下去。趣味性意味着在各种情境中做出反应时倾向于创造性，以及倾向于注意、想象和探索其他可能性。互惠性是指愿意与他人接触、提出问题、交流想法、听取和采纳他人的意见（Carr and Claxton, 2002）。

在卡茨（1993）看来，一些学习倾向（如探索）是与生俱来的，但这些倾向可能受到不适当的学习经验的不利影响，甚至被摧毁。她以一个孩子举例做了说明。这个孩子在理解单词的方法上受过训练，能够阅读，但缺乏这样做的意愿——因此他还不是“读者”。个体的倾向会受到早期经验的影响：安宁和爱德华兹（Anning and Edwards, 2006）认为，“这些思维习惯是幼儿在与他人的交往中形成的，也是幼儿在可获得的学习机会中形成的，特别是在他们的家庭和幼儿教育机构中形成的”（2006: 55）。高质量的早期学习和照料包括支持和加强幼儿形成积极学习倾向（Carr, 2001; Sylva, 1994）。

因此，在实践中，为了支持儿童积极自尊的发展，我们需要提供积极倾向能够得到支持的幼儿教育机构。在这种机构中，幼儿的积极倾向得到支持，能够获得成功，并能真正接受他们是谁。

五、对幸福的评价

联合国儿童基金会和经合组织都开展了国际比较研究，使用多种幸福指标比较不同国家儿童的幸福状况。联合国儿童基金会收集了来自 21 个国家的有关儿童幸福的数据，报告了“富裕”国家儿童贫困和儿童幸福的状况。其中的幸福涵盖 6 个维度：物质幸福、教育幸福、健康和安全、家庭和同伴关系、行为和风险、主观幸福感（UNICEF, 2007b）。在这项研究中，英国的水平很低：英国是发达国家中儿童幸福感最低的国家。在 6 个维度中，英国在儿童健康和安全维度上比其他一些国家排名好一些（21 个国家中排第 12 位），在教育幸福和物质幸福维度上排名倒数第 5 位（21 个国家中排第 17 位）。英国的排名非常差，包括在家庭和同伴关系维度上倒数第 1，在行为和风险维度上倒数第 1，以及主观幸福感维度上在 21 个国家中排第 20 位。类似地，由儿童协会（The Children's Society, 2007）进行的“幸福童年调查”也指出，“英国儿童的幸福，特别是心理健康，低于欧洲其他国家”（2007: 5）。

联合国儿童基金会的研究方法受到了严厉批评，人们认为它偏向收集年龄较大的儿童的信息；数据没有按年龄、性别和族裔等特征分类；缺少许多国家的关键信息（如关于儿童保护和儿童心理健康方面的信息），这些信息在随后的评级中又是有利的（与英国等其他国家相比较时，此类数据是有利的）；对儿童幸福的不同方面赋予同等权重，以及研究内部假设被研究因素与儿童幸福之间存在着因果关系（Statham and Chase, 2010）。

延续联合国儿童基金会的研究，经合组织开展了一项研究，对 30 个经合组织成员国的儿童幸福进行了比较（OCED, 2009）。这项研究修改了评价维度，重点关注最有可能受到政府政策影响的指标。评价增加了住房、环境和学校生活质量指标，但删除了儿童主观幸福感这一指标。这份报告避免像联合国儿童基金会先前的报告那样，在单一综合得分的基础上对国家进行排名。并且，经合组织指出，“没有一个经合组织成员国在所有方面都表现良好”（2009: 21）。然而，经合组织的比较受到了一些与联合国儿童基金会报告同样的批评（Statham and Chase, 2010）。在经合组织的报告中，英国在这些不同指标之间的排名差异很大。英国的学校生活质量排第 4 位，但是教育幸福排第 22 位，物质幸福排第 12 位，行为与风险排第 28 位。

斯泰瑟姆和蔡斯（Statham and Chase, 2010）对与儿童幸福有关的文献进行了一次全面回顾，目的是提供一份“关于幸福如何被理论建构的概要”（2010: 2）。其中讨论了英国和国际上的儿童幸福评价维度与标准，以及儿童观和青少年观是如何融入儿童幸福的研究工作的。他们提出：

> 多种不同的维度和标准被用来评价童年幸福的水平。
>
> 由于已有研究采用了不同的维度和标准，这使得我们很难对不同研究中和不同背景下的童年幸福进行有意义的比较。
>
> 幸福倡议中的不同重点（如关于需要、贫穷、生活质量、社会排斥或儿童权利）对政策类型及政策所支持的方案会有影响。
>
> 人们已经形成了一些共识，认为童年的幸福是多维度的；应该包括身体、情感和社会幸福这些维度；应该把重点放在儿童当前的生活上，同时考虑他们未来的生活；并且应当整合主观评价和客观评价。（2010: 2）

当我们读到有关幸福的比较标准时，前两点应该是我们脑海中最重要的。特别是像我们在回顾中所发现的那样，幸福是一个被广泛使用的概念，但却有着“薄弱的理论基础”（Statham and Chase, 2010: 3）。我们要认识到，幸福概念本身的“力量”（Foucault, 1972）是很强的，这一点很重要。这意味着幸福评价和国际比较在世界范围内都具有重要地位，即在幸福国际排名中处于较低位置的话，可能会带来随后的国家政策干预。德勒兹和加塔里（Deleuze and Guattari, 1994）认为，幸福概念的力量会使人们使用浅显的定量指标来评价幸福，这些指标可能与幸福概念本身不一致。

在2000—2010年这个十年的中期进行的一项关于幸福的国际评价表明，英国在儿童幸福方面表现很差：媒体评论中经常会出现这样的摘要——“联合国指出，英国是富裕世界（wealthy world）中儿童生存最糟糕的地方”（Chrisafis et al., 2007）。基希尔（Kehily, 2010）在关于童年的公开讨论中找出了这类评论，发现它们“常常援引‘危机（crisis）’这个概念”（2010: 16）。她用后现代社会理论视角对这一表述进行了批判（第16页），并解读了在英国普遍使用的危机概念，其中关注了从胎儿到青少年时期的人类幸福。卡塞尔（Kasser, 2011）联系文化价值观分析了幸福，认为英国在国际幸福排名中的不佳表现可以归因于社会中等级价值观的主导地位。

从20个富裕国家的档案数据分析来看，其中显现出一个具有普遍性的模式，即一个国家越优先重视等级和控制这样的价值观，就越不重视平等主义与和谐这样的价值观，（a）全国儿童幸福越低，（b）针对儿童的广告越多，（c）国家有关产假的法律就越不慷慨，（d）国家排放的二氧化碳越多。（2011: 211）

他的观点借鉴了布朗芬布伦纳的生态发展模式（ecological model of development）（1979），“文化层面的价值观最有可能影响儿童与社会世界互动的政策与实践，从而影响儿童的幸福”（Kasser, 2011: 207）。这项研究表明，在我们评价各国儿童的幸福和比较各国的评价标准，以及在制定政策回应这些比较结果时，重要的是考虑政策处在其中的公共话语和文化价值，以确保政策层面回应的适宜性。

“对于如何最好地评价儿童幸福，已有研究文献中没有达成一致意见。”（Pollard and Lee, 2002: 66）以往的研究采用了多种评价方法，包括客观测评方式，如儿童病史复核、教育评估、医疗记录，以及对诸如死亡率、药物滥用和自杀等信息的国家统计分析。其中也使用了主观评价方式，包括请参与者使用多个独立的测量工具进行报告，如对自尊水平、抑郁和关系质量等做出报告。波拉德和李（Pollard and Lee）的研究提出了专门测量自尊和抑郁的工具，并且认为可以据此评价人幸福与否。但是，他们认为这并没有实际测量幸福本身，因为幸福有一个复杂的结构，他们只关注了其中的心理 / 情感这个方面。同样，我们也应警惕，不应找到一种直接的或简单的方法来评价我们所照料的儿童的幸福。我们可能要寻找的是了解儿童幸福各个方面的方式方法，并将我们通过这些方式方法获得的认识作为儿童幸福的指标，而不是作为“我们的孩子现在如何”的评价标准（Laevers, 2000）。

对于幼儿来说，拉弗斯（Laevers, 2000）认为将“幸福”和“参与”（2000: 24）相结合，通过观察儿童在参与活动时的表现，就能够了解儿童当下的状态。

当我们想知道每个孩子在一所机构中的感受时，我们首先要探索孩子们在多大程度上能够感到自在，能够自发地行动，并表现出活力和自信。所有这些都表明，他们的情感幸福是“良好的”，而且他们的身体需求、对温柔对待和情感的需求、对安全和清晰的需求、对社会认可的需求、对感到胜任的需求以及对生活中的意义和道德价值的需求都得到了满足……“参与”这个概念指代人类活动的一个维度。参与既不涉及特定类型的行为，也不涉及特定的发展水平。（2000: 24）

儿童体验到的最高程度的参与，表现为他们的幸福（Anning and Edwards，2006），也意味着儿童在“深度学习”（Lavers, 2000: 20）。幸福被描述为“感觉在家中，做自己，感觉快乐”（Lavers, 1994: 5）。参与关系到活动的强度和个体被卷入的程度（1994: 5），与契克森米哈伊（Csikszentmihaliy, 1979）所说的“心流”相关联。“心流”通常是幼儿在游戏中体验到的。拉弗斯研发了勒芬参与量表（Leuven Involvement Scale），用以支持成人对儿童活动的观察，并对儿童参与其活动的程度进行评估。这反过来帮助我们认识了“他们现在如何”或他们的幸福（Lavers, 2000）。

越来越多的人认为，对幸福的评价应包括主观信息、客观信息和背景信息。主观信息包括儿童自身的健康、技能、知识、情感状态方面的指标；而背景信息涉及家庭结构、收入、社区犯罪率、学校服务和质量等。这些评价指标应该彼此独立，因为“背景信息指标极其重要，它们代表了对儿童发展和幸福的重要投入。然而，这并不是对儿童幸福本身的评价”（Lippman et al., 2009: 32；也可见 Ben-Arieh and Frønes, 2011）。如果我们重新思考“他者化”的作用过程可能带来的负面影响（如上文所讨论的），那么最后一点也是至关重要的。要确保不将影响儿童生活体验质量的外部变量和背景信息指标混为一谈，我们才能确保不会让“他者化”发挥作用，只关注他者化作用下的儿童。

联合国儿童基金会（2009b）认为有必要报告儿童幸福的发展性指标（参见 Anderson Moore et al., 2004），包括儿童自己主观报告的那些指标（参见 Ben-Arieh, 2005; Ben-Arieh and Frønes, 2007）。发展性指标指的是“能力、技能、行为和素养，以及关系和社会联系，这些会促进儿童生活各个领域的健康发展”（Lippman et al., 2009: 4）。

（这种方式）明确以优势为基础，注重培养儿童的潜能、积极的关系、信念、道德、行为和能力，给儿童足够的资源，让他们在一生中顺利成长。（第 4 页）

发展性指标的使用反映了儿童观的转变，系从成人视角向儿童视角的转变，并将明确接受儿童对自身幸福的主观评价作为评价儿童幸福的首选方法。

在英国，儿童协会为儿童开展了大量工作，以使人们认可儿童自己的感受对幸福的重要性。该协会使用的维度包括生活的 10 个方面，因为“它们被儿童认为是重要的。我们的研究也表明，它们都与儿童的整体幸福密切相关”（The Children's Society, 2012: 3）。

- 家人。
- 家庭。
- 金钱和财产。
- 友谊。
- 学校。
- 健康。

- 外貌。
- 时间使用。
- 选择和自主。
- 未来。

在对英国儿童幸福的年度评估中，儿童和青少年被要求就这 10 个方面发表意见（Rees et al., 2010）。2012 年的报告指出，在英国：

大多数儿童对他们的整体生活感到满意，大约 11 人中有 1 人（9%）对自己的生活感到不满意。这相当于在英国 8 ~ 15 岁的儿童中，有近 50 万的儿童在特定时间幸福感很低。

在许多方面，儿童的幸福并不因其个人或家庭特点而有那么大的差异，然而儿童的幸福随着儿童年龄的增长在下降：大约 4% 的 8 岁儿童幸福感较低。相比之下，15 岁时幸福感较低的儿童占 14%。（The Children's Society, 2013: 3）

该协会整理了一份由 6 个领域组成的清单，供决策者参考，目的是帮助其了解政策发展对儿童幸福可能产生的潜在影响。

儿童需要什么？

- 学习和发展的条件。
- 对自己的正面看法和被尊重的身份。
- 重要的需求得到充分满足。
- 与家人和朋友的积极关系。
- 安全舒适的家庭环境和当地社区。
- 参加积极的活动以获得成长的机会。

（The Children's Society, 2012: 7）

如果一个组织制定的政策有可能影响儿童的生活，那么可以将该文件作为一个有用的参考。

相关研究

Adams, K. (2013) 'Childhood in crisis? Perceptions of 7–11-year-olds on being a child and the implications for education's well-being agenda', *Education 3–13*, 41(5): 523–537.（Published online, January 2012, doi: 10.1080/03004279.2011.613849.）

亚当斯（Adams, 2013）进行了一项研究，旨在“与孩子们产生共鸣，以便像他们一样看待他们的世界”（2013: 526），而不是简单地聆听小学生就儿童幸福的看法。虽然这项研究是面向 7 ~ 11

岁儿童进行的，但研究结果给了我们一个非常关键的提醒——幸福是建构的产物，儿童的声音可能会挑战占主导地位的成人对幸福内涵的理解。亚当斯说，虽然研究中的大多数儿童来自低收入家庭，但没有证据表明这些孩子有被剥夺的感觉，没有一个孩子抱怨物质匮乏。“他们有自然的适应力，也有渴望的态度；他们表示，父母有经济担忧，但并不会自然而然地使自己处于同样的命运，相反，他们相信自己成年后能找到高薪工作”（2013: 12）。孩子们对自己生活的反思表明了他们对幸福的理解，这种理解提供了一种对童年截然不同的看法，而这种观点是在与儿童生活相关的充满危机的文化氛围中形成的。

本章小结

本章批判性地讨论了幸福的概念，认为它是复杂的，而不是简单化的，并鼓励通过实践情景和相关播客来反思实践。本章特别指出，采用简单化的方式来思考幸福会引发“他者化”过程，这是一个不受欢迎的结果。在整个英国，幸福有不同的概念架构和法律实现方式。本章援引面向幼儿的政策文件进行具体分析；批判性地讨论了对幸福的评价，并指出了国际比较的局限性；介绍了关于如何真实评价幸福的最新思考，包括由儿童自己进行的主观评价，也包括关注那些看起来更为客观的背景信息。本章强调采用以权利为基础的方式为儿童提供服务，并在其中构建儿童幸福的发展性指标。这样，儿童幸福的概念在一定程度上可以由儿童自己建构。

反思与讨论

个人反思

1. 如何对儿童幸福的概念进行建构?

2. 在我的工作领域中，幸福是如何进行概念建构的，这与我自己对幸福的概念建构是一致的还是有冲突的?

集体讨论

1. 重新阅读关于父母养育的案例研究，并反思你的幼儿教育机构服务。关注具体的规则、期望或实践，看是否在一些情况下儿童的幸福没有得到最好的保障，即使这些规则、期望或实践本身就是为了支持儿童的幸福。

2. 如何在幼儿教育机构中表现出对所有孩子的高期望?

3. 我们如何才能更好地通过倾听儿童对他们自己幸福的看法来理解“我们的孩子现在如何”？

推荐阅读

1. Adams, K. (2013) ‘Childhood in crisis? Perceptions of 7–11-year-olds on being a child and the implications for education's well-being agenda’, *Education 3–13*, 41(5): 523–537. (Published online, January 2012, doi: 10.1080/03004279.2011.613849.)

这篇文章清楚地概述了与“童年危机”相关的争论，并介绍了一项旨在以真正的方式了解儿童心声的可操作的研究设计。

2. Craig, C. (2007) *The Potential Dangers of a Systematic, Explicit Approach to Teaching Social and Emotional Skills (SEAL)*. Glasgow: Centre for Confidence and Wellbeing.

这是对社会与情绪学习项目的批判性讨论，介绍了那些对系统地教授幸福技能持谨慎态度的人们的担忧。阅读这份材料，铭记其观点的事实依据，以及由此产生的担忧，这是非常有价值的。

3. Lendrum, A., Humphrey, N., Kalambouka, A. and Wigelsworth, M. (2009) ‘Implementing primary Social and Emotional Aspects of Learning (SEAL) small group interventions: recommendations for practitioners’, *Emotional and Behavioural Difficulties*, 14(3): 229–238.

这篇文章提供了一些实践建议，帮助人们开展社会与情绪学习项目小组干预阶段的工作。任何一个机构为了支持儿童的幸福，在实施干预时都会有一些相关的实践考量。文章也介绍了这些实践考量。

4. Statham, J. and Chase, E. (2010) *Childhood Wellbeing: A Brief Overview*. Briefing Paper One. Childhood Wellbeing Research Centre.

这份简要的论文对有关儿童幸福及其评价的大量文献基础的各个方面做了清晰简明的概述。

5. The Children's Society (2013) *The Good Childhood Report: Summary of Our Findings*. London: The Children's Society.

这份（及随后的）年度出版物概述了儿童幸福的“当下状态”。尽管该调查以英格兰为主，但调查结果可以促进英国各地的调查、干预或反思。

第十二章

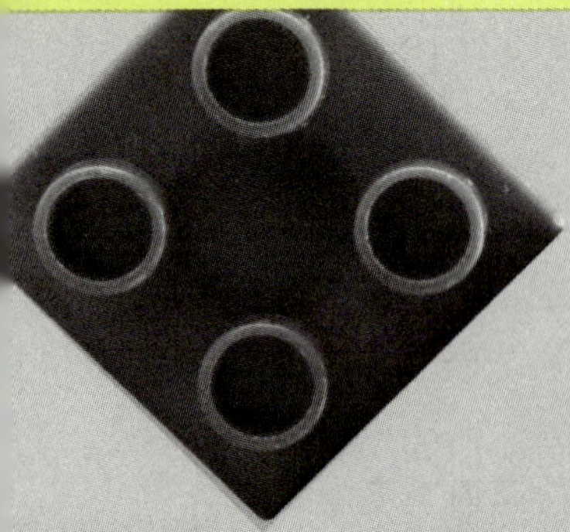

保护和保卫儿童

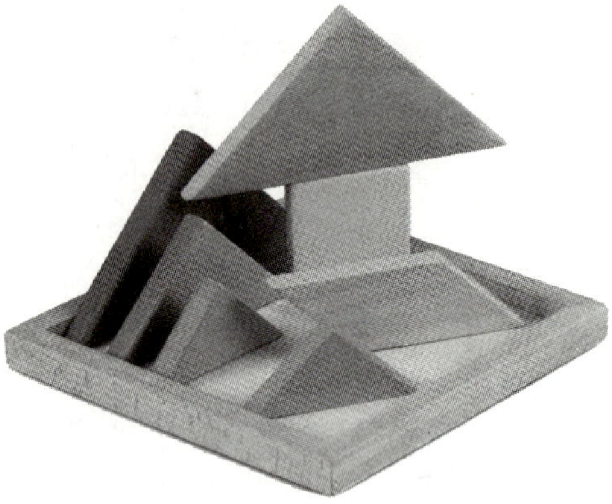

西莉亚·多伊尔（Celia Doyle）

主要目标

· 帮助读者了解保护和保卫的性质，包括权力在“虐待”定义中的作用。

· 提高读者对可能发生虐待情境的认识。

· 帮助读者认识不同形式的虐待行为的主要特征，包括性犯罪者对幼儿的针对性和诱导。

· 帮助读者理解受害儿童可能会如何应对虐待，以及他们为什么这样做。

· 帮助读者认识和了解承认虐待行为的障碍。

· 提供干预方面的提示，包括回应披露和记录关注事项。

请注意，你可能会发现这一章中的一些材料对情感的要求很高。

本章介绍了一些关键概念，这些概念将有助于幼儿教育实践工作者保护可能遭受虐待和忽视的儿童。本章主要强调了负责照料儿童的人的虐待行为，尤其是父母。正如麦基和迪伦堡（McKee and Dillenburger, 2012: 357）所写的那样："如果幼儿教育实践工作者不做好准备，可能会导致对虐待儿童的识别无效，更重要的是，会导致不适当的应对措施。"因此，本章的目的是补充对幼儿教育实践工作者的培训，并帮助幼儿教育实践工作者充分理解儿童保护的关键领域，使他们能够认识各种形式的虐待，意识到认知障碍并试图克服障碍。重点是理解和承认认知障碍而不是政策和程序。政策和程序可能会发生变化，通常是为了回应公众对儿童死亡的强烈抗议。基于极端虐待的程序有时对于那些不太极端的"灰色地带"案件是无用的。虽然可以从维多利亚·克林比尔（Victoria Climbié）（Laming, 2003）和彼得·康奈利（Peter Connelly）（Care Quality Commission[①], 2009）等知名案件中吸取经验教训，但这些并不是情绪虐待或父母忽视造成严重伤害性事件的例子。因此，本章旨在协助幼儿教育实践工作者处理各种类型的虐待行为。

重要的是，所有从事儿童工作的人在怀疑或发现儿童受到虐待时，必须知道自己需要做什么（Calder and HacKett, 2003）。他们需要了解适用于他们特定职业、职位和地方的程序，例如，《全威尔士儿童保护程序》（All Wales Child Protection Procedures）（Welsh Assembly Government, 2007）或者《苏格兰全国儿童保护指南》（National Guidance for Child Protection in Scotland）（Scottish Government, 2010）。但是，如果幼儿教育实践工作者意识不到虐待正在发生，程序就无法执行。

最近几年，维多利亚·克林比尔（Laming, 2003）的情况清楚地表明了这一点。维多利亚遭到了她的阿姨（她的主要看护者）和阿姨的男朋友的殴打。验尸结果显示她身上严重烧伤，有128处伤痕。因此，这种虐待不是一次经历的，她长期经历着这种痛苦。在此期间，医院工作人员和社会工作者在内的一些官员经常见到她，但他们都没有注意到她被虐待的迹象。

对儿童死亡的无数公众调查表明，承认虐待绝非易事（Reder et al., 1993）。蒙罗（Munro, 2011: 18）评论说，特别是在幼儿时期，专家和其他看到孩子的人没有意识到虐待正在发生，"因为这些迹象和症状往往是不明显的，所以可能会对其进行善意的解释"。然而，对虐待案件背后隐藏的事实多一些了解，有助于我们判别虐待和知道按照程序如何适宜地处理，并有助于幼儿教育实践工作者施加干预，来惠及那些被虐待的儿童。

一、保护和保卫

英国政府对《拉明报告》（Laming Report, 2003）的回应之一是发布了《每个儿童都重要》（DfES, 2003a）。

建议改变儿童服务，以确保每个儿童都得到他或她所需要的支持。

- 健康。

① 保育质量委员会（Care Quality Commission）是英国卫生和社会关怀部下的一个公共机构。它成立于2009年，旨在规范和检查英格兰的健康和社会护理服务。它由三个组织组成：医疗保健委员会、社会关怀检查委员会、精神卫生法委员会。——译者注

- 安全。
- 快乐和有成就感。
- 做出积极贡献。
- 享有经济福祉。

随后，《2004年儿童法》实施了这些建议（HM Government, 2004），其内容主要包括5个部分。第一部分规定设立儿童事务专员，在英国各地区宣传儿童的观点和权益。其他部分涉及更好地整合英格兰和威尔士儿童服务的规划与支持。北爱尔兰颁布了《2003年北爱尔兰保护儿童和弱势成年人令》[Protection of Children and Vulnerable Adults (Norther Ireland) Order 2003]。在苏格兰，一项重要的倡议是“确保我安然无恙是每个人的工作（It's Everyone's Job to Make Sure I'm Alright）”（Scottish Executive, 2002）和《2003年苏格兰保护儿童法》[Protection of Children Act (Scotland) 2003]。下一节将更详细地讨论虐待的定义。

二、什么是虐待

试图干预虐待案件的人面临的一个复杂问题是，许多概念是“社会建构的”（Hallet, 1995）。这意味着不同的文化和社会形态对行为的看法是不同的。例如，关于奴隶制，许多过去的文明认为它是完全“正常”的，而在现代社会，大多数人认为这是不可接受的。同样，对儿童的某些行为，如诋毁和殴打，在一些文化中被视为虐待，而在另一些文化中，“不打不成器”和“大人在讲话，小孩别插嘴”这样的信条成为养育孩子的基础。因此，很难给出“虐待”的确切定义。然而，一个关键的定义特性是，至少有一个人——通常是家长，滥用他们对孩子的权力，虐待发生并再次发生，有三个必要条件：

- 滥用或不适当使用权力。
- 对受害者的客观化：当施虐者看不到受害者的基本人性时，这既可以是个人层面的，也可以是社会层面的，例如，在奴隶贸易期间，“奴隶”被视为商品进行贸易。
- 沉默的证人：可能不愿意承认虐待行为的人，包括专家，或不知道它的严重性的人；共同受害人因害怕而不敢透露；施虐者的同伙，他们从受害者的痛苦中获得替代性快乐。

因此：

- 身体虐待是滥用身体力量对儿童造成身体和情感伤害。
- 忽视是指没有使用或滥用身体和资源的力量，以致对儿童造成损害，包括身体、社会性、发展和情感上的伤害。
- 性虐待有时是对身体的虐待，但主要是拥有更多权威力量或更多知识的人性胁迫和性剥削儿童。
- 情感虐待是指滥用一系列权力来破坏和损害儿童的自我价值感。

这种虐待或滥用权力的情况更加严重，因为幼儿几乎完全没有权力。他们几乎没有体力、没有地位或经济资源，完全依赖于照顾他们的成人。

相关研究

Enlow, M.B., Egeland, B., Blood, E.A., Wright, R.O. and Wright, R.J. (2012) 'Interpersonal trauma exposure and cognitive development in children to age 8 years: a longitudinal study', *Journal of Epidemiology and Community Health*, doi: 10.1136/jech-2011-20072.

我们越来越多地了解到童年的虐待是如何对儿童发育中的大脑结构产生不利影响的。也有证据表明，慢性或过度压力会对大脑产生长期影响，如对海马神经元的损害，而海马神经元与记忆有关。安洛等人（Enlow et al., 2012）的论文进一步说明了在童年早期虐待儿童，可能会对儿童产生不利影响。

研究人员追踪了一组从出生到 8 岁的孩子。他们招募了 206 名儿童，其中 36.5% 曾遭受虐待，包括在 64 个月大的时候目睹严重的家庭暴力。研究人员考虑了母亲的智力水平、出生体重或出生并发症等因素。他们发现，被虐待儿童的认知功能较低，尤其是那些在 2 岁大的时候受到虐待的儿童。这一发现与其他许多类似的研究结果一致（Twardosz and Lutzker, 2010）。

三、承认多样性

受虐待的儿童有各种各样的背景，代表着一系列社会经济阶层、族群、宗教和文化。他们的家庭具有不同的结构，包括几代同堂或单亲家庭。在这些家庭中，儿童及其父母的能力水平和残疾程度是有较大差异的。

有一些因素会给残疾儿童带来额外的风险，尤其是被孤立的以及完全依赖于压力很大并且相对缺乏支持的父母的儿童。波奈等人（Polnay et al., 2007）还指出，残疾儿童的行动能力可能有限，因此很难逃脱虐待，也可能有沟通问题，导致无法直接“说”出被虐待。治疗也可能更困难，肯尼迪（Kennedy, 2002）雄辩地证明了受虐待的失聪儿童所面临的问题。

多伊尔（Doyle, 1998）发现，有残疾人员的家庭的儿童更容易遭受情感虐待。不过，并非总是残疾儿童受到虐待。对一些人来说，当他们的兄弟或姐妹是残疾人时，父母会非常温柔、体贴地照顾，但是他们却成了父母发泄所有愤怒和沮丧的目标。

就不同种族的儿童而言，没有明确的证据表明来自任何特定文化背景的儿童面临更大风险。钱德（Chand, 2008）指出，“混血黑人和英国黑人儿童在儿童保护登记册中所占比例过高”，并表明这些群体中的家庭可能有不合理的病态。然而，如果来自特定阶层的儿童人数不足，那么人们同样担心这些群体中的虐待行为会被忽视，因为专业人士担心自己被认为是带有歧视性的。正如雷蒙和霍兹（Ramon and Hodes, 2012: 31）所解释的那样，专业人员对虐待儿童的文化定义居于主导地位，某一少数民族儿童的文化准则可能导致少数民族文化中的儿童“得到较低标准的照料和保护”，我们在这两者之间找到了平衡。

总之，我们需要承认多样性，但它可能会增加干预的复杂性。因为工作人员必须避免谴责那些不同的，但是和主流行为相比并不是太糟糕的照料行为，而不是让孩子受到父母的伤害。这两者是不同的，后者是虐待。

四、虐待发生在哪里

虐待行为在任何地方都可以发生，无论是在私人场合还是在公共场合。而且，场所越私密，遭受虐待的风险就越大。这意味着虐待往往发生在相对孤立的私人家庭和机构中。此外，四类因素表明儿童面临的风险在增加。这些因素总是相互联系的，它们分别是普通的环境、混乱的环境、严格的环境和异常的环境。下面将进行简要介绍。

（一）普通的环境

这是一个正常满足儿童需要的环境。不幸的是，许多危机和压力意味着照料者 / 家长再也无法成功应对。有时，家里的其他孩子继续得到很好的照顾，但有一个孩子就像灰姑娘一样，被挑出来受到虐待。另外一种情况下，所有的孩子都会受到影响。

例：一位母亲有几个非常年幼的孩子，她在新生儿出生后患有严重的产后抑郁症。其他成人如她的丈夫和健康专家并没有注意到有问题，孩子们就被忽视了。

（二）混乱的环境

这种环境普遍缺乏边界。孩子的身体和情感照料是不稳定的，纪律也是不一致的，同样的行为有时是可以容忍的，在其他时候则会受到苛刻的惩罚，这取决于照料者的情绪。儿童往往被迫承担成人角色，包括养育父母或充当性伴侣。缺乏适当的边界和警惕，意味着儿童也面临着不可避免的风险，例如，无人防备的火灾或性虐待者的掠夺行为。

案例：简（Jane），6岁，和她的母亲、3岁的妹妹及18个月的小弟弟住在一起。这位母亲经常有随随便便的男朋友，没有父亲在场。母亲外出社交时，简经常被留下来照顾其他孩子。简因为犯了一些过错而遭到殴打，例如，当她做家庭餐时肉汁太浓了或太累而不能熨烫太多衣服。

（三）严格的环境

这种环境对儿童的照料是消极的、严格的和具有惩罚性的。照料者时刻处于控制之中，如果他们不保留所有权力，他们就担心会失去对局势的控制。有一股恐惧的暗流：如果父母给孩子“一寸土地”，他们就会害怕无政府状态；而如果孩子犯了一点错误，就会害怕父母的极度愤怒。婴儿通常要遵守严格的常规，但大多数困难都是在他们蹒跚学步的时候出现的。他们的父母不能容忍混乱、蔑视和发怒，即使这是幼儿天生的好奇心和日益增强的独立性所不可避免的一部分。

例：7 岁的曼迪（Mandy）和她 4 岁的弟弟从婴儿期起就受到父母严厉的控制。当父母离开的时候，他们会坐上几小时，不敢动、不敢说话、不敢吃饭、不敢喝水、不敢上厕所。大多数人没有意识到这种虐待行为，而是称赞他们的父母有这么乖的孩子。

（四）异常的环境

在反映上述任何一种情况的同时，组织或家庭系统中有 1 ~ 2 个人受到严重伤害。他们滥用权力，善于剥削和操纵。他们似乎从造成身体伤害和情绪痛苦中获得了满足感，缺乏移情能力，很少有悔恨。这一群体还包括那些对医院和医疗"上瘾"的人，他们把自己的孩子送去接受治疗。他们在孩子身上捏造的疾病可能是情感上的或者身体上的伤害，某些情况下甚至是致命的（Frye and Feldman, 2012; Kucuker et al., 2010）。

例：许多最极端的例子都成了头条新闻，例如，维多利亚・克林比尔和彼得・康奈利。对于幼儿教育实践工作者来说，普利茅斯小托儿所（Little Teds Nursery in Plymouth）对儿童性虐待的调查提供了有用的信息阅读。（Plymouth Safeguard Children Board, 2010）。

五、认识与判定身体虐待和忽视

这里不会详细描述虐待的所有诊断迹象。即使是经验丰富的儿科医生和其他医学专家也发现很难确定许多伤害的确切原因，哪怕借助先进的 X 光和其他设备。然而，被虐待和忽视的一些身体迹象可能引起人们的怀疑。

最明显的是儿童皮肤上有瘀伤和损伤。尚不能翻身或移动很远的婴儿很少会有瘀伤。如果他们有，那么照料者应该能够给出与伤害相一致的明确解释。小婴儿身上有指尖形状的瘀伤，可能意味着照料者失去了控制而且紧紧地抓住孩子。

当观察到幼童受伤时，最好问一问他们是如何受伤的，医务人员是否曾见过他们。对于没有受过训练的人来说，香烟灼伤可能会被误认为是脓疱疮等皮肤病。但究竟是脓疱疮还是灼伤，需要医生检查。相反，在背部或底部有时看起来像瘀伤的，实际上是"蒙古斑（Mongolian spot）"，这是一种无害的胎记，超过 80% 的黑人或亚洲血统的儿童身上都有（Nieuweboer-Krobotova, 2013）。

与该地区的儿童相比，被忽视的儿童在服装、玩具和食品方面的供应可能会较差。感情上或身体上被忽视的儿童也可能显示出生长迟缓，尽管也存在延缓生长的医学或遗传疾病。当所有医疗情况被排除时，非器质性疾病也不能做出诊断（Scholler and Nittur, 2012）。在没有医疗的情况下，增长图表显示儿童在医院或接受机构护理时体重会增加，但在返家后再次变轻，就可以证实这一点。

六、认识与判定性虐待

根据芬克霍尔（Finkelhor, 1984）的说法，确定性虐待事件的发生必须：

- 找到想要对幼儿进行性虐待的人。
- 找到克服内部抑制因素（internal inhibitors）的人（他们的良心）。
- 找到克服外部抑制因素（external inhibitors）的人（如保护性的父母、朋友）。
- 找到压制受害儿童抵抗的人（他们可能会对太小而无法有效抵抗的儿童实施性虐待）。

骚扰儿童的人对儿童有一种与其性别取向无关的性倾向。如果一个成年人，无论是男性还是女性，只对其他成年人有吸引力，那么儿童受到性虐待的风险就很小。然而，有些人只能与儿童发生性关系。此时，犯罪者符合“恋童癖”的典型形象，虐待他人的风险很高。还有一些成年人不在意性对象是成年人还是儿童，他们构成相当大的风险，但可能不那么容易被认为是性犯罪者，尤其是如果他们有成年伴侣的话。

儿童也可以与其他儿童进行性活动。当一个孩子比另一个孩子更强大时，可能是因为年龄、更多知识、体力或其他特征，尽管将儿童贴上“施虐者”标签值得商榷，但这些活动可以被定义为“虐待”（Sneddon et al., 2012; Vizard, 2013）。

接下来对罪犯的描述主要是基于对成年男性犯罪者的研究。尽管有理由相信女性和年轻人的性行为及冒犯行为与成年男性的行为有许多共同特点，但还是有所不同，描述如下。

性犯罪者专注于自己的需要，只能从自己的角度来看待这种情况。然而，他们有时可以学会说“正确”的话。他们似乎被家人和朋友包围着，但这些关系很肤浅，而且常常是剥削性的；性犯罪者经常利用这些关系来安抚或吸引他人。许多人都有很出色的社交技巧，看起来很有魅力，似乎很有道理，并且频繁地“收集”一些体面的标签，以便解除他人的防备。相反，有些性犯罪者是“孤独者”，他们显然很难与并不容易受伤害的成年人建立关系，但与儿童关系很好，因为他们知道什么会吸引儿童，并能够和他们愉快玩耍。

性犯罪者并不是一时兴起或“一次性”犯罪，他们的侵犯是有计划的。收集儿童色情制品不是一种无害的消遣，它往往是计划过程的一部分。他们以儿童为目标，许多人会偏爱一个特定性别或类型的孩子，但他们的目标群体之外的孩子仍处于危险之中（Doyle, 1987; Sullivan et al., 2011）。在选择了受害者之后，他们会“诱导”孩子。一些性犯罪者使用武力和威胁，但大多数人很有耐心，温和地说服孩子信任他们，成为“自愿”的受害者。在侵犯过程中，他们会把孩子当作自己满足的对象，有时会遮住孩子的脸，这样他们就不会想起受害者的特点。侵犯发生后，他们将再次“诱导”孩子，用威胁或劝说阻止孩子告诉任何人有关性虐待的事情。

大多数性犯罪者对儿童的态度是扭曲的。他们认为即使是非常年幼的孩子也喜欢性活动并且随时准备引诱成年人。例如，他们将一个小孩对内衣的一瞥解读为“挑衅性”和“性需求”。他们还将儿童视为成年人出于性快感而设计的物品（Beech et al., 2013）。通常，社会支持这些态度，例如，将儿童客观化，并将儿童称为“它”。

面对自己的冒犯行为，性犯罪者什么也不说，找借口（“我喝醉了”）或试图得到同情（“可怜的我”）。有些人变得很有威胁性，通过认为自己受到性别歧视和种族歧视，不断提出正式投诉，以阻挠调查或诋毁工作人员。最后，性虐待儿童不是一种可以“治愈”的行为。它是可以控制的，但很难（Doyle, 1994; Ho and Ross, 2012）。

七、认识与判定情感虐待

情感虐待通常很难定义，但有两个重要方面：第一，情感虐待既包括行为，如口头行为，也包括不作为，如拒绝表扬和鼓励儿童；第二，滥用权力，父母和其他照料者利用他们对儿童的权力，主动虐待或者不使用他们的权力来忽视儿童的情感需求。以下一系列的情感虐待行为就说明了这一点。

- 引发恐惧：包括劫持孩子为人质，或不断地让孩子与许多不同的“奇怪”的照料者在一起，导致孩子产生不安全感。
- 折磨：包括假装弄坏孩子最喜欢的玩具或威胁要杀死孩子的宠物。
- 侮辱：可能是故意的羞辱，在别人面前让孩子难堪，或者诋毁和辱骂。
- 堕落：利用孩子携带毒品，让孩子从小窗户爬过去，成为窃贼。它还包括破坏性榜样，例如，暴力的父亲鼓励他的小儿子嘲笑所有女人并打他的妹妹和母亲。
- 拒绝：拒绝可以是积极的，比如，告诉孩子她不想要，或者通过避免情感上的温暖、赞扬或拥抱而被动地拒绝。与此密切相关的是忽视行为，拒绝给予孩子任何关注。
- 隔离：可能将孩子锁在房间或橱柜里很长一段时间。它还包括阻止孩子社交或交友。
- 被赋予不当的角色：可能成为所有家庭疾病的替罪羊，或被用作对付另一方或“当局”的武器。这也可能意味着受到过度保护或幼稚，或者被迫承担过多的责任。
- 另一种可能发展为身体虐待和忽视的情感虐待形式是指定儿童被其他灵魂附身。各种年龄的儿童都可能被指控为巫术或邪恶的附体。一些儿童，特别是那些被收养的儿童，有残疾或来自对巫术有强烈信仰的文化的人将更容易受到伤害。（Akilapa and Simkiss, 2012; Pearce, 2012）

家庭以外的情感虐待可能以学校欺凌或邻居的种族主义嘲弄的形式发生。无论种族、个头大小、社会阶层或结构如何，它都可以在每一种家庭中找到。然而，那些已经有很多压力源的家庭里的孩子更容易受到精神上的虐待（Doyle, 1997）。

八、认识与判定儿童对虐待的反应

在儿童保护工作中遇到的矛盾之一是，即使是非常年幼的儿童也会隐藏虐待的迹象，拒绝透露显示出对施虐者的高度依恋，而不是试图逃避虐待。这在一定程度上可以解释为幼儿为了确保生存而产生的爱和依恋（Bowlby, 1965）。然而，这并不能充分解释为什么这种依恋会在受到虐待的情况下继续存在。如果考虑创伤和虐待的影响以及帮助人们应对创伤的心理过程，就可以理解这一点。

斯德哥尔摩综合征是公认的一系列与受虐儿童相关的保护性过程。该综合征最初是在斯德哥尔摩银行雇员被扣为人质时发现的，正如在人质、绑架、集中营、家庭暴力和其他虐待情况中观察的那样，受害者经历了许多阶段。然而，与悲痛过程一样，这些阶段并不是每个人都经历过的，也不是按照明确的顺序进行的。

- 僵化恐惧：当面对恐怖的情况，没有任何逃跑或战斗的可能时，人们就僵化了。这样做的结果是所有受害者的精力都集中在施虐者身上，这是有用的，因为它可以在一段时间内节省能量，使逃跑或反抗成为可能，并且服从可以避免激怒侵犯者（施虐者）。
- 否认：最初的僵化恐惧让位于一种不现实的感觉——“这不是发生在我身上”。这是一种有用的临时状态，防止人们被局势的恐怖淹没。但对于一些被虐待的受害者来说，这可能会成为对虐待的严重性和痛苦的根深蒂固的否认，或对曾经发生的事件的否认。
- 恐惧和愤怒：一旦沉入现实中，受害者就会感到恐惧和愤怒，但对施虐者表达这些情绪太危险了，因此受害者往往把这种情绪投射到“局外人”身上。受害者认为，如果他们的施虐者基本上是善良的且关心他们的，他们就更有可能活下去，因此他们在施虐者身上寻找善良的迹象，并且对任何善意表示感激。
- 抑郁：受害者也会对自己愤怒，导致抑郁和自卑。他们觉得自己一无是处、一文不值、无能为力，使自己承认施虐者是善良的。他们开始认为自己被虐待是正常的，因为他们自身不好。
- 心理对比：心理对比可以加速绝望或接受的过程，这大大削弱了受害者的反抗意识，使他们更加顺从。这是一种众所周知的审讯和酷刑形式。一个人扮演“好人”，而另一个扮演“坏人”，或者一个人表现得很友善，然后突然变得具有威胁性和攻击性。在虐待家庭中，父母一方可能是残忍的，另一方则试图通过仁慈来补偿。或者父母一方是施虐的，然后感到内疚，直到下一次施虐前都对受害者非常友善。
- 接受：最后，受害者达到接受状态。他们不再质疑发生在他们身上的事情正确与否。儿童可能看起来“适应得很好”，他们的行为可能显得冷静和顺从，可能会毫无疑问地接受施虐者的价值观、理由和行为。

九、认识虐待及其判定障碍

儿童的外貌、行为、发育和陈述中的某些方面可能暗示着他们受到了虐待。然而，认识并不简单，本节总结了认识虐待的障碍。

（一）外貌

这包括在有不一致的解释或不符合伤害的情况下的伤害。如果一个孩子比自己家庭或本地区的大多数孩子小，衣服比较差或脏，可能会被忽视。一个穿得太多或者穿着非常宽松衣服的孩子可能是在掩盖瘦弱或受伤。情感虐待可能出现在一个看起来过于干净和聪明的孩子身上，特别是如果他或她非常害怕弄得一团糟时。最后，当一个孩子表现出僵化的意识或表现出过度焦虑时，人们应该予以关注。

（二）行为

一个虐待其他儿童、与同龄人一起画出或播放暴力或性场面的儿童，可能是在模仿他们所经历过的事情。明显的行为变化、无法集中注意力和对回家的焦虑，就像在垃圾箱里翻找食物或偷取食物和舒适物品（comfort items）一样，这值得深入探索。

（三）发育

任何发育迟缓都可能是虐待的一个指标，但同样重要的是突然倒退，例如，语言习得突然下降的孩子或以前能够自制的孩子变得不能自制。

（四）陈述

儿童可能会直接、清楚和坦率地披露虐待行为，但有些儿童可能会通过询问似乎是奇怪的或相当私人的问题来间接地披露。信息透露有时是通过儿童写诗或故事来实现的；如果儿童受到过性虐待，那么可能是明显的性虐待。显然，非常年幼的儿童很难表达出他们的经历，但年龄在 2 岁或 3 岁以下的儿童能够传达他们某方面遭受虐待的信息。

（五）工作者的态度

认识虐待的最大障碍之一是专业工作者自己。许多专业人员不能接受虐待。这太痛苦了，所以他们忽视了这些迹象，或者想尽办法提出更舒适的解释来走出困境。他们还可能说服自己：父母永远不会伤害他们的孩子，整个关于儿童保护的话题被夸大了。其他专业人员在情绪上精疲力竭，以致对儿童不再有任何关心，也不理会任何潜在的迹象，因为这会给他们带来困难和挑战。

十、识别迹象问题

下面的要点总结了为什么发现虐待儿童并不总是很容易。有时，这些迹象是模糊的、模棱两可的或误导人的。然而，在其他一些情况下，这些迹象是比较清楚的，但专业人员由于自己的情感障碍，不愿面对孩子的痛苦。幼儿教育实践工作者需要意识到以下障碍，这样他们就不会怀疑是否存在虐待行为。

- 外表、行为和发育问题同样表明了其他一些苦恼或忧虑。
- 许多伤害或皮肤变色也可能是意外事故、疾病过程或胎记的象征。
- 有某些残疾的儿童、英语不是第一语言的儿童和前语言阶段的儿童可能没有足够的词汇或交流技能用英语说清楚。
- 一个“好的”家庭可以容纳施虐者。一些专业人员使用检核表，这会产生误导，因为虽然虐待行为经常发生在可识别的“风险”情况下，但它也可以在任何时间、地点和任何类型的家庭中发生。

- 在某些情况下，虐待行为是“针对受害者的”，因此，与其他孩子相比，似乎堪称楷模的照料者 / 父母仍然可能虐待某一特定的受害者。
- 在性虐待案件中，施暴者诱导受害者及使其潜在保护者（potential protectors）沉默不语的技巧相当高。
- 有斯德哥尔摩综合征现象。孩子们甚至在被父母虐待的时候，也会深深地依恋着父母。
- 专业人员可能会忽视明显的迹象，因为一想到孩子的痛苦就会觉得自己太痛苦，或者他们太过情绪化，以至于无法思考孩子所经历的痛苦。
- 更为隐秘的原因是，专业人员否认可能遭受虐待的迹象，是因为他们过度担心自己可能会“犯错误”，他们不愿意“摇摇欲坠”，他们不想为发起调查承担任何责任，或者担心会损害孩子与父母的关系。他们忽视了儿童的幸福是至高无上的这一事实。

案例研究 12.1

布鲁克（Brook）

布鲁克是一个 5 岁的男孩，他有一个 8 岁的姐姐斯凯（Sky）和 2 岁的弟弟戴尔（Dale）。三个孩子有同一个白人母亲——鲁比（Ruby）。斯凯的父亲是非洲加勒比人，他在斯凯 18 个月大的时候死于车祸。布鲁克关于父亲的了解是他是个白人，从来没有和鲁比住过。戴尔的父亲是白人，是鲁比的现任丈夫。

自从布鲁克一年前开始上学以来，他一直是人们关注的焦点。他比班上的其他孩子小得多。鲁比、她丈夫、斯凯和戴尔都很健壮。布鲁克说话含糊不清，发育迟缓，而且上课很难全神贯注。他的衣服老旧，从来不带玩具回家。鲁比解释说，他总是把玩具弄坏，把衣服弄坏，这样就不值得给他买新的了。

他的腿部、背部和面部经常有瘀伤。母亲鲁比说他笨手笨脚，经常和其他孩子打架。工作人员注意到他在学校里笨手笨脚，他对教职员和其他孩子都很冷淡，而不是咄咄逼人。他似乎经常害怕尝试任何新东西，以免弄得一团糟或出错。当他被要求画画或谈论家庭时，他总是说他多么爱他的母亲，并不害怕她。

案例分析 12.1

1. 这是一个明显的虐待案例，还是可以有各种替代性解释？
2. 你还需要哪些其他信息？如果有的话，是做出更坚定的判断还是可替代的判断？

本案例中有许多虐待的迹象。由于情绪虐待行为和忽视，布鲁克可能无法正常成长，他发育迟缓，害怕尝试任何新的东西和发展倒退。他的瘀伤和普遍恐惧的原因可能是受到身体虐待。

事实上，他没有抱怨任何虐待，或似乎害怕鲁比并依附于她，但这并不意味着他没有被虐待。孩子们可能会对施虐者产生依恋，把他们的恐惧引导到其他人或情况上。

尽管如此，他身材矮小、笨手笨脚、发育迟缓、心神不宁，这可能只是他天生的特点。我们对他的遗传如他父亲的身材知之甚少。他矮小或许是因为他父亲就是这样的。如果可能的话，获得关于他父亲的信息是有用的。

虽然瘀伤是可疑的，但它可能是由跌倒或被其他儿童欺凌造成的。我们需要获得与布鲁克有联系的其他儿童和成年人的信息，以了解他的父母以外的其他人是否会伤害他。也有必要排除任何可能导致他身材矮小、笨手笨脚或易受瘀伤影响的医疗方面的原因。

关于他的兄弟姐妹的信息可能会有所帮助，如果他们得到了很好的照顾，那么这可能是一个孩子被挑出来虐待的情形。此外，与警察确认其父母是否有过儿童暴力行为或犯罪行为是非常必要的。

十一、公开回应

在整个英国或其他地方，如果专业人员怀疑有人虐待儿童，他们就需要遵循这些程序。本节中的内容可帮助人们了解适用于每个幼儿教育实践工作者和机构的程序，以及遵守程序的重要性。

然而，对于那些幼儿教育实践工作者来说，怀疑虐待和进行披露不太可能是直接的。沟通受虐待的经历需要几种相对先进的能力。首先，孩子需要能够认识到他们的经历是被虐待，而且投诉是合法的，虽然年幼的孩子会倾向于认为父母的行为仅仅是“发生了什么”。其次，如果他们感到不快乐，他们可能会认为这是因为他们做错了什么，因此对向他人吐露心声犹豫不决。最后，描述虐待的经历需要相当复杂的词汇，而年幼的孩子无法掌握这些词汇。因此，幼儿教育实践工作者不太可能获得明确的信息；相反，他们会因为孩子们的行为方式、他们所说的话的片段、他们对他人或外表某些方面的观察而有越来越多的担忧。幼儿教育实践工作者看到很多未被虐待的儿童，因此他们可能潜意识地关注受虐儿童与前者的细微差别。这导致了一种“直觉”，觉得有些事情不对劲。虽然这种直觉是值得尊重的，但幼儿教育实践工作者要知道，在与同事讨论他们对问题的直觉意识之前，他们通常至少需要一些具体的指标。

在英国，大多数机构会记录孩子的情况。在机构的日常记录中，可能会看到某一天幼儿教育实践工作者发现一个孩子看上去很疲惫、在哭泣或表现出明显的攻击性。如果惴惴不安的幼儿教育实践工作者希望对此类事件做出反思，而机构的记录系统不适合记录此类反思的话，那么他可以将此类引发自己不安的事件记录在日常的反思日记中，以此持续不断地推进自己的专业发展。然而，必须注意确保儿童和家庭的隐私，必须考虑职业界限。幼儿教育实践工作者需要意识到，如果案件提交法庭，他们可能会被问到他们如何能够如此清楚地记住在某一特定日期，一个孩子的行为是以某种特定的方式进行的。

在写日记时，准确是很重要的。例如，模糊的短语“不适当的着装”并不意味着什么。然而，描述如“这周都是走到托儿所的，外面温度小于2℃时，穿着拖鞋、短裤、T恤和一层薄薄的塑料雨衣”，不是一个判断，而是一种事实描述，向读者传达更多的内容。也要注意不要将传闻记录为事实，例如，避免说“母亲喝醉了”，而是更准确地记录“杰伊（Jay）的父亲告诉我，山姆（Sam）的母亲喝多了”。

有时，孩子们会开始谈论那些强烈暗示他们受到虐待的事件，尽管只有当孩子们被允许继续表达自己时才会有一个清晰的画面。孩子们可能会从一个开头开始，例如，“我有一个大秘密要告诉你”，或者他们看到一张悲伤面孔的照片时，可能会说“妈妈和爸爸做什么，让我难过”。给孩子一个继续解释的机会很重要。正如孩子们透露的那样，他们的叙述可能会引起聆听者厌恶、震惊、怀疑或愤怒。重要的是保持冷静，避免发表似乎在评判儿童、情境、父母或犯罪者的评论。

一项重要原则是，不应提出可能会引导产生想法的问题。例如，如果一个孩子说“妈妈伤害了我”，接着如果问“她打你了吗”是不合适的，因为孩子可能只是为了取悦别人而点头或说“是”，或者因为她不知道该说什么，而且她可能根本就没有被打中。相反，重复孩子说过的话是有用的，用声音来表示问题："你的妈妈伤害了你？"这样做的好处是，如果你听错了，孩子可以进行纠正："不，我说保姆伤害了我。"但是如果你没有听错，孩子将承认这一点，并可能会被提示进行解释。还必须避免承诺保守秘密，因为儿童保护程序通常要求幼儿教育实践工作者向指定的同事报告任何怀疑或进行披露。同样明智的做法是，不要使用那些减少信息披露可能带来严重后果的短语，例如，"别担心，一切都会好起来"。

幼儿教育实践工作者可以有效地让孩子说出任何让他产生共鸣的话语或游戏，而不会让自己感到内疚。在将信息传递给同事之前，幼儿教育实践工作者需要充分的证据来关注实际或可能的虐待。然而，他们不应调查发生了什么，因为这是社会工作者或警察的角色。这是一条很难走的路，但要做到这一点，只需鼓励孩子通过重复话语来减轻自己的负担，并保证他没有做错任何事情。幼儿教育实践工作者通过他们的肢体语言，表明他们对孩子给予了充分的关注。在与孩子交流后，应尽快准确地记录事件，包括日期、时间、地点和在场的其他人，然后立即将此事提交给指定的保护儿童的同事或机构。

十二、干预与预防

遭受虐待的儿童可在个人、家庭和群体的基础上获得帮助（Doyle, 2012）。大部分治疗工作是由专业治疗师承担的。尽管如此，幼儿教育中的非专业工作者可以做很多事情来辅助治疗过程或防止虐待的发生。例如，他们可以直接帮助孩子，鼓励他们以简单且基本的方式认识到他们有基本的权利：得到照顾，不被剥削，不被欺负，有机会接触"安全"的成年人。

在父母层面，幼儿教育实践工作者可以为那些不知道如何对孩子做出反应的父母树立良好的保育榜样。他们可以建议父母如何为年幼的孩子提供关爱的纪律和界限，而不用诉诸暴力和攻击。因为幼儿教育实践工作者与许多父母有联系，他们能识别一个人是抑郁的或没有很好的应对能力，能够提供一些资源来帮助那些忧心忡忡的父母。

然而，重要的是与所有参与保护儿童的其他专业人员合作。这是政府政策倡导的（DCSF, 2010）。这意味着要为案例会议、核心小组甚至法庭等多学科论坛做好准备，明确需要与其他专业人员分享的信息，并有足够的信心与之交流。在儿童保护的案例中，每个人都拥有一个拼图游戏的一部分，只有把所有不同的信息拼凑在一起，才能看出情况。

幼儿教育实践工作者是了解幼儿日常的专家。他们可能不仅接受过儿童发展方面的学术训练，而且还花大量时间陪伴各种各样的儿童。他们会有意或无意地吸收有关"正常"婴儿或幼儿行为范围的信息。因此，他们对某一个孩子不太好的任何感觉都可能有一定的根据，他们的观察很可能是有丰富信息的。但幼儿教育实践工作者大多是女性，很多是年轻人，因此他们并不代表社会中更有权势的阶层。遗憾的是，在一些多学科论坛上，他们发现自己的观点被忽视了，而更强大的职业群体如健康、执法、社会工作人员占据主导地位。所以重要的是，幼儿教育实践工作者能表达他们的担忧，并有信心这样做，因为他们知道自己是该领域的专家。

幼儿教育实践工作者可以帮助幼儿免于受虐待，因为他们是幼儿的有力维护者，确保幼儿不被忽视，并享有《每个儿童都重要》（DfES, 2004 c）和英国《早期基础阶段》中规定的关于健康、安全、快乐、有成就感和实现方面的权利。幼儿教育实践工作者也可以质疑任何将儿童视为客观对象的态度。例如，如果他们写或谈论儿童，他们可以避免将“儿童”（在没有性别表示的情况下）称为“它”；就像在提到成人时一样，他们可以多元化，即使用“他们”或者“他或她”。幼儿教育实践工作者还可以避免甚至挑战妖魔化儿童的词语（Goldson, 2001），例如，将儿童称为“小魔鬼”或“小怪物”。

最后，研究（Doyle, 2001; Doyle et al., 2010）表明，许多人都有可能提高儿童的心理弹性，并提供积极的、有价值的信息来对抗不可避免地通过虐待传递给儿童的负面信息。这在下面亚斯明（Yasmin）的案例中得到了说明。

案例研究 12.2

亚斯明

亚斯明是4个孩子中的第二个。她有一个姐姐，叫米娜（Meena），比她大2岁，以及一对双胞胎弟弟基兰（Kiran）和哈里什（Harish），比她小3岁。亚斯明现在20多岁了。她回忆了她是如何受到父母的身体和情感虐待且被忽视的。由于缺乏爱，她觉得得到了一个经常对她进行性虐待的男性邻居的爱。

她发现，虽然她的兄弟姐妹是她母亲和一个她视为父亲的人的孩子，但她是一个远亲强奸的产物。实际上，她母亲觉得太丢脸了，不好意思告诉任何人或寻求流产。就在亚斯明出生之前，她的母亲告诉她丈夫发生了什么事。他一直表示支持，并同意对强奸案保密，让其他人以为亚斯明是自己的女儿。然而，父母既不能接受亚斯明，也无法与她建立联系——他们都太了解她母亲受孕的情况。尽管他们的初衷是好的，但他们忽视她、虐待她。

亚斯明的祖母也住在家里，为她提供身体上的照顾，并表达出她对亚斯明的喜爱。这种积极的关系使亚斯明茁壮成长，并发展出一种自我价值感。在当地学校的一个托儿所里，教师意识到亚斯明有一双对音乐敏感的耳朵。当她进入学前班时，这种情况一直持续着。在她的整个学校生涯中，教师让亚斯明觉得自己很特别，他们重视她的音乐能力和她可爱的歌声。所有来自她的托儿所、学校和祖母的信息都是积极的。因此，亚斯明开始形成一种观点，认为她被父母虐待是因为他们不理解她的才能，憎恨她的特殊能力。虽然在她10多岁的时候，她变得沮丧、厌恶自己，并且割伤自残，但是她有一个根深蒂固的信念，那就是她是有价值的。因此，她寻求了咨询，现在她觉得她的自尊心很强，前途一片光明。

案例分析 12.2

1. 幼儿教育实践工作者在亚斯明的生活中扮演着什么角色？
2. 幼儿教育实践工作者会不会在没有意识到她被虐待的情况下帮助亚斯明？

亚斯明有一种特殊的才能，使她的教师能够重视她。所有的孩子都有一些值得重视的个性特征和能力。幼儿教育实践工作者可以保护孩子，采取积极的观点，重视所有的孩子。案例的另一个方面是，个别幼儿教育实践工作者可能会认为，鉴于她父母的权力，工作者对她的积极态度很难使她产生改变。然而，幼儿教育实践工作者、教师和祖母对亚斯明的综合的、一贯的积极态度，对她产生了深刻而正面的影响。

本章小结

本章已经证明了理解虐待的潜在动机的重要性，因为如果幼儿教育实践工作者不知道什么时候实施，法律、政策和程序就毫无价值。所有从事幼儿教育工作的人都需要了解虐待的性质、发生的不同背景及其各种表现形式。他们需要对家庭生活的不同形式保持敏感，不要想当然地认为非主流的育儿方式必然有害。无论这些施虐者在更广泛的社会中是否拥有权力，幼儿教育实践工作者都需理解施虐者对受害者的权力。他们还需要意识到，受虐儿童可能会像人质一样展示斯德哥尔摩综合征，保护那些伤害他们的人，并否认被虐待。幼儿教育实践工作者需要反思自己的实践，询问自己是否忽视了在特定的实践环境中可能发生的虐待行为，因为披露虐待会给他们带来太多的劳累和不适。

通常情况下，孩子被虐待会有一些迹象显露出来。然而，重要的是不要低估识别这些迹象的难度。幼儿教育实践工作者必须做好平衡，反应不足会难以判别这些迹象，反应过度会把有其他可能的行为解释为虐待。如果发现一个孩子被虐待，幼儿教育实践工作者需要再次平衡，既要让孩子卸下自己的包袱表达出来，又要参与到全面的调查中。幼儿教育实践工作者获得的知识和理解越多，就越容易取得满意的结果。

反思与讨论

1. 保护儿童的概念是如何建立起来的？
2. 认识虐待和忽视儿童的主要障碍是什么？
3. 为什么理解斯德哥尔摩综合征意义重大？
4.《拉明报告》（2003）对所有幼儿教育实践工作者的影响是什么？
5. 儿童保护实践应如何从多学科方法中受益？

推荐阅读

1. Doyle, C. (2012) *Working with Abused Children*, 4th edn. Basingstoke: Palgrave Macmillan.

2. Lindon, J. (2012) *Safeguarding Children and Young People: Child Protection 0–18 Years*, 4th edn. London: Hodder Education.

3. Rushforth, C. (2012) *Safeguarding and Child Protection in the Early Years*. London: Practical Pre-school Books.

第十三章

与家庭合作

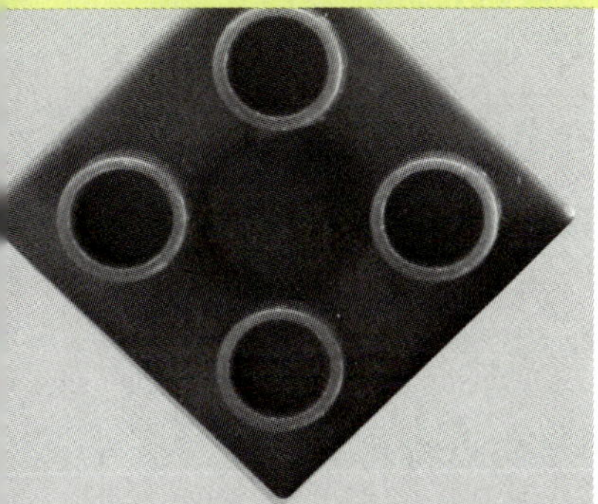

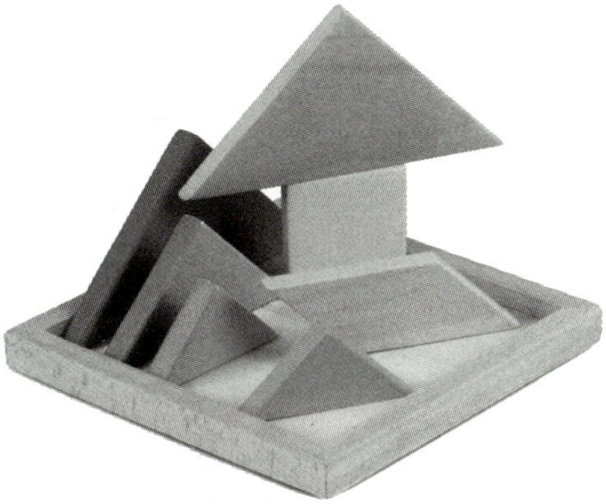

尤妮斯·拉姆斯登（Eunice Lumsden）
西莉亚·多伊尔（Celia Doyle）

主要目标

·探究多元社会中“家庭”的含义以及家庭对儿童的重要性。

·思考当儿童没有一个可识别的“家庭”时，这对他们意味着什么。

·讨论幼儿教育中有关儿童及其家庭的政策倡议。

·肯定法定部门和私营部门、志愿部门和独立部门与家庭之间的关系。

家庭在儿童生活中占有重要地位。加强家庭生活和父母在儿童生活中的作用是英国社会政策的一个重要方面。然而，幼儿教育实践工作者为了有效地与年幼的儿童及其家庭一起工作，需要理解在一个多元化的社会中“家庭”意味着什么，以及为什么家庭对孩子很重要。他们还会发现，思考如何在法律和政策范围内与家庭合作和支持家庭是有用的，以及当孩子没有一个可识别的“家庭”时对孩子意味着什么。本章首先探讨了家庭之于了解有限的孩子的意义是什么。下面莉莉和李（Lily and Lee）的例子说明了这一点。

案例研究 13.1

莉莉和李

一位游戏治疗师开始与6岁的莉莉和5岁的弟弟李合作。3天前，他们被安置在寄养照料者那里。治疗师要求这两个孩子画他们的家人，莉莉画了一条线。当被问到他们是谁时，莉莉说：李、她的奶奶、一个邻居、一个新老师、邻居家的一只狗、她的母亲和一个妇女避难所的工人。李画了他的新寄养家庭。

莉莉和李的亲生母亲也是一个孩子，没有一个有保障的家庭生活，因此，她无法为她的孩子创造一个有保障的家庭生活的示范是可以理解的。他们在接受照料之前的短暂生命中，在母亲做出的临时安排下，经历了20多个不同的“家”和众多的临时照料者。

案例分析 13.1

- 你对莉莉和李有多担心？如果你感到担心，为什么？
- 如果你对孩子们有任何担心，你是更担心莉莉还是李，还是对两者都有同样程度的担心？

关于莉莉和李的案例研究表明，对于一些孩子来说，“家庭”是一个遥远或混乱的概念。它也暗示了孩子在某种形式的家庭中成长是多么重要。鲁特（Rutter, 1981）、克拉克和克拉克（Clarke and Clarke, 2000）等研究人员已经证明，虽然孩子们并不完全依赖于一个单身母亲，但是他们确实需要与一个稳定的照料者群体形成依恋关系，以便生存（Schore and Schore, 2008）。家庭以及其他可靠的照料者如托管员或主要的保育工作者，构成了孩子们开始探索更广阔世界的安全基础。

有明确的迹象表明，为了培养出令人满意的儿童，在幼儿教育期间需要一个可识别的、可信赖的家庭，尽管家庭的形式可能会有所不同。不同的文化传统或社会经济和地理因素可能意味着儿童生活在单独的核心家庭或几代人共同居住的大家庭中。一些儿童在父母去世或离婚后、再婚或拥有新的伴侣关系后重新组建了家庭。另一些儿童则受到照料，并有替代家庭。来自旅行者或军人家庭的儿童可能会经历许多不同的地点或家庭，但大多数儿童都有一个稳固的核心家庭。只有通过“稳定”的家庭生活体验，家庭成员才能成长、发展并充分发挥他们的潜力。

理论家马斯洛（Maslow, 1970）和奥尔德弗（Alderfer, 1972）提供了人类需求如何被满足的理论和框架。他们的理论被汤普森等人（Thompson et al., 2001）、多伊尔和蒂姆斯（Doyle and Timms, 2013）修正和改编，以确保其与儿童发展的相关性。基本上，不管它的本质是什么，只要家庭满足孩子的生理需求并提供爱、关心、生理安全、心理安全和归属感，孩子们就会发展得很好，并发挥他们的潜能。

由于家庭的重要性，世界上大多数宗教和许多文化传统都为如何处理家庭生活和关系提供了指导方针；在一些国家，政府通过或批准了法律。在英国这样的社会，有各种各样的宗教和文化，很大一部分人口不信奉任何宗教，因此由政府而不是任何教会或宗教进行干预，以促进儿童的最佳家庭生活。下一节将更详细地介绍幼儿家庭生活的各种经历。然后，本章将讨论英国政府的一些举措。最后，它将解决家庭与从事幼儿工作的人之间的关系，并为他们提供就业服务。

一、家庭生活

21 世纪儿童对家庭生活的体验是多元的。家庭结构发生了许多变化，婚姻观念发生了变化，社会的组成反映了文化、民族和宗教的差异（Cleaver, 2006; Gittins, 1993; Lancy, 2013）。最近，英国移民模式也发生了变化，带来了新挑战，获得幼儿教育服务的儿童要么适应这些大量的新体验，要么他们自己是在父母新移居的国家出生的第一个家庭成员（Crawley, 2006）。

这种不断变化的人口结构，使那些从事儿童工作的人更有必要思考家庭生活和幼儿期意味着什么。以下活动旨在协助思考家庭的变化和家庭结构的多样性。

活动 13.1　家庭性质

想想你多年来认识的一个家庭。

· 家庭的结构如何，孩子是有一位母亲和一位父亲还是有几位母亲或父亲，或者只有父母中的一方？是大家庭，有阿姨、叔叔、祖父母？是密切接触，还是很少参与？

· 你认为一代代以来，家庭生活是如何改变的？

· 你对这些变化有什么看法？

· 你认为其他人会如何回答这些问题？

上述活动强调了家庭的多样性，下一个活动调查了儿童在家庭中的情况。一个家庭中的儿童在家庭生活中的经历会有很大差异。老大甚至可能有一个不同的大家庭。祖父母可能在大一点的孩子的生命中还活着，但在小一点的孩子出生之前就已经去世了。有些孩子和他们的兄弟姐妹有不同的亲戚，例如，同父异母的兄弟姐妹只会有同样的祖父母，而不会有同样的外祖父母。

活动 13.2　儿童在家庭中的地位

想想孩子在一个家庭中意味着什么。关注一个年幼的孩子，他要么来自你在活动 13.1 中关注的家庭，要么是你所认识的其他孩子。

· 他（她）是独生子女吗？

· 如果不是，孩子有多少个兄弟姐妹？他们是“完整的”兄弟姐妹，还是他们是异父异母、领养、寄养或者有一半相同血统（同父异母或同母异父）的兄弟姐妹？

· 你所选择的孩子是最小的、中间的还是最大的？他在这个家庭中处于什么地位？

· 孩子有多少个父母？

· 主要的父母是亲生父母还是继父母或养父母？是否有其他监护人？

· 主要的父母结婚了吗？他们是民事伴侣关系吗？

· 他们离婚了吗？如果离婚了，再婚了吗？

· 母亲形象在家庭中的地位和主要角色是什么？

· 父亲形象在家庭中的地位和主要角色是什么？

· 祖父母、阿姨、叔叔或其他亲戚在孩子的生活中扮演什么角色？

现在想想孩子所经历的各种动态和关系，试着为你所选择的孩子画一棵“家谱”树。它是直截了当的，很容易画，还是非常复杂，有一些纵横交错的线条呢？

二、对家庭与儿童的建构式解读

这些活动强调，虽然我们都承认自己是一个孩子，经历过“童年”，但我们作为一个孩子的经历是独一无二的，我们对被父母抚养和家庭生活的经历和理解也是独一无二的。这是一种经历，它的本质是由社会建构“童年”的方式塑造的，正如下面的讨论所阐述的那样。

童年的建构方式是变化的，在不同的文化中是不同的，并且在文化背景中会随着时间而改变（Flinnet al., 2010; Hendrick, 1997）。在某些社会里，“童年”是一个有限的概念（见第一章）。例如，格雷厄姆（Graham, 2011）解释了阿利斯（Ariès, 1962）的观点，在中世纪的欧洲，儿童被简单地看作小大人，提出了“关于家庭和教育机构结构变化所形成的儿童的历史、社会和文化特性的问题”。在一些信仰体系中，孩子被视为无辜的人，生活在幸福之中，直到对现实世界的所有伤害和痛苦的认识侵入（Ennew, 1986）。相比之下，其他社会将儿童视为潜在的士兵或“作为全球经济中的消费者”（Flinnet al., 2010: 249）。有些文化将孩子视为父母的物品，而其他文化则拒绝这样做，如阿拉伯哲学家卡利尔·纪伯伦（Kahlil Gibran, 1923: 81）所言：

> 你的孩子，其实不是你的孩子，
> 他们是生命对于自身渴望而诞生的孩子。
> 他们通过你来到这世界，却非因你而来，
> 他们在你身边，却并不属于你。

现代有一种观念在发展，即儿童是有权发表意见、参与和受到保护的个人。这一观念在《联合国儿童权利公约》中得到了体现。1989年11月20日，出席大会的各国政府，包括英国，同意将《联合国儿童权利公约》纳入国际法并于1990年9月生效。这样做的另一个后果是，签署了《联合国儿童权利公约》的各国政府已采取政策，为儿童提供适当的服务。《联合国儿童权利公约》序言（United Nations, 1989: 1）指出：

> 深信家庭作为社会的基本单元，作为家庭所有成员，特别是儿童成长和幸福的自然环境，应获得必要的保护和协助，以充分负起它在社会上的责任。确认为了充分而和谐地发展其个性，应让儿童在家庭环境里，在幸福、亲爱和宽容的氛围中成长。

幼儿教育机构认识和重视家庭生活的重要性和独特性，将有助于幼儿教育实践工作者与父母、照料者和其他家庭成员一起工作，以支持儿童更好地入学，最大限度地利用教育机会，并为帮助他们完成下一阶段的教育奠定坚实的基础。

2012 年，英国有 1 330 万名住在家里的儿童（Office for National Statistics, 2012b），自 1971 年以来，独居儿童的数量增加了 2 倍。2006 年，24% 的孩子生活在单亲家庭，自 1971 年以来，单亲家庭的数量增加了 30%。到 2012 年，这一数字进一步上升，有近 200 万个单亲家庭，其中 92% 是母亲及其子女。英格兰和威尔士的结婚人数也在减少，2010 年有 241 100 人结婚（Office for National Statistics, 2012c），而 1972 年有 480 285 人结婚（Office for National Statistics, 2012e）。此外，据估计，42% 的婚姻以离婚告终（Office for National Statistics, 2012d）。然而，这里需要注意的是，离婚并不总是一件坏事（Steel et al., 2012）。

上述统计数字表明，家庭的生活方式在不断变化，这种情况影响到儿童的生活体验。例如，对一些儿童来说，家庭生活的体验是工作日与父母一方同住，周末与另一方同住。越来越多的儿童生活在重组家庭中，而另一些儿童，正如本章开头的莉莉和李的例子所说明的，并不总是与亲生父母生活在一起。

现在，让我们将视角转到像莉莉和李这样的被替代照料的儿童身上。截至 2012 年 3 月 31 日，英格兰地方政府“照料”了 67 050 名儿童，比 2008 年增加了 13%（DfE, 2012）。在威尔士，有 5 726 名儿童得到了照料，比 2007 年增加了 24%（Welsh Government, 2012）。2011 年 7 月，苏格兰被照料的儿童有 16 171 人（Scottish Government, 2012），北爱尔兰有 1 838 人（DHSSPS, 2012）。这些被照料的儿童主要与寄养者生活在一起，虽然一些儿童被安置在大家庭成员那里，通常是一种名为“亲属照料”的安排。另一些被照料的儿童将被收养，少数儿童住在收容机构里。

远离原生家庭的儿童可能经历过各种不同类型的家庭生活。根据《1989 年儿童法》的规定，有些人可能也被认为“有受照料的需要”，或者受到监护令的约束。对他们来说，就像莉莉和李一样，他们早年的生活很可能是在主要照料者和寄养者之间频繁变动，因此，他们经历了反复的分离、失去和需要发展多个新的依恋。福西特等人（Fawcett et al., 2004）指出，与没有残疾的儿童相比，残疾儿童受到照料的比例更高。他们要获得令人满意的替代照料，可能面临着更多额外的障碍。例如，福西特等人（2004: 125）指出，那些被认为有沟通障碍的孩子不能参与到对他们的需求的讨论中。

三、父母养育的生态模式

上一节介绍了“家庭”和“儿童”的概念、家庭结构的多样性和家庭生活的变化趋势。支持我们理解在这种环境下的养育任务的一个模式是生态模式（O'Sullivan, 2012: 111）。作者引用了贝尔斯基（Belsky, 1984，转引自 O'Sullivan, 2012）的观点，提出如何在生态环境中理解亲子关系。有三个领域需要探索：父母，他们如何发展以及他们的“心理资源”；儿童及其特征；最后是“压力和支持的背景来源”。最后一个领域包括：谁承担抚养孩子的任务，社会支持，外部机构如托幼机构，父母就业的影响。为了进一步说明这一点，下面山姆和亚历山大（Alexander）的例子给人们提供了一个机会来思考儿童童年生活经历如何影响他们的学习和成长的能力，幼儿教育实践工作者在孩子生活中的角色以及如何通过重视生态养育模式来促进实践。

案例研究 13.2

山姆

4岁的山姆刚刚开始上学。他的父母分居了，工作日他和母亲在一起。他的母亲在当地的超市打工，表现得相当焦虑。外祖父母住在邻近的城镇，外祖父是残疾人，不能提供支持。山姆周末和父亲在一起，他的父亲是一名长途卡车司机，在周五晚上从学校的课后俱乐部接走他，周一早上拿着他的周末包裹带他去学校的早餐俱乐部，放学后，山姆一直待在课后俱乐部，直到下午5点被母亲接走。在课堂上，山姆性格孤僻，经常显得很疲倦。他在交友方面有困难，而且容易发怒。

案例分析 13.2

- 你认为在这种情况下，幼儿教育实践工作者所扮演的角色是什么？
- 如何利用生态养育模式进一步理解亲子关系？

山姆刚开始上学，一天很长，这可能会使他感到疲倦。他可能觉得或不觉得住在两个独立的房子里很困难。他的经历影响了他适应学校生活，与同龄人交往。他的沮丧似乎使他生气，所有这些都会影响他对学习的接受能力。对于幼儿教育实践工作者来说，支持山姆是非常重要的，与早餐和课外俱乐部的工作者进行良好沟通也一样重要。他们还需要和山姆的父母谈谈他们的儿子在机构中的表现。家庭养育生态模式帮助那些与家庭一起工作的人理解家庭养育的方式和家庭运作的环境。

案例研究 13.3

亚历山大

亚历山大4岁，刚上幼儿园，这是他的第五个幼儿教育机构。他将会在幼儿园待一个学期，因为他将进入小学的学前班。他是一个社会照料的对象，目前住在收养所。从3岁起，他就与现在的照料者生活在一起，他正在寻找一个收养家庭。

亚历山大和他的母亲从他出生起就开始接受社会服务。16周时，他在地方当局的照料下度过了第一段时间；19周后，他回到母亲身边，但2周后又回到了寄养中心。不幸的是，他不能再去同一个寄养中心，所以他被安置在新的照料者家里。他在那里待了一个月，然后回来和他的母亲住在一起。他和她一起生活了1年，但由于母亲有精神健康问题，他经常在寄养中心度过。

在他18个月大的时候，他和另一群新的看护者一起度过了很长一段时间。他一直住在那里，直到2岁的时候，他回到了母亲身边。他再次接受了寄养服务，但有不同的照料者。3岁时，他返回地方当局接受照管，被安置在另一个新的看护者那里，他也收到了照料令。他目前正在等待与收养家庭的匹配。

案例分析 13.3

- 你认为亚历山大的人生经历会对他步入学校产生什么影响？
- 他早期生活的经历对他以后的生活结果可能有什么影响？

· 生态养育模式如何支持进一步了解亚历山大需要沟通的关系范围？

现在有相当多的证据表明，早期的虐待或家庭生活问题可能导致青春期的动荡，包括吸毒和酗酒以及成年期的挑战（Allen, 2011; Egeland et al., 2002）。亚历山大早年的特点是经常从母亲那里搬到寄养中心和暂托服务者那里。到 4 岁时，他有过 7 个不同的人负责他的照料，并在 6 个不同的家庭生活过。他也曾经在 5 种不同的幼儿教育机构待过。他的母亲有精神健康问题，这会影响她养育亚历山大的能力。因为他所经历的主要照料者数量较多，可能会导致依恋困难。持续的变化会对他的幸福产生影响并使他感到不安全。很明显，亚历山大并不安全，他享受和实现的能力也受到了损害。很重要的一点是，他进入学前班的过渡过程要谨慎处理，而且他要得到充分的支持，尤其是当他有被领养的机会时，他可能会再次搬家。如果他的所有图片、照片和观察都能支持他对人生故事的理解，那也是有益的。幼儿教育实践工作者需要确保自己是亚历山大周围多专业合作团队的一部分，以提供良好的沟通来改善他的生活。他们需要反思他在机构中所得到的支持，并确保给他提供高质量经验的机会、重要工作者的一致性和发展心理弹性的机会。

相关研究

Hogg, R., Ritchie, D., de Kok, B., Wood, C. and Huby, G. (2013) ‘Parenting support for families with young children—a public health, user-focused study undertaken in a semi-rural area of Scotland’, *Journal of Clinical Nursing*, 22: 1140—1150.

社会照料和教育在早期是必不可少的，正在成长中的儿童的健康也很重要，个别父母可能并不总是拥有充分的知识来最大限度地促进孩子的健康或克服与健康有关的问题。霍格等人（Hogg et al., 2013）的论文解释说，最近对有幼儿的家庭的一对一支持已经从英国的普及服务转变为针对处境不利儿童和家庭或有特殊健康需求的家庭的服务。因此，他们设立了一个研究项目，探讨有幼儿的家庭的一般健康支持需求，以及如何通过基于社区的方法来满足这些需求。

研究地点是苏格兰的一个半农村地区，包括一个贫困地区。参与者是 11 位母亲和 1 位父亲，他们自愿参加了专题小组。其中 3 位母亲都是十几岁，白人，母语是英语。另一个重点小组由 17 名专业人员组成，他们与来自保健、教育和社会照料等不同学科的有年幼孩子的家庭合作。

父母群体中存在的主要问题是，虽然有孩子是有益的，但也有许多挑战，尤其是当父母有多个孩子的时候。如果他们的大家庭不住在附近，他们就会感到孤独。十几岁的父母有一种额外的负担意识，认为自己受到了负面评价。母乳喂养是一个重要问题，有强烈的信息表明他们应该母乳喂养，但是没有足够的支持和建议。

大家一致认为，其他父母的帮助和建议特别有用，尽管他们可以得到关于当地资源和专业人员基于群体的干预信息的有益补充。然而，十几岁的父母有时觉得他们和年长的父母没有什么共同之处，所以父母群体对他们的帮助就少了。

专业人员提出的一个重要主题是误解彼此的角色，尤其是对健康访问员的误解。这些人认为，她们的工作量特别繁重，她们面临着促进母乳喂养的压力。所有专业人员都认识到多机构协同工作的重要性，不过多机构协同工作在各机构紧密配合的情况下才能很好地发挥作用。

研究人员得出的结论是，有幼儿的父母之间的同伴支持是有价值的，但他们也可以从专业帮助和建议中获益，尤其是在母乳喂养方面。然而，研究表明，无论是父母还是其他专业人员都没有真正理解健康访问员的作用。家庭未来的服务需要同伴支持、专业支持和多机构协同工作。

四、幼儿教育政策倡议和家庭

工党政府（1997—2010年）将“为儿童和家庭提供服务放在国家议程的首位”，正如皮尤（Pugh, 2005: 31）所言，英国幼儿教育政策的发展受到了深刻的影响。她继续论述，实施这些政策有三个原因：改善对儿童的服务，支持有工作的母亲，支持养育者和照料者。减少贫穷和社会不公正的努力是这些政策发展的基础。正如布鲁克（Brooker, 2005: 9）所述，工党政府实施的措施旨在：

> 为幼儿提供更好的教育服务，以及税收减免和其他财政措施，[这]将使更多的年轻父母能够学习、参与培训和工作；这样，他们将成为高收入者（因此，他们将成为高纳税者）和更好的父母；在这个过程中，他们会更加融入社会，对自己的社区以及国家利益更加忠诚。

因此，1997—2010年，整个英国都有相当多的政府投入。其目标是改善对儿童、家庭和社区的服务及其成效。幼儿教育中有一种强烈的承诺：整合工作（见第十六章）和支持，通过提供父母容易获得的各种服务来支持父母参与工作。最初，这是通过幼儿教育卓越中心（Early Excellence Centres）项目实现的，然后是“确保开端”计划的当地项目（Sure Start, 2008）。后来在这些倡议的基础上，国家承诺在每个社区设立一个儿童中心，并推动课后辅导机构的发展（DfES, 2007e），而到2010年，政府旨在与地方当局和其他伙伴合作，提供一系列服务和活动，支持和激励儿童与年轻人实现自己的全部潜力。这些服务旨在提供：

- 小学里各种各样的活动，再加上儿童照料服务。
- 社区利用学校设施的机会。
- 迅速和方便地获得（转介）有针对性的专门服务。
- 养育支持。

在英国，工党政府也提出了他们“积极支持”的观点，即《高度关注儿童：支持家庭》（*Aiming High for Children: Supporting Families*）（DfES, 2007b）。他们主张为家庭提供积极的支持。他们还提出发展儿童的心理弹性，关注被评估为发展“有风险”的儿童更敏感的需求。

随着这些发展，人们越来越认识到生命最初 5 年对改善未来生活的重要性（Allen, 2011; Allen and Duncan Smith, 2008）。然而，2010 年英国政府的变化带来了政策方向的变化。保守党领导的联合政府将重点从贫困和社会排斥问题转移到早期干预，并颁布了《基础阶段的家庭》（*Families in the Foundation Years*）（DfE, 2011c）。虽然他们重申了最初几年和循证实践的重要性，但他们更加注重家庭本身的责任和更有针对性的做法。例如，联合政府特别关注 12 万"陷入困境的家庭"，这些家庭拿走了纳税人大量的税款（Department of Communities and Local Government, 2013）。

如果幼儿教育服务在英国全国范围内使用，那么在 1970 年 7 月至 2005 年 6 月接受幼儿教育的 3 ~ 4 岁儿童的人数就会增加 2 倍，从 21% 增至 64%（Office for National Statistics, 2012）。即将上台的联合政府重申了支持有年幼子女的父母的承诺，并兑现了前工党政府的承诺，为 3 ~ 4 岁儿童提供免费幼儿保教，每周从 12.5 小时到 15 小时不等。到 2012 年，1 264 420 名（96%）的 3 ~ 4 岁儿童获得了免费的幼儿教育（DfE, 2012f）。联合政府决定扩大儿童免费保教的年龄范围，但并没有采取普遍的做法，而是将目标对准处境最不利的儿童。到 2013 年 9 月，政府为 20% 处境最不利的 2 岁儿童提供 10 ~ 15 小时的免费幼儿保教，并从 2014 年 9 月起将人数比例增加到 40%（DfE, 2012g）。

在回顾山姆和亚历山大的案例时，前工党政府的政策驱动目标是通过在一个地方提供高质量的服务来保证更好的结果。例如，亚历山大的母亲本可以获得儿童中心提供的全套服务，包括为自己提供支持、上育儿课和为儿子提供幼儿教育。2010 年政府更迭和世界经济衰退，意味着儿童中心及其服务无法得到保障（见第十五章）。

谈到与莉莉、李、亚历山大和山姆有关的可能后果，他们所能得到的服务可能增强了他们的整体发展和心理弹性（DfES, 2007a; Rutter, 1999）。理解这一点对那些与孩子和家庭一起工作的人来说很重要，因为这有助于解释孩子应对他们生活经历的不同方式。为什么有些成年人和儿童能够应对困难，而另一些人似乎做不到呢？这个问题没有唯一的答案，因为它取决于一系列相互作用的因素，而且每个人都是独一无二的。一个家庭的成员可能都面临同样的情况，但每个人的处理方式都非常不同。幼儿教育实践工作者可以支持并领导这一领域的实践。例如，从山姆的个案研究中可以明显看出，他在处理他从父母那里得到的分别照料的事实时有困难。这种情况下的早期干预可以帮助他的父母看到共同照料的影响，并支持他们寻找对他 4 岁入学时的需要更敏感的替代安排。

五、家庭—学校 / 机构之间的伙伴关系

在幼儿时期，迅速变化的供应格局对幼儿教育实践工作者与其他专业人员、家庭和儿童的关系产生了影响。霍格（Hogg et al., 2013）的研究表明了与其他幼儿教育实践工作者合作以及与父母一起工作的一些问题。伙伴关系的理念一方面说明了政策如何转化为实践的一部分，另一方面说明了幼儿教育实践工作者在各种环境中支持儿童和家庭的作用。正如下面的讨论所强调的那样，重要的是看到家庭和幼儿教育机构在提供幼儿保教方面具有互补作用。

维果茨基（Vygotsky, 1956, 1978）强调了儿童"文化"的重要性，这远远超过了种族；它包括儿童的整个身体和情感环境、历史和关系。"文化适应并不是发生在儿童身上的事情，而是儿童所做的事情。"

（Miller, 2002: 373）这其中的含义是，如果儿童的家庭和幼儿教育机构没有采用相同的方式，彼此不了解或处于矛盾冲突中，那么儿童的环境中就会有很多令人困惑的地方，可能会推迟而不是促进儿童的发展。罗格夫（Rogoff, 1990）在发展维果茨基的理论时，使用了学徒关系进行类比，认为儿童在学习解决问题时，成人或大孩子在提供隐性或显性指导。然而，如果儿童必须不断地适应不同形式的“指导”，那么学徒关系将会是脱节的、令人困惑的，而不是具有启发性的。出于这个原因，家校（园）联系以及与父母建立伙伴关系是必不可少的。

罗恩和霍南（Rowan and Honan, 2005）举例说明了合作工作的困难，例如，学校在使用“图书盒（book boxes）”的过程中遇到了一些问题。在这里，孩子们按照各种各样的阅读计划带书回家，家长们被期望应该和他们的孩子一起阅读，并签字确认他们已经这样做了。这似乎是学校与家庭的合作，但正如罗恩和霍南（2005: 212）所说：“学校的阅读实践和过程被带入了家庭，而家庭自己的文学活动被忽视了。”布鲁克（2005: 128）同样强调，父母和幼儿教育机构之间存在障碍，尤其是那些来自少数民族或社会经济弱势群体的家庭。然而，这些障碍可以通过“认真和带着尊重地倾听来克服，而不是在家校对话中假设学校永远是正确的”。因为一些原因，一些家庭有时被描述为“难以接触的”，如与世隔绝和位于交通不便的偏远农村地区的家庭。这可能是外联工作者的资源问题。然而，正如克蒂斯等人（Cortis et al., 2009）在澳大利亚发现的那样，招募到技术娴熟的工作者，并有足够的金钱支付给他们，这可能就是一个问题。也有一些家庭成员很难参与，如父亲。霍格等人（2013）的研究介绍了这一困难，因为尽管他们向指定地区的 4 岁以下儿童的所有父母发出了邀请，但只有 1 位父亲和 11 位母亲自愿参加。在英国的多种文化中，母亲仍负有照料孩子的首要责任，而父亲往往是主要的养家糊口者（Daniel and Taylor, 2001; Potter and Carpenter, 2010）。这就解释了为什么父亲们很难参与到机构中去，尤其是当需要他们在工作日参与时。可以说，在家长住得离机构比较远，对机构不熟悉或者不受机构欢迎的情况下，尤其家长来自少数民族群体，或者家长在机构提供服务的时段恰好不能到机构去的话，不是父母和家长难以接触，而是对这部分父母来说，机构让人难以接触。

尽管存在这些担忧和警告，但仍有许多家庭与机构建立伙伴关系的例子。比如，波特与卡彭特（Potter and Carpenter, 2010）概述了在“确保开端”计划机构中关于父亲的内容。麦克唐纳（McDonald, 2010）提出了许多与弱势家庭接触的策略，虽然是为澳大利亚读者写的，但在其他地方也适用。另外一个例子是在科比（Corby）的潘・格林中心（Pen Green Centre）①。这是一个面向家庭的儿童发展支持机构，它关注社区重建，同时给家庭支持，并面向幼儿直接施以教育，接纳有需求的儿童和有特殊教育需要的儿童。从 1983 年开始，它就强调从父母那里了解家庭和儿童需要什么的重要性，而不是“强加一个预先确定的‘华而不实’的计划”（Whalley, 2001: 128）。它的运作建立在父母与家长团体和会议结合的基础上，以便为政策提供信息。鼓励父母在家拍录他们的孩子，并与工作人员分享，同时他们也参与中心的课程发展。该中心还成功地吸引了父亲们，它不仅邀请他们参加一般性活动，还邀请他们参加周末的跑步团体，如爸爸团体（Dad’s Group）和爸爸的婴儿按摩（Dad’s Baby Massage），并在工作日的晚上进行男子循环训练。

德雷珀和达菲（Draper and Duffy, 2001）探讨了参与幼儿教育的问题。他们经历了无法参加白天活

① 位于英格兰科比的儿童及其家庭中心，主要为儿童及其家庭提供高质量的教育和保育。

动而要工作的父亲这一不可避免的问题。尽管如此，他们发现父亲们也致力于孩子的发展和教育，并感到工作人员对此很欢迎。然而，中心的活动安排和其他家长的态度意味着父亲们不愿意直接参与到中心来。苏格兰政府的一份文件（Scottish Government, 2003，第 72 段）也强调了这一点。

父亲们报告说，他们发现几乎所有的家庭支持服务都是由女性提供的，不管他们多么欢迎这项服务或其他用户，他们感到被孤立了。我们采访的一些专业人员对他们接触的男人不屑一顾。

年幼子女的父亲面临的问题对母亲来说不是问题。举个例子，当孩子们外出时，他们上厕所还需要帮助，妈妈们很容易把她的儿子带到一个女性的公共厕所，但是父亲带着年幼的女儿进男厕所是不太可能的。显然，在制定政策时，幼儿教育实践工作者需要确保伙伴关系的工作不仅包括母亲，也包括父亲。父亲们可以有机会公开讨论他们的问题，最好是和其他面临同样问题的人讨论。从长远来看，鼓励更多的男性参加幼儿教育工作，可能会帮助父亲们感到更多的包容。

德雷珀和达菲（2001）强调的另一个问题是需要满足父母自己的期望。他们在托马斯·科拉姆早期卓越中心（Thomas Coram Early Excellence Centre）工作，该中心与潘·格林中心一样，鼓励父母参与。然而，他们发现，在另一个中心，一部分家长关于“什么对孩子有好处”有不同的看法，他们不愿意参与这个中心。部分原因来自托儿所中大量存在的一种文化，托儿所工作人员希望家长在学期开始时迅速消失，以避免“惹恼”他们的孩子，因为在工作人员看来，这些孩子一旦被“惹恼”，将无法集中精力学习。在他们看来，父母的参与似乎意味着他们在质疑工作人员的专业技能。

安宁（Anning, 1998）举了一个例子，她支持潘·格林中心的主张，即哪怕在父母勉强或看起来脆弱的情况下也要尊重父母的专业知识。安宁描述了市中心一个幼儿教育中心的经理是如何关注弱势母亲和她们的孩子之间的交流的。她希望员工能够深入了解如何与父母、孩子一起工作，避免让父母失望。这位经理与一位语言治疗师合作，推出了轻松但精心策划的工作坊，并通过与母亲和她们的孩子玩耍来模仿“妈妈语（motherese）”。母亲们认识到，她们为人父母的能力是被认可的，而不是被怀疑的。

亚历山大的案例研究进一步强调了替代家庭中儿童的一些问题。对于亚历山大来说，进入托儿所并不是他的第一次转变。他习惯了频繁的变化，生活在许多不同的家庭，并有一些非常具有挑战性的幼年生活经验。他可能咄咄逼人或孤僻，难以信任成年人，也难以与同龄人建立关系。尽管他完全有权利生气，但伤害、痛苦或疏远他人的行为问题需要得到解决。他的早期经验将影响他的学习，任何参与教育他的实践工作者，从最广泛的意义上来说，都必须评估他的需求，以确保他的学习机会最大化，并确定和解决他早期的学习差距问题。事实上，幼儿教育实践工作者的部分作用是对《通用评估框架》（Common Assessment Framework）（DfES, 2007c）做出贡献，该框架将从多专业的角度评估儿童的需求。

幼儿教育工作的另一个问题是认识到亚历山大有不同的家庭。他可能会继续与他的母亲、外祖父母以及任何叔叔或阿姨联系。即使前面没有提到父亲，亚历山大也可能有父亲和一群他父亲身边的亲戚。他和他现在的寄养人一起生活了一年多，在他生命中如此关键的阶段，也就是从婴儿蹒跚学步到小学生的转变，他们对他来说构成了一个重要的家庭。然而，幼儿教育实践工作者也可能不得不与新收养他的父母相处。即使亚历山大在幼儿园或学前班的时候没有和他们一起住过，他也很可能已经开始和他潜在的养父母建立关系了，他可能会说他们是“永远的”父母。认识并尊重亚历山大的忠诚，认识到这些家庭在他生活中的重要性，需要加强幼儿教育实践工作者的技能和理解能力。

最后一点是关于家庭 – 学校 / 机构建议及与儿童保护有关的伙伴关系。让父母参与孩子的学习是非常有益的。然而，幼儿教育实践工作者需要注意，在那些孩子被忽视、身体或情感受到虐待或被照料者性虐待的情况下，不要把他们与父母的关系置于孩子的幸福之上。

本章小结

儿童的家庭生活可能非常多样化。对面向儿童工作的人来说，在儿童的家庭生态环境中理解与尊重儿童很重要。大多数幼儿教育实践工作者会小心地避免对家庭做出假设，并确保看到每个孩子和他们的环境都是独一无二的。然而，本章进一步关注了那些影响不与亲生父母生活在一起的儿童的相关因素。

正如前面的讨论所显示的，自 1997 年以来，家庭政策变得越来越重要，尽管 2010 年政府的更迭标志着政策向更有针对性的方向转变，侧重于早期干预，父母对家庭生活有更大的控制权。此外，与父母合作是为儿童及其家庭发展服务的政策驱动因素的组成部分。因此，家庭和托幼机构 / 学校之间的联系对于支持儿童日后的生活非常重要。这不仅因为政策规定了这种做法，而且因为如果儿童生活的各个领域之间，特别是家庭的关键领域与他们所接受的更广泛的服务之间不协调，那么儿童的发展将受到不利的影响。

反思与讨论

1. 作为一个人，你认为自己的家庭生活对你有什么影响？
2. 你为什么认为幼儿教育实践工作者了解家庭生活的多样性很重要？
3. 你认为机构应如何支持那些正在被照料或接受地方当局照料的儿童？

推荐阅读

1. Aveni, D. and Perry, A. (2011) *Working with Fathers: Practical and Effective Ways to Increase Father Participation in Early Years Settings*. Crediton: Southgate Publishers.

2. Guishard-Pine, J., Mccall, S. and Hamilton, L. (2007) *Understanding Looked After Children: Psychology for Foster Care*. London: Jessica Kingsley.

3. Potter, C. and Olley, R. (eds) (2012) *Engaging Fathers in the Early Years: A Practitioner's Guide*. London: Continuum Publishing Group.

4. Trodd, L. (ed.) (2013) *Transitions in the Early Years: Working with Children and Families*. London: Sage.

5. Whalley, M. and Arnold, C. (2013) *Working with Families in Children's Centres and Early Years Settings*. London: Hodder Education.

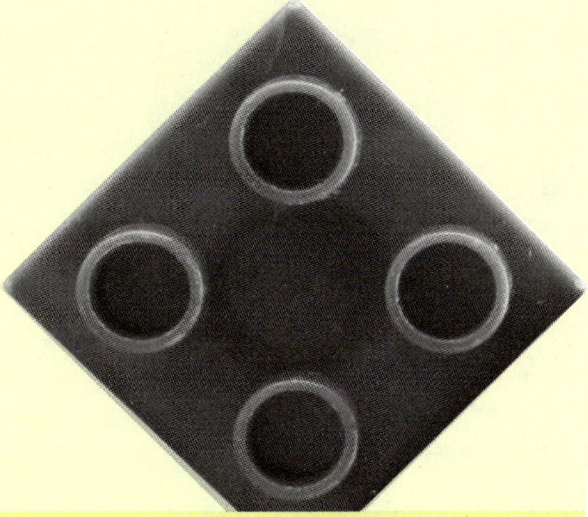

第五部分

专业工作

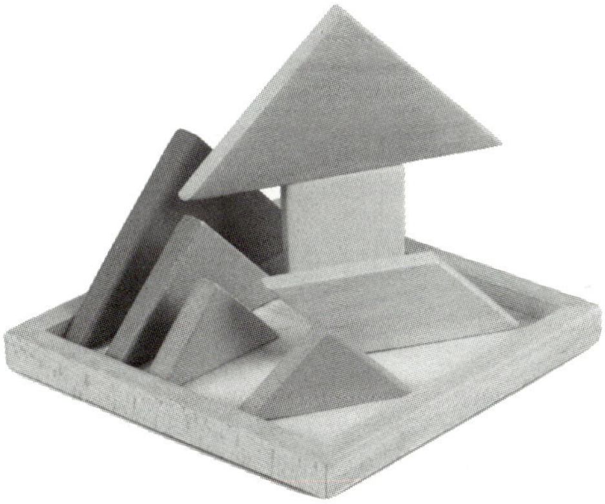

第十四章

幼儿教育工作的专业性

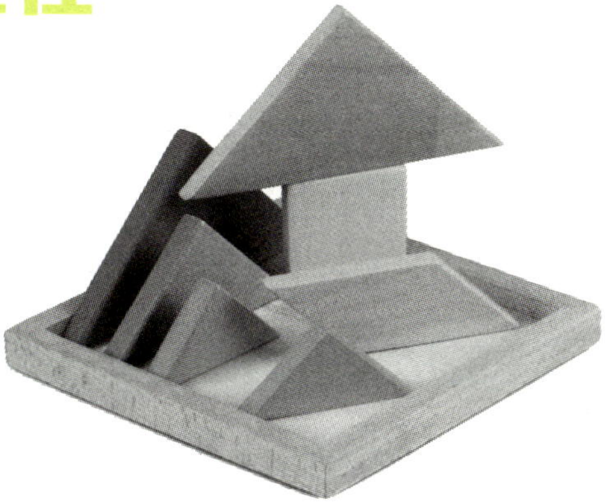

丹尼斯·赫维（Denise Hevey）

主要目标

·辨析母育、非正规托育和专业保教之间的区别。

·解释幼儿保教培训与资格认证的历史。

·理解拥有合格教师资格（QTS）、成为社会教育工作者与获得幼儿教育专业资格（EYPs）/新的幼儿教师资格认证之间的区别。

·辨别与讨论专业化的特征。

一、谁有资格

一个孩子的最佳选择是被富有爱心和责任心的人照顾，这个人不用有“资格”。这个人可以是孩子的双亲、亲戚或是在自己家里提供托育服务的托管人，也可以是雇佣来的稳定、善良且忠诚的保姆。（Libby Purves, *The Times*, 2006-02-14）

这段话出自《时代》（*The Times*）周刊一篇名为《孩子，你值得更好》（“Baby, you deserve better”）的文章中，它反映了幼儿教育实践工作者队伍专业化建设中一直存在的问题，很多应该明白的人却依然认为教育与培训不是必要的。很多人信奉“母育神话”，认为只要有爱和做母亲的经验，任何一个人（或者只要是女性）就能够从事儿童保教工作。“即使人们的生活经验与之不相符或是无法相对应，他们仍然抱有母育观念，可见其影响力之广、之久、之强。”（French, 2003: 760）然而，有大量证据表明，好的“母育”能力不是与生俱来的，而是后天习得的。同时，研究证明了照料他人的孩子与照料自己的孩子是有明显差别的（Clarke and Clarke, 1976; Rutter, 1972; Scarr and Dunn, 1984）。此外，就促进儿童发展、充分开发儿童潜能的结果来看，从业人员不同的教育和培训水平带来的结果是不同的。这在有效学前教育项目的研究结果中有清晰的证明。

机构质量与提高儿童能力之间有显著相关，从业人员的资质水平与机构质量的评级也有关。员工的资格水平越高，尤其是机构管理者，儿童的发展进步就越明显。（Sylva et al., 2003: 4）

只要保育还被完全视作女性的工作，认为女性生来就应该从事这项工作，那么她们的工作就会一直被低估，薪资也会一直较低。更糟糕的是，儿童将无法获得训练有素的专业人员的照顾。

持续的低薪状态让幼儿教育实践工作者缺乏积极性来提升自身素质和服务质量。收入不高，社会地位低，从业群体中女性占很大比例，这些因素交互作用，彼此强化。市场的失败和对保教工作的性别定位，说明人们对幼儿教育实践工作者的物质奖励低估了其经济与社会价值。（Cooke and Lawton, 2008: 6）

二、托育历史

为了理解这些怪现象是如何形成的，从历史视角进行分析将会给我们提供帮助。正如斯卡尔和邓恩（Scarr and Dunn, 1984: 52）所说：“对母育的看法在历史上随着女性角色的变化而变化。”在工业社会以前，工作与家庭在很大程度上是结合在一起的。养育儿童更多的是母亲的职责。但是，在数代同堂的大家庭中，成员之间会联合起来养育儿童。婴儿外出时一般由母亲带着，稍微大一些的孩子则要做些简单的工作或是尽他们所能地照顾年幼的孩子（Aries, 1962）。“养育多个孩子的母亲通常会让4岁或5岁的女儿负责照顾新生儿，这是4岁或5岁女孩唯一能够承担的工作。大部分孩子没有稳定的家务安排，一直到他们8岁左右。”（French, 2002: 21）

工业化带来了变化。工厂的出现使工作从家庭中分离出来。在人们纷纷从农村搬迁至城镇和城市的过程中，数代同堂的大家庭通常会被拆解开来。年长的孩子（8 岁或 9 岁这样大）要去矿场、作坊和工厂工作，年幼一些的孩子游荡在街头自己照料自己，婴儿和学步儿寄养在奶妈或看护学校（minding school）处，看护学校中儿童死亡率高达 75%（French, 2003）。查尔斯·狄更斯（Charles Dickens）是 19 世纪著名的社会评论家，他在《我们共同的朋友》（*Our Mutual Friend*）一书中对“幼儿托管（baby farming）”有过相关描述。当伯芬（Boffin）夫人为了收养孤儿而拜访贝蒂·希格登（Betty Higden）时，他们的对话是这样的：

> “这些孩子不是他的兄弟或姐妹吗？”伯芬夫人问道。“噢，当然不是了，夫人。那些都是照看者。”“照看者？”秘书重复道。“（他们是）留下来被照看的，先生。我在运营一家看护学校，可我所获得的钱还不够买 3 台轧布机呢。我非常爱孩子，但这事一码归一码。”（转引自 Jackson and Jackson, 1981: 172）

1870 年，普及教育被提出。这时的教育并不太关注促进儿童的发展。教育是为了阻止工人阶级的孩子游荡在街上时参加帮派活动或参与犯罪。“学校对于贫穷家庭的孩子而言就像是教育工厂，使他们不再游手好闲或成为公众负担。”（Penn, 2005: 114）

到 1900 年为止，超过 50% 的 3 ~ 4 岁儿童进入学校。这一入学水平一直到 1990 年都没有再变过。然而，他们在教育中受益的程度也饱受争议。

> 一名有资格认证的教师需要指导 60 名幼儿。幼儿大多饱受饥饿与寒冷，脏乱不堪。他们因长时间缺乏睡眠而显得格外疲惫。强迫这么小的孩子在这个年龄学习字母与数字有什么益处呢？（Board of Education Inspector’s Report 1905，转引自 Penn, 2005: 119）

结果，5 岁以下儿童被州立初等学校拒绝在外，像玛格丽特·麦克米伦（Margaret Macmillan）这样的先驱们成立了托儿所（nusery school）——日托中心（day nusery）大部分由一些开明的工厂老板建立，托儿所与日托中心的区分被固化下来。而且，对大部分工人阶级家庭来说，让孩子进入有组织的保育机构是不可能的。这就使得一批临时的、未受过任何训练的儿童看护者钻了空子。

这种状况一直持续到第二次世界大战时期。第二次世界大战期间，女性必须承担起外出打仗的男人的工作。儿童保育工作转而由卫生部接管。这一举措被认为不仅有利于儿童获得更好的照顾，也能让成人安心地投入战争中。于是，1 450 所战时托幼机构迅速建立起来（Scarr and Dunn, 1984）。这一时期，国家保育审查委员会（National Nursery Examination Board, NNEB）成立了，以保障成千上万名志愿成为保育员、没有生过孩子也没有任何保育经验的年轻姑娘们获得达到基本标准的入职培训。

1948 年，第一部相关法规《1948 年托幼机构及其从业人员管理法》（Nurseries and Childminders Regulation Act 1948）颁布，其旨在遏制托幼机构的恶劣行径，并通过注册程序来规范托幼机构的标准。到这一时期，之前建立起来的战时托幼机构数量削减了一半。政府呼吁女性离职，重新回归家庭，把工作岗位让给返乡的战士们，一些专家也随即改变了以前的观点，认为托幼机构不利于儿童发展。在这些专家中，最著名的是约翰·鲍尔比（John Bowlby）。他的工作促使世界卫生组织在 1951 年对托幼机构提出毁灭性的指控。文件指出，日托中心与托幼机构的使用不可避免地会对下一代的情绪健康造成长久的危害（转引自 Rutter, 1976: 154）。这个对幼儿教育和托管的认识现在看来过时了，但在当时一直影响着托幼机构的发展，左右着人们对幼儿教育机构服务和幼儿教育工作者培训的态度，并且这种影响一直持续到20世纪90年代。讽刺的是：在小规模范围内，由经过专业训练的精英教师队伍提供服务的时候，教育是有益的；但托幼机构的情况很糟糕。年幼的孩子们真正需要的是母亲的经常陪伴。在幼儿不能得到母亲陪伴的情况下，寻找“母亲替身”才算是好的选择。当然，做母亲是不需要培训的。

三、国家/地方职业资格认证

1986年，一本名为《5岁以下教育之困》（*The Continuing Under Fives Muddle*）（Hevey, 1986）的小册子出版了。这本小册子第一次介绍了对从事5岁以下儿童教育工作的从业人员的教育和培训情况，让人们意识到这是一个被严重忽视的领域。这本小册子指出，专业训练中所反映出的儿童形象被肢解为几部分——（教师的）受教育者、（护士的）免疫接种者和（社会工作者的）保护对象。对大多数幼儿教育实践工作者来说，现在可获得的最高水平和最有名的资格认证是国家保育审查委员会的资格证书，相当于我们现在所说的学术二级水平。现在有很多其他类型的认证，一些认证的价值令人怀疑。这些认证瞄准了学校和学院里16～19岁的学生。然而，对于成人学生来说，可获得的认证培训机会少得可怜。成人学生恰好拥有相关经验，是从业人群的主力。考虑到英格兰和威尔士的实际情况，国家职业资格委员会（National Council for Vocational Qualifications, NCVQ）在其成立的同年发布了报告，提出期望将一些职业资格设置合理化（Jessup, 1991）。国家职业资格委员会成立后经历了多次调整，依靠考试监督办公室（Ofqual）、标准和测试机构（Standards and Testing Agency），在英格兰规范了多个认证团体的资格认证。在苏格兰，苏格兰资格认证管理局（Scottish Qualification Authority）发挥了类似的作用，授权苏格兰职业教育委员会（Scottish Vocational Educational Council, SCOTVEC）作为唯一的机构负责相应的管理工作。

1989年，国家儿童局（National Children's Bureau）设立了“为7岁以下儿童工作项目（Working with Under Sevens Project）”，致力于建立《国家职业标准》（National Occupational Standards），适用于整个英国幼儿教育从业人员和幼儿家庭成员，并将其作为幼儿保教工作二级与三级水平新资格认证的基础。这些标准涉及多个部门的工作，有明确的价值观与原则，表达出的核心观念是要主动促进儿童的发展（而不只是消极地提供儿童看护）。这些标准很快就被一系列的资格认证机构采纳了，其中包括苏格兰职业教育委员会。随后，国家保育审查委员会扩大了其成员基础，更名为幼儿保教授权委员会（Council for Awards in Children's Care and Education, CACHE），其认证的资格水平升级为三级文凭。英国商业与技术教育委员会（Business and Technology Education Council, BTEC）、英国爱德思国家职业学历与学术考试机构（Edexcel）[①]也在托儿所保育工作领域为16～19岁的从业人员提供了三级水平的文凭。恐怕最重要的是，基于能力的国家/地方资格认证系统首次向在职成年女性开放，这些在游

① 该机构系英国最大的文凭颁发机构，为英国乃至国际上各类学院、大学、雇主及其他教育机构提供学术和职业资格考试。

戏小组或托儿所保育岗位上工作的女性也能通过这一途径获得资格认证（Hevey, 1991）。

四、注册与审查的作用

根据《1948年托幼机构及其从业人员管理法》的规定，在英格兰，托儿所从业人员与其他提供托幼服务人员的注册最初由各地150个独立机构负责，这些机构都有制定评定标准的自主权。（在威尔士和苏格兰也有类似处理方式，但随着权力的下放，监管体系也就此分化了。本章将会对两者最主要的差异进行说明，但分化的细节过于复杂，在此不赘述。）标准的改变不可避免，一些地区的注册仅仅是登记在册，既没有对从业者资格水平的要求，也很少有后续审查工作。2000年，教育与就业部（Department for Education and Employment）在《1989年儿童法》的第十部分首次提出了一套“8岁以下儿童日托中心与托幼服务从业人员全国标准（National Standards for Under Eights Day Care and Childminding）”（DfEE, 2000）。苏格兰行政部门在2002年出台了《全国保育标准》（National Care Standards）。其中首次针对资格标准做出了具体要求，托幼机构“注册人（registered person）”必须达到三级水平，而其他人员至少有50%的人达到二级及以上水平。这些标准由英国教育标准办公室负责监督在全国施行，英国教育标准办公室从2001年7月接管了整个英格兰托幼机构的管理与检查工作（Baldock et al., 2007; Ofsted, 2002）。威尔士和苏格兰的情况有所不同。教育督察部门（Education Inspectorates）依然负责管理幼儿教育资金的资助（威尔士由ESTYN负责管理，苏格兰由HMIE负责），而日托中心由新成立的托幼委员会（Care Commissions）管理。［更详细的关于幼儿教育课程与管理构架的介绍以及对英国各地区情况的介绍，参见Clarke and Waller（2007）的研究。］尽管受到了一定的质疑（Dahlberg et al., 1999），但英国教育标准办公室的参与对这部分工作仍产生了重大影响。英国教育标准办公室的工作有力地强化了幼儿教育的教育属性，其发布的督察报告是一个有效的杠杆，推动了幼儿教育市场中私立机构的发展。这些变化明显地推动了幼儿教育从业人员的专业化。

五、基础学位的出现

国家/地方职业资格认证导致了教育机构重视结果取向和职业定位，这种影响同时扩展到高等教育。英格兰和威尔士推出了一种新的职业/学术混合认证形式，它很好地整合了工作能力要素，学术方面的要求相当于大学本科二年级的学位课程水平。这就是后来的基础学位（Foundation Degree），由高等教育机构自己组织与颁发。高等教育机构通常会与当地学院合作，并争取到当地雇主们的支持。（苏格兰仍然沿用传统的高等教育文凭。）基础学位得到了各地的积极响应并呈现出多样化发展的态势，这让人们担心各地区之间的差异会过大。2001年，确保开端办公室（Sure Start Unit）倡导提出了一份《全国从业人员资格声明》（National Statement of Requirements），赞同在幼儿教育领域使用基础学位。其中还对基础学位的内容与质量标准进行了约定，以为学生提供更多的支持。20世纪90年代，幼儿教育机构迅速扩张，以实现政府提出的目标——新建 100 万所托幼机构，为所有 3 ~ 4 岁儿童提供时段制（part-time）学前教育（Baldock et al., 2007）。不仅是小学、托幼机构和学前班，凡是能够提供基础阶段（3 ~ 5 岁）课程的机构都可以获得幼儿教育基金（Nursery Education Grant）的支持。[威尔士、北爱尔兰和苏格兰的课程框架与英格兰类似，但有所不同，详情请见克拉克和沃勒（Clarke and Waller, 2007）的研究。] 到 2002 年，幼儿教育基础学位已经成为获得高等教育学历的在职教育路径，吸引了越来越多的幼儿教育从业者参与，他们毕业后在幼儿教育机构中负责课程建设。

案例研究 14.1

克里的专业之路

克里（Kerri）在 16 岁毕业时拿到了 4 个普通中等教育证书（GCSE），但对未来要做什么工作毫无想法。她做了一段时间的售货员，之后没多久就怀孕了。当她回过神来时发现自己才 21 岁就已经是两个孩子的母亲，且对未来依然没有任何规划。但她唯一能确定的是她非常喜欢和孩子们在一起。

等到她最大的孩子到了法定上学年龄时，她立刻去社区日托所找了份保育助理的工作。她跟着其他保育员一起接受内部培训，并在一年内获得了幼儿保教（Childcare and Education）国家职业认证二级证书（NVQ2）。资格证的获得使克里对自己和自己的工作更有信心。没过多久，克里就开始担任其他一些职务，但经理建议她去考个国家职业认证三级证书（NVQ3），因为当时英国教育标准办公室规定管理者必须获得这一水平的资格证。几年后，这位经理退休了，克里便接替了他的岗位。

有一天，克里在当地政府定期发放的培训信息中看到了幼儿教育基础学位的广告，顾问告诉她不用担心学费，因为能得到资助。克里从未想过上大学，但是她知道自己的工作很优秀，并且入学要求的国家职业认证三级证书和普通中等教育证书她都有。于是她申请并参加了面试，面试时她非常紧张，但好在导师很和蔼可亲。

克里从未写过正规的论文，但这是课程前期必须掌握的重要学习技能。很快，她发现每周只有半天的时间来学习，于是她每周不得不再挤出 6 ~ 8 小时去阅读并完成任务，但好在这些任务与自己的日常工作紧密相关，还能用来应付英国教育标准办公室的督导检查。每当晚上她坐在餐桌前看书时，她发现自己的两个孩子就会拿出作业来写。这让她想到，她正和自己的孩子们一起学习，而且她的孩子现在学得比她当年认真多了。经过两年的努力，克里终于顺利拿到了基础学位，这令她非常自豪。她还邀请了同事和自己的孩子来参加毕业典礼，大家都为她感到高兴。

案例分析 14.1

像克里一样，一些读者可能在学校时对学习不太上心，也没想过接受高等教育。对于离开学校一段时间再重返校园学习，一些人可能会感到担心，还有一些人已经计划从头开始读大学了。

· 你认为要鼓励优秀的幼儿教育实践工作者积极主动地提高自己的资格水平的话，什么样的实际支持、信息提供和鼓励方式最有帮助？

六、儿童工作者队伍发展委员会

国家 / 地方的职业认证与基础学位的设置只是国家儿童工作者队伍发展计划的一部分。幼儿教育机构的经营者们也做了一定的努力。行业领导机构（Industry Lead Bodies）和全国培训组织（National Training Organisations）联合起来开展了一系列活动。行业技能委员会（Sector Skills Councils）后期也参与进来，例如，促进游戏、运动和休闲领域工作人员专业技能发展的组织“激活技能（Skills Active）”。许多行业技能委员会的工作覆盖了整个英国。幼儿保教工作与其他一般行业不同，其典型特征是机构类型比较多样化，包括主体类型（地方当局学校和托幼机构）、独立学校、民间自愿组织的社区团体、私立的日托中心和托儿所。在这些机构中，很少有大型机构。这使得其中很难涌现出成功的经营者代表。很多年里，国家幼儿教育培训组织（Early Years National Training Organisation, EYNTO）成为幼儿教育行业的代表，包括国家层面的一些志愿组织［例如，学前教育学习联盟（Pre-school Learning Alliance）和国家托幼协会（National Childminding Association）］，都是会员制组织，而不是实体经营组织。国家幼儿教育培训组织的员工遍布英格兰和威尔士，有 35 万 ~ 50 万人。在其组织自己看来，员工的分布范围并不够广。因此，在《每个儿童都重要》行动方案（DfES, 2004c）的推动下，教育和技能部在儿童社会保护方面的职责扩展了，随后儿童工作者队伍发展委员会（Children's Workforce Development Council, CWDC）在《2004 年儿童法》的影响下组织成立，又在英格兰建立了新的组织，负责学校以外的绝大多数儿童服务机构。后续，儿童工作者队伍发展委员会通过儿童工作者联盟（Children's Workforce Network）与苏格兰和威尔士的对应机构，以及行业技能委员会建立了联系（包括游戏工作人员技能发展组织 SkillsActive 和以增加学校从业人员数量为目标的教育培训与发展机构）（Owen, 2006）。后续改革带来了变化，儿童工作者联盟和儿童工作者队伍发展委员会在 2012 年被撤销，并将幼儿教育工作者与学校工作者培训事宜合并，转交教学署（Teaching Agency）负责。2013 年 4 月，全国教学与领导力学院（National College for Teaching and Leadership, NCTL）合并成立。

2005 年年初，儿童工作者队伍发展委员会成立时，发布了《儿童工作者队伍建设战略参考》（Children's Workforce Strategy Consultation），提出了一系列政策目标，以更好地整合儿童工作者队伍，以及对儿童工作者队伍进行资格认证。其主要战略是制定连续的、明确的资格认证框架，以及员工岗位弹性流动的发展框架（例如，从游戏工作领域转去幼儿教育或社会看护领域）。并且，这份文件特别提出了幼教机构管理者要达到研究生学历的建议。该建议来自对有效学前教育项目一项结论的反思。有效学前教育项目是幼儿教育领域第一次大规模的纵向研究（EPPE–Sylva et al., 2003）。其研究结果明确指出，在英国，高质量的机构服务能更好地促进儿童发展，而机构的质量在很大程度上依赖于员工的专业化水平，尤其是机构的管理者 / 经营者（见本章开头的引言）。在研究项目开始的那段时间，幼儿教育领域唯一的研究生学历资格认证是合格教师资格。然而，研究结论建议提供具有更广泛基础的专业发展类型，类似于欧洲的“社会教育工作者（social pedagogue）”。

七、教育工作者、教师和专业人员

在欧洲，尤其在像丹麦和瑞典这样的斯堪的纳维亚半岛国家，拥有研究生学历和培训背景的社会教育工作者队伍颇具规模（Einarsdottir and Wagner, 2006）。社会教育工作者接受了广博的教育，他们的培训涉及人类发展与学习的方方面面，能够处理所有年龄段的教育问题，从年幼的儿童到成人和老年人（Petrie et al., 2005）。他们一般在社会或社区护理机构和日托机构工作，并在社区为残疾或学习困难的成人提供支持，以此帮助他们独立生活。因此，他们的培训主要关注社会 - 情绪发展和生活技能。打个比方，尽管他们可能懂得阅读学习的原理，可能还当过教师、上过课，但他们所关注的是促进学生的整体发展而不是提供某一特定教育课程。在丹麦，儿童入学的法定年龄是 6 岁。尽管幼儿园也有一些教师，但社会教育工作者（以及工作助理）依然会为幼儿提供服务（Eurybase, 2006/2007）。丹麦人对“学前教育”这个说法不太接受，因为他们认为托儿所和幼儿园应重视幼儿的当前经验，而不是将幼儿的当前经验作为未来入学的准备（为人，而不是“成为”人——Qvortrup et al., 1994）。

相较于社会教育工作者培养中的传统的哲学教育方式，教师教育从古至今都更关注 3 ~ 7 岁儿童在早期阶段（或 5 ~ 11 岁小学阶段）发展中的认知和教育方法方面，特别是教育方法方面。英国的教师培训通常有两种方式：一种是在大学学习课程，接受综合的专业培训（获得本科学位证书和合格教师资格证）；另一种是在获得第一学位之后继续深造，将研究生课程压缩到一年完成，最后获得教育学专业 / 研究生学位证书。学生会参观各类学校，并得到在这些学校实习的很多机会。学校会用合格与否来评价学生的实习表现。在新教师工作的第一年，他们还不能拿到注册认证，但所有新入职合格教师（New Qualified Teachers, NQTs）都享有接受持续监督与专业支持的权利。最近，“学校主导（School Direct）”项目在定点学校给人们提供了一种新的基于工作场域的培训模式。2013 年，“教学优先（Teach First）”计划扩展到幼儿教育领域实施，使成绩优异的毕业生一毕业就能在欠发达地区成为教师。

2006 年，新西兰政府采用“新教师”模式（“new teacher” model），致力于培养大批研究生学历的幼儿教育从业者。这使得传统幼儿教育对象的年龄范围向下延伸，对幼儿家庭 / 社区事务的关照更加广泛。但其主要关注点是给幼儿提供结构化课程，帮助幼儿为下一阶段的学校学习做准备（Ministry of Education, 2002）。“新教师”与传统教师的雇佣条件和服务条例是一样的——这一政策的公平性难能可贵，但其带来了额外的经费支出。这使得幼儿教育成为 2007 年新西兰大选的重要议题之一。

反观英国的政策导向，政府在 2005 年回应了《儿童工作者队伍建设战略参考》（DfES, 2005a），指出要设立一种新的、与社会教育工作者资格有更多相似性的、综合化的幼儿教育专业资格（Early Years Professional Status, EYPS）。获得幼儿教育专业资格的人，需要掌握 0 ~ 5 岁儿童教育的相关知识与经验，能够“领导《早期基础阶段》的教育实践，并支持和指导其他幼儿教育实践工作者，给其他幼儿教育实践工作者提供技能和行为示范，以保障和增进儿童的良好发展”（CWDC, 2006: 6）。随后，苏格兰出台了《幼儿教育实践标准》（Standard for Childhood Practice）（Quality Assurance Agency for Higher Education, 2007b），推出了幼儿教育研究生学历专业资格证，要求持证者能为年龄跨度更大的群体工作（Scottish Social Services Council, 2008）。

幼儿教育专业资格最初相当于合格教师资格。私立、志愿与独立部门（private, voluntary and independent, PVI）中的工作者广泛持有合格教师资格证。英国教育标准办公室已经证明这些部门的幼教机构质量差异相比国家主流部门机构要大很多。幼儿教育专业资格要求持证者主要关注 0 ~ 5 岁年龄段的幼儿，能与许多幼教机构的社区取向一致，采用更加综合化的方案来整体关注幼儿的健康、幸福与发展，并能支持家庭发挥好父母角色的作用，提升教育成果。幼教从业人员在先前资格与经验的基础上，可以通过多种路径获得幼儿教育专业资格证，但最终要通过国家规定的评价，以防止外部因素对《39 号全国标准》（Thirty-nine National Standard）的影响，确保全国的统一性。幼儿教育专业资格证 2006 年秋进行首次试点，2007 年正式推广使用。该资格证的使用属于工党政府工作者队伍建设战略的一部分，得到了全面资助。这一战略主张采用灵活的方式提升在职工作者的技能水平。在该战略的支持下，2012 年 11 000 位幼儿教育实践工作者成功地获得了幼儿教育专业资格证。这也证明了该战略的成功。然而，一开始改善教师地位的目标并没有实现，教师的职业回报依然存在差异。一开始，推广资格证预期要建立全国统一的教师服务条款与条件规定，让幼儿教育领域中该资格证的持有者获得比其他工作者更高的工资。在一些规模小的学校里，教师的岗位流动具有弹性，持有合格教师资格证的教师不仅在幼儿班级中任职，还可能会被安排进小学负责更高年级（主要为关键阶段 1 和关键阶段 2）的教学工作。即使获得研究生领导者基金（Graduate Leader Fund）资助，仍然无法保证幼儿教育专业资格证持有者能获得与其研究生学历或职业责任相称的工资与待遇。不同于新合格教师第一年有权接受额外的支持、监督与继续学习的机会，持有幼儿教育专业资格证的教师一开始就要担任管理者工作，也不能自动地获得额外的支持与监督。尽管在私立学校持有幼儿教育专业资格证的教师可以管理多个幼教班级，其与合格教师的比例为 1 ： 13，但在公立学校，他们只能担任教师助理或指导员。然而，没有接受任何正规的关于 0 ～ 5 岁儿童教育工作培训的有资格证的小学教师却可以直接进入幼儿教育机构，从事面向 0 ～ 5 岁儿童的教育教学工作。这些区别对待和限制使持有幼儿教育专业资格证的教师对自身的价值失去了自信。

案例研究 14.2

克里的收获与徘徊

在获得基础学位后，克里又重回大学走幼儿教育专业资格证本科生之路（EYPS Undergraduate Practitioner Pathway），继续第三年的学习，最后获得普通本科学历和幼儿教育专业资格证，这是全国唯一认可的 5 岁以下儿童教育工作者的专业资格证。在一场晚宴上，一位杰出的演说家授予了克里该资格证书。超过 150 名来自当地各个幼儿教育机构的从业人员见证了这个时刻，并送给克里欢呼与掌声，因为他们认为获得这个资格认证要付出很多努力，他们认可克里的付出。这样的成就在克里 16 岁那年是她做梦也想不到的。她想不到有一天她可以在工作的同时获得资格认证，并享受学费和其他费用的资助。但幼儿教育专业资格证的外部环境充满了不确定性，而且克里新认证的专家身份是否能继续被认可都令她担心。她也在考虑自己的未来，她的知识与能力和工资不成正比。虽然她不想离开幼儿教育行业，但是家庭中丈夫的时间十分有限，孩子也越来越大，她以后是否能继续从事这个行业的工作呢？

案例分析 14.2

你看出克里的困境了吗？整天和孩子一起工作很辛苦，不仅是身体方面的辛苦，情绪上也很辛苦，同时这也会不断挑战你的知识和问题解决能力。而且，有很多其他行业的工作更轻松，工资也更高，并且在一天结束了后可以将工作抛之脑后。

- 你认为什么类型的工作最有意义？
- 如果是你，你会如何鼓励克里继续留在幼儿教育行业？

在使用幼儿教育专业资格证第一个十年中期时，评估幼儿教育专业资格证效果的两套主要项目都获得了资助（Hadfield et al., 2012; Mathers et al., 2011），但在2010年5月，新的联合政府执政时两套评估项目的结果都没有公布，而且有关幼儿教育的所有前期政策迅即被审查。

八、最新进展

斯堪的纳维亚半岛国家的规定表明，由专业的合格教师提供高质量的幼儿教育是所有儿童与家庭享有的基本权利。但是，在英国，不同政党对国家介入儿童家庭生活和保育市场的程度看法不一。因此，每次政府的更迭都会导致幼儿教育政策、幼儿教育机构资助以及相关培训和资格认证工作的重大变化。工党政府强有力地支持以下工作：大力推广普及幼儿教育，举办幼儿教育机构；在每个处境不利地区建立儿童中心；中央政府对幼儿教育培训提供支持，帮助幼儿教育从业者达到研究生水平。在工党政府连胜三届政府选举之后，2010年5月，新当选的保守党—自由民主党政府对幼儿教育政策有不同的看法。

新政府上任的第一个举措就是将政府的重要部门——儿童、学校与家庭部（Department for Children, Schools and Families, DCSF）更名为教育部（Department for Education, DfE）。这一举措具有特别的象征意义。随后很快，《每个儿童都重要》行动方案的所有相关信息都从网络平台上被撤下。显然，新部门的策略有其特定的教育目标人群，而不再考虑多部门联合协作以及儿童和家庭的综合需求。

在最开始的几个月里，政府出台了新的《确保开端儿童中心指南》（Guidance for Sure Start Children's Centres），其中取消了提供全日制托幼服务的要求，以及儿童中心工作团队必须包含2名拥有幼儿教育专业资格证持有者的规定。他们在2015年之前悄悄地废除了每个全日制托幼机构必须由持有幼儿教育专业资格证的教师领导的目标，取消了确保开端和研究生领导者基金的资金独立制度，转由地方当局管理，并要求地方当局逐年削减其总预算。与此同时，地方当局被迫减少对教育和培训的财政支持，特别是对幼儿教育基础学位的财政支持，新的学生费用政策迫使大学将学费提高到之前的3倍。尤其基于实践的基础学位两年的总费用由4 000英镑上涨到12 000英镑。这是很多幼儿教育工作者无法承担的费用，他们中很多人的收入只是略高于最低工资水平。

政府为减少官僚主义与繁文缛节，放松对市场的管制，给市场以自由，放开并鼓励半官方机构的成立。半官方机构类似于非政府组织，这个词本身带有一定的贬义，指多种多样具有小范围管理和特定功能的团体机构，大多数政府将其作为制定日常战略和目标的特定机构。新上任的政府废除了儿童工作者队伍发展委员会和教学发展署（Teaching Development Agency），建立了教育部下属的小型机构——教学署。英格兰政府也废除了普通教学委员会（General Teaching Council for England）[顺带废除了普通社会照看委员会（General Social Care Council）]，将教师管理职责整合，交给教学署负责。因此，幼儿教育工作者队伍建设、标准制定和资格认证的所有事项，都同学校教职工队伍建设一道，交由了教学署负责。

在金融危机和紧缩削减政策实施期间，新政府必须确保货币的价值，并将重点放在特定事务上而不是一般性事务上。然而，尽管在意识形态上持保留意见，政府依然致力于增加免费的学前教育，将其作为社会一般性事务，以确保所有 3 ~ 4 岁儿童能享受超过 33 周 15 小时的免费学前教育服务，为 2 岁儿童提供免费服务的场所能覆盖大部分处境不利地区。同时，一些社会上的主流评论或多或少也会为幼儿教育服务，并对幼儿教育工作者队伍建设和资格认证产生影响。

2010 年，弗朗克·菲尔德（Frank Field）在报告中用更多的证据表达了对以下观点的强烈支持——高质量、由具有研究生学历的管理者经营的幼儿教育机构的服务对改善大多数处境不利儿童的生活机遇将起到重要作用。他还建议认识基础教育阶段的重要性，给予幼儿教育与中小学和高等教育同样标准的资金支持。2011 年，克莱尔·蒂克尔（Dame Claire Tickell）女爵在对《早期基础阶段》的评论中强调了综合化、以游戏为主的课程的适宜性，主张像重视幼儿的认知发展一样重视幼儿的身体、社会/情绪与沟通能力的发展，建议降低教学目标和评价的复杂性。她也主张遵守《早期基础阶段》规定的所有幼儿教育机构应由具有研究生学历的人员来管理，并且从长远来看所有幼儿教育工作者应该至少拥有三级水平的资格证书的要求。同年，格雷厄姆·艾伦（Graham Allen）在对早期干预研究文献的评论中，从神经科学的角度指出了儿童出生后第一个 1 001 天的重要性，提出了“第一个 1 001 天”的概念，并指出了连续一致的、响应及时的“父母养育（parenting）”和依恋关系的重要性。他使用确凿的研究证据说明了干预是如何对处境不利家庭的儿童发挥作用的，并使用经济评估的方式来讨论这一问题。他引用了赫克曼曲线（Heckman, 2000）说明：如果给幼儿时期投资 1 美元，将节约 4 倍的金额，减少在后续人生阶段提供必要干预的可能。这再次强调了无论是从健康还是从教育背景来看，由具有研究生学历的专业人员来管理幼儿教育机构是最有效的方案。

在幼儿教育工作者队伍建设方面，影响最深的还属凯西·纳特布朗（Cathy Nutbrown）教授 2011 年发布的调查报告。报告中她评估了幼儿教育行业各级资格认证目标的适切程度并提出了发展建议，却唯独没有谈及幼儿教育工作者的工资与待遇情况。报告中特别评价了一个新的儿童与青少年工作三级水平证书，这个证书是为了适应儿童工作者队伍发展委员会的《综合资格认证框架》（Integrated Qualification Framework）并于 2009 年采用的。报告认为这个资格认证过于看重核心技能和与其他幼儿教育工作者一样的共同素养。这虽然很好地实现了培养幼儿教育通才，促进幼儿教育工作者在不同类型工作之间流动的目标，但付出的代价是特定幼儿教育工作岗位上人才的知识储备与专业能力不足，不能满足岗位需要。此外，新证书对课程学习和实践学习的要求过低，不足以转化为供 16 ~ 18 岁青少年学习的两年项目，更难以支持这些青少年进一步接受高等教育。这不免让人怀念之前全国保育审查委员会制定的两年专业培养方案，它密切关注幼儿教育和好的实践技能的发展。然而，拥护者们忘记了全国保育审查委员会的文凭从未被认可为“A”水平，也不能促进进一步的深造。纳特布朗教授在其 2012 年 6 月发表的报告中提出了 19 条建议，其中包括修改三级文凭，提出到 2022 年，所有幼儿教育工作者至少都能达到完整的三级水平或相关资格等级认证的发展目标，以及到时由具有研究生学历的从业者领导所有学前教育机构的发展目标（Nutbrown, 2012b）。她的建议是依据“英国千禧时代研究（Millennium Cohort Study）”（Mathers et al., 2007）和有效学前教育项目（Sylva et al., 2003）的研究结果而来的。不过遗憾的是，在撰写本章时，评估幼儿教育专业资格证影响的最终报告尚未公布。

相关研究

Hadfield, M., Jopling, M., Needham, N., Waller, T., Coleyshaw, L., Emira, M.and Royle, K. (2012). *Longitudinal Study of Early Years Professional Status: An Exploration of Progress, Leadership and Impact*. Final report for the DfE.CeDARE, University of Wolverhampton（Research Report RR 239c）.

2009 年，儿童工作者队伍发展委员会委托英国胡佛汉顿大学（University of Wolverhampton）教育发展与应用研究中心（Centre for Developmental and Applied Research in Education, CeDARE）的研究团队，对幼儿教育专业资格证的实施及影响展开了纵向研究。该研究的中期报告于 2012 年 11 月出版（Hadfield et al., 2012）。

研究方法：该研究采用两种研究方法。第一种是在 2009 年面向幼儿教育专业资格证持有者进行的全国性调研（1 045 名被试），时隔两年后再次调研（有 2 051 名被试）。调研广泛地反映了专业人员对职业目标与发展前景的看法与体验，对他们自身专业能力和自信心的评价，以及对教育实践进步和儿童发展结果的观察。第二种研究方法是研究者对 30 所幼儿教育机构进行个案研究，并采用幼儿学习环境评价量表（ECERS R）修订版和扩展版（曾用于“英国千禧时代研究”与有效学前教育项目）作为观测工具，以保证研究的客观性。对 6 所幼教机构下属的子机构，使用了一种细致的儿童互动式观察工具——实践者与幼儿互动工具（Practitioner Child Interaction Tool, PCIT）进行观察研究。

主要研究结果：根据调查结果，超过 90% 的被调查者高度认可获得幼儿教育专业资格证带来的积极变化，这帮助他们增长了知识与技能，增强了自信，提升了他们领导幼儿教育课程和改善教育实践的能力。只有超过 50% 的被调查者认为获得该资格证改善了他们的职业发展前景。大多数被调查者认为在两次调查之间的两年里，业内同事对自身的接受度与认可度有所提高，但业外人士对自己的专业性认可较低。

该研究在两年内完成了对 25 个机构的过程质量的客观测量，发现大部分机构保持了高标准或有了很显著的提升，其中包括一开始质量很低的 9 个机构。这一改变主要归功于持有幼儿教育专业资格证的教师的领导与支持。他们的领导风格不一，有的非常直接地教给别人知识和技能，有的擅长根据他们机构自身的规模、需求和其他成员的资格认证水平给予参与式培训。师幼互动质量提升的难度较大，只有一些规模小且组织结构紧凑的幼教机构有较高的互动质量。因为在这些小的幼教机构中，持有幼儿教育专业资格证的教师能一直发挥示范作用，并密切地观察和指导其他教师。

结论：研究者认为，持有幼儿教育专业资格证的教师们对教学实践质量产生了重要影响。

评价：这项研究具有重要意义，揭示了接受培训并获得幼儿教育专业资格证的教师们的看法、感受和体验。研究反映了幼儿教育专业资格证实施初期的整体情况，这一时期接受幼儿教育专业资格证的都是“早期采纳者”和具有一定高等教育背景的人。在进行第二轮调查时，拥有幼儿教育专业资格证的人群发生了变化，并且幼儿教育专业资格证成为主流，其中有很大比例的人接受高等教育就是为了获得幼儿教育专业资格证。虽然对幼教机构的个案研究使用的量表有限，但是工具本身客观，反映了资格认证的影响与结果。个案研究结果再次表明，持有幼儿教育专业资格证的专业人员正在发挥着积极影响，并且他们具有突出的能力，能够采用适宜其机构的方法来改善实践。

尽管一开始人们对幼儿教育专业资格证赋予了美好的愿景，但纳特布朗认为幼儿教育专业资格证并没有为合格教师带来对应的认可度与社会地位。实际上，政策研究所（Institute of Policy Studies）的一份研究报告之前已经证实了：收入低，除进入管理层外缺乏职业发展路径，先前的专业化方案效果甚微，不能反映教师长期工作经验的作用，这些都会影响教师队伍的进一步发展（Cook and Lawton, 2008）。因此，纳特布朗建议在幼儿教师队伍中使用新的合格教师资格证，新资格证要求申请者了解0 ~ 7岁儿童的教育工作，能够将儿童中心的理念贯彻运用到学前班，并能帮助儿童更平稳地过渡到教学更为正式的关键阶段1。

2013年3月，政府对《纳特布朗评论》终于做出了迟到已久的回应，发布了《更好的保育》（*More Great Childcare*）（DfE, 2013b）。其中的建议包括对儿童与青少年工作专业文凭（Diploma in Work with Children and Young People）的设置进行大幅调整，重新将幼儿教育作为关注重点，并新设置一个三级水平的幼儿教育者（Early Years Educator）资格认证。一个新的研究生学历的0 ~ 5岁幼儿教师（Early Years Teacher, 0 ~ 5）资格认证也启用了。尽管纳特布朗教授表达了很多不满，但政府只采纳了她19条建议中的5条。对此，纳特布朗教授表达了强烈反驳，发表了题为《撼动着质量的基础》（“Shaking the Foundations of Quality”）一文。她在文中指出：

> 政府提出使用0 ~ 5岁幼儿教师资格认证，并将其对应的培养内容限定在0 ~ 5岁幼儿的发展与教育上（而不是我所提倡的0 ~ 7岁），并为这些教师提供培训机会……但是当前政府提议培养的幼儿教师将不能获得合格教师资格认证，也不能获得教育学研究生学历。换句话说，他们不能获得5岁幼儿的教师应该具有的同等身份……由于我关于合格教师资格的建议并未被采纳，因此对幼儿教师能与中小学教师取得平等地位的期望也难以实现了。（Nutbrown, 2013: 7）

新的幼儿教师资格和学校合格教师资格之间的不对等，不仅限制了幼儿教师资格证持有者就业和获得更好的薪酬与工作条件的可能，还违背了目前欧洲大部分国家所奉行的原则。这些原则在最近发布的《欧洲儿童》（*Children in Europe*）政策文件中有很好的说明（Van Laere et al., 2008）。此外，尽管支持设立幼儿教育专业资格证，但新的资格证首先强调的是“入学准备”，包括在儿童6岁前培养其阅读、写作和算术能力。这违背了欧洲地区共同奉行的原则。并且，这与一开始提出的多学科、综合性专业发展，形成专业发展新空间（Lumsden, 2012），适应教学、社会工作和健康护理多方面工作的理念是相悖的。

当前，幼儿教育与新的 0 ~ 5 岁幼儿教师（National College for Teaching and Leadership, 2013）资格认证标准明显反映出由基于游戏、以儿童为中心的教学方式转为正式的教学与学习的倾向，这一转变最早在《早期基础阶段》的修订中就体现了出来。然而，这种对幼儿的入学准备安排受到了一些评论者的质疑，他们认为过早过快地强迫儿童学习，会对儿童以后的教育成就造成负面影响（参见 House, 2011）。此外，莫斯（Moss, 2013）也质疑，入学准备成为“主导话语”，其根本在于看重儿童未来对“知识经济”的贡献，这不可避免地会导致教育层级系统的压力下移。他基于斯堪的纳维亚半岛国家的教育思想和瑞吉欧·艾米莉的教育记录传统，对幼儿教育提出了新的设想，强调父母、幼儿教育工作者和儿童组成社区共同体，并在社会背景下主动建构形成自身的知识与经验。在这种幼儿教育构想中，专业教师的作用不在于教学，而是要记录儿童的学习，让儿童的学习看得见，并支持儿童的探索，利用自己的专业知识和能力来促进儿童的发展。

在撰写本章时，英格兰政府还未就三级、六级资格水平的提案和标准草案进行协商，但政府似乎决心推进幼儿教育的进一步“学校化”。

《更好的保育》（DfE, 2013b）中争议比较大的提议是将幼儿班级的师幼比由 1 ∶ 3 改为 1 ∶ 4，并且允许学步儿班级的师幼比达到 1 ∶ 6，以降低儿童保教工作的总成本。这一举措受到了学前教育学习联盟这样一些幼儿教育组织的强烈反对，以及妈妈网（Mumsnet）等母育协会的严重抗议（Helm and Roberts, 2013）。另有一些文章从学术角度争辩，这样的提案缺乏证据支持。而且，即便对于有资格的教师来说，这样高的师幼比也会削弱他们的教育能力，影响他们对儿童施以他们认为最佳的个别化照料与关注，尤其是对最年幼的儿童（Elfer and Page, 2013; Page and Elfer, 2013）。纳特布朗教授还评论道：

> 提升三级水平资格认证的质量，本身是为了让这一资格认证变得更强有力，且更适用于 0 ~ 5 岁儿童及其家庭的教育工作。如果降低师幼比，提升三级水平资格认证质量带来的积极影响将会被削弱。与非常年幼的儿童一同工作的成人数量的减少，会稀释掉儿童所能体验到的有质量的经验带来的积极影响。（Nutbrown, 2013: 8）

九、专业性

幼儿教育工作中的专业人员意味着什么呢？“专业人员”这个概念本身有很多历史内涵。纵观历史，唯一值得尊敬的职业就是宗教和法律——这是最初中世纪大学创办的基础。医学（最初是江湖郎中和庸医的统称）花费了很长时间才受到认可。直到 20 世纪，教育学、护理专业和社会工作才被编入研究生课程并被纳入监管。近年来，幼儿教育职业队伍的专业化发展引起了人们对这一主题和相关书籍的关注与兴趣（Dalli and Urban, 2010; Miller and Cable, 2008, 2011; Miller et al., 2012; Nurse, 2007; Peeters, 2008; Reardon, 2013）。众多学者都试图为“专业”下一个通用的定义，其中绝大多数的定义包含以下要素。

- 专业本身能够产出一套由理论、研究和证据支持的独立的知识体系。
- 专业标准中会规定技能、能力与实践的专家级水平，并且至少其中部分是由专业本身决定的。
- 从业人员具有研究生水平的教育和培训背景，并致力于不断的专业发展。
- 拥有一套伦理规范与价值观念。
- 有自己的专业团体，专业成员在专业团体中注册或发挥准监管职能，专业团体负责成员注册或会员资格的管理。
- 以负责任的态度做出高标准的专业表现，且在专业判断中具有一定的自主性。

从以上这些要求来看，幼儿教育专业资格和新的幼儿教师资格的要求正处于专业状态的中间位置，幼儿教育作为一门专业已在全国范围内被认可，却缺少相关专业或特许机构［如有资格的心理学学者组建的英国心理学协会（British Psychological Society）］或注册要求（学校教师和护士也面临着同样的问题）。像大学学位这样的资格证书一旦被授予是无法剥夺的，然而专业资格持有者违反专业规范或实践守则时会被“剔除”，取消其专业身份，禁止其从业。越是成熟的专业，对从业人员的审查越严格，其目的是保护公众免受被社会信任的专业人员不当行为的欺骗。此外，就幼儿教育专业资格和幼儿教师资格认证来看，其专业标准由专业以外的政府机构制定，而非专业群体本身，并且人们对以持证者为基础的研究刚刚有所信任。所以，我们可以说，幼儿教育在英国现在充其量只是一个刚起步的专业，渴望得到与成熟专业相同的认可和监管。

无论从事何种职业或处于何等地位，只要不认真对待自己的工作就会被视为“不专业”。所以，整个从业队伍的专业化一定是在伦理、知识和反思角度来促进每个从业者的专业化的，包括整个行业中所有岗位角色和资格水平的从业人员，而不只是具有研究生学历的领导者（Paige-Smith and Craft, 2008）——这是一个“包容性”模式，而不是传统的“排他性”模式（Nurse, 2007）。然而，如果缺乏有效的管理支持、较好的雇佣条件和更宽松的政策来保证他们有足够的时间进行思考、规划，做出恰当的专业判断并不断充实自己的话，即使是最有动力、训练有素的从业人员也难以发挥其效能。

2011 年，一项在整个欧洲范围内进行的关于幼儿保教从业人员素养要求的研究发现，无论个人能力水平如何，仅关注个人能力是不够的，还要认识到对个人能力的需求是个人工作所在系统的一个特点。

从个体从业者的能力水平来看，成为和努力成为“有能力”的人是一个持续不断的过程，这种能力包括拥有一套专业知识和实践技能，以及形成与表现出其专业价值。拥有一套“专业知识”和“实践能力”固然重要，但对于从业者和职业团队而言，具备反思能力同样重要。这是因为他们在一个高度复杂、不可预测和多样化的环境中工作。“能力体系（competent system）”要求所有从业人员有共同学习和批判性反思的机会。这些活动的开展需要花费足够的时间。能力体系要求从业个体与团队能与机构（幼儿园、学校、儿童与家庭支持服务机构等）很好地合作，并在政策层面进行很好的组织管理（Peeters and Urban, 2011：21）。

“能力体系”这一概念表示，在更广泛的系统环境中，个体作为专业人员在与他人的互动中能有效地发挥其专业作用：“因此，实际上，无论个体的正式资格水平如何，专业化都不是个人可以实现的，这是互动与意义建构共享的结果。”（Dalli and Urban, 2010: 150）

“批判生态学（critical ecology）”对专业的认识更加深入，其借鉴生态系统理论（Bronfenbrenner, 2009），指出幼儿保教工作处于一系列重叠交错的系统的中心——从微观或地方层面至宏观或国家/

政府层面，甚至全球层面（Dalliand Urban, 2010; Urban, 2012; Urban et al., 2012）。同时，该理论强调信息和实践证据的传播以及知识创造都是自下而上而非自上而下的。因此，幼儿教育作为新兴专业是可以抵制和挑战政府的政策命令的，以为其自身发展和所服务的社区做出贡献。

那么，一名幼儿教育专业人员真正意味着什么呢？笔者认为，个体层面的幼儿教育专业意味着承认并接受：

- 与儿童及其家庭一起工作需要一定的技能，每位从业人员都需要接受教育和培训，不管从业人员的水平如何。
- 只有技能和能力是不够的——要想成为专业人员，就需要深入了解基础知识，并知道何时以及怎样运用它们。
- 儿童和家庭服务工作领域有许多不同的岗位角色和机构类型——要想成为专业人员，就需要理解、尊重和重视他们做出的不同贡献，并能认识到何时需要其他人员的专业智能支持。
- 儿童及其家庭的社会、文化、经济背景各异，他们的个人能力、性格和健康需求都不相同——要想成为专业人员，就需要了解并欣赏这些背景差异。
- 公平与平等并不意味着要同样对待每一位儿童或其家庭，而是要考虑每个人的具体需求。
- 专业的方式意味着对自己的工作质量负责，对已完成的工作进行反思，并知道如何改进自己的工作。
- 要想成为专业人员，自身的教育实践就要合乎伦理，为其他人树立榜样，领导和支持他人的发展。
- 要想成为专业人员，就要认识到自身需要继续学习，有责任不断更新自我，即持续专业发展。

不过，根据批判生态学对专业的最新认识，专业化不是在个体层面可以完成的。所以，我们还需要在这个列表中添加另外几个要求。

- 要想成为专业人员，个体有权利在一套良好的经营、管理和政策系统中获得个人发展和日常实践支持，使他们根据专业标准得到足够的时间、资源和尊重来开展工作。
- 要想成为专业人员，就要能够进行专业判断，并有足够的信心去挑战他们认为不符合其服务的儿童或社区最佳利益的政策要求。

本章小结

本章已经说明，社会对幼儿教育工作的态度发生了变化，现在有多个幼儿教育资格认证在使用，它们规定了不同水平教师的知识、技能和能力要求。越来越多的人认可具有研究生学历的领导者是所有幼儿教育机构必须拥有的。同样地，教师、保育员或社会工作者的专业化进程明显推进，从大量无证人员从业到有资格证书或学历要求，再到研究生学历要求。幼儿教育行业与其他行业最大的区别在于，专业化起步晚，但发展速度快。预计不到十年的时间里，幼儿教育机构领导者的资格水平有望从三级升为六级［在苏格兰是《课程与资格认证框架》（Scottish Curriculum and Qualification Franmeword）中的 CPA 九级］。另外，幼儿教育专业资格证和新的幼儿教师资格证持有者可获得的薪资与待遇依然很差，无法与其他职业保持同等地位。

幼儿教育工作者队伍的专业化进程从揭露“母育神话”的真相开始，随后社会期待幼儿教育从业人员以专业化的方式工作，幼儿教育从业人员自身也希望如此，并以与幼儿教育从业人员职业角色相适宜的方式接受教育与培训，进行反思性实践，开展个人发展活动（Paige-Smith and Craft, 2008）。资格认证有一个“上升式框架”。沿着这个框架序列，个体可以不断发展进步，或扩展个人知识与技能（Abbott and Hevey, 2001）。然而，仅增强个人的能力和促进个体的专业化还不足以使机构质量达到最高水平，个体专业人员应得到良好的经营、管理和更广泛的政策系统的支持，给专业人员以资源和尊重，使他们按照专业的方式工作。他们还要准备好去挑战那些与他们所服务的儿童及其家庭和社区最佳利益不相符的系统。

反思与讨论

1. 如果幼儿最需要的是敏感地回应他们的需求的照料者，那么为什么每一个从业人员还需要培训呢?

2. 对一名教师而言，拥有合格教师资格、成为社会教育工作者或获得幼儿教育专业资格 / 新的幼儿教师资格，这几者之间有什么相似之处和不同之处?

3. 所有从事幼儿教育的工作者都能被称为专业人员吗? 如果不是，请说明理由。

4. 你认为专业最重要的特征是什么?

推荐阅读

1. Dalli, C. and Urban, M. (eds) (2010) *Professionalism in Early Childhood Education and Care: International Perspectives*. London and New York: Routledge.

2. Einarsdottir, J. and Wagner, J.T. (eds) (2006) *Nordic Childhoods and Early Education*. Greenwich, CT: Information Age Publishing.

3. Van Laere, K., Lund, S.G. and Peeters, J. (2008) ‘Young children and their services: developing a European approach. Principle 8: Valuing the work: a 0–6 profession and parity with school teachers’. A Children in Europe policy paper.

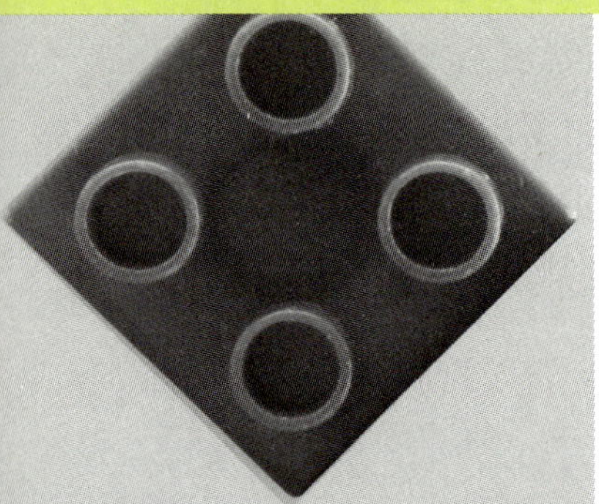

第十五章

实践中的联合思维：对专业合作的探索

尤妮斯·拉姆斯登（Eunice Lumsden）

主要目标

- 探讨儿童整合服务与机构间合作的政策驱动。
- 辨析合作的相关术语。
- 了解有效沟通的特点。
- 考察阻碍整合工作的因素。
- 探讨幼儿教师培训地点与幼教服务对象。

本章主要帮助读者理解专业人员和机构之间的合作能够给儿童及其家庭带来积极的影响。本章讨论了政治意识形态和政策环境的变化会给多学科背景专业人员的合作带来挑战，本章也会围绕这一点展开讨论。同时，本章会着重讨论合作的相关术语，探讨谁应该参与合作，有效沟通的基本要素以及为何在专业领域之外工作仍存在问题，这些问题目前尚未解决。本章将讨论入职培训对幼儿教育实践工作者提升关键技能、促进他们协同工作的作用，还将介绍具有跨学科研究生学历的专业人员在幼儿教育领域发挥的作用。

一、整合工作与政策

本节内容主要讨论有关整合工作的现代政策，并对英格兰政策发展的概况进行介绍。2010 年发生政治变革，保守党领导的联邦政府推翻了工党政府，本节将对这一变革所带来的影响以及工党政府在 1997—2010 年的发展轨迹进行概述。

整合工作这个概念不算新，从历史上看，自从儿童成为国家干预保护的对象以来，这种做法就已经付诸实践。专业人员之间开始共享信息（DH, 1991; HM Government, 1989; Fitzgerald and Kay, 2007; Hill et al., 2012; Loxley, 1997; Smith, 2013a）。《1989 年儿童法》的出台对专业人员的合作起到了促进作用，随后出台的《儿童共同工作法》（*Working Together Under the Children Act*）（DH, 1991）以更为规范的形式对合作行为进行了规定。事实上，工作的多学科特点囊括了健康与社会看护培训领域（Barrett et al., 2005），幼儿教育研究的学位课程糅合了多个学科的知识，将这些知识作为课程发展的核心（Quality Assurance Agency for Higher Education, 2007a）。一些卫生保健、教育和社会看护机构鼓励机构间的有效沟通，也非常支持多学科团队的合作——例如，儿童与青少年心理健康服务（Child and Adolescent Mental Health Services, CAMHS）和儿童中心，还有早期卓越中心，类似于北安普敦郡的潘・格林中心（Carnwell and Buchanan, 2005; Housley, 2003; Leiba, 2003; Littlechild and Smith, 2013; Lloyd et al., 2001; Pinkerton, 2001; Thompson, 2003; Whalley, 2001）。

整合工作固然重要，但要在实践中做到却是个不小的挑战。在诸多儿童死亡的案件中，造成儿童死亡的最常见原因就是专业人员之间缺乏合作，尤其缺乏沟通与信息共享，因此无法及时保护儿童，导致儿童死亡（Davies and Ward, 2012; Laming, 2003, 2009; Munro, 2011）。2000 年 2 月 25 日，8 岁女孩维多利亚・克林比尔的死亡事件令政府和专业人员开始重新思考合作的重要性。维多利亚被父母从非洲送去了英国的阿姨家生活，这导致了她的死亡，而她的父母原本认为这能让她享受更好的生活条件。维多利亚之死，使政府从法律角度要求专业人员有效合作。工党政府在政治议程和立法中高度强调了整合服务的重要性，暗示要加强专业人员之间的合作（HM Government, 2004）。实际上，《每个儿童都重要》（DfES, 2004c）行动方案主要围绕整合服务展开（稍后将讨论政治变革对该方案的影响），推进了《2004 年儿童法》的出台，也为整合服务提供了法律框架。2004 年 11 月 15 日，英国皇室通过了该法案，并主张为英格兰和威尔士的儿童及其家庭提供服务，也预示着幼儿教育服务进入了一个新时代。为了应对挑战，工党政府对提供给儿童及其家庭的服务提出了以下要求。

- 对幼儿教育机构、学校和保健卫生的普及性服务进行改进与整合。

- 提供更多专业性帮助，预防问题发生，在问题发生后尽早采取有效行动。
- 以一个地方的儿童及其家庭为中心来重新配置设施服务，如儿童中心、课后辅导机构，并整合多学科背景专业人员的力量。
- 服务机构的领导者应具备进取心与敬业精神，机构之间也应积极互动沟通，共同保护儿童免受伤害。
- 对服务进行评估和规划，或与服务对象面对面交谈时，应多倾听儿童、青少年及其家庭的意见。（DfES, 2004c: 4）

为深化这一转变，随后出台的诸多政策都主张为儿童及其家庭提供多学科、整合的普及性服务。《每个儿童都重要》（DfES, 2004c）为其发展提供了政策框架，例如，《儿童工作者核心技能与知识》（*Common Core of Skills and Knowledge for the Children's Workforce*）（DfES, 2005a）。《儿童工作者核心技能与知识》适用于所有为儿童及其家庭工作的人员。儿童工作者队伍改革是加速发展变化的核心。《整合资格认证框架》（Integrated Qualifications Framework）（CWDC, 2008）确保所有儿童、青少年和家庭部门的从业人员在2010年前都能进行岗位流动。然而，2010年后，《儿童工作者核心技能与知识》和《整合资格认证框架》都从国家政策议程中消失了，甚至没有和儿童工作者进行正式沟通。而且，除了这两个政策在立法方面被束之高阁，《每个儿童都重要》也被2010年新上台的联合政府从政策话语体系中删除了。幼儿教育实践工作者接受《早期基础阶段家庭支持》（*Supporting Families in the Foundation Years*）这一政策的指导（DfE, 2011a）。

工党政府提出采用新的方式来共同工作。《贫困儿童与家庭评估框架》（*Framework for the Assessment of Children in Need and their Families*）（DH, 2000）旨在对最需要帮助的儿童与青少年提供多学科的救助（Butcher, 2002; Walker, 2008）。社会工作者要对这些儿童与青少年进行评估，并关注如何通过合作来开展早期干预。［该框架在2013年3月被《共同保护儿童》（*Working Together to Safeguard Children*）中的评估要求取代（HM Government, 2013，详情见后续讨论）。］早期干预政策的后续推进得到了《通用评估框架》（Common Assessment Framework, CAF）的支持（DfES, 2004a; DfE, 2012a）。《通用评估框架》是一个针对儿童与青少年的综合评估，目的在于发现儿童在早期阶段的需求，评估要在家庭成员完全知情同意的情况下才能进行。不同于贫困儿童评估，任何从事普通教育服务（universal services）的工作者都可以使用《通用评估框架》（Walker, 2008），其目的是建立家庭与专业机构的联系，因此会委派一名首席专家前来协调评估。随着英格兰使用《通用评估框架》的人越来越多，这种评估框架受到了行政方面的质疑，例如，《蒙罗儿童保护报告》（Munro Review Munro, 2011）的电子版中最终撤去了《通用评估框架》（DfE, 2011b）。

除了上述评估框架，工党政府还出台了《共同保护儿童》文件（DCSF, 2006, 2010），该文件为幼儿教育专业人员保护儿童提供了政策指导。联合政府在2012年重新对该文件进行商讨，在2013年3月发布了新的指导方针，即新版《共同保护儿童》（HM Government, 2013）。这一方针突出了整合工作对保护儿童的重要性；也强调了早期干预的重要作用，专业人员在为儿童及其家庭提供服务时必须清楚认识自己在早期干预中扮演的角色；同时强调了“早期救助评估（early help assessments）”的重要性（HM Government, 2013: 12），专业人员应积极与幼儿教育机构共享信息。

很多媒体评论都赞同专业人员对信息进行储存与共享（HM Government, 2013）。儿童、学校与家庭部在2008年出版了《信息共享：从业者与管理人员指南》（*Information Sharing: Guidance for Practitioners and Managers*）一书（DCSF, 2008d）。《2004年儿童法》提出了建立“联系点（ContactPoint）”[①]这一数据库的设想。这一设想的目的是建立一个中央处理数据库，以方便集中管理所有儿童和青少年的信息。该数据库原本应在2009年前投入使用，但因为受到多方面质疑，2010年新上任的联合政府最终停止了该数据库的使用（DfE, 2010）。最近出台的《共同保护儿童》（HM Government, 2013）文件，进一步强调了《信息共享：从业者与管理人员指南》中提到的关于信息共享的内容。该指南为幼儿教育实践工作者介绍了“黄金七规则（Seven Golden Rules）”。

- 请牢记《数据保护法》（Data Protection Act）不是反对信息共享，相反，它为我们提供了一种如何适当与他人共享相关信息的方式。
- 在准备共享某人信息前应对此人（和他们的家人，在适当情况下）坦诚相告，向他说明为什么、如何以及与谁共享信息，并征求他们的同意，除非当时情况不允许或不适合这样做。如果有任何疑问，可向其他人征求意见，但不得透露共享信息中那个人的身份。
- 在适合并得到当事人允许的情况下才能进行信息共享，同时也要尊重那些不同意共享私密信息的意愿。有时你可以在未经当事人同意的情况下共享信息，因为共享他的信息会有利于公共利益。这就需要你根据事件的具体情形做出判断。
- 如果存在疑惑，可以向他人求助解答，但不要随意透露当事人的身份。
- 考虑安全与幸福：在决定共享信息时要考虑这个决定是否会对当事人的安全产生影响，他们是否能从中受益，还要考虑哪些人在获得他们的信息后可能会对当事人造成影响。
- 必要性、均衡性、准确性、及时性与安全性：确保你所共享的信息是必要的，只与需要的人共享，共享的内容要准确且最新，还要及时、安全与人共享。
- 记录你（共享）的原因——无论你是否选择共享。如果决定共享的话，请记录下你共享的内容、对象以及目的。（DCSF, 2008d: 11）

在英格兰，“确保开端”计划最先提出了整合服务（Glass, 1999），并计划在每个社区都建立一所儿童中心，项目时间也由原计划的2003年延长到2010年，使儿童与家庭整合服务得到了迅速发展，这样的发展速度是前所未有的。全国各地，甚至不同郡的儿童中心都不尽相同，有些儿童中心附属于学校，而另一些则设立在私立、志愿与独立部门内。这其中有一部分中心是实体，而在一些偏远农村地区则是“虚拟”的。不少学者开始研究建立儿童中心所带来的影响（Blewett et al., 2011; Messenger, 2013; National Evaluation of Sure Start, 2012; Ofsted, 2009），不过2010年新上台的政府对地方当局采取了财政紧缩政策，要求地方当局终止或减少对儿童中心的资助（Blewett et al., 2011）。

---

① 这是一个政府数据库，收集了英格兰18岁以下所有儿童的信息。

相关研究

确保开端计划全国评估（National Evaluation of Sure Start, NESS）于 2001—2012 年展开。所有研究报告可登录其网站查看。

这里需要重点强调的是，幼儿教育中涵盖了各类学科以及各种机构，因此它被摆在整合工作议程的首要位置。幼儿教育致力于提高专业标准，这意味着幼儿教育实践工作者需要紧跟政策走向，并将其付诸实践。《2006 年儿童保育法》（DfES, 2006c）提出幼儿教育实践工作者应该进行更多的“协同工作”，因为对于年幼的儿童来说，“教育（education）”与“保育（care）”并没有太大的差别，《早期基础阶段》十分重视专业工作者的合作，幼儿教育专业资格的最初版与修订版也在强调多学科团队的合作(CWDC, 2006; DfE, 2012b; Teaching Agency, 2012)。幼儿教育专业是一个新兴专业，其内容综合化，涉及卫生、社会看护与教育领域（Lumsden, 2012），也是政府首次参与设立的专业。不过，正是因为政府的干预，使得幼儿教育专业更易受到政治变革的影响。新政府在 2010 年上台之初为研究生专业投入了大量资金，以鼓励幼儿教育专业资格认证制度的发展。不过，因为入学准备和廉价的幼儿保教本身带有政治色彩，具有较大争议性，导致了政策的转变（DfE, 2013b）。其中一个转变就是将负责 0 ~ 5 岁年龄段幼儿教育工作的幼儿教育专业人员更名为幼儿教师，另一个变化是对幼儿教育专业资格标准进行修订，使其更符合教学标准（DfE, 2013b，参见第十四章）。

对幼儿教育专业的学生与幼儿教育实践工作者来说，1997—2010 年这段时间的意义是非凡的，充满了挑战。政府在此期间出台了一些相关政策，其中涉及“整体化思维(joined-up thinking)”和协同工作，这被认为是改善儿童学习成果不可或缺的因素，所以幼儿教育相关组织都应该积极提倡，同时也需要监管制度来确保政策的实施（DfES, 2004c）。虽然联合政府意识到了幼儿教育、早期干预和合作的重要性，但这次改革也给幼儿教育政策带来了更大风险。因此，幼儿教育工作者需要最大限度地参与政策，以确保最年幼儿童的整体需求仍然处于中心位置。

二、合作语言

合作的术语有很多，但是关于合作内容以及参与合作的对象至今还没有一致的定义。实践过程中，“伙伴关系（partnership）”“协作（collaboration）”“机构间联合工作（inter-agency work）”“共同工作（working together）”以及近期提出的“整合工作（integrate work）”这一系列术语通常是可以互换使用的，不过在不同专业背景下，它们的含义会有所不同。因此，本章将对常见的“协作”术语进行介绍。

专业人员在过去的 30 年间一直在探索能够满足成人与儿童需求的工作模式，于是不可避免地会对这些术语展开讨论。1973 年，英国政府甚至专门研究协作的定义（DHSS, 1973），并陆续出版了一系列读物和政策法规来阐述专业人员与服务对象之间的合作关系（DCSF, 2007a; DfES, 2004c; DH, 1991, 2000; Loxley, 1997; Sanders, 2004）。儿童保护的重点最初体现在卫生和社会看护方面，并与家庭的协作工作对儿童保护起关键作用（Calder and Hackett, 2003; DH, 1991; Sanders, 2004）。工党政府在《每个儿童都重要》中指出，卫生、社会看护和教育的核心内容是合作，教育在其中发挥了积极的参与作用。这一方案向人们发出了一个倡议：专业人员与服务对象应该进行有效合作。联合政府上台后也贯彻了这一方案。

不过，直到目前，合作仍没有一个通用定义，劳埃德等人（Lloyd et al., 2001）为了帮助幼儿教育实践工作者更好地理解共同工作，将这类术语进行了简单定义，可以看出它们之间具有相关性（见表 15.1）。这类术语在卫生、社会看护和教育领域经常被使用，不过缺少了“伙伴关系”和“整合工作”这层含义，这里会增加两层含义并对合作进行定义。

表 15.1 相关术语及其含义

术语	含义
机构间联合工作	两个或两个以上机构以一种有计划的、非正式的方式一起工作
协同（joined-up）	计划与工作中有意识地做到协调一致，考虑不同的政策要求，尊重不同机构的实践与价值立场。这种理念可用于思维、实践或政策制定过程中
协同工作（joint working）	两个或两个以上机构的专业人员直接共同来完成一个项目，例如，教师与社会工作者组成的协同工作小组。以学校为单位的机构间的联合会议可能会涉及协同计划的制订，这反映了整体化思维
多机构共同工作（multi-agency working）	两个或两个以上机构为了一个青少年及其家庭或一个项目而一起工作（但不一定协同）。这些工作有时可能是遵照合作计划同时进行的，有时会相继进行
单一机构独立工作（single-agency working）	只有一个机构在开展工作，但这仍然可能是机构间联合工作决议的结果，也可能是协同计划的一部分
多学科背景专业人员共同工作（multi-professional working）	工作中汇集了来自不同专业背景的人员，他们接受过不同的培训
机构间沟通（inter-agency communication）	机构间的信息共享，包括正式或非正式的、书面或口头的形式
伙伴关系	专业人员一同工作［参见哈里森等人（Harrison et al., 2003）列举的特征］
整合工作	所有支持儿童与青少年发展的人一起工作，以儿童为中心，有效地满足他们的需求，并改善他们的生活（CWDC, 2008）

资料来源：Lloyd et al.（2001）。

哈里森等人对伙伴关系的文献进行了梳理（Harrison et al., 2003: 4），发现伙伴关系“还未有统一的定义，有时这个术语会和协作的术语互换使用”。于是他们对理想合作伙伴关系的特征做了归纳，以帮助人们更好地理解与使用。

- 有两个或以上机构或团体，这些机构或团体可能来自多个部门（私立、公共与志愿部门），还涉及关键的利益相关者，也就是受影响最大的群体 / 解决问题的负责人。

- 有共同目标，承认存在共同的问题，并对结果有共同看法。
- 承认并尊重每个机构作为合作伙伴所做出的贡献。
- 具有灵活性，能够尊重合作成员的不同价值观与文化。
- 咨询不在合作关系中的其他相关方。
- 交换信息并有统一的沟通系统。
- 具有统一的决策制定结构。
- 共享资源与技能。
- 存在风险。
- 建立统一的任务角色与责任制度。
- 在合作伙伴与其他相关机构之间建立沟通系统（Harrison et al., 2003: 4）。

当前政府对整合工作的指导方针是建议专业人员一起工作，共同开展早期干预，进行评估、记录和信息共享，设定首席专家负责总体协调工作，并建立一支儿童服务团队（Team Around the Child）来负责儿童及其家庭的服务工作（DfE, 2012c）。

在合作语言中，“间（inter）”“多种（multi）”和“跨（trans）”具有不同的含义，会影响相关语言的理解。桑德斯（Sanders, 2004）指出：“这些词在某些方面具有不同含义，‘间’是指两个事物间的联系，‘多种’意味着数量很多，而‘跨’则意味着跨越。”（Sanders, 2004: 180）他还表明，日常工作中“多种（multi）”和“间（inter）”都很常用，但“多种（multi）”用得更频繁，因为它代表着两个以上的合作关系。洛克斯利（Loxley, 1997）提到了协同工作小组（Joint Working Group）对合作的解释，这也是目前人们对合作提出的唯一明确的定义。它主要是对家庭工作者委员会（Family Practitioners Committee）与地区卫生局（District Health Authority）的合作关系进行界定（DHSS, 1984）。他们认为合作就是“相互理解并尊重彼此的角色与责任，确定共同关注的领域，建立共同目标、政策和计划”（Loxley, 1997: 20）。班克斯（Banks, 2004）和惠廷顿（Whittington, 2003）就合作的概念展开了积极的讨论，并思考了共同工作的连续性。班克斯（2004）介绍了不同水平的共同工作：战略（strategic）和团队 / 运营（team/operational）。惠廷顿（2003: 24）在伙伴关系和协作之间加了一个新的中间层次。在他看来，共同工作是一个连续体，有多种层次的表现，其范围从“临时拼凑在一起貌似合作”实则独立提供服务到有组织的整合式服务，例如，保育信托（care trusts）这种服务机构。

班克斯（2004）还引用了卡里尔和肯德尔（Carrier and Kendall, 1995）区分多学科背景专业人员共同工作和不同学科专业人员联合工作的原文，“多学科背景专业人员共同工作不改变原有的工作形式，依然保留专业知识与权威性……不同学科专业人员联合工作注重共享，只要服务对象需要，他们可以抛却本学科知识，为服务对象寻求更好的其他专业团队”（Banks, 2004: 127）。班克斯还补充道，很多团队处于这两种工作形式之间，其主要目的是使服务对象能拥有更好的服务体验。这种服务方式将具有不同价值观、文化背景、意识形态和学科背景的专业人员聚在一起，所以合作起来并不容易（Banks, 2004; Calder and Hackett, 2003; Loxley, 1997）。其实也有相关研究指出，影响专业合作的重要因素是机构内部的管理结构、程序和体制间不兼容（Banks, 2004: 134）。卡尔德和哈克特（Calder and Hackett,

2003: 10）还补充了“专业背景与培训差异”“不同的家庭生活态度”“刻板印象与偏见”以及“沟通”等影响因素。如果继续深入探讨的话，合作过程中专业人员之间的权力平衡状况也同样会影响工作质量。例如，在薪资水平、工作条件和背景都不平等的情况下，这些专业人员要如何有效开展工作？当然，还有一个因素，可以说是最重要的一个因素，就是所服务社区的多样化需求（Leiba and Weinstein, 2003; Loxley, 1997）。

所以，合作是一项复杂的工作，不仅要考虑工作人员的需求、经验与专业身份，还要关注服务对象的需求。正如洛克斯利（1997: 49）所述：

> 如果要实现协作，就要区分和承认各个方面所存在的差异，这样在评估协作是否可行和反馈是否有效时才能够坦诚地面对并认真考虑。

目前关于合作的定义没能完全体现其复杂性，这也就表明我们可以对共同工作的相关术语进行简化理解，并以此作为我们知识和工作实践的共同基础。从事儿童与家庭服务工作和幼儿教育研究的人不仅要对合作术语有共同的理解（见表 15.1），还要了解有效合作的要素、范围与深度，以及专业团队、专业人员与他们的客户之间权力不平等所带来的影响。随着政府对专业的干预（Lumsden, 2012），人们还要考虑政治意识形态对工作的影响。

三、实践中的合作

合作的参与者是另一个需要探讨的问题。参与者是单指专业人员，即提供服务的人，还是包括了服务对象，也就是儿童及其家人？卫生、教育和社会关怀服务的对象需求各不相同，服务对象只有参与到这一过程中，才能确保专业人员能更准确地满足服务对象的需求（Leiba and Weinstein, 2003）。

实际上，《1989 年儿童法》《2004 年儿童法》以及 1989 年的《联合国儿童权利公约》等法案法规都指出了服务对象也要参与合作。因此，服务提供者和服务对象双方都能从共同工作中获益。可惜的是，尽管服务对象参与合作很重要，但相关研究很少（Beresford, 2007, 2013; Leiba and Weinstein, 2003; Shaw, 2000）。人们担忧服务对象参与合作的质量，担心参与过程过于形式主义，并且缺少合作资源（Leiba and Weinstein, 2003: 69）。因此，我们也要思考如何保证服务提供者与服务对象间的合作具有有效性。如果儿童及其家庭有权获得服务并得到发展，那么专业人员就应该认可他们合作参与者的身份并对他们的参与进行评估。由此衍生的问题是：什么样的方式能让服务对象的参与更有意义？

一种方式是假设这些服务对象、客户或患者已经是积极的参与者（Loxley, 1997）。事实上，对服务对象的理解和认知一直存在一些争议（Beresford, 2013; Dominelli, 2002; Leiba and Weinstein, 2003）。雷巴和温斯坦（Leiba and Weinstein）认为，“服务对象是合作最重要的参与者”（2003: 63），这些服务对象根据个人情况提出的意见如同“专家”的意见一样重要。雷巴和温斯坦还指出，“服务对象充分参与合作能够使他们感觉自己没有被边缘化，而且他们对于事件的理解与专业人员不同，能从不同角度为专业人员提供帮助”（2003: 66）。不过他们也提到，一些专业人员在这一过程中可能会感觉地位“受到威胁”，有些服务对象也会觉得“不自在”。“如果想更好地合作，就必须正视这些感受，并探讨它们”（2003: 66）。索普（Thorpe, 2004: 22）也提到了服务对象的担忧，虽然政策制定者和幼儿教育实践工作者们积极鼓励服务对象参与合作，但一些服务对象担心他们只是随口一说，因而并不会真正让自己参与进去。然而：

> 如果我们仔细听取服务对象和保育者的意见……他们会告诉我们一件事，就是专业人员应该更有效地与他们协同工作。专业间合作的缺乏会导致沟通失败，无法及时提供服务，还会令服务对象感到混乱和失落。（Leiba and Weinstein, 2003: 69）

贝雷斯福德（Beresford, 2013: 193）进一步推进了这个讨论，他讨论了社会工作中服务对象的视角，建议在社会工作中重视社会模式本身。了解社会服务对象的关注点，拓宽对社会和情境本身的认识，这种方法很受欢迎，但是很多其他专业人员在使用这种方式的时候缺乏对这一联系的认识。他主张专业人员改变自己的观点，重新认识服务对象视角的重要性。

服务对象参与合作固然重要，但服务对象与专业人员之间的权力平衡值得思考，尤其是当保育与控制是共同合作的首要议题的情况下。正如平克顿（Pinkerton, 2001: 251）所强调的，“儿童保护工作有力地促进了合作伙伴关系的建立”，贝雷斯福德（2013）和史密斯（Smith, 2013a）也认同这一观点。权力的不平等不仅存在于社会工作中，在卫生与教育领域也很常见，一般体现在对专业人员的称呼上。其实本章的“客户（client）”和“服务对象（service user）”两个术语是可以互换的，它们既可以代表患者，也可以代表服务的消费者（consumer）。另外“消费者”的年龄也值得关注。如果消费者是一名儿童，他们在什么年龄能够参与合作，并进行有意义的对话？我们无法以“过于年幼”为由，将他们轻易排除在服务对象之外，因为即使是最年幼的儿童，我们也应该尊重他们的想法。因此，专业人员所拥有的专业知识、理解能力和接受的培训对他们所合作的儿童和家庭来说就是最好的吗？这些知识使专业人员与服务对象之间的合作更为复杂，导致了权力的不平等。而且合作中的成员可能并不重视自己在这个过程中所扮演的角色，因为他们具备的资格或社会地位都不同。

合作中的有效沟通同样重要。汤普森（Thompson, 2003: 67）认为：“有效的沟通不光靠人际技巧和个人努力，它还依赖于组织系统、文化和结构等重要因素。”不同职业都有专属的术语缩写，这些专业术语比较复杂，可能会影响沟通的准确性；而且相同的术语在不同的职业中表达的不一定是相同意思。例如，在学校中，合作伙伴关系就是指教师与家长的有效合作，但在社会看护机构中，它指的就是机构与客户的合作（Braye, 2000）。因此，专业人员应该如何帮助用户在合作中更好地理解术语以保证沟通的有效性呢？

现在一些机构为了克服这种用词上的沟通障碍做出了很多努力。例如，谢菲尔德保育信托（Sheffield Care Trust）为服务用户制定了专业的术语表，方便用户查看（Thorpe, 2004）；全国学习困难人士论坛（National Forum of People with Learning Difficulties）则采用“信号灯”卡片系统。开会时每位成员都会拿到三张卡片：一张在打断他人谈话时使用，一张是当他们听不懂正在讨论的内容时使用，还有一张则是对所说内容表示赞同时使用（Leeson and Griffiths, 2004）。这种方式不仅适用于学习困难者，也同样适用于儿童与成人，用来帮助人们理解多学科背景的会面。

如果想要儿童更好地参与合作，专业人员就必须对术语进行反思，思考如何让儿童理解这些术语

（Thomas, 2000）。的确，要让儿童理解术语，就必须对术语进行简化表达，在简化的过程中会发现成人的表述往往存在不清晰的地方。有一个生动的例子。许多组织会花很长时间来总结任务内容，而一位儿童参与委员会（Child Participation Council）的观察者非常惊喜地发现，一名儿童仅用 4 个词就将两大段内容概括出来并包含了重要信息。因此，他不能理解为什么成人要用那么多词语来表达实际上很简洁的内容。

合作术语的运用以及如何转化为实践都具有挑战性和复杂性。越来越多的文献（Draper and Duffy, 2001; Harrison et al., 2003; Leeson and Griffiths, 2004; Littlechild and Smith, 2013; Loxley, 1997; Weinstein et al., 2003）探讨了合作的定义和释义，讨论术语之间的互换性以及谁应该参与合作。尽管合作领域很复杂，但政府政策几十年来一直都在强调合作的重要性。

自 2010 年以来，"合作"一词越来越多地出现在政策文本中，但存在的问题是：政策制定如果尊重服务对象的看法，那么政策内容发生改变时，是否也应该询问服务对象的意见？就如同《每个儿童都重要》一样。当年文件提出儿童参与要实现"5 种发展结果"（参见第五章），但 2010 年政府将该内容从政策中删除时，他们和服务对象们商讨过吗？

四、有效合作

如果要积极地推进《为了儿童而改变》（Change for Children）[①]行动方案，我们就必须努力实现各个层面的有效合作。如前文所述，共同合作不是一个新概念，但至今人们也没有弄清楚良好合作的要素有哪些，更别提在这些要素的基础上推进合作。不过必须承认的是，与儿童及其家庭合作具有建设性意义，在这一过程中收益大过问题。同样重要的是，合作带来的收益不能掩盖问题出现的原因。洛克斯利（1997: 70–71）提醒道：

> 政策制定者通常会碰到人员结构不协调和资源有限这类关键性问题，不过如同合作，团队工作使成员承担的责任被分摊，从而避免了上述问题的出现，幼儿教育实践工作者自然乐于合作，但他们没有完全理解或意识到这其中存在着未解决的矛盾。合作令人有所获益，于是这种意识掩盖了伴随合作产生的现实问题。

以上问题确实存在，所以我们必须正视它们，才能避免参与者产生不满的情绪，工作人员也能更积极地工作。问题的公开处理也有利于参与者专注其具体任务。这种开放性做法不仅有助于改善合作中的人际关系，还能帮助参与者理解合作中不同角色的定位。正因为如此，幼儿教育学位的设立才能发挥其作用。它就像是一个平台，学生在这个平台上学习专业知识，理解不同专业在儿童及其家庭服务工作中的角色，学生还能通过这样的机会学习未来工作必备的重要技能。这部分内容将在本章最后一节中展开。

那么，我们如何才能做到有效合作？为了取得合作的成功，参与者之间要有一些共识，并具备"尊重、互惠、现实主义和风险"意识（Harrison et al., 2003: 26）。哈里森等人认为"SMART"（5 个英文

---

① 该方案是《每个儿童都重要》的配套实施文件。

单词的首字母大写，5 个单词分别为：Specific，明确的；Measurable，可评估的；Achievable，可实现性；Relevant，相关性；Timed，时限性）框架非常适用于这一情形。在项目开始前提出工作目标，然后选择合作的方式以及评估的方式。哈里森等人（2003: 15）还将合作的开始比喻为“第一次约会（the first date）”，并为参与者列出了需要考虑的问题清单（见表 15.2）。

表 15.2 第一次约会

见面前	见面时	见面后
研究	明确目标	寻找决策者
分享观点	认识双方优势	获得内部承诺
计划议程	确定潜在困难	起草协议
讨论优缺点	预测如何克服困难	决定资助方案
成本—收益分析	起草提案	持开放态度

资料来源：Harrison et al., 2003: 15。

利森和格里菲斯（Leeson and Griffiths, 2004: 140）认为，有效的合作还应该“加强人际关系中情感性部分与工作环境的全面互动”。他们还强调管理支持、培训和“阻止专业人员之间的权力斗争”的重要性。史密斯（2013b）支持这些观点，他也认同本章前两节提到的专业人员需要共同愿景。在幼儿教育中，共同愿景是指专业人员要重视并且理解彼此在儿童与家庭服务工作中的作用。此外，服务中的“消费者”——无论是儿童还是成人——都是合作中的重要角色，应当受到重视。

五、培训在幼儿教育中的作用

在编写本章第 1 版和第 2 版的时候，人们已经逐渐意识到为儿童提供整合服务的专业人员的重要性（Higher Education Academy, 2008）。有人预测未来十年幼儿教育工作者队伍会发生变化。随着社会对幼儿教育的不断关注，大学中的幼儿教育课程也越来越得到认可，那些具备跨学科知识和认识到共同工作有助于改善儿童及其家庭发展的专业人员在未来将会发挥关键作用。目前大学中已经设立了幼儿教育研究（Early Childhood Studies）学位和早期基础阶段（Early Years Foundation）学位，还增设了研究生专业。可以说这是幼儿教育首次被正式确立为一门职业，尽管幼儿教育当前依然受政府政策管控，而非由其自身来管理。

幼儿教育学位的增设也为学生提供了一个学习机会，他们可以从卫生、社会关怀和教育角度来看待幼儿教育，观察从事不同工作、拥有不同组织文化的专业人员。这些专业人员拥有不同的专业知识体系，在工作中扮演不同的角色，他们的资质和薪资水平也不同，正是这些差异使他们组成了优秀的多学科团队。学生还可以探索理论观点以及将理论转化为实践的方式，案例研究 15.1 提供了一种范式，说明角色扮演式评估法（role-play assessment）如何发展学生的知识与理解力，并帮助学生将其运用到未来职业生涯中。

案例研究 15.1

角色扮演式评估及其效果

儿童死亡事件的背后都存在着一个原因，那就是专业人员之间缺乏沟通。因此在对“未来的专业人员”进行培训时要强调合作的重要性，以此作为专业知识的基础，培养学生的默契来支持他们未来的工作。儿童保护会议(Child Protection Conference)就是一个很好的例子。北安普敦大学(University of Northampton)设立了幼儿教育研究学位与早期基础阶段学位，并通过儿童保护会议对学生的学习结果进行评价。

在“保护措施”这一模块中，学生会获得相关案例以及将要扮演对象的详细信息。在条件允许的情况下，他们要与实际的专业人员会面交谈，然后参加会议。会议由专业主席主持。会议上学生对个人与小组的学习情况进行反思，回顾学习过程中面临的挑战，并讨论当前原生家庭对复杂问题的处理经验。

从学生的体验结果来看，虽然不同角色的扮演对他们具有挑战性，但这种活动有助于学生理解儿童保护案例中家庭的立场，同时也让他们对多学科背景专业人员共同工作有了更多的理解。学生对决策过程的复杂性和专业人员在其中的不同视角有了更好的理解。学校每年都会收到已毕业学生的反馈，说这一学习可以运用到实践中，并被证明是有价值的学习(Lumsden, 2006)。

案例分析 15.1

学生在参加会议前后的感受是不同的。仔细阅读案例并反思本章内容，你认为这种学习经验将：

1. 是否有助于支持你对《共同保护儿童》政策及其实际运作方式的理解？
2. 是否有助于你了解不同专业在儿童与家庭工作中的角色定位？
3. 能否帮助你了解合作的优势与挑战？
4. 能否发现与服务对象合作的问题？

这种方式为未来从事幼儿服务工作的学生打下了良好的基础。而且，这对于幼儿教育中跨学科的专业人员尤为重要，因为这些人要知道：

> 所有儿童都有权体验幼儿教育专业人员的照顾，这也会支持、挑战和激励那些从事幼儿教育的人员与他人合作，利用跨学科知识来解决不平等问题，并改善儿童看护、健康、发展及学习状况。(Lumsden, 2013)

为了实现这一目标，专业人员还需要培养自己更多的能力。案例研究 15.2 中列举了一份幼儿教育研究生需要掌握的专业能力清单。

案例研究 15.2

跨学科研究生学历专业人员的能力要求

幼儿教育专业资格培训从 2007 年 1 月开始。跨学科研究生学历专业人员的加入是幼儿教育工作者队伍建设的一大突破。这也是政府首次参与建立的一个专业资格。正如前文所说，这使得这个专业资格很容易受到政治变革的影响。有博士学位论文研究了 2006—2010 年这一新的复合型专业群体的发展，发现在健康、社会照护和教育学科的交叉中衍生出了一个新的专业领域。这个专业领域没有绝对的边界，幼儿教育专业资格证持有者掌握了这个交叉领域的跨学科知识（Lumsden，2012）。研究还发现，跨学科专业人员需要具备一系列能力（见表15.3）。这些能力不是固定不变的，而是为教师可持续的专业发展提供了一个框架，以帮助幼儿教育领域的工作者从新手成长为专家。

表15.3 跨学科研究生学历专业人员应具备的能力

职业角色	知识与理解力	特点与技能
儿童支持者 幼儿教育参与者 变革促进者 家庭工作者 领导者 管理者 父母的合作伙伴 实践推进者 榜样模范 职工培训者	在实践中做到反歧视 持续的专业发展 幼儿教育与保育 对儿童和他们在家庭、社区中的角色有全面的了解 整合工作 多学科背景专业人员共同工作	擅长交际 富有同情心 人际交往能力强 组织能力强 有领导力 原则与价值观积极 有反思能力 有反身性（reflexivity） 乐于助人 能团队合作
与……一起工作 同事 机构 专业人员 儿童 家庭 安全保障人员 有特殊需求的人	**领导力** 会管理 了解政策 能适应变化 掌握研究知识 具有理论视角	**弹性因素** 适应能力强 有担当 灵活 能应对挑战——地位、薪资与待遇低，公众对专业身份的理解不够 热情 耐心 宽容 有职业精神

资料来源：Lumsden, 2012。

案例分析15.2

- 你对这些能力要求有什么看法？
- 你如何看待不同领域对跨学科的贡献？
- 你想增加或删减哪些能力要求吗？

思考你自己的专业发展：

- 你目前掌握的知识与基本技能和具备的品质特征符合上述能力要求吗？
- 你认为这份清单会如何促进你的专业持续发展？

本章小结

正如本章所述，合作不是一个新概念，已经有不少专业人员尝试并做到了有效的合作。不过，合作的术语以及合作的参与者依然充满复杂性和不确定性。拥有共同愿景有助于专业人员理解合作的目标与实现方式，参与者也能及时了解目标是否达成。工作者的适应能力也十分重要，因为政策时刻都在变化，工作内容被纳入政策就意味着会受到政治因素的影响。就如《每个儿童都重要》议程，原本议程的重点是鼓励工作者合作，不过联合政府上台后取消了这一政策话语体系，对幼儿教育政策进行了调整，提出《共同保护儿童》的新指导方针，更加强调在不断变化的政策环境中展开合作实践。

政策在不断变化，这其中包括新的跨学科研究生学历专业人员的出现。跨学科优势使他们成为其他工作者的领导者。这种新的专业人员类型是否能够完整地保留下去还有待观察。目前的政策越来越多地转向专业标准的修订与教学标准的制定。可以说，政策的转变或许使英格兰错失了机会，不能很好地壮大跨学科研究生学历专业人员队伍。跨学科专业人员具备一定的专业能力，能够领导幼儿教育实践工作者应对合作中的挑战，促进儿童发展。

专业人员不能局限于自身学科范围，而应跨越学科的界限走出去。专业人员应认识到这一点的重要性。他们要重视与他人的合作，包括儿童及其家庭。在合作中，彼此之间建立起共同的意义感，来推进结果的改善。因此，对专业人员持续监管并为他们提供更好的培训，是推进合作的重要途径。教育、卫生与社会照护领域对劳动力有不同需求，这就需要通过一系列不同的培训来满足专业人员的需求。修读幼儿教育学位为专业人员提供了一个途径。学生能够在修读学位的过程中增进知识，了解不同专业人员在儿童生活中扮演的角色，认识到理解和批判政策的重要性。然后，学生有机会将这些知识与见解运用到教育、卫生与社会照护等职业实践中，或凭借这些知识与见解成长为幼儿教育领域中具有研究生学历的专业人员。在他们选定的专业道路上，他们需要扩展知识与见解，从新手成长为专家。

最后，不同届别的政府需要认识到政策全面施行的重要性。政治变革导致政府的更迭，新政府往往会推翻前政府的做法，而新政府的举措有时不会考虑儿童及其家庭的需求，忘记从儿童死亡事件调查中得到的教训。从长远考虑，我们重视专业人员的有效合作，并使用政策来支持实践中的协同思维，不仅仅是政府决策，更多的应该还是小女孩维多利亚·克林比尔之死留给我们的社会思考。这也可以算作她为人们留下的遗产吧。

反思与讨论

1. 你认为整合工作的障碍是什么？
2. 你认为培训应如何促进积极的合作？
3. 儿童与他们的照料者能否在合作中成为平等的合作伙伴？

推荐阅读

1. Anning, A., Cottrell, D., Frost, N., Green, J. and Robertson, M. (2006) *Developing Multi-*

professional Teamwork for Integrated Children's Services. Maidenhead: Open University Press.

2. Davies, J.M. and Smith, M. (2012) *Working in Multi-professional Contexts: A Practical Guide for Professionals in Children's Services*. London: Sage.

3. Harrison, R., Murphy, M., Taylor, A. and Thompson, N. (2003) *Partnership Made Painless: A Joined Up Guide to Working Together*. Dorset: Russell House.

4. Hill, M., Head, G., Lockyer, A., Reid, B. and Taylor, R. (eds) (2012) *Children's Services: Working Together.* Harlow: Pearson Education.

5. Little child, B. and Smith, R. (2013) *A Handbook for Interprofessional Practice in the Human Services: Learning to Work Together*. Harlow: Pearson Education.

第十六章

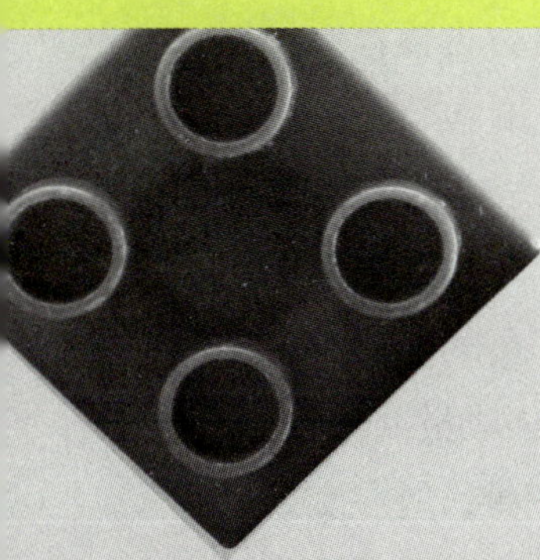

幼儿教育中的领导力与变革管理

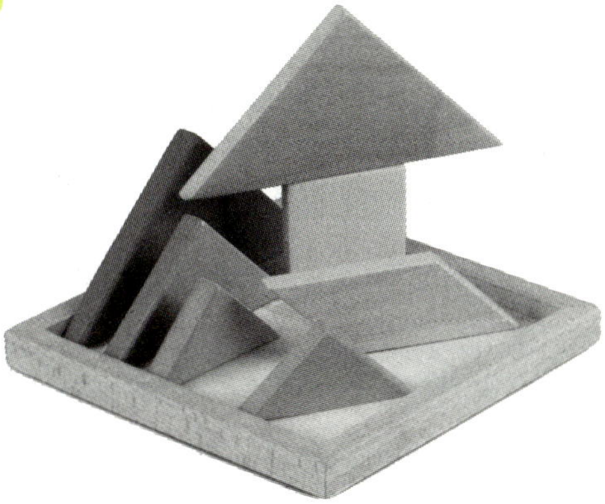

杰拉尔丁·戴维斯（Geraldine Davis）

主要目标

·探讨领导力对改善儿童与家庭发展成果的作用。

·了解幼儿教育领域中传统的领导力理论与变革管理理论之间的关系。

·探究具有研究生学历的领导者对幼儿教育的影响。

一、引言

无论是研究证据还是专业媒体上的政策评论或一般性评论都明确指出：领导力在幼儿教育中发挥着至关重要的作用。本章对领导力的不同方面进行了概括介绍，涉及幼儿教育机构理论和实践中的一些突出主题。其中还包括直接从实践中获得的一些案例。

领导力对幼儿教育的影响体现在诸多方面，它能够改善儿童与家庭的发展成果，促进实践共同体（community of practice）①的发展，提升从业人员的自身能力，促进他们与家长和保育员的合作，提升幼教机构中教育与保育质量。幼儿教育领导并不是一个人站在众人面前指挥，而是与团队成员共同合作，促进团队各成员领导力的发展，并共同推动团队发展。也许你认为自己不会成为领导者，但在实践中可能会运用到这方面知识。所以如果你还没有相关工作经验，可以参考本章内容，了解幼儿教育领导所具备的领导力。

本章对实践进行检验后发现，领导力有利于促进儿童与家庭的积极发展。领导力理论在幼儿教育中十分重要，但传统的领导力理论并不能直接适用于幼儿教育领域。本章通过与具有研究生学历的领导者的合作，探索领导力理论对幼儿教育机构中领导变革的价值作用。最后，考察了幼儿教育中具有研究生学历的领导者对儿童发展、实践共同体与个人发展的影响。

卫生与教育部门都在强调实践中的反思能力，这对成为幼儿教育领导者具有重要意义。本版新增的一章（第十八章）说明了反思在实践工作中的重要性，同时本章的领导力与变革管理理论也强调了反思性实践的重要性。

二、领导力与促进儿童发展之间的联系

21世纪初，幼儿教育中领导力与管理方面的观点和研究在英国逐渐兴起。穆伊斯等人（Muijs et al., 2004）和西拉杰 - 布拉奇福德和曼尼（Siraj-Blatchford and Manni, 2006）以及后来的邓洛普（Dunlop, 2008）对最新的观点和研究进行了综述。综述指出，关于幼儿教育领导者的研究在不断增多，但他们也担心这些研究缺乏权威性，无法为新手领导的发展提供支持。西尔瓦等人（Sylva et al., 2004）在有效学前教育项目中指出，如果幼儿教育机构中有强有力的领导者，那么儿童会有更好的发展。在对幼儿教育领导力的研究中，西拉杰 - 布拉奇福德和曼尼（2006）也发现，幼儿教育机构中的有效领导本质上具有协作性与集体性，下文将对此进行更加详细的讨论。

2011年，惠利（Whalley）汇总了幼儿教育领导和管理中的一些主要原则，并强调领导力变革必须立足有效改善儿童发展。所有的幼儿教育工作者都有可能最大限度地促进儿童发展，因此也可以认为所有工作者都有责任在实践中发挥其领导作用。在重点关注“如何”发挥领导力和进行管理的同时，惠利（2011）指出了合作完成工作的重大意义，并主张合作不仅是与同事合作，还要与家长、照料者

① 实践共同体是一个团体组织，组织内成员会分享某种技能或某门专业。对某一主题怀有热情的一群人，通过持续的互相沟通和交流增加自己在此领域的知识和技能。这个概念最早由认知人类学家莱夫和教育理论家温格在《情景学习：合法的边缘性参与》一书中提出。

以及多元化的专业团队合作。案例研究 16.1 提供了一个托幼机构中工作人员合作工作的实践案例。我们要特别强调对实践进行反思的重要性，不仅领导者要对实践进行反思，所有幼儿教育工作者都要对实践进行反思。有效的反思性实践包括对实践的反思（reflection on practice）和在实践中反思（reflecting in practice）。对实践的反思就是回顾以往的工作，这样已有经验可以为未来的实践工作提供借鉴。在实践中反思就是审视当下，这样在反复斟酌与深入思考的情况下开展实践工作。同时，反思也有助于指导当前实践工作。可以说，幼儿教育中细致的计划方案就是实践反思的一种表现形式。细致的计划方案意味着提前规划，以有准备地帮助幼儿获得最佳发展结果。

案例研究 16.1

“你享受在这里工作吗？”

[感谢桑德拉·戴维森提供此案例。]

上述问题是一位年轻的母亲在参观我们托幼机构时向这里的一位工作人员提出的。这位母亲趁我不在场的时候询问了工作人员，大概是希望获得一个真实的答案。这位母亲应该很满意工作人员的回答，因为她听后立即报名登记我们托幼机构了。这位工作人员在事后和我说起这件事时，我意识到这个问题提得颇有深意，于是决心找出她这么问的原因。原来，这位母亲曾经是一所森林学校的领导者，有儿童工作方面的经验；她非常了解儿童的发展，也有在团队中工作的经历。她认为，如果工作人员在工作时感到快乐与满足，那么这种状态也会反映在他们与儿童和家长一道开展的工作中，进而带动儿童感到快乐。我的理念也是如此！

作为托幼机构的管理者，我一直很重视团队的幸福——确保每位员工都受到重视和照顾，这样他们才能尽其所能地完成工作。不过，团队由完全不同的个体组成，要想建立一个团结、成功的团队是一个不小的挑战。我认为，重点在于对每位成员有深入的了解，这样就可以预见他们对某些事可能做出的反应，提前为他们做好准备。在介绍任何新事物前，我总会尝试站在他们的立场思考他们会怎么想，需要做哪些准备。了解每位成员的优势及其发展领域非常重要。我尝试利用他们的优势来帮助他们建立自尊，并给予他们一切必要的支持来提升他们的自信。我希望他们能积极思考，以实力为首要目标，并让他们知道我认为他们是什么样的人。利用一切机会对他们的工作表示赞扬，并时刻提醒工作人员他们对团队的重要性。来自家长的任何一点积极评价都要传递给工作人员，并肯定每一个人在获得的积极评价中的贡献。沟通非常重要。当人们没被告知对他们有影响的事的时候，他们往往会感到沮丧，认为自己被忽视了。管理者常常要认真考虑需要将事情告知谁。

当出现不可避免的问题时，应及时处理，并鼓励所有相关工作人员提出自己的观点。这时，管理者需要巧妙地帮助他们达成共识，尽可能让团队所有人都接受。不过，管理者在最后必须表现出强有力的领导力，并最终做出决策。

我们的工作人员接受过良好的培训，他们能够胜任工作，并有能力完成任务；同时，他们知道在需要时始终能获得支持。因为工作人员为儿童提供了很好的照顾，管理者也为工作人员提供所需的服务。管理者需要信任工作人员能够完成并重视自己的工作，同时管理者也要帮助他们实现这一目标。建立强有力的团队合作关系需要时间；对管理者而言，获得工作人员的尊敬和忠诚也需要时间。在这一过程里，没有什么比这种工作方式和归属感更令人愉悦了，这种工作方式提高了工作人员的工作满意度，降低了流动率，有助于增强儿童的幸福感，充分激发儿童的潜能，以及获得家长的支持。

哦，顺便说一下，当时标题中问题的回答是：“我爱在这里工作。”

案例分析 16.1

- 通过这个案例可以看出领导力是如何在这所机构中使用（operate）的？
- 这种类型的领导力的优势是什么？
- 如果你是这个团队的成员，这种类型的领导力会如何影响你与儿童一起工作？

合作和反思的目的是什么？惠利（2011）强调其对改善儿童发展与家庭教育的重要影响。具体来看，这主要通过两种机制实现：教育实践中的领导变革和包容性实践（inclusive practice）中的领导变革。下面将对这两种机制进行介绍。

三、教育领导力

海卡和瓦尼戛纳雅克（Heikka and Waniganayake）在其2011年的论文中指出，幼儿教育中的教育领导力（pedagogical leadership）研究缺乏理论建构。不过，当前越来越多的文献都开始讨论如何在幼儿教育机构中成为领导者，以及如何促进儿童早期阶段的学习。做一名教育领导者，不只是完成管理幼儿教育工作者的任务，这两种领导者角色是不同的。海卡和瓦尼戛纳雅克（2011）集中探讨了“教育（pedagogy）”的用法和起源，借此指出对教育领导力进行界定是困难的。这些作者的文章都是基于芬兰和澳大利亚的教育领导的相关经验展开的，为近些年来教育领导力概念的形成提供了有用的描述。西拉杰-布拉奇福德（2009: 2）将幼儿教育领域的教育（pedagogy）定义为“教学开展的形式”，其中包括课程决策、关系的形成以及教与学方面的决策。关系的形成突出了“关怀”在教育领导中的关键作用。那些从事幼儿保教工作的人员要意识到他们在机构中的工作对儿童的社会性、心理和情感以及认知领域都发挥着重要影响。因此，幼儿教育中的教育领导者要考虑和计划教与学的活动，使其作用于幼儿发展的各个领域，并在日常教育实践中发现和运用各种机会支持儿童这些领域的发展，其中包括与幼儿家庭交流和共同推进的方式。莫斯（Moss, 2006: 32）将幼儿教育学（early childhood pedagogy）的整体本质描述为“学习、关怀与成长”。所以说，家庭与社会背景是相关的，关系非常重要，社会性与情感发展也离不开儿童的认知发展。游戏是贯穿整个幼儿教育教学的重要方式，本书的第三部分说明了游戏的重要性。

海卡和瓦尼戛纳雅克（2011）指出，幼儿教育工作者发挥领导角色的重要性不仅体现在机构工作层面，还体现在政策层面。文章强调，我们需要更强有力的教育领导，包括对教与学发生过程的领导，并承认学习的发生与儿童及其家庭有关。

英格兰已经有一些非常有能力的具有研究生学历的领导者。根据我与他们共同工作的经验，我积极认可，具有研究生学历的领导者能够赋能于幼儿教育工作者，使他们领导与管理变革。然而，这类领导者可能没有得到充分发展的一个原因是幼儿教育实践工作者自身的教育理念。我自己曾经设立和运营过幼儿教育专业实践硕士课程（Masters programme in Early Years Professional Practice, MA EYPP），这门课程是为那些具有研究生学历、从事实践工作的领导者设立的。不过，当前的课程没有加入教育学这一模块。有人认为，具有研究生学历的领导者已经具备相当丰富的教育学相关知识，而且教育学知识可以融入领导力课程模块中。但是，这是一种误解。没有获得幼儿教育学位的具有研究生学历的领导者没有学过教育学，并且已经获得这一学位证书的研究生也不能清楚阐述自己的教育理念（pedagogical philosophy）。因此，应教师、学生与利益相关者的要求，硕士课程做出了调整，将幼儿教育学作为一个具体的模块纳入了课程之中，将具有研究生学历的领导者对个人教育理念的反思吸纳为评估的一部分。截至目前，这一课程模块已经实施多轮。这样的课程安排受到了硕士研究生的一致高度好评。他们认为，学生通过这部分内容的学习，对自己的教育理念以及教育理念作用于实践的方式有了更广泛而深刻的认识。学生们惊奇地发现，他们一直在对教育进行假想，但并没有真正地在领导工作中尽可能充分地实践它。因此，这个模块具有自我发展的功能，会进而影响到学生的领导者角色。

案例研究 16.1 和案例研究 16.2 为我们提供了实践中领导者的榜样示范。从案例中能够看出领导者在教学方面表现出了浓厚的个人教学理念。教学领导者主要是鼓励教师反思其教学角色，并为他们提供支持，以帮助他们促进儿童发展。对个人而言，无论是自我反思还是在指导教师的引导下对当天工作活动进行反思都是有益的，他们可以反思活动中哪些策略能够支持儿童成长，还可以思考为儿童提供什么机会来进一步提升他们的发展水平。

幼儿教育领导者在教育领域中的地位相对独特，因为在学校中，课程管理者与领导者都不是教师。不过在幼儿教育机构中，领导者会扮演不同角色（包括教师），还会与其他工作者在一个小团队中共同工作，这时他们的角色作用是支持儿童的发展（Heikka and Waniganayake, 2011）。在英格兰的《早期基础阶段》中，政府在课程内容的设置方面有一定的干涉，即使如此，教育领导力对幼儿教育机构也具有非常重要的作用。例如，戴维斯和巴里（Davis and Barry, 2013）发现，不同的领导者可能会在资源或工作方式上存在细微差异，这些差异对儿童学习具有积极影响，会有利于儿童的发展。大多数幼儿教育机构不存在等级制度，因此幼儿教育实践工作者能够同时参与行政和教育两方面的决策。

笔者认为，教育领导或包容性实践需要幼儿教育领导者具有相同的一系列品质。领导角色的作用在于能够在实践中发挥其领导力。接下来我们将目光转向包容性实践领导（leadership of inclusive practice），并借此机会探讨分布式领导（distributed leadership）的价值。

四、对包容性实践领导及分布式领导的考量

琼斯和庞德（Jones and Pound, 2008）在研究中指出，政策发展在幼儿教育机构中有助于工作人员了解和探究实施包容的方式。哲学与理论基础、教学目标或目的，以及政策框架指导方针的制定都是工作中必要的，不过制定和实施政策框架需要领导力。领导理论认为，如果工作人员有机会参与政策的制定，那么任何政策都更具有效性（Daft, 2011）。幼儿教育更是如此（Siraj-Blatchford and Manni, 2006）。因此对领导者而言，了解法律和监管框架，与工作者、家长和其他利益相关者磋商，根据政策需要实施变革，这些都非常重要。不过，包容性实践领导者会分配领导权给工作人员，这种分布式领导在幼儿教育中越来越受关注（Heikka and Waniganayake, 2011; Siraj-Blatchford and Manni, 2006）。例如，任命某些工作人员作为协调员，组织他们参加培训并回来分享学习的知识与感受，可以看出所有工作人员在团队中都扮演着重要角色。领导者要相信工作人员有能力进行协商，并一致赞同变革。对于被

选为协调员的工作人员来说，他们有机会以新的视角来反思工作环境，同时关注个别儿童及其家庭，以及他们是如何被纳入或存在什么障碍使他们无法被纳入其中。通过对包容性实践的反思以及在会议中的分享，包容性实践会成为团队讨论的一部分，能促进包容性思维的发展。这还可能会影响个人对政策的解读。

在这里再次强调幼儿教育领导的合作性。分布式领导表明了领导角色可以共享，不过这种领导模式需要由强大的团队来发挥领导作用。在这种领导模式下，工作人员都有领导权力，这样他们就会产生改变实践的想法。这种类型的领导需要领导者有足够的自信与团队分享权力，并希望团队成员参与领导。

包容性实践领导是授权并肯定工作人员价值的很好例子，他们鼓励工作人员理解包容的概念（详见本书第二部分），并表达自己的想法与观点。这种包容性并不是指规则和指导方针，而是指促进儿童及其家庭积极参与日常活动，案例研究16.3就是以儿童中心为例，介绍了这种积极的参与。在幼儿教育专业实践硕士课程中，有一个关于幼儿教育包容性的练习模块，学生在这个模块中要对包容性有自己的哲学立场，并且认识到这一点的重要性，这对他们来说是个挑战。根据我的经验，具有研究生学历的领导者要了解法律和有关包容的国家政策，这是各种具有研究生学历的领导者教育计划提出的，不过它们还没有充分考虑自己的立场。

因此在我看来，包容性实践领导就是让所有工作人员参与和制定政策框架，这时需要一位经验丰富的领导者，他/她认可个人贡献，也能够透明公正地从哲学角度来判断其他人的价值。

五、传统领导理论和变革管理理论能否在幼儿教育中发挥作用

相比以往，现在幼儿教育的管理者更有信心将自己定位为领导者。莫伊尔斯（Moyles, 2006）在几年前整理并总结了许多观点。根据这些观点，他认为幼儿教育实践工作者并不愿意视自己为领导者，显然这与当前的情形相悖。对领导力重要性的认识与认可会影响整个幼儿教育团队（Moyles, 2006），同时幼儿教育机构的背景和文化也需要受到重视（Dunlop, 2008）。幼儿教育领导力这一观念的出现推动了团队的发展，人们开始重视团队成员的观点，这表明共享与分布式领导越来越受认可。

幼儿教育的领导者现在已经能够自信、熟练地通过反思来提升管理实践（Hadfield et al., 2012）。实践共同体的出现和持续的专业化发展强化了领导者的角色，也为具有研究生学历的领导者提供了提升领导力的机会。具有研究生学历的领导者就是其专业化发展的例子，目前也在探索这方面的发展。

从变革管理理论来看，具有研究生学历的领导者学习幼儿教育专业实践硕士课程后，幼儿教育机构发生了一些变化，一些传统理论也开始意识到这种变化的价值（Davis, 2012）。这些硕士生在幼儿教育机构中都是领导者。虽然目前还没有一个理论能完全适用于幼儿教育机构变革，但很多理论要素都有其价值，领导者可以利用这些理论在他们所处的机构中进行文化和教学方面的变革。人们通常认为具有研究生学历的领导者运用的理论是非典型的，下面将探讨他们对非典型理论的运用方式。

变革阶段模型（staged model of change）无论是对工作规划还是对工作实施都有重要价值。模型的各阶段表现在变革的各个阶段，从计划评估阶段到变革的实施与维持。有很多可供选择的阶段模型，其中一些模型设计得非常详细。有些学生认为科特（Kotter）的八步变革模型（eight-step model）（1996）

更有价值，而另一些学生则更倾向于莱文（Lewin, 1997）的三阶段变革模型（three-step model），这种模型的变体适用于更小型的工作机构。不管选择什么类型的阶段模型，分阶段进行详细规划并逐步实施变革显然是一种非常有用的方式。例如，领导者可以对实施进展情况进行评估，来确定哪些方面需要进一步关注。但有人发现，一旦开始实施变革，事情反而会发生倒退。因此，维持变革状态，应对变革中的困难并继续推动变革非常重要，这必须从一开始就规划（Davis, 2012）。我想知道我们中多少人打算做出改变，而不只是维持改变的状态。

“领导特质模型（trait model of leadership）”（Adair, 2009）看似已经过时，但其实非常适合企业环境。领导特质模型能够发现领导者已经具备的或可以发展成优秀领导者的特定属性。一些文献表明，这些特质主要指向那些有洞见的领导者，因为他们能够独自领导他人并且强硬而专注，很少使用温和的沟通技巧。然而幼儿教育阶段需要领导者具备较为温和的技能，如培育和同情心（Aubrey, 2011），一般来说，领导者的特质会影响变革的实施。一些领导表示，反思自我领导特质并思考需要改变的地方，对他们发展成领导者有很大帮助。这种个人发展也是变革阶段的一部分。另外，区分领导变革和管理变革的要素，有助于他们理解自己在领导变革中的角色定位。领导者对自己的管理工作进行反思，思考未来需要改变的地方，思考所具备的技巧与能力和后续需要继续努力的方面。这种分析方法还能够帮助领导者与团队其他成员分享领导任务，这与本章前面介绍的分布式领导概念有关。因此，尽管特质领导模型无法运用于幼儿教育领域，但其中的内容也有助于领导者进行反思。

领导者们认为莱文（1997）提出的力场分析法（force field analysis）非常有用，这种分析法描述了变革的推动因素和影响变革成功的环境因素，换句话说，就是描述工作中的作用力。例如，在实施变革前确定阻碍的因素，尤其是执行变革所需的时间和工作人员决策与制订变革计划所花费的时间，确定这些因素就意味着进入了计划阶段并开始考虑实施。这种分析法强调从工作人员个体的角度看待变革，这一点很重要。最近有一点引起了我的注意，有些变革在前期并未被看作主要变化，只有在变革正式实施之后才能确定变革的范围。幼儿教育领导者指出，莱文的模型有助于重新审视变革以及变革的驱动力或制约力。

戴维斯的研究（Davis, 2012）也强调，在决定变革时必须清楚地认识到谁是守门员（gatekeeper），并在前期阶段发现他们，以便变革规划更具明确性和可实施性。守门员是指能促成或阻止变革的人。就比如说，实践的领导者可能需要通过与他们的雇主来达成变革的一致性，这时雇主就扮演着守门员的角色，因为他们可以阻止变革的实施。意识到守门员角色就意味着领导者们在认真思考如何沟通，可以有效地证明他们的能力对幼儿教育实践与儿童发展有积极的影响力。守门员的概念是两位领导者在阅读伊斯顿（David Easton）的政治系统理论（1965）后提出的，该系统理论被认为仅适用于大规模的工作机构，但在某些情况下，该理论在小机构中也很适用。

领导者们报告说，变革对于团队的有些成员而言意味着损失。库伯勒 - 罗斯（Kübler-Ross, 2009）的研究有助于个体发现自己在这一阶段可能会有一种损失感。库伯勒 - 罗斯模型主要针对那些经历逆境或遭遇巨大损失的人。领导者采用这种模型，能够从工作人员的角度看待变革以及变革所带来的影响，例如，领导者发现工作人员还满足于“老”办法所带来的好处，而适应新方法又需要花费一定时间，这令他们有种损失感，对于运用新系统的地方来说需要一个适应的过程。这也是个挑战，因为他们在熟悉新系统后就不会再过多地考虑以前的事物。虽然领导者可能会表现出同情和理解，但变革还是要继续推进。

总体来看，这些具有研究生学历的领导者开始使用分阶段模型评估，如变革实施后该如何维持，以及反思自身的特征和优劣，思考在实施变革时哪些方面还需要加强。他们认为还应该考虑促进和阻碍变革的因素，这点对变革非常有用。一些领导者认为，应该思考谁是守门员，并在使用分阶段模型时运用。对一些工作人员来说变革可能颇具挑战性，而且从工作人员的角度来考虑变革更有助于领导者与工作人员有效沟通，并提供支持。

在这个研究（Davis, 2012）中，很多领导者对于自己能够运用所学理论进行变革感到很意外。领导者积极并有效地促成变革，但没有考虑到开启变革后维持变革的重要性，以避免再次陷入旧的工作常规。一些人没有真正考虑到团队成员会对变革产生抵触，这将对开启变革和维持变革产生不利影响，同时也没有考虑到变革对个体工作人员的影响。变革是为了促进儿童或家庭的发展，但工作人员并不完全认同，因此分配领导力并不容易。

领导者获得硕士学历的过程实际上也是在进行自我专业发展，这对他们的专业实践有积极作用。奥布里（Aubrey, 2011）在对英国幼儿教育实践工作者的研究中，特别指出了持续的专业发展与高质量的幼儿教育服务之间的联系。通过具有研究生学历的领导者教育（Whalley, 2011），领导者的反思能力与自信水平都有所提升，这有助于他们在幼儿教育机构中独立工作，以此证明变革管理理论模型在这些机构中的价值。卡根和霍尔马克（Kagan and Hallmark, 2001）早在十几年前就对幼儿教育实践领导者的责任与角色做了广义解释，但问题在于大多数传统领导理论通常立足商业背景，并没有考虑幼儿教育工作环境的复杂性。大部分理论很有价值，但只能用于理解幼儿教育合作的本质，注重改善儿童及其家庭状况（参见案例研究 16.2）。这些理论无法用来指导幼儿教育机构中实施管理或提高管理绩效水平，因为并不符合幼儿保教的总体目标。相反，它们应该作为领导者的反思手段。幼儿教育环境很复杂，其目的与传统的商业不同，下面将对幼儿教育机构的复杂性与其中具有研究生学历的领导者的角色展开讨论。

六、研究生在幼儿教育中的领导力有何特点

西尔瓦等人（Sylva et al., 2004）在有效学前教育项目中发现，儿童的发展得到了很好的提升，并且随着工作人员专业资格的提高，儿童保育环境也得到了改善。2006 年，英格兰引入了幼儿教育专业资格制度，由此出现了具有研究生学历的领导者，引起了众多幼儿教育学者和幼儿教育实践工作者的关注。目前英格兰有大约 11 000 名幼儿教育专业资格证持有者在职工作，哈德菲尔德等人（Hadfield et al., 2011, 2012）对此专业资格的有效性进行了全国范围的评估，随后戴维斯又分别与巴里（2013）和凯普斯（Capes, 2013）进行了地区调研。具有研究生学历的领导者之间已经建立了共同体，分享好的实践经历，这有助于推进工作人员和机构的发展，改善儿童与实践共同体的成果。这些实践共同体包括幼儿教育工作人员的正式与非正式网络。显然，专业发展有利于促进这些网络的形成与发展，致力于促进儿童与家庭发展的工作人员也能通过实践共同体相互沟通交流，分享改进的细节。

戴维斯等人的研究（Davis and Barry, 2013; Davis and Capes, 2013）发现了三个影响具有研究生学历

的领导者的主要因素。具有研究生学历的领导者的身份使幼儿教育实践工作者有信心利用自己的现有知识与经验做出改变。幼儿教育机构的关注重点从短期目标转为长期目标，这与社区内儿童和家庭以及多学科团队的发展有关。领导者们重视工作人员的发展，以便他们能更好地理解为什么事情要这样完成，也就意味着他们学会了反思，成为反思型工作者。下面将对这项研究的结果展开说明。

具有研究生学历的领导者身份更有助于他们获得幼儿教育专业资格,这其中体现了自信的重要性。研究生教育给予了他们信心，这说明在幼儿教育机构举办培训是明智的决定。与之相关的是，领导者在参与机构外培训后，有责任将学习心得在每周会议上分享。这样，领导者们有信心参与培训，也有助于团队其他成员的学习。同样，幼儿教育实践工作者应该更主动地寻找教育资源，使儿童的长期发展不局限于机构内所接受的教育。这里有一个例子是关于为儿童购买户外装备的。原本大家希望为儿童购买颜色鲜艳且单独使用的户外装备，但最后还是决定购买可供很多儿童使用的户外设备，这样更有利于促进儿童身心发展。众人都认为应该由具有研究生学历的领导者与家长沟通协商，于是领导者积极主动地寻求与家长对话的机会，主动为他们提供信息，以帮助他们参与子女的教育。具有研究生学历的领导者在对自己的实践行为进行反思后发现，他们能更自信地考虑什么是好的、为什么是好的以及需要改变的地方和原因。这种基于改进实践的行动与商业和教育背景下表现出的领导模式有很大的不同，后者更关注绩效的管理与测量，而非改善学习与保育环境。当然，有人可能会反驳，认为“保育”无法被评估，但必须强调的是，不能因为某些东西无法用数字来评估就忽视它们的价值。这不是贬低测量的作用，而是要认识到测量的局限性。

案例研究 16.2

来自一家托幼机构的反思：这是谁的改变

[感谢托幼机构的同事提供此案例。]

这只是我的一点想法，我认为幼儿教育的领导者应该注重行动力，从行动中领导，这才便于计划的规划和审查，并以行动研究的方式来实现变革。我跟我同事的关系如同家中父母与孩子的关系一样亲密和重要。李（Lee，2008）也指出，专业人员之间缺乏沟通往往是造成儿童死亡事件的重要原因。因此，我们需要一些辅导者来解释我们为什么要做这些，以便促进相互理解、建构人际关系。

正是这些想法，让我想到了一位观察者使用布鲁克菲尔德的关键事件问卷[①]。就在不久之前，我正准备英国教育标准办公室的检查，一位工作人员给了我一些建议，其中有一个让我印象最深刻。也许是因为我非常不认可她的建议，她跟我说，要想顺利地通过检查，就要整理出一个角落，垫上舒服的地毯和软垫，用作儿童的阅读区。她的想法很好，但并不适合在我的机构中这样安排。孩子们在里面可以相互依偎着，或者如果他们愿意，可以自己静静地坐着看书。我在事后反思为什么这个建议会让我留下如此深刻的印象，因为她提出的建议让我恼火。她的观点与我的背道而驰，所以她无法说服我。实施后再根据实际情况进行调整是非常必要的工作，反思是自我驱动的行为，它来自你的自我需求或你已经认可的需求。对我而言，反思是为了满足那些家长或孩子自身的需求。变革要从内部决定，而不是由别人或政治因素来决定。因为我的观点是，“你认为你需要做……来改进”比“你应该做……”更合适。

① 斯蒂芬·D. 布鲁克菲尔德（Stephen D.Brookfield）是美国明尼苏达州明尼阿波利斯市圣托马斯大学的特聘教授，著有《批判性思维教与学》一书，并编制了布鲁克菲尔德关键事件问卷（CIQ），用于考查学生的批判性思维。

以上这种情形并不是我想要的领导方式，我所倡导的领导方式是在决策时听取和考虑他人的观点与意见。当我改变决策时，一定会与其他参与者进行协商沟通，并根据他们的观点来调整决策。通过这种方式，其他参与者会感觉自己在变革中起着重要作用，更容易取得成功。我们自身学习方式的转变是我们做出改变的有效措施。作为具有研究生学历的领导者，我认为承诺和关怀是非常重要的驱动因素：我对我正在做的工作充满热情，但工作中不只是我一个人，因此我需要向其他工作者“推销”变革来激发他们的工作热情。

案例分析 16.2

1. 什么样的反思有助于领导者做出改变的决定？
2. 如果你独立工作，你将如何有效地进行反思？
3. 作为幼儿教育工作队伍中的一员，你如何感知变化？你又会如何回应这种变化？

案例研究 16.2 中体现了幼儿教育领导者的自信，能够看出具有研究生学历的领导者在思考自己的领导身份，并能够理解自己做出的判断所产生的影响。因此，除非他们不断改进实践工作，否则将永远停滞不前。监管机构可能会对变革的提案“画钩”，但这种变革可能会给幼儿保育工作造成不良影响。

上述报告是由英格兰的一个郡提供的。哈德菲尔德等人在 2011 年和 2012 年进行了更大规模的全英国范围的研究，是首例此类研究，已经在本书第十四章的“相关研究”部分进行详细介绍（Hadfield et al., 2011, 2012）。该研究主要围绕具有研究生学历的领导者在面对儿童及其家庭和幼儿教育实践工作者时所表现出的不同之处展开调查。在关于领导力的研究中，我将选取马瑟斯等人（Mathers et al., 2011）的研究进行介绍。

相关研究

Mathers, S., Ranns, H., Karemaker, A., Mody, A., Sylva, K., Graham, J. and Siraj-Blatchford, I. (2011) *Evaluation of the Graduate Leader Fund: Final Report*. Department for Education Research Report DfE-RR144.

西拉杰 - 布拉奇福德、曼尼（2006）和西尔瓦等人（2004）的研究已经证明合格幼儿教育实践工作者的价值，但私立、志愿与独立部门的工作者之间存在差异。从 2006 年起，当时的英国政府提出在 2015 年前设立并资助具有研究生学历的领导者。马瑟斯与他的研究团队对 2007—2011 年这笔资金的使用情况，尤其是私立、志愿与独立部门的情况进行了评估。研究人员分 2 次调查了 238 所幼儿机构，其间间隔 2 年。研究工具主要是幼儿学习环境评价量表和婴儿/学步儿学习环境评价量表（ITERS）[①]，以此来评估幼儿机构质量。该研究还对12个案例进行研究，研究结果明确表明了政府资助带来的好处，还证明了具有研究生学历的领导者的价值。与没有具有研究生学历的领导者的机构相比，设立了的机构的儿童所受的教育质量在两年间有了明显提升。幼儿教育专业资格被认为有利于机构提升教育质量，其地位高于研究生学历。

注意：该报告在2010年联合政府上台执政前委托进行，特拉斯（Truss）在《更好的保育》报告（DfE, 2013b）中也很早提出了变革。想了解近年的政策变化详情，请参阅第十四章和第十五章。

案例研究16.3反映了当前英格兰存在的一个问题，具有研究生学历的领导者的教育课程与培训为幼儿教育领导者提供了机会，并提升了其自信与能力，然而目前正在进行的政策变革无法使这些领导者发挥真正效用。案例研究16.3中儿童中心的变化，造成工作人员难以与儿童的家庭维持关系。领导者及其工作人员的发展需要更综合的方式，体现出他们的能力差异，并引发变革，以促进儿童及其家庭的发展。

案例研究16.3

变革与儿童中心

该案例描述了一位教师同时也是具有研究生学历的领导者，站在教师的角度看待儿童中心教师与其他具有研究生学历的领导者的就业情况。

第一阶段，儿童中心作为政府支持当地幼儿教育机构的一部分，旨在为处境不利儿童家庭提供更好的服务。在幼儿教育专业资格出台之前，聘用教师的薪资与待遇都由当地政府调控，儿童中心内安排了大量儿童中心教师（Children's Centre Teachers, CCTs），组成儿童中心教师群体（Children's Centre Cluster），以吸引家庭的参与，并以更综合的方式促进幼儿的发展。儿童中心教师利用自身的专业知识来领导变革，不过在2012年工作队伍重建后，他们就不再是其中的一分子了。

儿童中心在第二阶段放宽了对儿童中心教师的聘用要求，中心协调员报告称，具有研究生学历的领导者或教师也能被聘用。儿童中心协调员的作用在于把握聘用的教师。他们可以对教师提出建议，一旦教师无法达到协调员（不一定接受过幼儿教育培训）的要求，他就无法掌握“领导权”。这一举措成功推动了由幼儿园向学校的过渡，在过渡阶段帮助家长与儿童更好地做入学准备。但仍然有一部分家庭很难达到入学准备的要求，教师会对这类家庭提供支持以协助其平稳度过，这也体现了包容性实践。然而，当儿童中心取消聘用具有研究生学历的领导者或儿童中心教师时，这些教师就会被裁减。

对幼儿教育的经验与知识的把握就这样突然失去了价值，具有研究生学历的领导者或儿童中心教师本可以有更高的成就，却也突然失去职业前景。人们还是意识到了幼儿教育需要专业知识，然而并不是所有的儿童中心都有儿童中心教师。因为受经费预算的限制，有些中心只会在需要时雇佣专业顾问。教师的持续专业发展，以及很多儿童中心教师被认证为具有研究生学历的领导者并提升专业水平都是一种投资。但是当前因为裁员已经没了儿童中心教师，这才真是对领导力的一种挑战。

---

① 英文全称为Infant/Toddler Environment Rating Scale。

案例分析 16.3

1. 你所在的地区很难达到入学准备要求的家庭在多大程度上愿意接受幼儿教育？
2. 根据你作为合作团队的领导者或成员的经验，一名有能力的领导者会如何支持机构中发生的重大变革？
3. 你所在的儿童中心发生了什么？是谁决定将困难家庭纳入中心的？
4. 工作人员的变动是否会影响儿童中心与难以达到入学准备要求的家庭之间建立持久的关系？

本章小结

作为幼儿教育领导者，要想有效开展工作就必须强调合作与反思意识，通过改进教学方法与包容性实践重点改善儿童及其家庭的成果，以此促进儿童持续发展。实践共同体就是开发教学方法以及进行包容性实践的最好体现，它有利于促进家长与多学科团队合作。

幼儿教育领导者虽然可以从传统的领导理论和变革管理理论中吸取经验，但幼儿教育机构中的变革与这些理论不太相同。它需要领导者有自信、有专业技能，能在实践中有效体现能力，以及关心同事，同时还需要认识变革给个人带来的影响。除了以上这些因素外，还需要领导者们有共同愿景，能够坚定并且自发地根据个人专业判断来行事。具有研究生学历的领导者的身份与地位为他们带来自信，这使得他们不仅能以微调的方式进行变革，还能在机构内进行更大规模的变革。

政策制定者要认识到幼儿教育工作队伍的领导力量，并利用这一资源改善儿童的发展成果。

反思与讨论

1. 你所工作的机构会要求工作者进行多大程度的合作和反思？你在其中的角色是什么？

2. 回想一下你个人的教学哲学和对包容性实践的哲学思考，并尝试用简短的话语总结你的观点。想一想你作为领导者，个人教育观念是如何影响你的？

3. 思考一下你在所处工作机构中已经进行的或接受的改变。这个改变是否还将持续下去？是否需要进一步的计划来维持或重建改变？

4. 你所在机构的工作人员看起来在多大程度上会发挥领导作用？是否存在领导角色的共享？与他人共享领导角色的领导者会面临什么样的挑战？

5. 如果你没有在幼儿教育机构工作的经验，请反思你具备什么样的领导能力，以及你希望与什么类型的领导者共事。

推荐阅读

1.Davis, G. (2012) ‘A documentary analysis of the use of theories of leadership and change by Early Years leaders’, *Early Years: An International Journal of Research and Development*, 32(3): 266–276.

2. Hadfield, M., Jopling, M., Needham, M., Waller, T., Coleyshaw, L., Emira, M. and Royle, K. (2012) *Longitudinal Study of Early Years Professional Status: An Exploration of Progress, Leadership and Impact*. Final Report for the DfE. University of Wolverhampton,CeDARE. Research Report RR239c.

这两篇文章都报道了幼儿领导力方面的相关最新研究成果。

第六部分

研究与反思

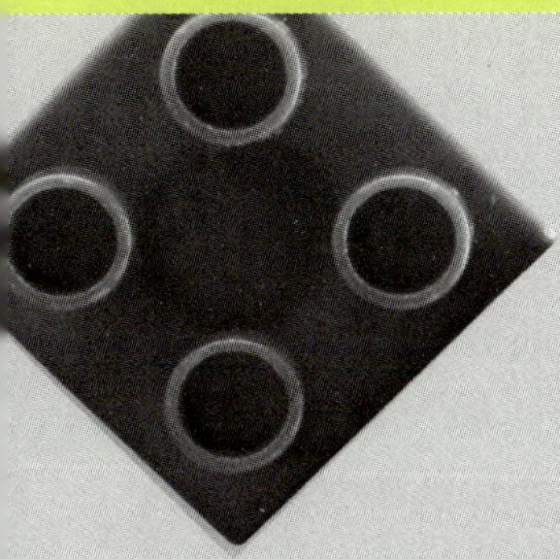

第十七章

研究幼儿的世界

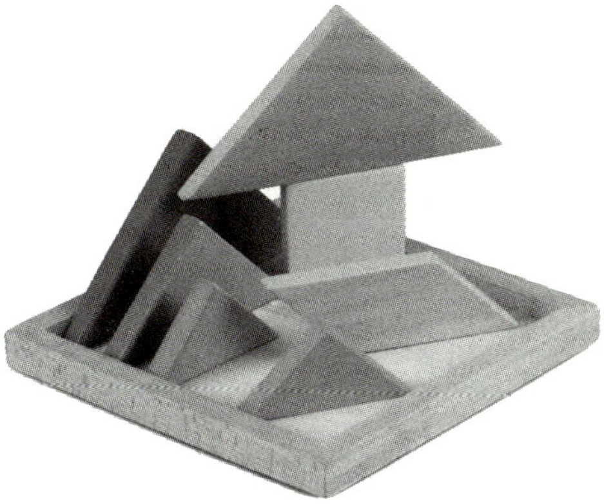

简·默里（Jane Murray）

主要目标

本章探讨与幼儿有关的研究。它将：

· 找出儿童参与权和受保护权之间的冲突。

· 讨论在判断儿童是否有能力参与时面临的困境和困难。

一、引言

与本书中的其他作者一样，这是我第三次参与修订《幼儿教育导论》。在对研究与幼儿主体性的看法上，每个版本的内容都有明显的改变。目前，在我看来，很难想象我在第一版中给这一章命名的标题是“研究儿童”，并且主要关注的是成人对儿童的研究（Murray, 2005）。近些年来，“不断发展的能力”这一观点影响着最年幼的儿童的参与，而这一观点正受到越来越多的挑战；相反，儿童从出生起就是社会行动者这一观点得到了越来越多的人的认可（Alderson et al., 2006; United Nations Committee on the Rights of the Child, 2006）。相应地，研究层面也反映出了这样的观念调整，一些研究承认幼儿是富有且有能力的（Harcourt et al., 2011）。将幼儿定位为研究对象或研究主体的研究模式受到了质疑，新的、令人兴奋的替代模式将幼儿视为共同研究者，越来越多的研究者选择了这种新模式（Christensen and James, 2008）。然而，许多将幼儿定位为研究者的尝试还是基于成年人的主体性开展的。同时，尽管有所进步，但通常情况下，儿童仍然被排除在“学术界的高深世界”之外（Redmond, 2008: 17）。

在第 3 版中，本章讨论了研究与幼儿，指出了许多已经取得的成就往往是象征性的，幼儿自己的、真正的主体性很少被赋予首要地位。本章首先讨论了研究的本质。讨论围绕以下主题展开——对儿童的研究、与儿童相关的研究、与儿童一起开展的研究、儿童自己开展的研究（Fielding, 2001），并提出了有关成人和儿童在研究过程中的角色问题。有讨论指出，成人在接纳儿童作为研究者时面临的主要挑战之一是成人常常难以理解儿童的行为（Bae, 2010）。本章介绍了“幼儿作为研究者”（Murray, 2012a）项目是如何遇到和应对这类问题的。

相关研究

Murray, J. (2012a) ‘An exploration of young children’s engagements in research behaviour’, PhD thesis. University of Northampton, UK.

“幼儿作为研究者”项目（Murray, 2012a）采用了参与式、解放式和归纳式的方法，概括总结了 4 ~ 8 岁儿童在日常活动中自然参与研究的行为，这与专业的成人研究者的行为是一致的。

参与式方法（包括儿童观察）以及幼儿研究的伦理，是这项研究的主要内容。“幼儿作为研究者”项目总结归纳了 4 ~ 8 岁儿童自然地参与研究活动的方式，这些参与是幼儿日常生活的一部分。本章概述了这个研究过程。

二、研究的本质

这部分讨论研究的定义：什么是研究，谁做研究，以及谁拥有研究。从本书的整体性来考量，本章重点关注幼儿教育（ECE）研究，该类研究是教育研究与幼儿保教（ECEC）研究的交叉集合（见图 17.1）。

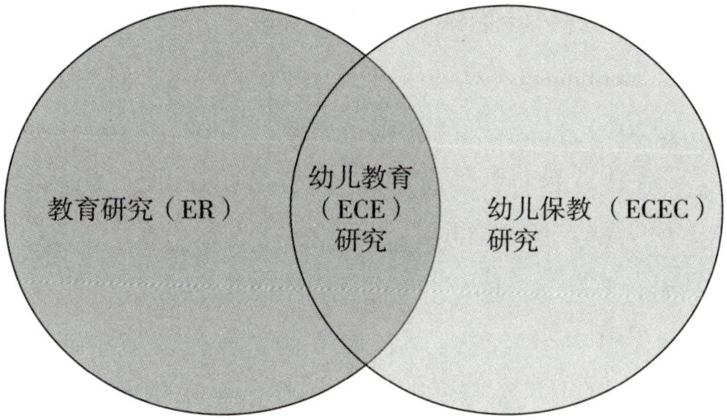

图 17.1　幼儿教育研究是教育研究和幼儿保教研究的交叉集合

幼儿教育研究涵盖了来自多种学科的探讨（Bridges, 2006; Teaching and Learning Research Programme, 2012）。历史、哲学、社会学、心理学、神经科学、教育学、政治学、经济学、文化研究、人类发展和伦理学在很多其他主题中也渗透了幼儿教育这个丰富多变的领域。在受到众多学科影响的同时，幼儿教育研究本身仍是一个相对较新的研究领域。因此，本章重点关注研究幼儿世界各方面的内容，解析其缘起，讨论有关幼儿教育研究的内容。

研究被看作“公开、系统的调查”（Stenhouse, 1975: 142），“调查过程会给出新的发现，并有效地分享新发现”（Ref, 2011），同时研究是“对知识的探索”（Bassey, 1990: 35）。人们在如此认识研究的同时，并没有给研究一个让人普遍接受的定义。现在许多关于研究的看法最早可追溯到古希腊人的记录（Thomas, 2007），但可以说，启蒙运动时期对当代研究方案的影响最大。休谟（Hume, 1748）的“验证原则”意义重大，他明确指出，要使“学术性工作”被认为是严谨的，就应该包括“关于数量或数的抽象推理”或“关于事实和存在的实验推理”（第 123 页）。启蒙运动哲学家如洛克（1690）和休谟（1748），在寻求建立“真理”基础的过程中，拒绝接受形而上学的说法，转而支持外在的感官证据。

演绎推理受到了高度重视：“当得出结论的前提为真时，有效的推论可以提供真的结论。”（Johnson-Laird and Byrne, 1991: 2）休谟（1739）通过三段论举例说明了这一命题：“所有的 A 都是 B，C 是 A，因此 C 是 B。”举例言之，所有的玩偶都是玩具（大前提），杰迈玛（Jemima）是一个玩偶（小前提），杰迈玛是一个玩具（结论）。相比之下，在归纳推理中，“前提的真实性不一定能保证结论的真实性”。例如，你走过一个托儿所，看到一个孩子在花园里（前提），你可能会得出结论，所有托儿所的孩子都在花园里（结论）。该前提为结论提供了证据支持，但在归纳推理中不能保证其真实性。这是因为可能还有一个进一步的前提：托儿所里有一些你看不到的孩子。虽然归纳推理是通过逻辑思维过程推导出来的，但它往往被认为是错误的（Ayer, 1940），因此变得不那么权威。

休谟的经验主义观点后来融入了逻辑实证主义。逻辑实证主义是20世纪维也纳学派发展起来的（Neurath et al., 1929）。因为第二次世界大战，维也纳学派的许多成员离开了奥地利，其思想影响了国际上很多大学，特别是美国的大学。此外，逻辑实证主义对美国大学心理学领域的影响很大，表现为行为主义（Smith, 1986）。然而，到了20世纪中叶，逻辑实证主义遭到了极大的批判（Kuhn, 1970; Popper, 1959; Quine, 1953）。逻辑实证主义对直觉的拒绝变得缓和，导致解释方法被认为对社会科学研究具有潜在价值（Pring, 2000）。此外，后现代主义研究获得了发展势头（Siraj-Blatchford, 2010b），实用主义研究方法也是如此（Stenhouse, 1975）。有一种观点认为，研究方法对定性和定量范式的分歧是一种"假二元论"（Pring, 2000），格拉泽和施特劳斯（Glaser and Strauss, 1967）试图用扎根理论（grounded theory）消除这一分歧。然而，教育和幼儿教育领域的研究仍然是以"科学和实证主义"以及"自然主义和解释性"方法为特点的（Cohen et al., 2007: 5）。此外，实证主义往往成为教育和幼儿教育领域政策制定的权威基础，尽管人们担心实证主义往往不适合这项任务（Bridges et al., 2009）。

这一点在21世纪初得到了重申。当时，人们观察到了教育情境中研究者与被研究者之间的分离（Hargreaves, 1996），明确质疑将幼儿教育实践工作者排除在"学术圈"之外的问题（Ball, 2001）。学术研究一度被认为是专业研究者主导的活动空间，是"学习者和知识生产者"聚集在一起生产知识的过程（Warren and Boxall, 2009: 281），整个过程就是在"积累数据"（Lees, 1999: 382），这不同于"普通人"的世界（Bridges, 1998）。学术研究中的霸权主义毫无意义，人们认为只有在对其使用者有用的情况下，研究才有价值（OECD, 2002）。这一点借鉴了"陈述性知识（knowledge that）"和"程序性知识（knowledge how）"两个概念（Ryle, 1949）；吉登斯（Gidden, 1984）主张社会科学理论一定要紧密联系实践，要不同于自然科学中普遍盛行的理论/实践"各自为政"的方法，并勉强认同下述关于行动研究的观点。

行动研究（Stenhouse, 1975）试图解决研究和实践之间的分歧。尽管如此，行动研究的批评者认为它缺乏科学的严谨性，而且它与日常的问题解决是无法区分开的（Hodgkinson, 1957）。但是，行动研究在教育工作者中仍然很受欢迎，也许是因为它具有民主、解放和参与的潜力（Kemmis and McTaggart, 2005）。最近，在幼儿教育研究领域，对实践调查的兴趣有所增加。这是幼儿教育实践工作者为获得该领域的知识而进行的研究，有可能为加强该领域提供信息（Pascal and Bertram, 2012）。尽管如此，仍需要做的工作是将教育和幼儿教育的实践与研究结合起来（Biesta, 2007）。特定的知识生产过程、结果和群体维持了权威（Brown and Strega, 2005; Foucault, 1989），使权力不平等永久化（Truman et al., 2000）。在这一结构中，幼儿一直处于学术的边缘（Redmond, 2008）。

三、幼儿在研究中的角色

人们已经区分了"对儿童进行研究（research on children）""开展与儿童相关的研究（research about children）""与儿童一起开展研究（research with children）"等概念（O'Kane, 2008; Tisdall et al., 2009）。菲尔丁（Fielding, 2001）认为这些是一个连续的体系，并指出了另一种类型的存在——儿童

作为研究者（children as researchers），见图 17.2。

儿童作为……

数据来源——积极的被调查者——共同研究者——研究者

最小自治 ⟷ 最大自治

图 17.2 儿童在研究中的角色连续体（Fielding, 2001）

伍德黑德和福克纳（Woodhead and Faulkner, 2008）追溯了最早对儿童进行的研究，认为其出现在 19 世纪末达尔文（1872）将自己的孩子定位为数据来源。达尔文的工作开启了将儿童客观化为研究对象的模式，这对发展心理学的影响尤其大（Gesell, 1925; Watson and Rayner, 1920）；这同时推进了逻辑实证主义的发展（Neurath et al., 1929），皮亚杰（1929）在心理学研究中延续了这种模式。科迪（Coady, 2010）认为，这类做法将儿童视为人们“好奇”的对象（第 73 页），并且不同的学科中都有一些与幼儿期相关的、以儿童为对象的研究实例，包括社会学（Tobin et al., 1989）、教育学（Sylva et al., 1999），以及幼儿教育学本身（Gillen et al., 2007）。

相反，在儿童对研究主题做出“突出”贡献时，儿童就会被认为是研究主体（Tisdall et al., 2009: 1）。在这一角色中，儿童成为“积极的被调查者”（Fielding, 2001: 135），并被成人认为“他们本身就值得研究”（Winter, 2006: 60）。当儿童被定位为研究主体时，权力就从成人转向了儿童（Fielding, 1988）。然而，这种定位的程度和性质是以成人的“主体性”（Coady, 2010: 73）为基础的，例如，这表现在成年人如何决定什么是儿童的“突出”贡献。因此，在儿童作为研究主体的研究实践中，成人保留了决定权。

尽管如此，自从新一代社会学家将儿童定义为积极的社会行为者（James and Prout, 1997）以来，关于儿童作为共同研究者和独立研究者的讨论就展开了（Christensen and James, 2008; Harcourt et al., 2011）。这些讨论指出，研究与有关儿童的实践、政策和理论密不可分地交织在一起，儿童的参与与成年人的行动是同时发生的（James and Prout, 1997; Solberg, 1996）。此外，新的社会学方法认为儿童是“他们自己生活的专家”（Langsted, 1994: 29），并认为“儿童是能干的、有能力的、富有的，参与创造了他们自己和他们的知识”（Dahlberg and Lenz Taguchi, 1994: 2）。

将儿童视为积极的社会主体的看法与对儿童能力的认识是一致的，“个人可以实现的替代性功能来自他或她可以从中选择的一个集合”（Sen, 1993: 31），这个功能是“一种存在或做人们所重视和有理由重视的事情”（Alkire and Deneulin, 2009: 22）。阿帕杜莱（Appadurai, 2006）认为，研究可以被视为“一般性能力的一个专有名词，这项能力就是训练人们去调查我们需要知道但至今还不知道的事情”（第 167 页）。此外，阿帕杜莱（Appadurai, 2006）提出，研究是一项权利。如果儿童想要从事研究活动，应该是他们出于自己的理由认为这样做是有价值的。这种情况使用了关于权利的论点。幼儿作为共同研究者和研究者一样拥有研究和参与的权利。《联合国儿童权利公约》第 12 条和第 13 条强调了这一论点，其中阐明儿童有权参与能够对他们产生影响的决定，有权自由表达意见，有权“寻求、接受和传播各种信息和思想”（United Nations, 1989）。

虽然研究可以被视为一种参与权，但参与的质量似乎是可变的（Arnstein, 1969; Hart, 1992; Percy-Smith and Thomas, 2010）。这一观点与菲尔丁提出的连续体（2001）看法一致，它们都将儿童定位为不同的研究角色。考虑到儿童的能力，人们进一步将参与概念调整为一个相对的概念。世界银行（World Bank, 2010）将能力定义为“充分运作”，而《联合国儿童权利公约》（United Nations, 1989）第5条提到儿童“不断发展的能力”，这一说法的用意在于平衡儿童的受保护权和参与权，也符合“儿童相对不成熟和年幼”的状况（Lansdown, 2005: IX）。范比尔斯、因维尼齐和米尔恩（Van Beers, Invinizzi and Milne, 2006）指出，成年人在做出将儿童排除在某些特定的社会生活之外的决定时，会采用“不断发展的能力”这一观点。然而，人们已经确定新生儿就“具有抽象的结构化知识”，并且能够将他们的经验用于概念化组织（Gopnik, 2011: 129–130）。基于对儿童能力如此之欣赏，奥尔德森、霍桑和基伦（Alderson, Hawthorne and Killen, 2006）认为“权利在被尊重时会在一定程度上得到实现”（第65页）。通过研究尊重儿童权利的已有努力包括参与式（participatory）探索和解放式（emancipatory）探索两种类型。

弗莱雷（Freire, 1972）对社会科学研究中参与式探索范式的出现产生了特别大的影响。他在巴西与边缘化群体合作开展研究，推进了参与式研究的发展。他的研究以权力再分配、解放和转型为导向（Minkler and Wallerstein, 2003）。参与式研究已经发展为实现社会正义的一种手段，尽管它本身只是被视为一种方式，而不是一种方法论（Cornwall and Jewkes, 1995）。但是，参与式研究属于解释范式之列（O'Kane, 2008）。凯米斯和麦克塔格特（Kemmis and McTaggart, 2005）认为它具有某些关键特征，“拥有……以社会问题分析为基础的共同体，以及趋向共同体行动的倾向”（第560页）。近些年来，参与式研究吸纳了儿童和青少年参与，这种方式得到了越来越多人的认可（O'Kane, 2008）。

参与式农村评估（Participatory Rural Appraisal, PRA）已经发展成一系列重要的参与式研究方法，能够提供“信效度较高的信息”（Chambers, 1994: 1253）。尤其这些方法解决了传统研究方法在小规模地方项目中不能提供令人满意的结果这一问题（Loader and Amartya, 1999）。参与式农村评估方法多种多样，包括共享散步、团队工作、讨论和可视化技术（Narayanasmy, 2009）。奥凯恩（O'Kane）认为，参与式农村评估方法是一种与儿童共同开展研究很好的方法，因为它能让儿童真实地参与进来，并将权力从成人那里转移到儿童手中。庞奇（Punch, 2002）在她对玻利维亚儿童的研究中采用了参与式农村评估方法的技术，用蜘蛛图（spider diagram）和活动表格（activity table）在儿童的周边社区组织儿童的运动和活动。同样，面向3～5岁幼儿使用的参与式“马赛克方法”的形成，部分来自参与式农村评估中的信息收集技术，即通过与当地居民散步和交谈来收集当地的详细数据（Clark and Moss, 2011）。

参与式行动研究（Participatory Action Research, PAR）是另一种被人们广泛使用的参与式方式，已经被证明在与儿童和青少年一起开展的研究中是有用的（Ozer et al., 2010）。参与式行动研究赋予参与者权利，从参与者发现的问题开始。在整个过程中，参与者承担了共同研究者的角色。在开展参与式行动研究时，参与者可以享有一定程度的控制权，这使他们能够以合作伙伴的身份来调查和解释自己所面对的问题的形成原因（Maglajic, 2010）。卡马罗塔和法恩（Cammarota and Fine, 2008）根据他们在“青少年参与式行动研究方案（Youth Participatory Action Research Programme, YPAR）”中与青少年合作研究的经验，认为参与式行动研究对研究处于社会边缘地位的年轻人在教育环境中遇到的问题特别有价值。此外，曾和西尔弗斯坦（Zeng and Silverstein, 2011）在2008年中国北川地震（Beichuan earthquake）后与儿童一起使用了参与式行动研究的方式。这些方式包括民主决策和集体游戏，使失去家庭成员和家庭的儿童具体参与到社区中来。然而，参与式行动研究也有局限性：它假定存在问题，并且需要大量的时间来充分发展“局外推动者”和共同研究者之间的关系，以便研究进程能够顺利推进（Chambers, 1994: 1253）。帕斯卡尔和伯特伦（Pascal and Bertram, 2012）认为，尽管与儿童一起开展参与式行动研究的方式可能具有一些潜在的优势，但其在具体实施过程中面临着观念、道德和实践方面的挑战。

21 世纪之交，许多成人研究者探索了和儿童一起研究和由儿童来研究的可能。在一系列研究的基础上，柯比（Kirby, 1999）提供了指导，以支持幼儿教育实践工作者“开展或委托进行有 14 ~ 25 岁年轻研究者参与的研究”（第 3 页），鼓励年轻人“在经历了时间和实践的积累后成为高度胜任的研究者”（第 51 页）。同样，坎贝尔、埃德加和霍尔斯特德（Campbell, Edgar and Halsted, 1994）探讨了“学生作为评价者”的可能，即 10 ~ 14 岁的学生在成人的“帮助”下，“发展书面和口头交流能力，以及逻辑思考技能”，以评估他们在纽约的学校体验。反过来，坎贝尔等人（Campbell et al., 1994）影响了菲尔丁（2001）设计实施的“学生作为研究者项目（Students as Researchers Project）”。在该项目中，菲尔丁和一所英文中学的 3 名教学同事“决定组织一组学生……他们会接受研究和证据收集技术方面的培训”（第 125 页）。后来，凯利特（Kellett, 2005）设计了“儿童作为研究者”的方案，以“向 10 ~ 14 岁的儿童讲授研究过程”；而舍米奈（Cheminais, 2012）则提供资源，支持学校“高级管理者或教师通过行动研究的过程来指导学生”（第 1 页）。

值得注意的是，上文讨论的项目都是针对年龄较大的儿童和青少年开展的。赫尔姆和卡茨（Helm and Katz, 2001）认为，造成这种情况的一个原因可能是成年人认为和年龄较大的儿童一起开展研究要比和幼儿教育机构中的儿童一起研究“更容易一些”（第 1 页）。这回应了幼儿拥有“不断发展的能力”这一看法（Lansdown, 2005; United Nations, 1989）。然而，这类项目也应当在 5 岁以下儿童群体中开展。克拉克和莫斯（Clark and Moss, 2001）提出了参与式的马赛克方法，用这种方法与儿童一起了解儿童对机构的看法。克拉克和莫斯对 3 ~ 4 岁儿童采用的参与式行动研究方法包括绘制地图（mapping）、可视化方法（visual methods）和儿童会议（child conferencing）。这些方法后来也被其他研究者运用，用于和非常小的幼儿一同开展研究工作（Veet and Britt, 2011; Waller and Bitou, 2011）。此外，在幼儿教育机构中工作的成人尝试用“项目式方法（project approach）”（Helm and Katz, 2001; Katz and Chard, 1989）来指导和 3 ~ 5 岁儿童一起开展的研究和调查项目，并将项目式方法作为美国的一种教学工具。

从批判性社会理论（Marx, 1867）角度来看，解放式方法的提出是对权力不平等现象的一种批判式回应，尤其是逻辑实证主义（Habermas, 1987; Horkheimer, 1937）。不同的知识建构方式都开始得到认可（Gibbons et al., 1994; Polanyi, 1962; Ryle, 1949）。解放式方法在对社会边缘人群的调查中发展得尤为迅猛（Denzin, 2005），因为解放式方法“寻求赋权”（Letherby, 2006: 88）。哈贝马斯（Habermas, 1987）强调解放式方法的特点是社会互动、平等关系、自我反思和没有霸权的交流，科瓦奇（Kovach, 2005）强调解放式方法的特点是“集体性、互惠性和尊重”（第 28 页），威尔逊（Wilson, 2001）认为解放式方法的目标是“减少现有的不公正”（第 473 页）。在研究过程中，上述项目可能已经在某种程度上将权力转移给了儿童和青少年——甚至可能是“量的飞跃”（Fielding, 2001: 125）。然而，每一个项目都是以成人监督整个进程为前提的，大多数项目关注的是成人鼓励或批准的主体性，许多项目依赖于成人指导儿童和青少年来掌握正统的成人研究方法，所有项目的传播都是由成人完成的。

为了使幼儿真正参与到参与式研究中，幼儿需要与成人平等地分享权力；而儿童的解放式研究则要求儿童掌权，并领导研究过程。艾萨克斯（Isaacs）认为这是可能的。他观察（1944）发现，“认知兴趣和探究这些要素……在儿童和成年人的各个方面都是相同的”（第 322 页）。然而，人们在将幼儿自身的探究评价为真实研究方面存在着缺漏。这种情况无视儿童是能胜任的人（James and James, 2008）、权利拥有者（UNCRC, 1989）、专家（Langsted, 1994）、有能力的人（Sen, 1993）和“精深的”思想家（Papert, 1980: 132）。

这是“幼儿作为研究者”项目的起点（Murray, 2012a）。“幼儿作为研究者”项目重新定义和揭示了幼儿在使用学术话语开展研究的过程中真实、自然的行为表现。本章的余下部分讲述了“幼儿作为研究者”项目的故事。

四、“幼儿作为研究者”项目

在“幼儿作为研究者”项目实施期间，我与幼儿、他们的父母和幼儿教育实践工作者以及学者一起，进一步探讨了幼儿如何可能被视为研究者。该项目开始于我们的一个观察，我们发现幼儿在学者专属的研究空间中被边缘化了。项目并没有训练儿童掌握既定的探究模式，而是着手展现儿童自身在探究过程中的自然表现，无论儿童的探究是否称得上研究。“幼儿作为研究者”项目基础的价值倾向有助于人们在学术研究体系中从社会正义角度维护幼儿的利益；社会互动、相互尊重、努力让所有相关人员之间建立平等的关系，平等沟通是主要的工作方式（Habermas, 1987; Kovach, 2005; Letherby, 2006）。这些努力并不总能获得圆满成功，但在有限的范围内，该项目试图面对而不是忽视或遵从权力不平等。

矛盾的是，因为这项研究是我的博士学位论文研究，所以我从一开始就必须遵守学院的规章建制（Hall, 1998; Hargreaves, 1996）。我被要求在项目开始之前提出计划，并在研究中遵从我所在机构的伦理规范和其他协议。因此，该项目研究的主要目标和问题必须是我的，而不是儿童的。这就意味着研究从一开始就有缺陷。根据需要，在项目开始时，我提出了一个目标：

概括总结 4 ～ 8 岁幼儿作为研究者或可能被认为是研究者的方式。

研究设计了 4 个待解决的问题。

- 在幼儿保教领域，研究的本质是什么？
- 如何开展研究才能使幼儿成为研究者？
- 对幼儿来说，重要的研究是怎样的研究，幼儿又该如何参与其中？
- 怎样的支持可以鼓励幼儿参与到研究中？哪些障碍可能会阻止幼儿参与到研究中？

为了突出儿童和其他参与者，我来到了他们的生活环境，试图通过抛弃单一范式（Kuhn, 1970: 37）所提供的“概念和研究工具”的约束来弱化我自己的视角，以支持在一系列“后现代认识论”（Siraj-Blatchford, 2010b: 199）中构建“幼儿作为研究者”项目的研究框架（Siraj-Blatchford, 2010b: 199）。这包括建构主义、后实证主义、解释主义、批判性研究和后结构主义，它们形成了一个多元范式模型（见表 17.1），以建立一个严格的框架，使参与者的观点优先于单一的方法论。每个组成部分都有一个关键作用（见表 17.1）。

表 17.1 多元范式模型

不同的范式	不同的范式在“幼儿作为研究者”项目中的运用
建构主义	将每个人的观点视为真理
后实证主义	打破学院主义的特权空间
解释主义	认识主观现实
批判性研究	进行变革实践
后结构主义	认识到参与者的观点是动态变化的

“幼儿作为研究者”项目的价值取向通过 3 种原则性方法得到了进一步的体现：参与式、解放式和归纳式。由于参与式的特点（Kemmis and McTaggart, 2005），关于民主和权利的讨论影响了研究（Brown and Strega, 2005; Freire; 1972; United Nations, 1989）。此外，该研究中的解放式方法强调对权力不平等进行具有批判性和实用性的回应（Habermas, 1987; Kovach, 2005）。最后，“幼儿作为研究者”项目的归纳法使得研究能够从与参与者共同构建的经验数据中得出一定的分析结论（Charmaz, 2006）。

“幼儿作为研究者”项目结合了 3 种原则性方法与 4 种补充方法，形成了一种拼图式方法（见图 17.3）。这能很好地用于持续回应参与者的观点。在整个研究进程中，只有扎根理论从一开始就被采用（Glaser and Strauss, 1967），它很容易地适应了该研究的 3 种原则性方法。在研究初期，我决定进一步精确为使用建构主义扎根理论（constructivist ground theory, CGT），这是扎根理论的一种类型，它很好地结合了现有的理论框架与新的经验数据（Charmaz, 2006）。建构主义扎根理论允许在一定程度上合作建构信息资料，在具体方式上吸纳并重视“参与者的隐含意义和经验观点”（Charmaz, 2006: 10）。同时，建构主义扎根理论的假设是：我们是我们研究的世界的一部分并且……通过“我们过去和现在的参与及互动来构建我们的基础理论”，以说明它们对“幼儿作为研究者”项目是有价值的（Charmaz, 2006: 10）。由于我与“幼儿作为研究者”项目的参与者生活在类似的环境中（Murray,

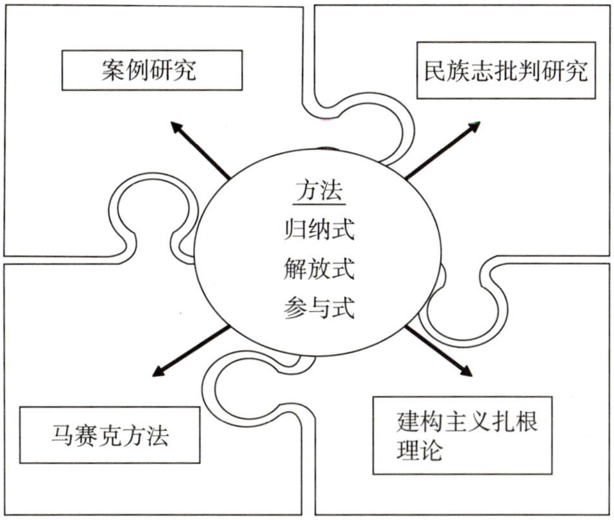

图 17.3 拼图式方法

2006），研究者和被研究者之间的区别被最小化了。此外，建构主义对幼儿教育领域的影响巨大（DeVries, 2001），因此建构主义扎根理论让研究的形式与功能变得更加一致了。

然而，由于建构主义扎根理论是一套“原则和实践，而不是处方”（Charmaz, 2006: 9），事实很快证明，需要一些额外的框架来建构和组织信息资料。卡麦兹（Charmaz, 2006）认识到了这一问题，建议在使用建构主义扎根理论的同时使用民族志批判研究方法。但是，“幼儿作为研究者”项目对社会正义的关注使项目研究更倾向于选择批判民族志方法（Carspecken, 1996; Thomas, 1993）。无论是在建构主义扎根理论和民族志批判研究方法中，还是在马赛克方法中（Clark and Moss, 2011），参与者的反身性都很常用。它不仅用于为儿童和成人提供建构框架，也用于儿童和成人合作解释和收集信息。“描述性案例研究”（Bassey, 1999; Yin, 2012）是整个“拼图”中的最后一个部分。这一方法促进了“幼儿作为研究者”项目在多个家庭和学校之间的实际协调，又同时保留了每个地点的个别特征。

由于研究在价值取向上主张民主，研究从形式到功能都做了充分的伦理考量。研究在伦理方面遵守了英国教育研究协会（British Educational Research Association, BERA, 2004）的伦理准则（现在使用的是2011年新修订的版本），并遵守了幼儿保教研究实践中对伦理方面的文件规定（Alderson and Morrow, 2004）。该研究分为3个阶段，旨在与参与者共同构建和组织信息（见表17.2）。

表17.2 “幼儿作为研究者”项目的3个阶段

阶段	参与对象
阶段1	专业的幼儿教育和教育研究者（PEYERs）
阶段2	幼儿教育机构中的儿童和幼儿教育实践工作者
阶段3	家庭中的儿童和家庭成员

阶段1

我推断，如果幼儿活动的某些方面可以表现出与研究者所认定的研究活动相一致的一面，那么研究者恐怕很难坚持将幼儿排除在学术研究之外了。因此，研究在最初取样时（Charmaz, 2006）选择了“专业的幼儿教育和教育研究者（Professional Early Years and Educational Researchers, PEYERs）”作为阶段1的参与者。9位专业的幼儿教育和教育研究者参与了访谈对话（Charmaz, 2006），另外5位参与了焦点团体访谈（Creswell, 2008）。这些参与者以前都曾在儿童服务部门工作过。鉴于已有文献中没有普遍的对研究的定义，阶段1研究的重点是确定教育和幼儿保教研究的本质。研究并不只是给“研究”下一个定义，而是归类整理了研究过程中出现的39种研究行为（见表17.3）。

专业的幼儿教育和教育研究者对研究行为进行了排名，并将探索（exploration）、形成结论（finding solutions）、概括（conceptualisation）和有依据的判断（basing decisions）确定为4种“最重要的”的研究行为。因此，这4种行为在“幼儿作为研究者”项目中被优先考虑。此外，专业的幼儿教育和教育研究者表示，从理论上来讲，抽取的样本应包括幼儿、幼儿的父母和幼儿教育实践工作者。

阶段2

这一阶段完成了3个“多模式案例研究（multi-modal case studies）”（Clark and Moss, 2011; Yin,

2012），由 138 名儿童及幼儿教育实践工作者在英格兰中部城镇的幼儿保教机构中共同建构完成。研究初期面临着大量挑战。进入研究现场，应对守门员和志愿者，获得知情同意，这些都需要确定。其中也包括获得在机构中拍照和录制视频片段的许可（Murray, 2011）。每个机构中的个案研究都持续了 6 个半天和 3 个全天以上。参与者的基本情况介绍见表 17.4。

1. 寻求解决方案	21. 调查
2. 想要去探索	22. 探寻
3. 带有目标地探索	23. 测试并检查
4. 没有目标地探索	24. 是系统的
5. 目标在过程中发生变化地探索	25. 是客观的
6. 主题聚焦式探索	26. 基于证据做决定
7. 广泛地探索	27. 使用适合目的的流程
8. 找出事情发生的原因	28. 可以复制过程
9. 找出事情是如何发生的	29. 可以复制结果
10. 考察问题	30. 在新情境中使用并应用发现
11. 通过探索更好地了解世界	31. 相信他们正在做的是好的
12. 增长知识	32. 专注于他们选择的活动
13. 找到解决办法	33. 反思过程
14. 超越本能	34. 反思结果
15. 收集信息	35. 不伤害
16. 基于他人的工作来研究	36. 和其他人一起参加
17. 考虑情境	37. 交流他们正在做的
18. 计划	38. 可以交流他们已经做了的
19. 概括	39. 建立联系
20. 发问	

机构名	儿童数量 / 人	儿童年龄 / 岁	儿童的性别构成	幼儿教育实践工作者的数量和性别构成	最新英国教育标准办公室检查等级	主要的教育模式
阿什（Ash）	32	7 ~ 8	男生 20 人，女生 12 人	3 ［1M，2F］	2 ［良好］	正规的
比奇（Beech）	46	4 ~ 5	男生 23 人，女生 23 人	8 ［8F］	2 ［良好］	开放式框架
彻丽（Cherry）	60	4 ~ 5	男生 40 人，女生 20 人	6 ［1M，5F］	2 ［良好］	开放式框架

注：表中 M 指男性，F 指女性。

我在每个幼儿保教机构中担任志愿者助教，通过“详细的描述”（Ryle, 1968）建立了对每一个机构文化的理解，并通过建立权力对等的关系试图趋近“圈内人”的地位（Griffiths, 1998），进而获得真实、自然的信息（Pellegrini et al., 2004）。然而，获得“圈内人”地位并不完全成功。

研究采用了多种方法来共同建构信息（见表 17.5），还采纳了克拉克和莫斯（Clark and Moss, 2011）的建议，让参与者能够以他们认为适当的方式参与到研究中来，并保障参与者的贡献得到适当的重视。

表 17.5 多模式方法

观察	田野记录	访谈对话
文档记录	焦点团体讨论	非正式讨论
影像记录	儿童的艺术作品	照片
	录音	研究行为分类框架（Research Behavior Framework, RBF）分析表

资料来源：Clark and Moss（2011）。

在拼图式研究方法框架中，依据建构主义扎根理论形成过程（Charmaz, 2006）的要求，研究在推进过程中不断地比较和评估收集到的信息是否与研究行为分类框架一致。研究将参与者的信息分类和编码，发现有 17 名儿童更密切地参与到了研究过程中（见表 17.6），他们明显和经常地表现出了研究行为（见表 17.3）。

表 17.6 阶段 2 机构中的“焦点”儿童

机构	化名	女孩	男孩	在机构实地研究时的年龄 / 岁	家庭语言
阿什	安妮（Annie）	√		7	英语
	比利（Billy）		√	8	
	科斯塔斯（Costas）		√	8	
	黛米（Demi）	√		8	
	爱德华（Edward）		√	8	
	弗洛伦丝（Florence）	√		8	
比奇	杰玛（Gemma）	√		5	英语 / 法语
	哈里（Harry）		√	5	
	英蒂安（India）	√		5	
	约翰尼（Johnny）		√	5	英语
	凯莉（Kelly）	√		4	
	劳拉（Laura）	√		5	
彻丽	马丁（Martin）		√	5	
	诺拉（Nora）	√		5	
	奥斯卡（Oscar）		√	5	
	佩德罗（Pedro）		√	5	土耳其语
	奎丽达（Querida）	√		4	英语

研究进行了自然观察，并做了记录，特别关注了这些儿童。儿童提供了他们的艺术作品。在阿什和比奇机构中，大多数参与者拍摄了照片，并参与了录像片段的拍摄。幼儿教育实践工作者、儿童和我一起参与了焦点团体讨论、访谈对话和非正式讨论，讨论了研究的本质和对初始信息的分析（Charmaz, 2006）。对 17 名儿童再次筛选，阶段 2 的信息进一步表明，每个机构中有 2 名儿童愿意在家中与他们的家庭成员一起为研究提供更丰富的信息（见表 17.7）。

表 17.7 家庭中的“焦点”儿童

	阿什		比奇		彻丽
化名	安妮	比利	杰玛	哈里	马丁
性别	女	男	女	男	男
在家庭实地研究时的年龄 / 岁	8	8	5	5	5
和谁一起住	妈妈 爸爸	妈妈 爸爸 姐姐（9 岁）	妈妈 爸爸 哥哥（8 岁）	妈妈 爸爸 弟弟（4 岁）	妈妈 爸爸 妹妹（4 岁）
家庭环境描述	现代的，独立的，4间卧室，有花园，英国一个配套完善的中部城市的开发项目里	现代的，独立的，4间卧室，有花园，英国一个配套完善的中部城市的开发项目里	现代的，独立的，4间卧室，有花园，英国一个配套完善的中部城市的开发项目里	现代的，独立的，4间卧室，有花园，英国一个配套完善的中部城市的开发项目里	现代的，独立的，4间卧室，有花园，英国一个配套完善的中部城市的开发项目里
家庭语言	英语	英语	英语	英语 / 法语	英语
社会阶层分类（MRS，2006）	A	A/B	B	A	A/B
家庭	A	B	C	D	E

阶段 3

研究者到幼儿家中与其家庭成员进行了初步的面谈，一起讨论了该项目。这时，我们有意立足“局外人”的身份，以便家庭成员保留权力，最大限度地减少对家庭的干扰（Griffiths, 1998）。我解释且使用了伦理操守程序（Alderson and Morrow, 2004; BERA, 2004），并提供了资料，确保儿童及其家人对信息收集方法充满信心，然后将要收集的信息资料交给儿童及其家庭。研究强调发现参与者的自然行为表现，这是信息收集的最优环境（Pellegrini et al., 2004）。1 个月后，研究对每个家庭进行了第二次访问，与每个家庭分享、讨论、回顾和分析访谈对话与焦点团体讨论中收集到的多种信息（Charmaz, 2006）。

研究对所获信息的分析主要以卡麦兹（Charmaz, 2006）的建构主义扎根理论模型为指导，并辅之以其他 3 种方法的共同方面来分析（见表 17.8）。

研究要收集和解释幼儿、幼儿教育实践工作者与幼儿父母“在行动中”的表现和“对行动”的看法，以及专业的幼儿教育和教育研究者对行动的看法（Schön, 1983），并做进一步分析，直到信息“饱和”（Charmaz, 2006）。分析和解释程序冗长而复杂，虽然参与者心甘情愿地参与，但他们参与整个过程的话会对他们的日常生活产生重大影响，这种情况不合伦理（BERA, 2004）。因此，参与者的分析和解释是有时间限制的，他们在研究早期提供的观点被采纳为“指导思想”（Blumer, 1969）。这使我能够以合乎伦理的方式完成耗时的分析和解释任务，并遵循表 17.8 中的过程，与参与者的观点保持严格一致。在高级备忘录的框架中，4 种主要的研究行为是根据现有文献进行定义和讨论的。通过最后一个分析阶段的理论编码，4 种研究行为的 92 个编码概括为 9 个认识论要素，这些要素都是在参与“幼儿作为研究者”项目的幼儿的自然行为中可看到的（见图 17.4）。

表 17.8 阶段 2 和阶段 3 分析与解释的递归过程

<table>
<tr><th colspan="6">转录信息并用数字编码</th></tr>
<tr><th colspan="2" rowspan="2">扎根理论分析与解释方法
（Charmaz, 2006）</th><th colspan="2">批判性人种志分析与解释方法</th><th rowspan="2">马赛克方法
（Clark and Moss, 2011）</th><th rowspan="2">个案研究
（Bassey, 1999; Yin, 2012）</th></tr>
<tr><th>卡斯培肯
（Carspecken, 1996）</th><th>托马斯
（Thomas, 1993）</th></tr>
<tr><td rowspan="7">持续比较</td><td>初步撰写备忘录</td><td>初步重构分析</td><td rowspan="7">重复思考</td><td rowspan="7">儿童
会议 / 倾听

倾听</td><td rowspan="7">分析陈述</td></tr>
<tr><td>初始编码</td><td>重构分析
对话信息生成</td></tr>
<tr><td>聚焦编码</td><td>对话信息生成</td></tr>
<tr><td>归类</td><td>发现系统关系</td></tr>
<tr><td>主轴编码</td><td>发现系统关系</td></tr>
<tr><td>高级备忘录</td><td>重构分析</td></tr>
<tr><td>理论编码</td><td>发现系统关系
运用系统关系解释研究结果</td></tr>
</table>

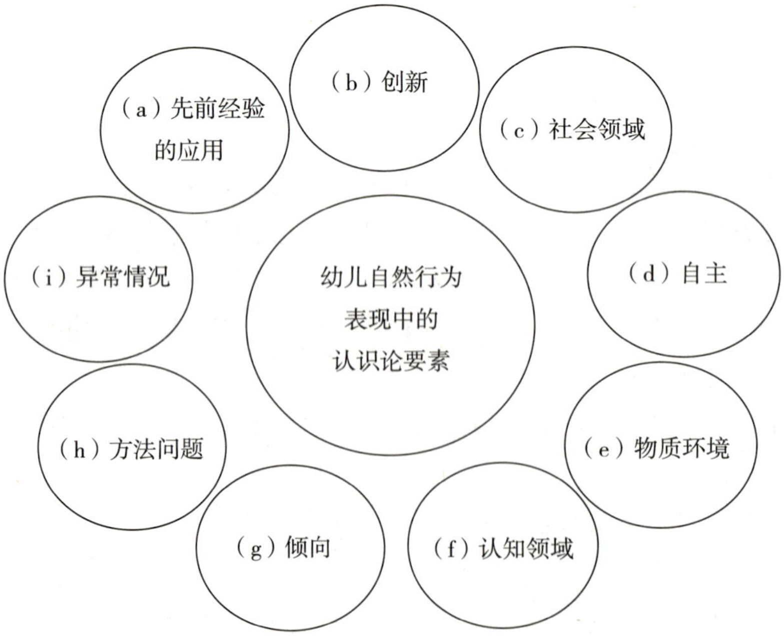

图 17.4 幼儿自然行为表现中的认识论要素

在“幼儿作为研究者”项目共同收集与分析信息的过程中，最后一个部分通过比较，批判性地讨论、解构和评价每一个认识论要素，结合现有的数百篇文献总结研究结果（Charmaz, 2006）。这一部分试图认可和理解儿童在日常活动中所表现出的复杂过程（BAE, 2010）。它还揭示了儿童的许多自然日常活动与 4 种研究行为之间的一致性，这 4 种行为是学者们认为“最重要”的研究行为。为了举例说明这些研究结果，下面概述了两个案例研究。

案例研究 17.1

杰玛和量尺

与儿童探索有关的“（d）自主”（参见图 17.4）的例子——幼儿研究行为中的 9 个认识论要素之一——在儿童制订自己的计划（研究行为“探索”中的一个类别）时得到体现。

有一天，在家里，杰玛（5 岁的女孩）自主地探索如何用两根由包装纸卡片做成的管子来制作一把量尺，她制订了自己的计划。一开始，杰玛问她的母亲是否可以用两根管子和胶带。然后，她用胶带把管子粘在一起做量尺，并用钢笔给上面添上了测量单位。然后，杰玛测试了她的量尺，让她的哥哥站在管子旁边，以测量他的身高。最后，她告诉母亲她做了什么。

在这段经历中，杰玛制订了自己的计划，检查了材料，并将材料组合在一起制作了一把量尺，这些符合斯特宾斯（Stebbins, 2001）为社会科学研究中的探索行为设定的标准。为了实施她的计划，杰玛有作为主体活动的“空间”，同时与她的家庭成员保持相互依赖（Moss and Petrie, 2002）。这一活动与皮亚杰的观点一致，即儿童是积极主动的主体，能够将知觉和活动结合起来，建构形成新的理解（1969）。许多研究表明，游戏可以为儿童的社会主体性发挥提供一个情境，因为游戏是属于儿童“自己”的，儿童组织并参与到游戏中（Markstrom and Hallden, 2009）；杰玛在这里的活动似乎与这些发现产生了共鸣。

案例分析 17.1

成年人需要提供什么支持，以便幼儿能够形成自己的计划，在探索过程中实现自主？

案例研究 17.2

约翰尼的手表

在本研究中，当儿童进行了概括这一研究行为时，儿童有时似乎会做出计划，计划是图 17.4“（f）认知领域”的一个子类别。

一天，在比奇机构的自由游戏时间，约翰尼（男孩，5 岁）在看到另一个孩子戴着手表时显得情绪黯然。随后，他收集了一张纸条（2.5 cm×12 cm）、胶水和剪刀，他把这些东西带到写字台上。然后，约翰尼用纸制作了一块手表，他“把自己的意图、自己的意思投入到了物体和行动中”（Dyson, 1997: 14）。

幼儿制定的解决方案通常是“在行动中”（Cox and Smitsman, 2006），也就是在“此时此刻”（Graue and Walsh, 1995）。然而，在这里，约翰尼似乎在行动之前就计划好了；他一开始不行动，后续过程表明这段时间他在观察，随后他自主地开始了他的“发起、参与和相对控制”（Helm and Katz, 2001: 2）。约翰尼似乎把他以前关于手表的经验和他的认知活动结合了起来，创造出了他的手表，这表现为“后验概念（posteriori conceptualisation）”（Kant, 1787; Scruton, 2001）。

案例分析 17.2

> 当我们将经验与认知活动结合起来判断时，就会产生后验概念（Kant, 1787; Scruton, 2001）。反思你对幼儿游戏的了解，现在回想一下，你是否观察到过他们产生了后验概念？

五、结论

“幼儿作为研究者”项目的特点在于其在价值取向上致力于让幼儿在研究情境中获得社会公正。这一取向要通过归纳式、解放式和参与式方法，以及参与者反身的方法来实现。“幼儿作为研究者”项目的形式与其功能相匹配。最终，“幼儿作为研究者”项目展现了对幼儿行为中的一些复杂方式的新理解。

“幼儿作为研究者”项目证实，参与研究的 4 ~ 8 岁幼儿能够而且确实表现出了学术界所认定的研究行为，这些行为与成人研究者所表现出的行为是一致的（见表 17.9）。考虑到研究采用了归纳法，讨论则建立在演绎逻辑的基础上，“只要演绎的前提是正确的，有效的演绎得出的结论就一定是正确的”（Johnson-Laird and Byrne, 1991: 2）。矛盾的是，演绎逻辑是学术研究中的主要方法论（Hanna, 2006）。

表 17.9　幼儿作为研究者

研究行为分类框架涵盖了学术研究者认定的属于研究的行为。	大前提
“幼儿作为研究者”项目中的幼儿发生了研究行为分类框架中描述的行为。	小前提
幼儿在进行研究。	结论

“幼儿作为研究者”项目提供了一份可信的报告，表明 4 ~ 8 岁的幼儿很自然地在从事研究活动，这是他们日常生活的一部分，这一活动与专业的成人研究者的行为是一样的。

本章小结

本章探讨了有关幼儿和研究的问题。其中讨论了研究的本质和幼儿在研究中的角色。幼儿参与权和受保护权之间的冲突在本章中也有讨论。同时，本章概述了“幼儿作为研究者”项目（Murray, 2012a）。该项目通过关注幼儿的自然行为表现，探索幼儿的自然行为表现与成人研究者行为之间的一致性，回应了判断幼儿是否有能力参与研究的困境与困难。

反思与讨论

回顾表 17.3 的研究行为分类框架，思考：

1. 父母可以做些什么来鼓励幼儿在家中表现出研究行为？

2. 幼儿教育实践工作者可以做些什么来鼓励幼儿在幼儿教育机构中表现出研究行为?

3. 幼儿在尝试发生研究行为时会遇到哪些障碍?

4. 你能想到一些你看到的从出生到 8 岁的幼儿表现出的研究行为的例子吗?

5. 要同时确保幼儿获得受保护权和参与权，你能想到其内在的张力吗?

推荐阅读

1. Alderson, P. (2008) *Young Children's Rights*. London: Jessica Kingsley.

这本书进一步批判性地讨论了幼儿的社会保障、受保护权和参与权。

2. Harcourt, D., Perry, B. and Waller, T. (eds) (2011) *Researching Young Children's Perspectives: Debating the Ethics and Dilemmas of Educational Research with Children.* Abingdon: Routledge.

这本书批判性地回顾了与幼儿有关的研究中的复杂话题。

3. Meltzoff, A.N. (2011) 'Social cognition and the origins of imitation, empathy and theory of mind', in U. Goswami (ed.), *The Wiley-Blackwell Handbook of Childhood Cognitive Development*, 2nd edn. Malden, MA: Wiley-Blackwell, pp. 49–75.

心理学家安德鲁·梅尔特佐夫 (Andrew Meltzoff) 探讨了社会认知的中心问题，以及其在人类发展中的重要性。

4. Murray, J. (2012b) 'Young children's explorations: young children's research?', *Early Child Development and Care*, 182(9): 1209–1225.

这篇论文介绍了“幼儿作为研究者”项目的更多成果，特别关注了幼儿进行的可以作为研究行为的自然而然的探索。

第十八章

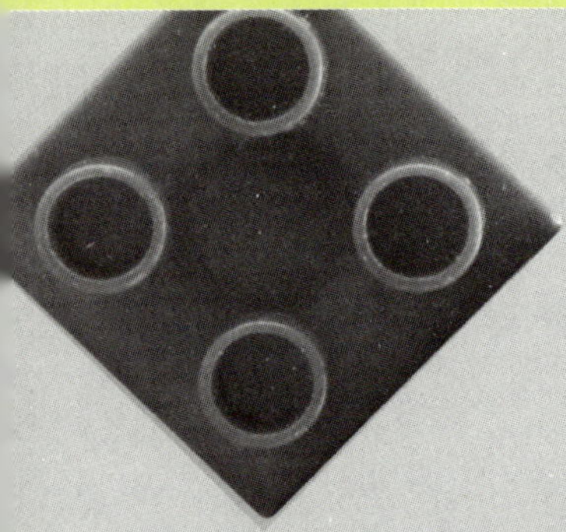

反思性实践

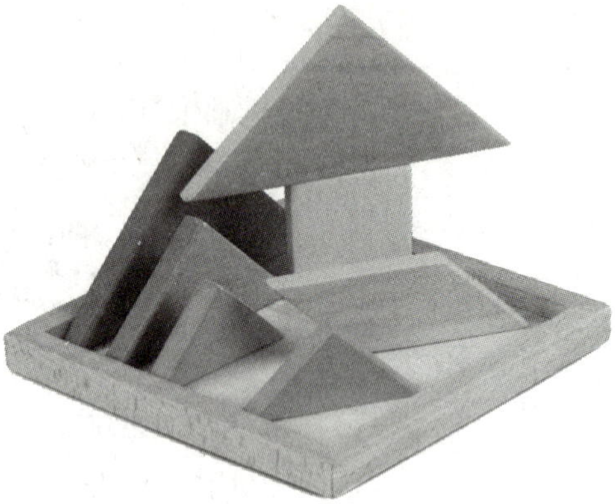

卡罗琳·琼斯（Caroline Jones）

主要目标

- 能指出反思和反思性实践的主要特征。
- 思考影响反思性实践过程的因素。
- 探讨幼儿保教中反思性实践与专业素质的关系。
- 关注与反思性实践有关的案例研究和分析。
- 能从社会文化历史视角在理论上认识反思性实践。

一、引言

人们普遍认为，幼儿教育实践工作者应该采用多种方式反思实践。也就是说，反思性实践是面向幼儿的工作的一个重要方面（Craft and Paige-Smith, 2011）。甚至，刚入职的幼儿教育实践工作者也应该花时间来反思他们的实践，把实践与他们对理论的理解联系起来，并且能够与更有经验的同事来讨论他们的反思（Nutbrown, 2012a）。本章批判性地讨论了幼儿教育机构中反思性实践的概念。本章所有的讨论建立在这样的前提假设基础上——反思不再是与儿童一起工作的幼儿教育实践工作者的个人选择，而应被视为幼儿教育实践工作者的“政治和社会责任”（Bolton, 2010: 11），属于所有参与幼儿政策制定和实践工作的人员的责任。我们从一开始就要认识到，对反思性实践的理解在不断演变，对反思、反思性实践甚至是反思性实践工作者这些词的含义还没有形成明确的共识。本章的第一部分会让读者知道关于反思性实践的传统理解，主要涉及“对实践的思考”“在实践中”和“关于实践”的反思（Dewey, 1933; Schön, 1987）。然后，本章将邀请读者共同探讨其他更多的最新研究、理论框架和定义。基于现有知识，本章强调指出，反思性实践不仅是一个通过自我评估来改善实践和获得专业发展的有用工具，还是一个复杂、动态的过程，是幼儿教育实践工作者组织领导和形成专业认同的内容。通过案例分析，并总结文中的研究成果，读者不仅可以全面了解反思和反思性实践的主要特征，还能够就整个章节提出的观点——“开放的问题空间”——开启进一步的反思（Engestrom, 1993，转引自 Craft and Paige-Smith, 2008: 90）。

反思性实践作为一种价值观念，不可避免地受到了更广泛的关于幼儿课程与教学的社会文化和历史观点的影响。本章后面部分会展开讨论这点。为了支持读者更深入地理解反思过程并发现进一步反思的机会，本章也必须进行“元反思”或对反思进行反思，以让反思过程明晰（Appleby, 2010）。

本章总结指出，反思性实践不应该被简单理解为周期性的、线性的或静态的。相反，它总如缠结编织的挂毯，是一个理论与实践交织的演变过程，是一种立场、一种开放的心态。在专业人员、父母、政策制定者与幼儿教育实践工作者之间展开的合作互动，每一次都发生在其自身独特的环境中。

二、反思性实践：传统意义与理解

反思性实践很难定义，因为反思可能会有很多不同的形式。从字面上看，形容词“反思性（reflective）”描述了一个物理作用过程，指一个表面反射光或声音的能力，并创造出反射映像。“反思性”这个词也可以用来描述一个认识过程，指个体有能力深入思考，且对社会情境有所认识。在反思过程中，个体对情境或实践的看法可能会改变和发展。反思和反思性实践的概念在教育领域并不新鲜，或者说这两个概念并不限于在教育领域使用。医疗保健专业人员使用的反思模型，建立在对反思过程的传统和当代理解的基础之上（Davies, 2012; Gibbs, 1988; Johns, 1995; Newton, 2000）。然而，随着政策层面对幼儿教育的关注越来越多以及幼儿教育机构的扩增，人们再次强调反思，将其作为推动幼儿保教变革和不断改善的动力之一。反思和反思性实践已经从文化上嵌入了专业对话中，不仅在幼儿教育领域，而且在义务教育、高等教育和终身学习领域均有体现。同时，这里值得注意的是，反思性实践不是教育的专属，很多情境中有了越来越多的对反思性实践的讨论与应用，包括私人、公共服务部门和工业领域。反思性实践包括哪些内容，以及反思性实践为什么重要？反思性实践能被教授吗？还是反思性实践属于个人倾向？反思性实践真的具有人们所假定的潜力，来改变实践或有助于实现建设世界一流儿童工作者队伍的愿景吗？

反思性实践的理论起源可以追溯到杜威（Dewey, 1933）。杜威是现代最具影响力的教育思想家之一，他较早对技术主义世界观进行了批判。杜威关心的是建立一个平等与民主的社会，并对两种不同的专业行为进行了有趣的区分。首先是他所说的常规行为（routine action），换句话说，“我们总是像这样做出”的行为或实践，是基于习惯和传统来完成的。这些行为的主导因素通常是我们知觉到的外部的权威。通过定义可以看出，这些行为和实践做法是相当静态或不变的。其次，与常规行为截然相反，杜威指出一些专业行为总是经过仔细考虑才做出的，并且其自身形成了合理的解释。这种反思性行为（reflective action）是一种更灵活的行为，其中涉及人们自愿参与的自我评估和专业发展。杜威（Dewey, 1933）提出了一种初步的系统方法来进行反思，指出反思源于识别问题和尝试解决问题，随之改变或发展就产生了。之后可以对此过程进行评估，以决定继续或停止。在这个思考过程中，杜威强调了5个连续的、有区分的步骤。

- 感到困难。
- 位置和定义。
- 建议可能的解决方案。
- 通过推理发展。
- 进一步的实验和观察，引发接受或拒绝发展。

这就提供了第一个试图展现反思性实践过程的循环模型，现在我们有了很多目的相同的循环模型。杜威（Dewey, 1933）在论证他所谓的思想的流动性（fluidity）时指出，教师或与孩子一起工作的人不能仅仅因为他们过去曾经做过某些事情就信赖这些做法。他指出，不太可能只有一种正确的方法来做事，幼儿教育实践工作者需要自由来适应或运用他们的“反省智力（reflective intelligence）”，通过采用问题解决的方法来找出哪些做法有效以及哪些做法无效。杜威将反思性思维描述为在脑海中反复思考一个主题，并认真考虑实践、政策和教育组织等各个方面。这种分析和反思的思维方式将注意放在了从事儿童工作的复杂性上，而不是简单地关注课程计划与实施这些技术层面的问题。

50年后，唐纳德·舍恩（Donald Schön, 1983, 1987）也对技术理性主义进行了批判。他再次强调了教学角色的复杂性，并且指出有必要了解实际情况下幼儿教育实践工作者与真实的人在一起所面对的具体问题。舍恩（Schön）指出，专业行动是连续而复杂的，并建构提出了“专业艺术性（professional artistry）”这一概念（1987: 22）。他进一步具体指出，专业人士面对独特的环境，根据先前经验做出决定，因此反思是嵌入实践“之中（in）”和“之上（on）”的一个过程。这个众所周知的思考“反思”这一概念的理论框架值得重新审视，因为它非常有助于讨论反思性实践及其相关方面的内容，尤其是在涉及幼儿教育时。它可以概括为以下几点。

- 在行动中反思（reflection in action）：自动或自觉地思考、感觉和行动；在真实事件或实践中自发且富有创造力地行动。
- 对行动的反思（reflection on action）：回顾性思考，即在事件发生后马上思考或稍后回顾，想一想自己如何做，事情会有所不同，或将来如何以不同的方式做事。

当然，幼儿教育机构中的许多实践做法源于熟悉的惯例和活动模式。这些是从直观的知识和技能运用中总结得出的，通过反思和体验可获得，也即舍恩的所谓“行动中的知识（knowledge-in-action）”。这种知识很难在讨论中分享或以书面形式传播。这是经验性知识，故而它是如此熟悉，以至于幼儿教育实践工作者可能不再意识到它。它类似于经验丰富的汽车司机驾驶时无须有意识地思考操作过程中错综复杂的细节（Jones and Pound, 2008）。舍恩的模型建议幼儿教育实践工作者放慢脚步，通过思考建构知识，并意识到那些嵌入日常实践中的隐性知识。这同样适用于计划阶段，换句话说，实践之前的反思与实践之中或之后的反思同样重要。

围绕基础教育阶段的教学工作，波拉德和坦恩（Pollard and Tann, 1993）指出了反思性实践的 6 个主要特征，提出了一些观点。这些观点摘编如下，也适用于幼儿教育情境。

- 反思性实践意味着对目标和结果的积极关注，像讲究技术效率一样。
- 反思性实践可以应用于周期循环或螺旋上升的过程，实践者在其中监督、评估和修正自己的实践行为。
- 反思性实践需要个体有使用探究方法的能力，以支持个体能力的发展。
- 反思性实践需要个体有开放的态度、责任心和全身心投入。
- 反思性实践建立在专业判断的基础上，受个体的自我反思和从教育学科中所获得的观念的影响。
- 与同事的合作和对话能够增强反思性实践、专业学习和个人成就。

（改编自 Pollard and Tann, 1993: 9–10）

这些特点引起了人们对反思性实践的关注。人们认识到反思性实践是一个合作、对话的过程，是对实践的改进与发展，建立在专业知识、经验、能力和包容态度的基础之上。波拉德等人赞同，不应从纯粹的技术层面来看待反思性实践，而应将其看作一个开放式提问和学习知情的过程，以获得对自身经验之意义的深入理解。在此之后，许多人尝试对反思性实践进行理论建构，并概括理解反思过程。这些尝试进一步总结了反思性实践的特征，使用循环或线性模型，基于多阶段或多水平的分析，力图使反思成为可能。这些模型中的绝大多数使用人们广泛接受的观点，描绘了反思性实践，将反思性实践表示为一个相对直接的循环，即行动、评估、反思和带来改善的更多行动。表征反思性实践的尝试越来越多，这只会让人感到困惑而不是清晰，带来“模型混乱”，导致失败，甚至更糟糕的是给教育带来“重大损害”（Bolton, 2010: xx）。“模型混乱”可能导致缺乏参与，甚至是不满。

像图 18.1 中所展示的模型就没有考虑到更广泛的内部和外部因素，这些因素可能会妨碍或限制幼儿教育实践工作者努力反思和提高。这些模型通常假定幼儿教育实践工作者有能力调整、适应、说明以及改造自己的实践。他们没有认识到，许多幼儿教育实践工作者没有通过培训或正式的资格认证达到一定的水平来提出问题、进行分析思考和反思，而且在机构中和不同的机构之间幼儿教育实践工作者的知识和经验水平有很大差异。即使机构的工作人员获得了正式的资格认证，一篇回顾幼儿保教以及资格认证的文献也指出，资格认证的内容并不能确保幼儿教育实践工作者掌握了必要的知识来满足提供高质量保育和幼儿教育，或支持持续性专业发展的需要。《纳特布朗评论》建议，所有从事幼儿教育工作的人都应优先考虑持续的专业发展（NutBrown, 2012b）。

在关于健康专业人员的著作中，牛顿（Newton, 2000）强调了工作环境的重要性，认为工作环境既

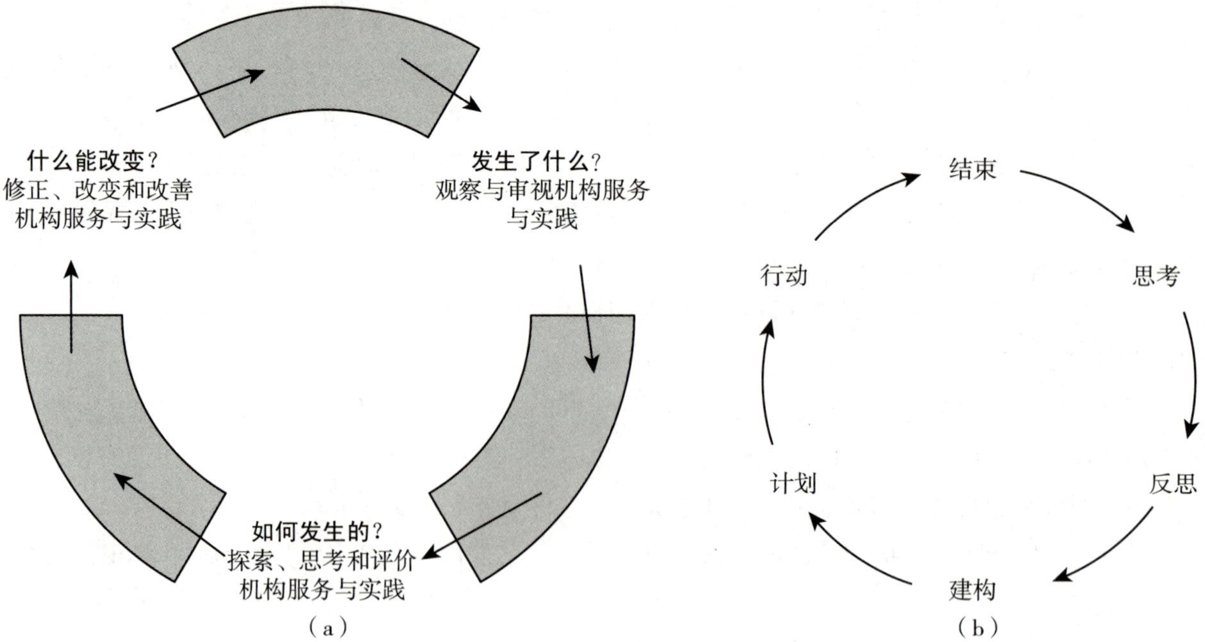

图 18.1　多种不同的反思性实践模型：（a）引自 Hallett, 2013: 33；（b）引自 Tarrant, 2013: 52。

可能有利地促进反思性实践，也可能潜在地抑制反思性实践。她对准护士的研究发现，临床经验的数量和类型显然会影响他们的反思能力（Newton, 2000）。资格不足和经验不足的幼儿教育实践工作者可能会感到不舒服或不确定，会需要经验丰富的导师或实践领导者给予大力支持，指出其如何反思，以及对什么进行反思。《纳特布朗评论》（2012b）建议所有刚入职的幼儿教育实践工作者在他们刚入职的前 6 个月，以指导的形式得到专业支持。戴维斯（Davies, 2012）再次将指导和反思联系在一起，指出反思过程成为指导者和受指导者之间“不可分割的一部分”，并且反思过程依赖于有效的指导（Davies, 2012）。

修订后的《早期基础阶段》（DfE, 2012d）认为有必要对幼儿教育实践工作者给予持续的监督、培训和支持，并制定了一条新的规则，要求幼儿教育机构对员工进行评价，以发现培训需求，并确保为员工提供持续的专业发展机会。

在这一点上，读者会发现参考案例研究 18.1 是有用的，请思考它是如何联系反思性实践的传统模式与观点的。

案例研究 18.1

点心时间

这是摇摆木马（Rocking Horse）学前组的“整理时间”。“孩子们，整理时间到了。”副主管沙龙（Sharon）说。同时，她把整理环节的歌曲光盘放入了 CD 播放器中。孩子们四处奔忙，将所有的玩具放在了对应的盒子里，音乐也停止了。“孩子们，现在停下来听我说。去洗手，然后坐在桌子旁边准备吃点心。”沙龙给出了引导。沙龙监督孩子们整理和洗手，助理杰姬（Jakie）铺桌布，摆放点心、杯子和盘子。她把一棵植物放在桌子中间，并将孩子的姓名卡放在孩子应该坐的地方。杰姬选了一个孩子来分发当天的点心，并倒喝的给大家。孩子们可以选择牛奶或水。每个孩子都要说“请”和“谢谢你”，并且必须吃完以后才能去做户外游戏的准备。两位员工都认为这是一天中最可爱的一个环节，孩子们有机会作为一个小组集体坐下来吃东西，有机会认识他们自己的名字，并且有 15 分钟的社交谈话时间。这也给了员工喝口茶的时间。

学前教育机构的主管简（Jane）正在攻读她的早期基础阶段学位。她读过一些研究文献，认为课程应该从孩子的兴趣出发来生成。她认识到，《早期基础阶段》（DfE，2012d）强调给予孩子选择的重要性，主张不要为了让孩子参加成人主导的集体活动而经常打断孩子的游戏。课程学习促使她思考自己机构内的一日生活安排。经过反思，她意识到自己机构内的一日生活安排是相当严格并且由成人控制的。一天中的大部分时间，孩子们都在做他们被告知要做的事情，而且去那些要求他们去的地方。她反思了一日生活安排中的不同元素，觉得有可以改进的空间。

她决定改变长期使用的点心时间的惯例，并实行她从她的一位同学那里听到的“自主点心时间”安排。简与她的同事们讨论了这个问题，虽然他们有些异议，但他们同意引入新的组织安排，希望看看它是如何工作的。在新的组织安排里，成人和两个作为“助手”的孩子一起，布置“点心车”（一辆手推车）和一张桌子（仍然有桌布和植物），每次这个环节持续一小时。这辆手推车可供孩子们选择点心、饮品、杯子、盘子和姓名卡。一旦手推车准备好供孩子们使用了，一个孩子就去告诉其他孩子，点心吧开放了。孩子们可以一直玩，直到他们决定要吃点心了。简在洗手区巡视，以确保孩子们都洗手了。然后，孩子们自助，可以从手推车选择两块点心和一杯喝的。他们坐在小餐桌旁，将姓名卡放在小筐里。工作人员告诉那些需要被提醒的孩子们：点心吧将在整理小推车之前关闭。孩子们吃完后把自己的脏盘子放在洗碗池里，就去他们想去的任何地方接着玩。

案例分析 18.1

- 在这个案例中，舍恩（Schön）的“对行动的反思”和“行动中的知识”是如何反映出来的？
- 您可以指出波拉德和坦恩所言的反思性实践的一个主要特征吗？
- 图 18.1 中的每个循环模型与案例中的事件发生过程是如何联系在一起的？
- 简的反思给机构工作人员、儿童和儿童父母带来的结果是什么？
- 简是如何将这种变化带给机构工作人员、儿童和儿童父母的？
- 在这个案例中，简面临的潜在挑战是什么？
- 为什么记录这一变化很重要？
- 为了给儿童更多的选择权和控制权，在这个环境或你自己的专业环境中可以做哪些改变？

三、理论、知识和反思性实践

简也许在不知不觉中进行了复杂的反思。福德和奥布莱恩（Forde and O'Brien, 2011）认为，反思包括使用质疑实践的方式，涵盖了一个批判的维度，以促成变革。布鲁克菲尔德（Brookfield, 1995: 29-39）称这是一种质疑或“狩猎”假设，它使用了 4 个重要的反思视角。

- 幼儿教育实践工作者的自传。
- 学习者的“眼睛”。
- 通过批判性对话或商谈获得的同事的视角。
- 理论文献中的信息。

这 4 个视角中的元素在案例研究 18.1 中都可以看到。首先，简有她自己的背景、职位和经验，同时又作为学生与她的同学分享实践经验，阅读研究文献。其次，简通过儿童的视角审视了点心环节的组织安排。在批判性分析孩子们的体验时，她认识到孩子们的游戏被打断了，孩子们在吃点心时没有选择余地，孩子们被简单地要求遵守既定的常规安排。再次，她考虑了她的同事们在讨论改变日常安排时的意见。最后，为了提高孩子们的体验质量，她利用新掌握的理论和经验知识来反思实践，并发展实践。盖（Ghaye, 2011）认为，这类反思应该是深思熟虑的，对于未来的改进至关重要。

除非我们从经验中吸取教训，否则无法改进。不这样做，会让我们自己成为过去的囚犯。对实践进行反思是一种有意的行为，目的是提高教育经验的质量，要严格反思由于采用这种或那种反思性行为而产生的学习。（Ghaye, 2011: 297）

帕内尔（Parnell）证实，反思是一种理论联系实践的方式，并指出在反思中我们能够增强“对我们眼前存在的东西进行质疑和抗争的能力”（Parnell, 2012: 119）。但是，这取决于幼儿教育实践工作者通过了解最新研究和参与同事的对话来扩展自己的知识。正如克拉夫特和佩姬 - 史密斯（Craft and Paige-Smith, 2011: 3–4）所指出的那样，人们越来越期望幼儿教育实践工作者参与到关于他们自身实践的知识体系的构建中，这“涉及对幼儿教育机构中幼儿的学习和参与是否有一定的理解，以及是否能够反思认识研究文献、政策和理论是如何联系实践的”。进一步来看，已有研究指出，对实践的反思不仅涉及实践与理论的联系，而且实际上涉及发展新的理论。莫斯（Moss, 2011）借鉴里纳尔迪（Rinaldi, 2006）的倾听教学法（pedagogy of listening），认为反思性实践这一概念可以被理解为“一个严谨的意义产生过程，一个连续性地构建关于世界的理论的过程，通过对话和倾听来检验理论，进而重建那些理论”（Moss, 2011: xiv）。从这个角度来看，反思性实践的观念对实践者提出了重要的要求。远非简单地反思自己的实践来快速获取提升，反思性实践者需要掌握一系列复杂的批判技能、专业知识和态度。反思性实践者的专业认同影响着其想要经验生成意义的愿望。

在下面概述的研究项目中，3位幼儿教育实践工作者认为自己是反思性实践者，因为他们认为自己“在反思中、行动中以及反思行动中实践学习和教学”（Parnell, 2012: 117）。这项关于反思性实践的研究是在美国完成的，值得进一步深入探讨。

下面的相关研究提供了更多关于该研究项目的细节信息。

相关研究

Parnell, W. (2012) ‘Experiences of teacher reflection: Reggio inspired practices in the studio’, *Journal of Early Childhood Research*, 10(2): 117–133.

这项研究是一个大型研究项目的一部分，旨在探讨项目推进过程中有意的回顾性对话与合作是否能够帮助幼儿教育实践工作者承担好“做孩子的共同学习者”这一角色，并使他们的经验在体验前、体验中和体验后产生意义。研究提出了问题——回顾过程是如何帮助推进实践的。这项研究在一所改造过的学校里进行。这所学校受瑞吉欧·艾米莉亚方案的启发，设计了两个工作室这样富有创造性的教学空间。现象学研究旨在利用合作反思，为鲜活的经验赋予意义，并在用建构理论来解释经验之前描述经验。这个项目研究的问题是："反思性实践如何让我们在幼儿教育工作室里的经验产生意义？"（第 117 页）该文的作者是一位教师教育者，同时担任研究参与者，与两位工作室教师共同研究，并与他们一起反思，使他们在工作室的经验有意义。通过与小组儿童在一起工作，这些教师研究者有意地与儿童共同学习。一个工作室开展制作家庭画像的活动，另一个工作室开展制作鸟和鸟巢的活动。研究报告介绍了儿童参与到研究中是如何支持和增强幼儿教育实践工作者的反思的。里纳尔迪（Rinaldi, 2006）关于倾听教学法的观点成为信息收集与分析的基础。

研究使用质性研究方法和信息技术手段，收集了多种多样的信息，来反映幼儿教育实践工作者通过倾听和感受获得的经验，包括田野记录、日记、录像和录音、电子期刊和反思日记。研究将信息分为多个主题和类别，并从多个角度详细分析了 3 次讨论。研究通过紧密的合作、对话和审视反思，对收集到的信息进行了适宜的提炼，分析和描述了研究结果。这项研究细致了解了反思过程的复杂性，以及其作为理解实践的一种手段的可能。帕内尔的研究利用电子期刊的摘录，说明了教师反思是如何令人不舒服的或令人愉快的、饱含情感的、个人化的、与人相关的、协作的和被价值驱动的。其中会出现问题，并带来更多的反思。帕内尔回忆道，他很好奇，幼儿教育实践工作者在面对一个有能力的孩子时是如何知道要做什么的，以及幼儿教育实践工作者是如何作为儿童的伙伴为儿童的学习和发展搭建脚手架的。他将人的存在状态描述为"在问题中生活，被问题推着向前，而不是回答问题"（第 124 页）。研究中的一位教师指出，反思不仅涉及教师和孩子，而且在与父母联系时也是有价值的。帕内尔提醒读者，"记住，要反复和再三回溯我们与他人在一起的体验，这样我们就可以看到其他观点，让他人进入我们对经验意义的建构中"（第 126 页）。这一点在一次讨论中体现得很明显。那次讨论的主题是这个学校的其他教师是如何看待工作室，以及工作室里的教师在被误解时是如何感到沮丧的。

到研究项目结束时，三位共同研究者通过反思性对话，把他们的学习结果和记录汇集在一起。通过一个合作的、共同的反思过程，研究小组开始相信，"一所学校里践行着一套牢固的价值观，如教师反思"（第 131 页）。研究者被鼓励做出一个改变生活的决定，将他的角色从管理者转变为教学主管，利用反思来改善学校环境，并创建"第三思维（third mind）（主体间空间），在彼此的思维中相遇，并在热爱孩子和学校共同体的劳动中努力"。他总结说，这些经历将使他们进入"未知"，期待在反思过程中"接下来会发生什么"（第 131 ~ 132 页）。

四、反思性实践者：专业身份认同

帕内尔的研究有赖于幼儿教育实践工作者的意愿，他们是否愿意被写进会议记录里，是否愿意对自己进行细致的审查，以及是否愿意展示反思性实践的潜在力量。反思性实践者是这一过程的核心。他们看起来就像考古学家在地球的几个圈层上进行挖掘，探索到越来越深的圈层，但不知道下一步会发现什么，并且不得不检查他们的发现，让他们接受进一步的审查。莫斯（Moss, 2007）对反思性实践者的狭隘定义提出了批评。他认为，幼儿教育机构可能被人们看作主要是一个“技术实践的场所：在幼儿教育机构中，社会对儿童运用强大的人类技术力量来制造出预期的结果”，其实幼儿教育机构应该被看作“民主政治实践”的场所（2007: 5）。与其将这类技术运用到儿童身上，不如通过与儿童合作、倾听儿童和让儿童参与到反思过程中，来支持和丰富幼儿教育实践工作者的反思。

拥有反思性实践者这样的身份，意味着他们渴望成为的不仅仅是一名“技术人员”（Moss, 2007, 2008, 2011）。相反，莫斯呼吁幼儿教育实践工作者成为一名“民主的和善于反思的专业人士”，具有批判性思考和共同构建“意义、身份和价值观”的能力（2008: 125）。详细讨论“专业”这个概念超出了本章的范围。曼宁-莫顿（Manning-Morton, 2006）认为，幼儿教育中的“专业素质（professionalism）”也必须从幼儿教育实践工作者的日常工作细节中来解读。

> 与幼儿、幼儿父母和同事的关系；这种关系的维护需要幼儿教育实践工作者具备高水平的生理、情感和个性方面的知识与技能。因此，一个真正起作用的幼儿教育专业工作者不仅需要通过理论知识的视角，而且需要通过我们自身主观的个人历史和我们当下的感受与真实自我的反映，对这些关系进行反思性解释。（2006: 42）

成为一名反思性实践者，是幼儿教育实践工作者专业身份认同的一个内在组成部分。这不仅对教师个人具有潜在的价值，而且对幼儿教育机构具有潜在价值，并且最终对儿童的学习和发展具有潜在价值。奥斯古德（Osgood, 2006）指出，专业身份认同体现在行为中，表现为在特定情境中实践者会及时地做什么，而不是一套普遍通用的指标。此外，利奇和戴（Leitch and Day, 2000）指出，我们需要更多地关注情感在认识和发展反思能力中的作用，以促进个人成长、专业身份认同以及最终的系统变革。莫斯（2008）认为，专业身份认同意味着支持共同的核心价值观，其中许多方面也与有效领导特质相关（Jones and Pound, 2008）。

反思性实践是通过别人的眼睛来审视实践，质疑那些被认为是理所当然的事情，同时关注实践者的感受和他们的理解（Appleby, 2010）。阿普尔比（Appleby）也指出：“要有能力来批判性和创造性地思考反思性实践，以及建构个人理解来解释在我们所处的具体情境中实践本身对我们作为个体而言意味着什么的信心与动机。”她进一步指出，围绕做一名反思性实践者意味着什么，我们可以考察其中的“个人、社会和政治方面的”假设，这样我们作为个体能够对自己的实践做出正式的决定（Appleby, 2010: 8–9）。然而，幼儿教育实践工作者的工作并不能脱离他们的“实践共同体”或更广泛的社会、文化和历史背景。批判性反思应该是对话性的，需要与其他幼儿教育实践工作者、父母、儿童和社区共同体建立起社会联系，以分享想法和可能性。

帕内尔（2012）的研究发现，反思性实践者与共同的核心价值观和信念之间有着明确的联系，这一点是不证自明的。在对接个人价值观和信念与专业实践时，反思性实践本身成为一种价值观和态度，而不是一种状态，与关于教育目的、儿童作为学习者、课程和批判教育学的观点密切相关。这些社会和个人观点将影响反思性实践者的身份认同，影响成人在促进学习和发展中的角色作用，以及他或她的反思实践是被描述为技术性的还是真正的民主性的。

本章的下一部分将请读者思考自己在反思性实践上的立场。

五、反思性实践：一种社会文化历史方法

反思性实践不是在真空中进行的。所有的实践都植根于社会文化历史和政治背景。机构层面的反思性实践或多或少地受到社会主导的价值观与信念的左右，在任何特定的时间和空间中都如此，尤其是社会文化历史情境中的教育目的和对学习者的看法。麦克诺顿（MacNaughton, 2003）曾在理论上提出课程有顺应、改良和改革社会的立场，这个理论框架现已适用于对反思性实践进行理论解释。从这个角度来看，反思性实践不能被看作周期性或线性的，而应被看作“有立场的”，或受特定社会的教育目的取向影响或指导。这些立场将影响反思的类型、目的和最终所达到的深度。反思纯粹是功能性的吗？只是为了带来一定的变化和促进专业发展吗？或者，反思是否有可能彻底变革既定的工作模式？在反思中持有的目的是遵循现有规范还是改良实践，或是有可能改革实践？

顺应、改良与改革

“顺应”立场的特点表现为遵守规则，对课程和教学采用技术方法来处理，通常依据标准、法定政策要求和非法定指导文件的要求进行。从这一角度来看，反思性实践沦为了一种工具，用于确保遵守外部规定的评价标准，或管理幼儿保教。它被狭隘地解释为一个技术性过程，确保用预先规定好的线性目标来推进和实现预先确定好的结果。换言之，反思性实践关注的是“评估实践工作者自身是否符合外部规定的规范”（Moss, 2011: XVII）。从“改良”的立场来看，教与学更加灵活，包括制订个性化的计划。教育要培养作为自由思想者的公民，而公民有可能改变社会。这样，反思性实践是一个周期性过程，与个性化学习和专业发展有关，能在一定程度上改善和发展实践。更激进的观点是“改革”，这意味着根本性的改变，与共同构建的和以研究为基础的课程与教学有关，这样的课程与教学是为了促进社会中的公平。反思性实践包括就更广泛的背景和政治议题进行对话、行动研究和反思。表 18.1 进一步介绍了这 3 种立场。

表 18.1 中的 3 种立场既不是单独存在的，也不是相互排斥的。根据环境的不同，反思性实践可能在 3 种立场之间来回摆动。或者，这 3 种立场甚至可能是同时明显存在的。这表明反思性实践不是价值中立的，它本身就是一种流动的价值。案例研究 18.2 说明了反思对价值观、态度和实践具有的潜在的改革性影响。

表 18.1 3种立场：思考反思性实践的概念框架

立场	教育目的	对学习者的看法	课程与教学	反思性实践的方法
顺应	为了社会再生产，渴望维持现状，培养接受、尊重和遵守社会规范的公民	被动学习者，服从，经历相同的发展阶段	集中控制的，预先确定的，线性的，目标驱动的，常规的，正式的，传统科目，时间表，关注终结性评估	技术方法，紧密依照预先规定的实践标准进行评估，管理幼儿的工具，简单的传统线性或周期性模型
改良	推动社会中的一些微小变化，使社会变得更好，使公民成为独立"自由"的思想者	独立的、整体的学习者，创造性思考者，适应性强，能够独立选择	本地控制的，发展性适宜的，一日安排是灵活的模式，整合的，基于儿童选择和兴趣的能动的环境，注重观察性评估	个性化方法或组织层面，自我评价，努力提升专业性发展，挑战和质疑实践，重新解释和改善
改革	促进社会的根本变革，培养具有批判性思考能力和渴望改造社会的公民，以实现公平和社会正义	强大的，坚强的，积极的，参与者，决策者，儿童拥有权利	参与性的，由包括儿童、家长和专业人员在内的社区成员共同建构，反对偏见，包容，能动的环境	民主的，自主的，自我的，问题解决者，变革者，创造，分析，批判，质疑； 专业，对话，记录，共同体，协作，风险承担，倾听，改变主体，争论，开放

资料来源：摘编自 MacNaughton, 2003。

案例研究 18.2

促进融合

斯瓦勒菲尔德小学（Swallowfield Primary School）有一个言语和语言教育部门（speech and language unit），被安置在一个临时教室里，与学校的其他部分分开来了。虽然孩子们会到学校参加星期五的集会活动，但这个部门与学校的主体教育联系很少。新来的校长很快意识到这是一种孤立的实践做法，并看到了创造一种更具融合性的方案的潜力。她与学校员工、家长和行政管理者举行了若干次会议，并征求了孩子们的意见。最后，在地方当局的支持下，言语和语言教育部门进行了彻底的重组。这个部门搬进了学校的主体建筑中，改名为"附加资源中心（Additional Resource Centre，ARC）"。这个部门的开放时间也重新进行了安排，以便孩子们能够经常地参加学校里的活动。重新安排工作人员，以便在适合个体的情况下，附加资源中心的孩子们有机会与同龄人一起上课学习。例如，一个孩子在旁边有一名辅助工作者的情况下参加了数学活动，他在算术方面的水平远高于他这个年龄的平均水平。其他孩子加入了他们同龄人的体育教育或主题活动。12个月后，尽管附加资源中心的孩子们仍然在附加资源中心接受言语治疗和个性化的精准教学，但好像附加资源中心的孩子们成了学校的一部分。孩子们在学校的主体班级中注册，并习惯了在附加资源中心和他们的主体教室之间来往。学校的理念发生了变化，家长、孩子和教职员工都明白，孩子们应该在一个能让他们学习最受益的地方接受教育。孩子们知道他们为什么去附加资源中心，这被认为是一个完全积极的学习场所。整个学校都采用了手语和视觉时间表。所有的孩子都可以在集会和学校表演中一起唱歌和签名。整个学校的风气逐渐发生变化，"部门"与"学校"之间的分界不再存在。地方当局以附加资源中心为例，推动第二个教育服务部门也从独立的部门转变为学校的一个资源中心。最终，这个地方行政管理部门将其管辖下的所有的特殊学校教育服务部门都融入了主流学校中。

案例分析 18.2

- 在这个例子中，领导力、专业素质、反思和共同体是如何交织在一起的？
- 这个情景如何对应表 18.1 中的栏目？
- 反思和随后的变化对有言语和语言障碍，以及没有言语和语言障碍的儿童有什么影响？
- 案例中描述的经验如何影响着成人的价值观和态度？

案例研究 18.2 强调了反思性实践的互动性，其中涉及多方关键人员的参与，包括政策决定者、幼儿教育实践工作者、儿童及其家庭成员。幼儿教育实践工作者不仅要在一定程度上对自己的行动和价值观负责，而且要对他们活动所在的社会、文化和政治环境负责（Bolton, 2010: 11）。通过反思性探究，在以儿童为中心的反思、以成人为中心的反思，以及共同体与社会中的群体反思的共同驱动下，改革有可能实现。

本章小结

本章指出了反思性实践的一些主要特征，并论证说明了反思性实践在幼儿教育中的中心地位。本章回顾了对反思性实践的理解，从传统的循环模型或线性模型到对反思性实践更为复杂的理解，将反思性实践看作一个动态的、充满价值和相互作用的过程。本章不是将反思性实践作为一种技术性的、表面的或价值中立的活动来考察和展现的，而是将其与领导、专业素质、变革和教学多个方面联系在一起，并最终指出反思性实践会受到当下社会文化历史和政治背景的影响。本章认为，反思是一个“复杂的概念，现在没有对其定义形成共识，尽管人们对反思的认识中有一些共同点”（McClure, 2005: 3）。反思关乎自我，由对行动、价值观和信念的质疑引发。案例分析和已有研究表明，反思性实践是一个有关伦理的、由价值驱动的、富有情感的、开放的过程。在这个过程中，我们探讨政策和实践，并从多个角度对政策和实践进行批判的和积极的重新解释。虽然幼儿教育实践工作者在努力成为民主的和具有反思性的专业人员的过程中不可避免地会面对一些局限，但曼宁 - 莫顿总结指出，幼儿教育实践工作者必须从根本上摒弃自身有缺陷的认识模式，并积极地在专业身份上认同自己是“一个富有批判性的、能够反身打破理论边界的超越者”（2006: 50）。

对反思性实践的理解在理论上还不够精深，特别是在关于学习的社会性和政治性方面。同时，更多的实践挑战使得任何一种普遍的反思性实践模式都难以在实践中得到解释，如时间限制，幼儿保教服务机构的多样性，历史遗留下来的“保育”和“幼儿教育”的政策与实践之间的分野。盖认为，在动荡的经济和社会政策背景下，反思性实践至少有可能帮助幼儿教育实践工作者了解工作场所中的不确定性，并为他们提供“在秩序和混乱边缘胜任和合乎道德地工作的勇气”（Ghaye, 2000: 7）。当反思性实践植根于什么对儿童是最有利的这一价值观与信念之上，得到了知识、理论和经验的支持时，我们就可以将反思性实践理解为更广泛意义上的民主教育探索，同时在这一过程中反思性实践者也就被看作民主教育家或领导者。《纳特布朗评论》（2012b: 7）指出：“优秀的教学领导者对于提高教育服务的质量至关重要，所有幼儿教育实践工作者都渴望成为教学领导者。”今后，反思性实践有可能失去其效用，不再能用于描述幼儿教育体系中理论、政策和实践的复杂性。这就需要对儿童工作者队伍进行更多的研究，并进行彻底的改革，以找到世界范围内儿童工作者广泛接受的长期的话语体系。

反思与讨论

1. 反思性实践如何帮助幼儿教育实践工作者增进儿童的体验?
2. 你能在自己所处的环境中找出进行反思性实践的机会和制约因素吗?
3. 一个民主的和具有反思能力的专业人员的主要特点是什么?
4. 你认为自己具有怎样的民主精神和反思能力?
5. “反思是一个有可能改变实践的教育探究过程”，阅读本章后，你对这个观点的理解是怎样的?

推荐阅读

1. Appleby, K. (2010)‘Reflective practice: reflective thinking’, in M. Reed and N. Canning (eds), *Reflective Practice in the Early Years*. London: Sage. pp. 5–23.

这一章基于学生的认知水平，探讨了反思性实践的现实性。阿普尔比采用一种容易理解的方式，阐释了一些关于反思和反思性实践的复杂认识。

2. Hallett, E. (2013) *The Reflective Early Years Practitioner*. London: Sage.

这本书将反思性实践和以工作为基础的学习结合在一起。这是一本专门面向幼儿教育实践工作者的书，可以为任何想研究幼儿教育项目的人提供最新的、基础的阅读，其中综合考虑了职业和学术两种取向的学习需要。

3. Paige-Smith, A. and Craft, A. (eds) (2011) *Developing Reflective Practice in the Early Years*, 2nd edn. Maidenhead: Open University Press.

这本书支持幼儿教育实践工作者更深入地阐述和理解自己的实践。它用通俗易懂的语言编写，探讨了与反思性实践相关的多个方面的专业内容，包括儿童幸福、多学科联合工作、家长伙伴关系和融合。

4. Parnell, W. (2012) ‘Experiences of teacher reflection: Reggio inspired practices in the studio’, *Journal of Early Childhood Research*, 10(2): 117–133.

这篇文章介绍了一项在美国一个儿童中心内开展的研究，内容详细，且令人振奋。研究者以教师的生活为中心，与教师共同研究，收集了大量信息，探讨了反思性实践的定义和目的。这是一个有结论的、富有创新性的研究，所有的幼儿教育实践工作者都会发现它的有趣和令人兴奋的地方。